# 악한 영으로부터의 자유

## Deliverance from Evil Spirits

Francis MacNutt 저
이선협 역

은혜출판사

(Deliverance from Evil spirits) Copyright

Copyright (C) 1995
Originally Published in English under the title
Deliverance from Evil Spirits
by Chosen Books, a division of Baker Book House Company, Grand Rapids,
Michigan, 49516, U.S.A
All rights reserved.
Copyright (C) 2000 by Grace Publisher
Seoul, Korea
Translated and Published by Permission
Printed in Korea

판권소유 (C) 은혜출판사 2000

# 추천서

「악한 영으로부터 자유」는 과학적 교과서가 아니라 이야기를 거듭하여 악한 영으로부터 자유에 대한 권위자들의 관찰과 성경을 토대로 한 신학적 고찰로 검증되고 있다. 아주 귀중한 책이다. -마이클 스켄런, Michael Scanlan, Franciscan University of Steubenville 총장

프랜시스 맥너트의 「악한 영으로부터 자유」는, 수년간의 치유와 축귀사역의 경험을 토대로 쓰여진 고전적 지침서이다. 맥너트가 성경과 교회전통에 기초를 두고 쓴 이 책은, 민감하고 어려운 주제에 관하여 내가 본 책 중에서 가장 잘 된 책이다. - 빈센트 시니언 Vinson Synan, Regent University 학장

프랜시스 맥너트가 어려운 주제를 균형과 주의를 깃들여 잘 썼다. 죄, 정신병, 감정의 상처와 악한 영을 잘 구분하려고 노력하였다. 그는 성서적 지식과 영적 분별력과 이 사역이 필요로 하는 수년간의 경험을 가지고 있다. - 데이비드 시멘즈 David Seamands, Healing for Demaged Emotions의 저자

어둠의 권세들을 대적하여 싸우며, 목회적 지침과 정신과학적 이해을 찾고 있는 기독교인들은, 이 책이 지식의 보고이며, 소망의 간증임을 발견할 것이다. - 바바라 셀먼 라이언, Barbara Shelmon Ryanm Be-Loved Ministry의 회장

# 차례

추천서
서론

**Part 1** 필요한 기초 지식 : 잘못된 개념을 없애기 위한 — 15
    1. 내가 어떻게 귀신을 쫓아내는 것에 관여하게 되었는가 • 16
      (교회에 대한 비유)

**Part 2** 악한 영의 존재와 종류 — 37
    2. 귀신이 존재하는가 (성서적 근거) • 38
    3. 인간경험의 근거는 무엇인가 • 62
    4. 사로잡혔다고 불러야 하는가 • 91
    5. 악한 영이 있는 것을 어떻게 알 수 있는가 • 102
    6. 악한 영들의 다른 종류들 • 119

**Part 3** 저주와 잘못된 심판의 능력 — 131
    7. 저주 아래 놓임 • 132
    8. 저주같은 판단과 묶는 끈들 • 167
    9. 누가 축귀를 위해 기도할 수 있나 • 183

**Part 4** 사역 준비 — 203
    10. 어떻게 준비하나 • 204
    11. 사역팀 구성 • 212
    12. 귀신 들린 사람은 축귀를 위해 어떻게 준비하나 • 220

Part 5 **축귀 기도** — 233
    13. 축귀 기도(기본적 형태) • 234
    14. 마음의 상처의 영으로부터 사람을 자유롭게 하는 것 • 256
    15. 죄의 영들 • 278
    16. 사술의 영들 • 288
    17. 사단 숭배 종교의식 학대 (Satanic Ritual Abuse-SRA) • 318
    18. 영의 다른 종류들 • 337
    19. '축사 받은 물건'을 통한 축귀 • 344
    20. 후속 조치 • 355

Part 6 **장소를 자유하게 하는 것** — 359
    21. 축귀의 더 큰 차원 • 360
    22. 장소의 축귀 • 378

Part 7 **마지막 말** — 385
    23. 성령 세례 • 386

부록1:기도의 예 • 396
부록2:신부 루퍼스 프레리아와의 인터뷰 • 400

# 서론

악령이 신학교에서나 신학자 사이에는 좋은 대화의 주제는 아니지만, 영화나 소설, TV이야기 쇼에 인기 있는 주제가 된 요즘의 때와 맞추어, 악령에 대한 축사를 쓰는 것에 대해 조금 망설임이 있음을 고백한다. 신학자 월터 윈크는 다음과 같이 썼다.

지난 20세기 서구 사회가 대화로부터 배제하여 온 것은 무엇인가? 분명히 성은 아니다. 적어도 좀 더 세련된 분위기에서, 성적(sexual) 이야기를 다루는 것은 사람들을 놀라게 하지 못한다. 그러나 당신이 모든 대화를 충격적인 당혹감 속에서 중단되게 하고 모든 시선이 당신에게 쏟아지기를 원한다면, 천사에 대해 혹은 귀신, 악령에 대해 언급하고자 하라. 당신은 금방 병적인 폭력 증세가 있는 것으로 판단될 것이고, 사람들이 조용히 당신을 따돌리게 될 것이다.
천사, 영들, 권세자들, 신들, 사단, 이런 것들은 모든 다른 영적 실체들과 같이 우리 문화에서는 언급할 수 없는 것이다.[1]

월터 윈크가 1986년에 이것을 쓴 이후로 우리는 놀라운 변화를 보았다. 천사에 관한 책이 별안간 종교 서점에서 뿐 아니라 전국적으로 베스트셀러가 되었다. 기이하지만 미국 사회에서 얻은 여론 조사는 85%가 천사를 믿고 있는데 반해 오직 65%만이 악령(나쁜 천사)을 믿는다고 발표했다.

---

1. Unmasking the Powers(Philadelpia:Fortress, 1986), p.1.

축귀(deliverance)를 주제로하는, 몇몇 좋은 책들이 발간되었지만 널리 읽혀지진 않았다. 초기에 나에게 도움을 준 책들 중 하나가 돈 바쉠의 「*악령으로부터 우리를 구출하다*」[2]였지만, 나는 돈 바쉠이 그의 가장 중요한 책이라고 믿었던 책의 판매고에 얼마나 실망했는가를, 그가 죽기 얼마 전에, 내게 말한 것을 기억한다.

스캇 펙의 「*거짓의 사람*」[3]들은 널리 읽혀졌다. 심리 학자로서, 그는 용감하게 악령의 존재에 대한 주제를 공개했다. 그의 주된 소망은, 생각 있는 독자들이 악령은 실제 존재하고, 개인적 문제의 근원으로 심리학에서 인식되어져야만 한다는 것을 숙고하게 하는 것이었다. 베트남 전쟁의 '미라이 대학살' 과 같은 사회 문제에서도 마찬가지이다. 그러나 그는 현명하게 그의 책을, 악령이 존재하며 사람들에게 해롭게 영향을 미친다는 것을 나누는 정도로 한계를 두었다. 그는 악령으로부터 보호하기 위해 어떻게 기도할 것인가 혹은, 우리로부터 악령을 어떻게 제거하나 하는 문제로는 들어가지 않았다.

나의 소망은 이 책, 「*악한 영으로부터의 자유*」가 이미 악령의 실체를 믿고, 축귀에 대해 기도하는 사람들에 의해서만이 아니라 널리 읽혀지는 것이다. 여러 판이 나온, 내가 먼저 쓴 책 「*치유*」[4]는 미국에서 백만 권이 팔렸고, 일본어와 스와힐리어(역주:동부 아프리카, 콩고의 공용어)같은 다양한 언어로 번역되어 치유를 위한 기도의 실체를 알고자 하는 천주교나 개신교의 사람들에게 전해졌다. 기독교회가 일반적으로 축귀

---

2. Grand Rapids:Chosen Bools, 1972
3. New York:Simon & Schuster, 1983.
4. Ave Maria Press, Bantam, Image와 Creation House도 개정판 출판.

에 관해 가르치는 것을 무시하기 때문에, 나는 이 책이 모든 기독교회에서 균형 잡힌 축귀 사역의 필요성에 대해 지적인 토론이 소생되어지기를 소망한다.

이 페이지에 포함했던 몇몇 개인의 이야기들을 다시 읽을 때, 내가 30년 전에 그것들을 읽었다면 어떻게 반응했었을 것인가를 돌아 보고, 이상하고 비밀스러운 악령의 세계를 인정하지 않는 사람에게는(그것들은 UFO를 타고 내려온 우주인처럼) 거의 믿을 수 없는 것일 거라는 것을 깨달았다. 내가 단지 바라고 싶은 것은, 당신이 이 책을 펼 때 열린 마음을 유지하라는 것이다.

하나님께서 창조하신 우주의 한 부분인 악령에 대해 쓸 때 우리는 부득이 인생의 어두운 부분을 집중한다. 이것은 질병에 대해 책을 쓴 의사가, 그의 직업은 병보다는 실제 생명과 건강에 항상 더 관심이 있다는 것을 아는 것과 같다. 그러나 누군가는 생활의 마귀적 구성요소에 대해 써야만 한다. 복음서 저자들은 분명히 그것으로부터 주춤하며 뒷걸음치지 않았다.

집에서 쓰레기를 내어가는 것은, 인생의 아주 작은 부분이다. 나는 그것을 좋아하지 않지만 반드시 일 주일에 한번씩 쓰레기를 도로변에 갖다 놓아야 한다. 그리고 우리에게는 마을에 쓰레기를 치우는 더러운 일로, 자신의 시간을 헌신하며, 시끄럽고 다루기 힘든 트럭을 몰고 다니는 쓰레기 수거원으로 일하는 사람이 필요하다. 종종 나는 그들이 은행장보다 더 많은 임금을 받아야 된다고 생각한다. 그들은 절대적으로 필요한 사람들이다. 만약 그들이 파업을 한다면 온 도시는 쓰레기를 가득 차 모든 일정이 멈춰버릴 것이다.

영적 생활에서 축귀가 그런 것이다. 누군가 그것을 해야 할 필요가 있고, 그가 무엇을 하고 있는지 알아야 할 필요가 있다. 어떤 면에서 나는 너무 오랫동안 아무도 쓰레기를 치우지 않아서, 악마 같은 것이 마음대로 하기 때문에 오늘날의 교회가 힘든 때에 이르렀다고 생각한다.

예수님이 우리에게 보여 주신, 아름답고 평화로운 길을 따라갈 때, 사랑하는 크리스천 남편, 아버지, 사역자가 되는 것을 소망하며 내 개인과 가족 생활의 대부분을, 생활의 긍정적인 면에 헌신하였다.

> 무슨 일에든지 참되며, 무슨 일에든지 정직하며, 무슨 일에든지 의로우며, 무슨 일에든지 순결하며, 무슨 일에든지 사랑스러우며, 무슨 일에든지 좋은 평판을 얻고, 만일 무슨 덕이 있거나 무슨 칭찬이 있으면 이런 것에 대해서 생각하라.(빌 4:8)

이것이 나의 큰 소망이다. 때때로 우리는 하나님의 전신 갑주를 입고 전쟁하기 위해 사단과 맞서야만 한다.(엡 6:12) 예수님이 인간으로 오신 중요한 이유는 마귀의 영향에서 우리를 자유하게 하려는 것이다. 예수님께 이것은 부제목이 아니며, 사소한 사역이 아니다. 예수님의 주된 이름은 우리를 악으로부터 자유하게 하시려 왔기 때문에 구원자이시다. 하나님의 아들이 나타나신 이유는, 마귀의 일들을 멸하시려는 것이다.(요일 3:8)

내가 강조하고 싶은 것이 하나 있다면, 축귀는 상처 입은 사람에게 하는 사랑의 사역이라는 것이다. 선한 싸움을 좋아하고, 선과 악의 완전한 대조로 사물을 보기 좋아하는 크리스천이, 축귀 사역에 관심을 갖는것 같다. 그리고 그들의 선천적 전투 기질 때문에, 그들은 전쟁터가 되는 부상 입은 사람이 짓밟히고 있는 그런 상태에서 악령들과 싸운다. 옛날 속담에 '코끼리와 사자가 싸울 때 밟히는 것은 개미다' 라는 말이 있다.

우리는 마귀에게가 아니라 사람에게 사역한다. 축귀는 실제 치유 사역의 부분이며, 우리가 돕고자 하는 사람에게 말하는 모든 것은 사랑으로 빛을 발하며 나아가야만 한다. 비난은 마귀의 영역에 대해 마땅한 것이지, 도움이 필요해 우리를 찾는 상한 사람들을 위한 것이 아니다.

교황 존 폴 2세는 다음과 같이 말했다.

> 무엇보다도 복음은 창조의 기쁨이다. 창조하시면서 그분의 창조를 좋다고(창 1:1-25) 말씀하신 하나님은 모든 창조물, 모든 인간 위에 기쁨의 근원이시다. 창조자이신 하나님께서 네가 있어 좋다라는 창조의 말씀을 하신다. 그리고 그분의 기쁨은, 선한 것은 세상에 있는 악한 것 모두 보다 더 크다 라는 것에 의한 복음을 통해 특별히 퍼진다. 악은 사실 기본적인 것도 결정적인 것도 아니다.[5]

---

5. 교황 바울II, Crossing the Threshold of Hope(New York:Alfred A. Knopf, 1994), p.20.

Part 1

# 필요한 기초 지식:
## 잘못된 개념을 없애기 위한

# 1

## 내가 어떻게 귀신을 쫓아내는 것에 관여하게 되었는가

### 교회에 대한 비유

**악**령을 쫓아 내는데 열심으로 관여하게 된 나의 친구들처럼, 나도 이론을 통하여서가 아니라 경험에 의해 참여했다. 나를 신학적으로 인정받을 만한 범위 밖으로 밀어낸 것은, 상처 입고 고통 받는 사람들을 돕고 싶은 나의 소망 때문이었다.

1960년대 후반 어느날, 로마 가톨릭 신부로서 내가 받은 유일한 실용적인 지침은, 몇 명의 개신교도 친구와 나의 시행착오 경험에서 온 것이었다. 부득이하게 나는 실수를 했고, 그것들을 통해 나는 내가 소망하는 몇 가지 가치있는 교훈을 배웠다.

축귀를 위한 기도는 치유 사역에서의 나의 경험과 매우 달랐다. 나는 솔직히 기도를 통해 치유된 것 같은 수많은 사람을 알고 있다고 말할 수 있다. 모든 사람이 육체적 치유는 받지 못했지만, 그렇지 못했던 사람조차 영적으로 축복 받았다. 그러나 치유와 아주 가깝게 연결된 나의 축귀 사역에서, 우선 긍정적인 격려나 내적 치유가 필요 될 때 나의 무지 때문에, 혹은 내가 매듭지을 시간을 갖지 못했거나 혹은 내가 가장 분명한 문제, 마귀적 요소를 공격했기 때문에 도울 수 없었던 몇 사람을 안다.

나는 축귀 사역에 관계된 문제를 우리가 모두 안다고 생각한다. 축귀 사역은 내가 아는 가장 위험한 사역이다(말라키 마틴이 「마귀에게 묶임」[1]에서 말한 것처럼) 축사자에게 뿐 아니라 자유로워지는 것이 필요한 피해자에게도, 억압받는 사람들이 증가하는 숫자로 자유로워지게 하기 위해, 우리는 지나간 같은 실수를 반복함 없이 어떻게 축귀에 대해 기도하는가를 배우는 것이 필요하다. 그러나 제한하거나 금함으로 상처입은 사람을 돕는 것을 거절하는 축사는, 우리가 행한 실수보다도 훨씬 더 나쁜 것이다. 왜냐하면 그것은 다수의 억압받는 사람들을 그들의 남은 인생 동안 고통받으며, 설상가상으로 그들이 더 나아질 희망조차 보지 못할 때, 자살하도록 버려 두는 것이다. 나는 우리가 지침을 위해 주께 더 배우고 의존하면 과도하게 두려워 할 이유가 없다고 본다. 모든 사역자나 목사는 축귀 기도를 통해 수백의 사람들을 도울 수 있어야만 한다.

내가 치유를 위해 기도하는 것을 사랑하고, 사람들이 자신의 고통을 씻어주는 예수님의 사랑을 경험할 때, 사람들의 얼굴에서 기쁨을 보는 것을 사랑함에도, 나는 치유를 위한 기도가 항상 충분하지 않다는 것을 또한 발견한다. 예를 들면 몸의 치유를 구하러 앞으로 나오는 사람을 위해, 조용히 기도 사역을 하는 예배 시간에 갑자기 한 남자가 아무런 이유 없이 얼굴을 찡그리며 "우리는 당신을 미워해요."라고 소리 지른 경우가 있었다. 또 다른 경우는 젊은 여성이 나의 목을 조르려 했

---

1. New York:Reader's Digest Press, 1976. 나중에 Bantam 출판됨.

고, 나는 여러 차례 자신의 목을 조르려는 듯이 자기 목으로 손을 뻗는 사람들을 보았다. 여러 해를 걸쳐 이 같은 이상한 사건이 일어났다. 분명히 많은 것은 아니지만, 대체로 우리가 상당히 많은 사람들을 위해 기도할 때, 몇몇이 혼란한 행동을 일으켰다.(불과 이틀 저녁 전에 미국 감리교회에서 약 400여 명의 사람들의 치유 역사를 위해 기도하려 할 때 한 여성이 소리 지르기 시작했고 그녀의 얼굴은 기이하게 일그러졌다.)

종종 내가 기도를 계속할 때, 사람들이 땅에 쓰러져 간질병과 귀신들린 사람같이, 복음서에 있는 개인들을 연상시키며 구르고 소리치기 시작한다.

> 그가 주를 보자 즉시 그 영이 그에게 발작을 일으키니, 그가 땅바닥에 넘어져 구르며 거품을 흘리더라.(막 9:20)

우리는 이것들을 다음과 같은 간단히 평가할 수 없는 복잡한 요소를 지닌 것을 제외하고 정신병적 에피소드로 지나칠 수도 있다.

1. 이러한 사람들은 다른 때는 정상으로 행동한다. 가끔 그들에게 일어난 이 같은 일들은 처음 일어난 것이다.
2. 대체로 분위기가 아주 감정적으로 고조되어 있지 않다. 사랑과 온유한 기도로 특정 되어진 조용한 예배 동안 이런 사건이 일어난다. 이것들이 신경질적인 발작이라면 그것의 원인은 무엇인가?
3. 이런 사람들이 어떤 것을 말할 때 가끔 복수로 표현한다. "우리는 너를 죽일 것이다!"

우리라는 것이 어디서 온 것일까? 가끔 그들은 사자처럼 울부짖고, 개처럼 짖는다. 우리는 이것을 어떻게 설명할까?

4. 대체로 이런 고통을 받는 사람들은 다른 사람이 이렇게 행동하는 것을 본적이 없다, 그렇다면 그들은 어디서 그것을 배웠는가? 전 세계에 있는 마귀 들린 사람들이 우리가 그들을 위해 기도하는 동안, 똑같은 방법으로 행동하는 것이 나를 놀라게 한다.

나는 이런 이상한 에피소드가 일어났을 때 무엇을 할 것인가를 알아 내고자 수 년에 걸쳐 노력했다.

나의 전반기 사역의 대부분은 이 문제에 관한 것이다. 우리가 치유를 받을 사람을 위해 기도하고 있을 때, 그녀가 당신에게 소리지르며 경련으로 비틀거리기 시작하면 당신은 무엇을 하겠는가? 이 같은 사람을 당신은 어떻게 돕겠는가? 그저 그녀가 왔던 길로 집으로 보낼 것인가? 어디에서 우리가 하여야 할 것을 배울 수 있는가?

내가 그러한 사람을 위해 기도하고 있을 경우에, 나는 기도 팀과 함께 그녀를 옆 방으로 데려가곤 한다. 기도 시간 후에 내가 그 영들에게 떠날 것을 명령하는 동안 그들은 가끔 기침이나 혹은 다른 외적 표현으로 떠나곤 한다. 그 후 사람들은 거의 고통스럽던 존재가 떠난 것을 느낀다고 항상 말하곤 한다.[2] 그리고 그녀는 평화로워 보이고, 가끔 실질적으로 변하기도 했다.

2. '완전히 없어졌다'의 완전히 편하게 되는 느낌은 우리가 내적 치유에서 흔히 장기간 단계적으로 겪는 과정과는 판이하게 다르다.

나는 서너 가지의 이상한 일들을 알아냈다. 역설적으로 자유함을 받은 사람이 생활의 풍요, 즐거움 그리고 기쁨을 보이는 반면, 팀에 있는 우리들은 대체로 고갈되는 것을 느꼈다. 또한, 이 자유로워진 사람들은 종종 그들이 줄을 지어 앞으로 나와서 기도를 받고, 그들이 자유롭게 될 때까지 사이의 과정을 아무것도 기억할 수 없었다.

마귀의 영들이 시간과 그 사람을 통해 말하는 것 조차도 지배하고 있었던 것처럼 보인다. 그 사람이 임시적인 것이지만 사로잡힘 같은 상황 안에서 기억할 수 없는 무의식의 상태에 들어가는 것 같았다. 이런 장면은 예수님이 군대 귀신을 돼지에게 들어가게 하시기까지, 그 안을 군대 귀신이 붙들고 있었던 '거라사의 귀신 들린 자'를 생각나게 한다. 결국 그 난폭한 사람은 자신의 온전한 정신으로 돌아왔다.(마 5:1-20)

나는 내가 축귀를 위한 기도를 충분히 안다고 생각하지 않았기 때문에 우리가 하는 치유 사역에서 예수님의 사랑을 강조함으로 이런 모든 어려움을 분명하게 조정하려 했다. (나에게 축귀를 위해 기도를 청했던 사람들 중 한 사람의 입에서 이런 수치를 주는 말이 나왔다. "너는 우리를 쫓아 내지 못해! 너는 충분한 경험이 없어!")

그런 후, 1972년에 나를 더 배우도록 밀어 부치는 계기가 있었다.

### 로베르타

젊은 결혼한 여성이 - 그녀를 로베르타라 부르자 - 집회 동안 상담을 하기 위해 나를 찾아 왔다. 그녀는 정신병을 앓은 적이 있어 병원에서 많은 시간을 보냈다. 그녀는 내가 기도하길 간절히 바라지는 않았지만 나의 도움을 원했다. 후에 그녀가 나의 사무실로 와서 내게 그녀의 깊은 절망을 드러내는 기도를 하도록 허락했을 때 분명한 치유가 일어나지 않았다.

나는 그녀의 모습에 대해 두 가지 이상한 것을 알아냈다. 그녀는 아름다웠지만 고뇌에 시달린 얼굴과 그녀의 팔 위에서 아래로 문신같은, 깔끔하게 배열된 태운 흔적의 모양 있는 줄을 가지고 있었다. 그녀는 내게 말하기를, 그녀는 그녀의 몸을 담배 불로 지지므로 그녀 자신에게 고통을 가한다고 했다. 그것이 아프지 않느냐고 물었을 때 그녀는 아프지 않다고 대답했다. 통증을 느끼지 못하는 것이 이상하였지만 나는 그것이 기이한 종류의 신경을 막는 방법에 속한다고 생각했다. 그녀는 또한 공동묘지를 자주 방황하며, 집에 있는 대부분의 것들이 그녀에게 죽음을 상기시키는 것같이 느낀다고 말했다. 그녀는 나에게 왔던 상태 그대로 나의 사무실을 떠났다. 나는 정말 그녀를 어떻게 도와야 할지 몰랐다.

몇달 후, 그녀의 친구들 중 어떤 이가 내가 큰 집회에서 설교하고 있는 곳으로 그녀를 데려 왔다. 그 시점에 나는 내가 단지 정신적인 문제보다 더한 어떤 것으로 다루어야 하는 것이 아닌가 의심하기 시작했다. 매번 그녀는 내게 말하고자 다가오기 시작하다 다시 돌아서 군중 사이로 사라졌다. 그녀의 친구가 마침내 그녀를 진정시켜 어린 소녀 때 그녀의 아버지가 브라질에서 악한 영의 사단 의식에 어떻게 그녀를 바쳤는가를 나에게 말하게 하기 위해 그녀를 데리고 왔다. 그녀는 사단의 여 사제가 되었었다. 그러나 지금 그녀는 미국에 살고 있었고 평범한 삶을 살고자 노력했다. 그녀는 내게 자기를 자유롭게 할 수 있는가를 물었다.

　내 머리에 떠오르는 것을 깨닫고, 나는 축귀 기도에 많은 경험이 있는 캠프의 인도자에게 그녀를 소개했다. 나의 경험 부족에다가, 350명이 참석한 캠프의 주 강사였으므로 그녀와 많은 시간을 보낼 수 없었다. 나는 그녀에게 내가 기도를 시작할 수는 있지만, 그러나 실제로 쫓아내는 것은 나의 친구들이 할 것이라고 말했다. 그녀는 내가 함께 있어 주어 전체 축사 기도자들을 이끌어 주기를 간청했다. 그러나 나는 경험이 더 많은 나의 동료들이 그녀의 축귀를 위해 기도하는 것이 더 나을 것이라고 느꼈다.

　어느날 밤 10시쯤, 내가 기도사역를 시작했고, 그 다음에는 다른 인도자에게 과정을 넘겨서 그는 내가 보는 앞에서 열심히 기도해 주었다.

　새벽 2시경, 나는 다음날 아침 강연 스케줄도 있고 너무 피곤했기 때문에 자리를 뜨기로 결정했다. 내가 쉬기 위해 나의 오두막으로 가는 것이 지혜스러운 일인것 같았다.

　나는 새벽 전 나의 오두막 문을 두드리는 소리에 깼다. 한 남자가 내게 일어나라고 했다. 로베타가 자신의 손목을 자르려 했다는 것이다. 후들거리는 다리로 옷을 입었다. 그러나 내가 아직 해보지 않은 일 중 내가 더 할 수 있는 것이 무엇이 있는가? 그럼에도 불구하고 그들이 로베타를 데리고 왔다. 그녀는 같이 얘기 좀 할 수 있는가 물었다. 그래서 우리는 태양이 떠오를 때, 내 오두막 문 앞 계단에 앉았다. 그녀는 두 시간 전에 그녀의 남편에게 집으로 데려가 달라고 전화했었다고 내게 말했다. 그리고 집에 갔을 때, 그녀는 자살하려고 했던 것이다.

사단은 밤 낮으로 우리를 붙잡기 위해 죄의식을 이용하고 있나? 라고 나는 생각했다.

"당신은 신부입니다."

그녀는 신랄하게 지적해 나아갔다. "그러나 당신은 당신이 누구인지 조차도 믿지 못합니다. 당신은 나를 자유롭게 할 영적 힘을 가진 이 캠프에서 유일한 사람입니다. 나는 당신에게 갔으나 당신은 나를 감당 할 수 없는 사람에게로 넘겼습니다."

이것이 나에게 충격을 주었다. 하나님께서는 내가 그녀를 위해 기도하기를 원하셨는가? 반면에 이것이 마귀라면, 나를 강사 자리에서 빼내는 방법으로 어제 저녁 나의 친구들이 걸려들었던 같은 방법으로 나를 걸려들게 하는 것 보다 더 좋은 방법이 있겠는가? 내가 그것을 사라지게 할 수 있는 유일한 사람이라고 내게 말하므로 그녀는 오직 나의 자만심을 부추키는 것은 아닌가?

결국 나는 그녀를 도와줄 것을 약속했고, 대신에 그녀가 협력할 가능한 모든 것을 하도록 대비했다.

첫 단계로 그녀는 성경에 언급된 특정 마귀에게 그녀가 바쳐졌었다는 것과, 그녀가 사단에게 바쳐졌을 때 성경 구절이 그녀에게 박혔다고 고백했다. 그녀는 성경에 익숙하지 않았지만 '요프'라는 이름의 책이 있는가를 그녀의 액센트 있는 영어로 물었다. '욥' 같이 들린다고 내가 말하자, 그것이라고 그녀는 말했다. 우리의 약속 시간인 그 다음날 아침까지 그녀는 준비하기 위해 시간을 가졌고 그녀의 구절 욥기 18:14을 찾았다.

"그의 신뢰가 그의 장막에서 뽑혀져 멸망이 그를 공포의 왕

에게로 데려가리라."라고 말하자 그녀는 "맞아요. 내가 공포의 왕에게 드려졌습니다."라고 말했다.[3]

다음 시간에 나는 죄의 회개와 용서를 통해 그녀를 인도하였고 그녀가 관여했던 마술적인 영역에 모든 것을 포기하도록 청했다.

그 후 나는 저주 끊는 기도를 하였고 공포의 왕을 내어 쫓았다. 그녀가 그녀의 생을 주님께 드렸을 때 성령으로 세례를 받아서 방언을 했으며, 스스로 그것을 통역하는 아름다운 결과를 얻었다. '사단은 단지 그의 목적으로 너를 이용하려 했었다. 나는 이제 너를 나의 영광을 위해 쓸 것이다.' 라고 해석했다.

약 한 시간 동안 조용하게 계속 되었던 우리의 기도 끝에 로베르타는 말할 것도 없이 변화 되었다. 그녀가 나를 보러 온 원래의 이유는, 뒤에 밝혀졌지만 그녀의 딸이 그녀에게 악마가 아니냐고 물었을 때 받은 쇼크 때문이었다.

또한 그녀는 내가 기도할 때는 알지 못했는데, 여러 종류의 약에 중독되어 있었고 우리가 기도하는 동안 그 중독이 끊어졌다. 그 이후로 그녀는 그녀의 남편, 아이들과 전혀 새로운 삶을 시작할 수 있었다.

로베르타의 이야기는 다양한 방법으로 교회에서 일어나는 것들의 비유이다. 여기, 나에게 말씀하셨고 오늘날의 교회에 말씀하시는 두 가지 교훈이 있다.

---

3. 욥 18:14의 무서움의 왕은 Ugaritic(우가리 문화)의 죽음의 신이다. NIV같은 현재 번역판 중에서 인격적 악의 의미를 축소시켜서 king of terrors, 무서움의 왕을 소문자로 표현한다. 그러나 새예루살렘 번역에는 King of Terrors, 무서움의 왕을 대문자로 표기한다.

## 인간의 필요

로베르타의 이야기로부터 얻은 첫째 교훈은, 내가 긴급하고 심각한 인간적 필요에 - 생사가 달려있는 경우 - 직면했고, 그때 그 곳에 아무도 도와 줄 사람이 없었기 때문에 나는 무조건 행동을 취하도록 강요되었다는 것이다. 내가 그때, 무지하였지만 단지 팔장을 끼고 그녀가 멸망하는 것을 보고만 있을 수는 없었다. 나는 많이 알지는 못했지만, 결국 기도를 감행하기로 결정하였던 것이다.

또 하나는 우리 모두가 축사를 위한 기도에 참여하는 방법이다. 우리는 유일한 주변의 사람들이다. 그래서 우리는 결국 무엇인가 해야 하는 것을 결정한다. 우리가 실수 할 것도 가능하다, 그러나 우리가 아무것도 하지 않는다면 결과는 참혹할 것이 분명하다.

나는 이 교제에서, 뉴욕 스테이튼 섬에 있는 어거스틴 수양관에서 - 신부님 부족으로 문 닫은 지 오래 되었다 - 1978년에 132명의 신부들과 두 명의 주교를 위해 개최했던, 선구적이 축귀 세미나를 따라 만든 작은 여론 조사의 설명적인 결과를 나누기 원한다. (58명이 설문지에 응답했다.)

축귀 사역의 필요에 대해 당신은 어떻게 배웠는가? 라는 질문에 가장 많은 숫자가(26) 그들은 필요에 대해 훈련으로부터가 아니라 그들의 경험으로부터 알았다고 대답했다. 어느 사람은, 수련회에서 그냥 일어 났다고 말했다. 또 다른 이들은 치유 예배를 인도함을 통하여, 혹은 정신과 의사가 나를 그들에게 보냈거나, 혹은 마귀의 문제가 자신의 기도 그룹에서 표면으로 나오기 시작했다고 말했다.

다른 5명의 신부들은 고통 받는 사람들이 도움을 받기 위해 그들에게 오기 시작했다고 말했다. 두 명은 그들이 그들의 교인중에 필요한 것이 축귀임를 깨닫게 되었다고 말했다. 더욱 세 명은, 축귀에 대한 그들 자신의 개인적 필요가 그들을 이 사역으로 인도하게 했다고 인정했다.

나처럼 그들의 대부분은 악령을 쫓아내는데 가르침을 받지 못했었다. 그들은 단지 마귀의 억압으로 고통 받고 있는 사람들을 도울 절박한 필요가 있음을 알았고 그들 누구도 신학교에서 그것을 배워 본 적이 없었다.

경험을 통해 축귀의 필요를 발견하지 못했던 사람 중에 첫 19명은 책이나 혹은 치유 테이프를 통해 축귀를 배웠고, 다른 9명은 친구에게서 그것을 들었다. 나처럼 그들은 사단과 의례적인 축사를 믿도록 배웠지만, 멀리서 그들 자신이 직접할 것은 아닌 것으로 알았다.

우리 대부분에게 축귀에 대해 배우는 것은 악령의 원인에 대한 어떤 질서 있는 지적인 질문으로서가 아니라, 마귀의 공격 아래 있는 것 같은 우리 앞에 서있는 이 사람을 어떻게 도울 수 있느냐에 대한 당혹스러운 목사의 딜레마로서 시작한다고 나는 생각한다.

나는 지금 축귀의 필요는 흔한 문제이지, 드문 것이 아니라고 본다. (나중에는 이것에 관한 것이 더 많을 것이다) 축귀는 교회의 복지에 영향을 주고, 오직 상처 난 수많은 사람들이 축귀 기도를 통하여야만 이룰 수 있는 도움을 찾고 있기 때문에, 역점을 두어 다루어져야만 한다. 사람들이 정신적인 문제들로 고통을 당하고 있다면 괜찮다. (그들은 상담자나 치유 기도로 도움을 받을 수 있다) 그러나 문제의 근원이 마귀적인 것이라면, 그들은 일반적인 심리학적 조정을 통해 명료하게 도움을 받을 수 없을 것이다. 또한 사단적 의식의 많은 희생자들이 나타나서 공개적으로 왜 교회가 도움을 줄 수 없는가를(예를 들면 TV좌담 쇼를 통해) 묻고 있다.

이 상처 난 사람들은 바로 로베르타처럼 도움을 위해 울부짖고, 그것은 나에게 문제를 직면하도록 강요했다. 교회는 어떤 조치를 취해야만 한다. 그렇지 않으면 사단적 억압의 문제는, 드물거나 실제가 아니라고 주장하면서, 계속 부정해야 할 것이다.

## 고통 받는 사람들이 잘못 된 근원으로부터 도움을 찾도록 강요하는 것

로베르타 이야기에서 얻은 두 번째 교훈은, 내가 그때 지혜롭고 사려 깊었다고 생각했던 행동이 단지 그녀를 다른 누군가에게 보냈던 것처럼, 우리의 대부분은 어려운 경우를 위한 도움을, 우리 자신이 아닌 다른 사람으로부터 찾도록 훈련되어졌다고 생각한다. 전반적으로 축귀가 필요한 사람은 먼저 그들의 사역자나 목사를 찾아간다. 사역자가 가끔 그들을 심리 치료자에게 보낸다. 문제가 감정적인 것이라면, 심리 치료자가 도움을 줄 수 있다. 그러나 문제가 마귀적인 것이라면, 그 고통 받는 사람은 아마 도움을 받지 못할 것이고 결국 일생 동안은 안전하나, 평생 쓸모 없는 정신 병동에 수용 될 것이다.

"당신은 나를 도와줄 수 있는 유일한 사람입니다. 당신은 당신이 누구인지 믿지 못합니까?"라는 로베르타의 힐책은, 고통

받는 사람에게, 인근지역 정신과 의사의 전화번호를 주고, 우리는 우리가 할 수 있는 최선을 다 했다고 확신하고, 느긋하게 쉬고 있는 수천의 사역자와 목사들에게 보내진 경종일 수 있다. 그러나 대부분의 상담자나 정신과 의사가 마귀가 거기 있을 때 마귀의 존재를 인식할 수 있는 좌표계를 작동하지 못할 때 어떻게 도울 수 있겠는가? 이것 또한 그들의 훈련으로 되는 것이 아니다. 정신 병원에 있는 환자를 포함하여 많은 환자들이 내적 치유나 축귀 기도를 통해 치료 받거나 도움 받을 수 있다. 이런 주장을 일반적으로 증명하는 것은 불가능하다.(나는 단지 마음으로 느끼는 믿음으로 그것을 말한다)

나는 한 때, 정신 분열증으로 고통 받으며 12년 동안 정신 병원에 감금되어 있었던 한 여성을 위해 기도했다. 치유와 축귀를 위한 두 시간의 기도 후, 그녀의 눈에 반짝거리는 모습이 있었고 그녀는 정상적인 모습으로 돌아올 수 있었다.

몇 주후 의사는 그녀의 행동에서 극적인 변화를 인식했고 그녀를 퇴원시켰다.

나는 정신과 의사나 마귀 들린 사람을 다루는 것을 배우지 못한 종교의 사역자들로부터 도움을 찾을 수 없었다는 탄원자들이 줄지어 오고 있는 상황에서 - 내가 처음 20년 보다 더 전에 축귀 사역을 머뭇거렸던 이후로 - 더 많은 예를 인용할 수 있다. 나의 큰 소망은 크리스천들이 축귀에 대해 더 배우고, 필요할 때 그것을 위해 기도할 수 있게 장려하는 것이다. 나의 흥미는 학문적인 것이 아니다. 나에게 문제가 되는 것은 삶과 죽음이다. (내가 도움을 얻지 못하면, 모든 것을 끝낼 것이다.) 사람들을 자살하도록 이끄는 고통으로부터 그들을 자유롭게 할 사람이 거기 없다면 어떤 사람은 영적으로 혹은 신체적으로조차 죽을 것이다.

복음의 사역자들은 마귀적 억압이 있다는 것을 부정하거나, 필요한 것이 축귀일 때 사람들을 단지 정신과 의사나 상담자에게 보내므로 책임을 전가하는 것을 멈추어야 한다. 상담과 의료 또한 필요한 것이다. 그리고 우리는 모든 의미에서 정신건강 전문가와 협력해야만 한다. 그러나 사역자들은 그들 자신의 영역에서의 책임을 부정하는 것을 계속하여서는 안된다.

정신병 치료자인 나의 아내 쥬디스가 보스톤에 있는 아주 뛰어난 정신 병동에서 주치의로 일했을 때, 그들이 억압감으로부터 자유함을 얻기 위해 기도가 필요하다고 믿는 환자들이 있었다. 그녀는 환자들을 그들의 병원 목사에게 보냈다. 그러나 그녀는 병원 목사들이 영적 전투에 대해 그녀 보다 더 아는 것이 없다는 것을 알았다. 병원 목사들은 사람들을 격려하는 것을 잘하였고 상담에 도움이 되는 보조자였다. 그러나 환자들이 가장 필요로 하고, 목사들 자신이 선택한 영적 영역에서는 도울 수 없었다.

## 도움을 찾아낸 여인

여기에 정신과 의사와 신부에게서 도움을 찾는데 실패한 교육을 많이 받은 여성의 행복한 결과로 끝난 이야기가 있다. 절망 가운데 그녀는 결국 예상치 못했던 곳으로부터 자유함을 얻었다.

안녕하세요, 프랜시스씨!
나는 책만 읽고 그 저자에게 편지를 써 본적이 전혀 없습니다.[4]

나는 당신이 내게 필요한 충고를 보내줄 수 있기를 기도합니다. 단지 지난 5주 전에 나의 문제를 알게 되었고 나의 교육적 배경과는 반대로 중세 암흑시대로부터 나오는 것 같은 말을 쓰는 데 아직 어색함을 갖고 있습니다.

약 3년 전에 나는 하나님과 가까운 관계를 갖기 시작했습니다. 같은 때에 나는 만성적으로 우울해 있었고 실제로 죽고 싶은 충동을 느꼈습니다. 나는 이해가 되지 않아서 나의 목사님과 이야기했고 도움이 필요하다고 했습니다. 나는 37살이고 교육을 잘 받았고 분석적인 사람입니다. 나는 심리학을 전공했고 나에게 무엇인가 잘못되어 있어 정신건강 센터가 해답인 것 같지만 그것을 받아들이기가 싫습니다. 나는 정신 치료를 시작했고, 열심히 해서 모든 것이 바르게 되었습니다. 그러나 내 안에 있는 것은 아무 것도 변하지 않았고 아직도 나아진 것을 느끼지 못했습니다. 나는 극에 달했습니다. 나의 의사는 왜 우리가 아무것도 바꿀 수 없는지 이해하지 못했습니다. 나는 살 수 없었다고 말했던 음성이(우리는 그때 이것을 부모 테이프라 불렀습니다) 나의 머리에 있습니다. 2년 전에 나는 일 주일에 두 번 자살하려 했습니다. 나는 집중적인 보호를 받기 위해 심리 치료 병동에 갔습니다. 나는 나의 의사와 목사님에게 그것은 내가 아니라고 말했습니다. 나는 그런 것을 느끼고 싶지 않았습니다. 그러나 내가 미친 것 같아 그렇게 말하는 것을 중단 했습니다.

내가 기도하고 또 기도하였으나 더 나쁘게 느껴졌습니다.

그 때 하나님이 나의 인생에 ___수녀님을 보내셨습니다. 그녀는 지적이며 박식하고 솔직한 여성입니다. 그녀는 내가 아마 축

---

4. 내 책 "치유"에서 축사에 관한 장을 그녀가 읽었다.

귀에 대한 기도를 해야만 할 것이라고 말했습니다. 결국 그녀에게 간청하여 나의 동의하에 우리는 기도 커플을 보러 갔었습니다. 거기에 있는 동안 나는 내 인생에 처음으로 나를 다루고 있었던 것이 악령인 것을 알았습니다. 나는 나의 모든 마술적인 행위를 단념하도록 요청 받았습니다. 그것은 간단한 것 같았습니다.(오래 전에 나는 그것들을 불필요한 수준으로 분류하였습니다) 그러나 그것들을 단념하는 것이 대단히 어렵다는 것을 알게 되었습니다.

약 세 살 이후로 나는 나의 머리 속에 음성을 가지고 있었습니다. 그것은 나의 머리에 있었고 그것이 내가 아니라는 것을 알고 있었음에도 불구하고 그것이 나인 것으로 가장했습니다. 그 음성은 내게 무엇을 하고 어떻게 할 것인가 말했습니다. 나는 그것이 나를 돌본다고 느꼈습니다. 그것은 내게 어떠한 일들을 일어나게 만들며 어떻게 미래를 읽고 과거를 보는지 말했습니다. 나이가 들었을 때 나는 미래를 말했고, 내가 너무나 많이 말할 수 있으므로 사람들은 놀랬습니다. 나는 시빌 리크가 말하는 타고난 마녀입니다. 그 사람들이 나와 기도한 후에 그 음성은 잠잠했습니다. 그러나 아직 나는 그것이 있는 것을 느끼겠고 그것이 떠나지 않은 것을 압니다.

그 다음 주는 끔찍했습니다. 그것이 더 이상 나의 음성이나 혹은 나인 체 하지 않았습니다. 그것은 나를 거의 계속적으로 공격했습니다. 그 시간이 매우 힘들었습니다. 나는 말을 할 수 없었고 그들은 나를 신체적으로 강압했습니다. 그 음성은 "접촉하라, 내가 하게하라, 네가 한다면 그들이 너를 붙잡을 수 없다, 그들은 어떻게 하는지 모른다."라고 계속 말했습니다. 내가 가지 않고 우리가 그것을 쫓아내지 않으면 누군가가 다칠까 두려웠습니다.

그것은 내게 나의 문제를 보게 했습니다. 나는 20세기 교육의 시각으로 이성적이고자 했으나, 나는 그것이 나를 괴롭히는 아주 능력 있는 마귀임을 압니다. 나는 자유로워지기 원합니다. 나는 나의 전 의지를 하나님께 드리기 원합니다. 내가 보호 받는다는 것을 느껴야 축귀를 다시 시행할 것입니다. 그 후에도 내가 같은 모습으로 남는 전시회의 한 부분이 되는 것을 원치 않습니다. 나는 전쟁터에 있는 것 같습니다. 나의 목사님에게 말씀 드렸고 그분은 마음 아파하십니다. 그분은 네게 고백하라고 하시지만 그것으론 충분하지 않습니다. 나는 도움이 필요합니다. 당신께서 내게 어떤 조언이라도 주실 수 있겠습니까?

이것은 실제 교회 전체에 대한 질문이다. 그렇지 않은가? 절망 속에서 먼 곳에서도 편지나 전화하는 사람들을 어떻게 도울 수 있을까? 지금 일반적인 목회의 상황에서 교회나 정신과 의사같은 전통적 도움처로 이미 가 보았으나 훌륭한 선의의 목사나 의사로부터 도움을 얻지 못한 지적인 사람을 어떻게 볼 것인가 하는 것이다. 당신은 축귀 사역을 받기 위해 찾아 갈만한 목사나 신부를 얼마나 알고 있나?

이 여인은 절망하여 내가 그녀를 볼 수 있는지를 알기 위해 여러 차례 전화했다. 나는 전혀 할 수 없었다. 내가 생각할 수 있는 유일한 것은 그녀의 집으로부터 50마일 떨어진 곳에 살고 있는, 아는 목사에게 그녀를 보내는 것이었다.

2주 후에 그녀에게서 다시 편지가 왔다.

안녕하세요, 프란시스씨!

내가 당신에게 편지를 부치자 마자 마귀는 나를 전보다 더 심하게 밀어 부치고 고통을 주었습니다. 내가 과량의 약을 먹어서 나의 친구가 나를 응급실로 데려갔습니다. 정신 병동을 담당한 수녀가 내가 나를 죽이려 하는 음성과 나 자신을 분리할 수 있겠는가 물었습니다. 내가 그것으로부터 분리될 수 있는 것은 죽는것 뿐이라고 느꼈습니다. 나의 정신과 의사는 나에게 입원해야만 한다고 말했습니다. 나는 내가 필요한 도움을 병원에서 얻을 수 없는 것을 알았기 때문에 거절했습니다.
내가 결국 당신의 친구 신부님 ___를 만나러 갔을 때 나는 당장 그를 좋아했습니다. 그는 지적이고 박식하고 매우 명랑합니다. 나는 그분과 이야기하며 마음이 열렸고 솔직해졌습니다. 그는 음성과 마귀에 대한 주제를 피하는 것 같았습니다. 오랜 대화 후에 신부님은 내가 근본적으로 정신과 의사를 필요로 하는 착한, 그러나 혼동속에 있는 숙녀라고 말씀하셨습니다. 그것이 저를 아프게 한 것은 내가 전에 그런 이야기를 안 들었기 때문이 아니라, 그런 말을 듣기 위해 그 먼 도시의 길을 간 것이 아니기 때문입니다. 그 때 나는 그에게 환청에 대해 노골적으로 물었습니다. 그는 몹시 고민하더니 그는 그 음성이 나의 것으로 생각한다고 말했습니다. 내가 어떤 느낌이었는가를 당신에게 쓸 수가 없습니다. 나는 하나님이 매우 잔혹하시다고 느꼈습니다. 고통의 눈물이 흘러내렸고 나는 그 음성이 내가 아니라는 것을 아는 것 외에는 할말이 없다고 그에게 말했습니다. 그는 당신이 어떻게 아느냐고 물었습니다.

그녀는 그 날 저녁, 마지막으로 그녀가 아는 수녀를 보기 위해 기도원에 도착할 때까지 얼마나 절망감 속에 배회했는가를 쓰고 있었다. 기도원에 있던 다른 수녀가 결국 그녀를 도왔다.

나는 그녀가 나를 미쳤다고 생각하는지 어떤지는 확인 할 수 없었지만 그녀는 친절했습니다. 그녀가 내게 성경을 가지고 오는 동안 잠시만 기다려 달라고 요청한 것으로 보아 그녀에게 내가 곧 떠날 것처럼 보였음에 틀림 없었습니다. 그녀는 조용히 앉아 잠시 동안 성경을 보았습니다. 그리고 나를 보며 주님께서 내가 당신을 위해 기도하기를 원하신다고 말했습니다.

나는 놀라지 않았습니다. 무엇보다도 그녀는 수녀입니다. 먼저 우리는 함께 기도했고, 그때 그녀는 마가복음 9:14-29을 (악령이든 소년의 치유) 읽고, 악령이 당신과 같이 있고 당신을 지배하는 것을 알고 있었느냐고 물었습니다. 그녀는 하나님께서 우리와 함께 계서 보호해 주실 것을 기도했습니다. 그 때 나는 그녀가 축귀를 위해 기도하고 있다는 것을 깨달았습니다. 그녀의 목소리는 매우 낮았고 나를 쳐다보지 않았습니다. 그녀는 권위를 가지고 그 영을 묶고 떠나가 다시는 돌아오지 말 것을 그것에게 명령했습니다. 나는 악령을 느꼈지만 작은 방은 하나님으로 가득 차 있었습니다. 수녀님은 열려 있었고, 하나님께서 그녀를 통하여 역사하고 계셨습니다. 나는 두렵지 않았습니다. 나는 온전해졌고 마귀는 떠났습니다. 하나님께서 나를 매우 부드럽게 잡으셨습니다. 나는 수녀님에게 그것이 갔다고 말했습니다. 그녀는 나를 쳐다보았고 그녀의 눈에는 눈물이 가득 고여 있었습니다. 그녀는 예배당으로 가서 하나님께 감사 드리고 경배하자고 말했습니다.

그 곳에 있는 나의 친구 수녀가 나를 보고 달라 보인다고 평했습니다. 나는 그것이 떠나갔다고 말하자 그녀는 언제 그 일이 일어났냐고 물었습니다. 나는 방금전, 수녀님이 축귀를 위해 기도하실 때 그것이 떠나갔다고 말하자 그녀는 수녀님이 그것을 할 수 있는지 몰랐다고 말했습니다.

그렇습니다. 나 역시도 물어 보지 않았기 때문에 전부터 그녀가 축귀를 했었는지 모릅니다. 그러나 나는 그녀가 아름다워 하나님이 특별한 방법으로 그녀를 사용한다고 생각합니다. 이상하지만 좋았고 이것이 바로 나라는 것을 느꼈습니다. 나의 머리에 있던 음성과 연락은 없어졌습니다. 나를 도와 주신 것에 감사합니다! 하나님께서는 당신도 역시 사용하셨습니다.

모든 것이 하나님의 영광입니다. 평안 하십시오!

나는 나 자신의 사역에서 직면했던 질문들에 대한 대답으로 이 책을 쓰고 있다. 이러한 여성과 로베르타 같은 사람들을 어떻게 도울 것인가? 우리가 그들이 가는 길에 안식처는 줄 수 없지만 그들이 필요한 종류의 도움을 제공해야 한다면, 우리는 성서적이고 실용적인 지침이 필요하다. 나는 내가 배운 것을 나누기 위해 쓰고 있다.

다음 장에서 우리는 악령의 존재와 우리가 발견할 것을 기대할 수 있는 다른 종류를 의논할 것이다.

Part 2

## 악한 영의 존재와 종류

# 2

## 귀신이 존재하는가

*성서적 근거*

200년 전, 크리스천들은 사단과 마귀의 영역이 실제 있는지에 의심을 가지지 않았다. 이 같은 책의 장을 쓸 필요가 없었던 것 같다.

최근 1972년 까지도 교황 바울 6세는 성서의 고대 해석을 (그리고 인간적 경험) 재차 단언하면서 다음과 같이 썼다.

> 그러한 실체의 존재를 인정하는 것을 부정하고… 혹은 가상 실체, 우리의 불행들의 알려지지 않은 원인의 개념적이고 공상적인 인격화로서 그것을 설명하려는 것은 성경이나 교회의 가르침에 반대되는 것이다.
> 그것은 복음서의 다양한 사건들로(눅 11:19-20; 막 5:9) 지적된 하나의 마귀가 아닌 많은 마귀에 대한 질문이다. 그러나 중요한 것은 적과 원수를 의미하는 사단이다. 하나님의 많은 모든 창조물이 그들의 반란과 비난 때문에 타락하여 사단과 함께 있다. 우리가 거의 모르는 불우한 극적 사건에 의해 혼란한 전체 설명할 수 없는 세상…[1]

마귀가 존재하는가 아닌가 결정하기 위해 우리는 신성한 성서와 우리 인간적 경험과 같은 믿음의 두 가지 기초적인 근원을 보는 것이 필요하다. 이번 장에서 우리는 마귀의 존재에 대한 성서의 증거를 찾아볼 것이다. 그리고 다음 장에서 우리의 활동과 관계된 인간적 경험을 나눌 것이다.

복음서를 계속 읽을 때, 우리는 예수님께서 사단과 마귀의 전 영역을 제시한 대단히 많은 숫자의 예문에 놀라지 않을 수 없다. 신약에서의 주된 주제는, 하나님의 왕국과 사단 왕국의 충돌이다. 인간 역사의 최고점은 사실 예수님으로 오신 하나님이 사단을 무너뜨려 사단의 지배권으로부터 인간을 자유하게 하시는 것이다.

나는 귀신을 쫓아내는 사역이 오늘날의 교회에 부흥되어져야 될 많은 것들 중, 단지 하나의 작은 사역이라고 제안하기보다는, 축귀에 대한 예수님의 사역이 복음서를 이해하는 중심이 됨을 알리겠다.

이 목적으로 하나님의 아들이 나타나셨으니, 곧 마귀의 일들을 멸하시려는 것이라.(요일 3:8)

신약 전체가 예수님은 첫째로 선생님이 아니라 (그분이 굉장한 선생님이셨음에도 불구하고) 그분의 중요한 직함은 **구원자** 혹은 **구속자**이시다. 전통적인 직함 구원자는 물론 그분이 우리를 실제로 구원하신다는 것을 의미한다. 그분은 우리를 실제 위험으로부터, 악한 것으로부터 우리를 구해 내신다.

다시 말하면, 크리스천 전통에서 인간을 내리 누르는 악령은 너무 막강해서 우리 자신의 도움 받지 않은 인간의 모습으

---

1. "악에서 구하옵소서": General Audience of 교황 바울 6세 1972년 11월 15일, 1972년 11월 23일자 L'Osservatore Romano에 보고됨.

로는 성공적으로 그것을 이길 수 없는 군대라고 말한다.

> 이는 우리의 싸움이 혈과 육에 대항하는 것이 아니요 정사들과 권세들과 이 세상 어두움의 주관자들과 높은 곳들에 있는 영적 악에 대항하는 것이기 때문이니라.(엡 6:12)

세상에 있는 악은 우리가 더 나은 크리스천 교육이나 교회 프로그램으로 단지 극복할 수 없는 사단적인 근원을 가지고 있기 때문에 중요한 것은 우리가 구원자를 필요로 하는 것이다. 구원자 없이 우리의 세상은 없다.

이것을 말하는 다른 전통적 방법은 우리가 하나님의 은혜와 도우심이 필요하다는 것이다. 사실, 초대 교회에서는 우리 인간의 노력으로 스스로 우리가 구원을 충분히 이룰 수 있다고 가르치는 이단과 펠라기아니즘을 (역주 : 인간의 원죄설을 부인함) 비난했다.

예수님이 직면하셨던 기본적인 악들은

*죄.
*질병.
*악령에 의한 고통.
*제어 못하는 자연.(예를 들면, 예수님께서 꾸짖은 바다의 강풍)
*모든 것의 마지막 원수는 죽음 그 자체.

그래서 예수님께서 그 분의 공생애를 시작하셨을 때 복음을 전하셨다.

그 복음은 그 때가 찼고, 하나님의 나라가 가까이 왔도다. 너희
는 회개하고 복음을 믿으라(막 1:15).

하나님의 나라가 가까이 왔다는 설교의 이면은 사단의 나라
가 망하고 있다는 것을 전하시는 것이다. 그 이유로, 마가 복
음에서 행하신 예수님의 첫번째 사역은 예수님이 회당에서 만
난 사람으로부터 더러운 영을 쫓아 내신 것이다.

그 더러운 영이 그에게 발작을 일으키고 큰 소리를 지르며 나오
더라. 그러자 모두 놀라서 서로 물어 말하기를 어찌된 일인가
얼마나 새로운 교리인가 그가 더러운 영들에게 조차 권위있게
명하시나, 그들이 그에게 복종하도다(막 1:26-28).

이것은 단지 고통 받는 사람을 자유하게 한 행동만이 아니
라 가르침이었다. 그 가르침은 이 시점까지 인간을 잡고 휘둘
렀던 악의 왕국이 망하고 있고 하나님의 나라가 가까이 왔다
는 것이다.
이것이 주기도문에서와 같이 물론, 우리가 하나님 나라의
임하심을 위하여 기도하는 것이다.
하나님의 나라가 임하시고 하늘에서 이룬 것 같이 땅에서도
이루어지이다 그리고 악으로부터 우리를 구하시고, 많은 성서
학자들에 의한 더 정확한 번역은 그것을 우리를 악한 것으로
부터(그것은 사단이다) 우리를 구하소서 라고 표현한다.
결과적으로, 악한 영으로부터 구함을 받은 사람들은 죄 사
함과 질병의 치유를 함께 받은 것이 복음서의 중요한 부분이
다. 더 나아가 우리는 마귀의 영역이 초자연적인 힘의 실체이

기 때문에 도움 받지 않은 인간의 속성으로는 힘이 없어서 그것에 대항할 수 없다는 것을 곧 인식하게 되고, 곧 구원자 예수 그리스도의 필요를 느끼게 된다. 자칭 크리스천이라고 하는 많은 사람들을 위해서 조차도 예수님은 단지 많은 다른 선생들 즉 공자나 석가 같은 선생 중에 뛰어난 가치의 선생으로 오셨다. 이것이 뉴 에이즈 운동의 중요한 문제이다.

그것은 악의 초자연적인 면을 인식하는데 실패하고, 인간은 원래 선하고, 그러한 인간이 얼마나 선한가를 스스로 발견하고, 스스로 수치심을 제거만 한다면 놀랄만한 미 개발된 능력까지 자랄 수 있다고 확언한다.

결과적으로 뉴 에이즈의 사고 방식에는 구원자가 실제적으로 필요 없다. 그들에게 예수님은 단지 인간을 위해 훌륭한 사랑의 메시지를 가지고 온 선한 사람일 뿐이다.

반면에 성서의 예수님은 우리를 죄, 질병, 악한 영에 의한 지배로부터 구하시는 구원자로 분명히 명기되어 있다. 사실 가브리엘 천사의 메시지를 통하여 마리아에게 주어진(눅 1:31) 바로 그 이름 예수는 '하나님이 구하신다' 라는 의미이다. 히브리 사람들에게 사람들의 이름은 불리워지는 이름의 역할보다 더한 의미를 갖는다. 이름은 인생에 있어서 한 사람의 사명을 나타내는 것을 의미한다. 예수님의 임무는 인간을 구하는 것이었다. 베드로가 고넬료의 식구들(교회에 온 첫번째 이방인)에게 설교했을 때 "하나님이 나사렛 예수에게 성령과 능력으로 어떻게 세례를 주셨고 그 분이 다니시며 선한 일을 하셨으며 악마의 능력 아래 있는 사람들을 치유하실 수 있었는가는 하나님께서 그분과 함께 하기 때문"이라고 선포하는 것으로 예수님의 모든 공생 사역을 요약했다.

하나님의 나라가 가까이 왔으며, 사단의 나라가 망하고 있다는 것을 새롭게 강조하는 설교는, 우리가 오순절 교회나 은사적인 교회가 개발도상 국가에서 엄청난 비율로 성장하는 이유를 이해하는데 도움을 준다.[2] 그 곳의 사람들은 악령과 마술사와 무당의 실체를 경험했기 때문에 (다음 장을 보라) 그들은 그들에게 자유를 약속하는 설교나 사역에 실질적으로 반응한다. 존 윔버의 지도력하에 15년만에 가정 교회에서 500개의 교회로 성장한 빈야드 운동의 폭발적인 성장은 많은 사람들이 가까이 온 하나님의 나라를 강조하는 복음의 메시지를 듣고 싶어 굶주려 있음을 다시 반영하는 것이다.[3]

병들고 짓눌린 많은 사람들 때문에 예수님은 하나님의 아들로서의 그의 권위를 그의 제자들과 나누셨다. 그리고 매번 예수님은 그들을 설교하도록 보내셨다.

그들에게 더러운 영을 쫓아내며 모든 병과 허약함을 치유하는 권세를 주시더라.(마 10:1; 눅 9:1, 10:9, 17)

제자들이 악령을 쫓아 내고 병든 자를 치유하는 것으로 하나님의 나라가 진정 가까이 왔음을 보여주는 것으로 그들의 메시지를 뒷받침하지 않는 한 12제자나 72제자가 복음을 설교할 수 없었을 것이다.

이제 더 많은 축귀 사역의 영적 배경을 보도록 하자.

## 구약의 악한 영들

---

2. "영적권능과 교회 성장, Spiritual Power and Church Growth"과 같은 피터 와그너의 책을 보라. (Lake Mary, Fla.: Creation House, 1986)
3. 존 윔버의 책, "능력 전도, Power Evangelism"를 보라.(San Francisco: Harper Collins, 1986).

구약과 신약 사이의 흥미있는 차이 중에 하나는, 신약에 악령을 쫓아내는 것을 많이 다룬 것에 비해 구약에는 거의 없고 악령을 거론한 곳도 거의 없다는 것이다. 성서 교수인 데니스 햄 S.J.는 "히브리어 구약 성경 어디에도 하나님을 대적하고 모든 악을 책임지는 특정한 마귀 형상으로 사단이 나타난 곳은 없다."라고 썼다.4)

아마도 구약에서 사단에 대한 가장 유명한 언급은 욥기에 있지만, 여기서조차 사단은 실제 직함이었다.

사단, 고소하는 자. 더군다나 사단은 하늘 법정의 지방 검찰관과 같은 역할이다. 대문자 S를 갖는 명사라기 보다는 그는 단지 고소하는 자의 기능으로 가득 차 있다. (사단은 A.D 400년경 성 제롬의 불가타 역에서 - 4세기의 라틴어 역의 성서- 고유의 이름이 되었다)

비슷하게, 사단은 사가랴 3장에서 다시 언급되었다. 고소자로서 (다시 하나님의 임재 안에서) 그는 대제사장으로서의 여호수아의 자리에 도전하기 위해 준비했다.

구약에서의 악령에 대한 몇 안되는 언급 중에 하나가 다윗이 사울의 궁정에서 하프를 켤 때 사울이 악한 영에 의해 고통 받을 때이다.

> 주의 영이 사울에게서 떠나고 주로부터 온 악령이 그를 괴롭히더라. 사울의 종들이 그에게 말하기를 보소서, 하나님으로부터 온 악령5)이 왕을 괴롭히나이다. 이제 우리 주는 당신 앞에 있는

---

4. Dennis Hamm, S.J., "The ministry of Deliverance and the Biblical Data," Deliverance and Prayer, Matthew and Dennis Linn 편집, p.51.
5. 구약의 초기 저자들은 일어나는 모든 일을 악한 것일지라도 하나님께 돌렸다. 하나님이 시작하지 않는 것이 아무 것도 없었다.

종들에게 명하여 하프를 잘 타는 사람을 찾게 하소서. 하나님으로부터 온 악령이 왕에게 임할 때 그가 그의 손으로 하프를 타면 왕께서 나으시리이다.(삼상 16:14-16)

그것은 정확하게 일어 났다.
다윗이 그의 하프를 켤 때마다, 사울이 힘을 얻고 나왔으며 악령이 그에게서 떠나더라.(삼상 16:23)
사람들이 하나님을 찬양하고 경배할 때 그 시간 동안 우리가 가끔 발견하는 현상과 같은 것이다. 신앙 집회에서 어떤 사람들은 무엇인가 떠서 떠나가는 것을 느낀다.
다윗이 하프를 켜고 사울이 그의 어두운 분위기에서 잠시 자유하게 되는 것의 표현은 가깝게, 우리가 구약에서 실제의 축귀를 보는 것에 대한 것이다.
우리는 또한 아합 왕에게, 주께서 아합을 속일 지원자를 구하는 하늘 궁전에서의 환상을 말하는 미가야 선지자에 대해 읽는다. 영들 중 하나가 "내가 나가서 거짓말 하는 영이 되어 그의 모든 선지자들의 입에 있겠나이다."(왕상 22:24) 라고 말하므로 지원한다. 모든 가짜 선지자들이 아합이 승리할 것이라고 예언하고 아합은 그것을 따르기를 원했다. 그러나 어찌 되었던 그들은 오직 재난을 예언했던, 미가야가 옳았던 것을 깨달았다. 가짜 선지자의 우두머리는 그에게 거짓말을 했던 영이 미가야에게 갔음을 넌지시 비추었다.
주의 영이 나로부터 어디로 가서 네게 말씀하시더냐.(왕상 22:24) 이 영이 실제 악령인지는 분명하지는 않다. 적어도 그 영은 거짓으로 가짜 선지자들을 채운 것과 같이 미가야를 진리로 감동시켜 신성한 의지를 수행하도록 하나님에 의해 보내졌다.

사무엘하 24:1에서는 인구 조사가 하나님께 속한 것이었음에도 불구하고, 역대상 21:1에서 사단이 다윗에게 이스라엘의 인구 조사를 하도록 부추긴다. (사무엘하에 있는 사건 전에 역대상의 사건이 쓰여졌고 아마도 하나님께 악의 탓으로 돌리는 본위가 아님을 반영한다)

우리는 우리에게 마귀의 영역의 포괄적인 이해를 주는 것은 구약에는 거의 없는 것을 알 수 있다. 분명히 축귀 사역을 닮은것은 많지 않다.

## 예수님 탄생 직전의 유대인 문헌

예수님이 현장에 도착하시기 바로 직전 우리에게는 소위 중간 유언식의 문헌이 있다. 이 시대부터 다니엘서는 초대 교인들에 의해 성경으로 받아들여졌지만 다른 대부분의 책들은 그렇지 못했다. 그 중 가장 중요한 예는 희년 책들과 에녹 일권이었다.

이러한 외경은 나쁜 천사들의 계보와 이런 천사들이 어떻게 사람들은 무너뜨리는가에 대한 많은 이야기들을 포함하고 있다. 에녹 일권의 6장은 '사람의 딸'들을 그들의 부인으로 삼은 하나님의 아들들에 대해 설명하고, 여성들에게 음욕을 품는 천사들에 대한 창세기 이야기[6]를 상세히 설명하고 있다. 그것은 이 연합으로부터 어떻게 거인족이 나왔는가를 설명하고 있다.

6. 창 6:1-4를 보라.

천사의 기원에 대한 흥미를 바울은 정신을 산만하게하는 것으로 비난했다.

아무도 거짓 겸손과 천사들을 숭배함으로 너희의 상을 속여 빼앗지 못하게 하라. 그는 보지 않은 것을 억지로 주장하고 자기 육신의 생각으로 헛되이 과장하느니라.(골 2:18)

천사와 악한 영이 어떻게 비롯되었고, 그들이 어떻게 전투에 임하는 가에 대해 (밀톤의 실락원에서처럼) 우리가 일반적으로 이해하는 것의 대부분이 외경으로부터 왔다.

오늘날 많은 천사에 대한 유행하는 책들이 이러한 공상적인 이야기를 포함하고 있다. 성서에 적혀져 있는 것과, 단지 인간의 상상력인 것을 구분하는 것은 중요하다.

## 신약

우리가 신약으로 가면, 악한 영에 대한 수많은 언급으로 매우 큰 변화를 본다. 여기서 그들의 존재가 나타나고 우리는 그들이 어떻게 사람들을 해하고 속박하는가에 대한 많은 설명을 읽는다. 특히 우리는 예수님과 그분의 제자들이 하나님의 사람들을 치명적인 악영향으로부터 자유롭게 하는데 그들의 많은 시간을 쓰는것을 본다.

복음서는 예수님께서 마귀 들린 사람을 자유롭게 하는 것에 대한, 일반적이고 특유한 묘사를 제공한다. 일반적 묘사 중에 여기 전형적인 예가 있다.

저녁이 되었을 때, 사람들이 주께로 마귀에게 사로잡힌 자들을 많이 데려왔으니 주께서 말씀으로 그 영들을 쫓아 내시고 병든 자들을 모두 고쳐 주시니라.(마 8:16)[7]

설교, 치유, 축귀의 예수님의 삼중 사역을 요약하는 이런 종류의 일은, 가끔 복음서 기자에 의해 복음서의 한 중요한 단락에서 다른 단락으로 가는 이행부로 사용되어진다. 마태는 예수님이 많은 사람들의 귀신을 쫓아 내는 것에 대한 일반적이 단락을 예를 들면(4:23-25) 사역을 위한 예수님의 준비와(사막에서 예수님의 시험이 끝난 것) 산상 수훈(5-7) 사이의 이행부로 사용했다. 이런 반복되는 요약된 과정은 복음서의 중심 메시지를 더욱 무시할 수 없게 만든다. 예수님은 가르치시고, 고치시고, 악한 영의 영향으로부터 우리를 자유하게 하기 위해 오셨다.

이러한 일반적 요약에 더하여, 복음서는 개인들의 악한 영을 쫓으시는 예수님의 7가지 특별한 기사를 싣고 있다.

1. 더러운 영으로 고통 받는 회당에 있던 사람.(막 1:21-28; 눅 4:31-37)
2. 눈 멀고 벙어리 귀신들린 자.(마 12:22-29; 막 3:22-27; 눅 11:14-22)
3. 귀신 들린 거라사인.(마 8:28-34; 막 5:1-20; 눅 8:26-

---

7. 비슷한 구절이 마 4:24; 막 1:32, 34, 39:3, 11, 6:13; 눅 4:41, 6:18, 7:21. 사람들이 "귀신에게 사로잡혔다(demon-possessed)"라고 번역한 것이 내가 이 책 여러 곳에서 말하고자 하는 것을 나타내고 있다. 즉 희랍원어에는 "귀신을 가지고 있다(had a demon)"라는 표현이 번역자들이 "사로잡혔다"라고 서술한 점이다. 이는 완전히 사로잡히지 않은 것이 있을 수 있는 더 넓은 시각틀을 제공한다.

39)
4. 수로보니게 여인의 딸.(마 15:21-28; 막 7:24-30)
5. 간질병 소년.(마 17:14-21; 막 9:14-29; 눅 9:37-43)
6. 영적 질환을 가진 여인.(눅 13:7-10)
7. 벙어리 귀신들린 자.(마 9:32-34)

이 사건들 중 세 가지는 모두 세 공관 복음서에 나타나 있는 것으로 그것의 중요성을 보여 주고 있다. 이런 귀신 내어쫓는 일을 수록한 복음서의 아주 얇은 부피의 자료가 예수님의 축귀 사역을 따르려는 전도자들에게 중요한 것을 보여준다.

가장 짧은 복음서인 마가복음에서 우리는 의인화 된 사단이나, 마귀를 쫓아 내는 것에 대한 30가지나 되는 자료를 발견한다. 예수님이 행하신 4가지 귀신 쫓는 것과 제자들의 능력으로 그것들을 시행한 4가지 자료가 포함되어 있다. 사실 예수님은 제자들이 간질병, 귀신들린 자를 자유하게 하지 못했을 때 화를 내셨고 제자들의 실패를 꾸짖으셨다. 오 믿음이 없는 세대여, 언제까지 내가 너희와 함께 있어야 하겠느냐? 언제까지 내가 너희를 참아야 하겠느냐?(막 9:19)

제자들은 너무 부끄러워 그들은 예수님께 그들이 왜 실패했는가를 사적으로 묻게될 때까지 기다렸다. 예수님을 이런 종류의 영은(대부분의 것보다 강한 것일 때) 기도와 금식으로만 이 쫓아낼 수 있다고 그들에게 말씀하셨다.(막 9:29)[8]

데니스 햄은 다음과 같이 쓰고 있다.

---

8. 초기 원전 사본 중에는 금식이란 단어 없이 기도만 있다.

예수님과 제자들의 귀신 쫓는 사역의 실을 빼는 것은 마가의 기록의 천을 망가뜨릴 것이다. 더욱이… 성령(pneuma hagion)에 대하여서는 신약의 문자적 언어를 인정하고 더러운 영(pneuma akathata)을 의미하는 언어를 심리학적으로 고찰하는 것은 정직하지 않을 것이다.[9]

우리는 마가복음과 누가복음에서 예수님의 마귀 쫓아 내는 사역이 똑같이 강조된 것을 본다. 그들은 사람들이 땅에 넘어지는것, 경련을 일으키며 구르는 것, 떠는 것, 영으로 그의 입을 통해 말하는 것 등을 목격자의 생생한 표현으로 나타내는데, 이와 같은 엄청난 현상은 오늘날도 우리가 눌린 자를 위해 기도할 때 본다.

성경 학자들 가운데 누가복음의 주요한 해설자 중의 하나인, 챨스 H. 탈버트는 누가가 예수님의 나사렛 회당에서 첫번 설교 동안 예수님 인생의 전 사역에 대한 계획을 제시한다고 말한다.(눅 4:16-27) 그것은 예수님의 삼중 사역을 선포하신 연두 교서 즉, 설교, 치유, 귀신 쫓아내는 것이다.[10]

예수님이 이사야 61장의 단락을 - 잡힌 자에게 자유를 선포하고 감옥에 갇힌 자를 풀어준다 - 인용하실 때, 탈보트는 예수님이 귀신 쫓는 자로 자신을 확인하고 계신것을 말한다. 누가복음에 대해 탈보트는 예수님을 귀신 쫓는 분, 그리고 치유자로 예수님을 묘사하고 4:43에서 왕국 복음을 설교함으로 이 활동을 확인하는 것 같다.[11] 더 나아가 사도행전을 쓴 누가

---

9. Hamm, p.62.
10. Charles Talbert, Reading Luke: A Literary and Theological Commentary on the Third Gospel(New York: Crossroad, 1992), p.56.
11. 동일, p.55.

의 목적은 초대 교회가 예수님의 사명인 설교, 치유, 악한 영 쫓아내는 것을 계속 하는 것을 보여주는 것이다.

복음 전도자 요한은 특별한 축귀를 설명하지 않았지만 대신에 사단과 사단의 일에 대해 바른 대결과 승리로, 전 지구적인 예수님의 사역을 나타냈다. 하나님의 아들이 나타나신 이유는 악마의 일을 부수기 위함이다.(요일 3:8)

## 초자연적인 것에 대한 당혹감

모든 이러한 변천의 명확함에도 많은 신학자들과 목사들은 문자 그대로 사단이나 다른 악한 영에 의해 고통 받는 사람의 소문을 받아들여야 하는 것에 대해 깊은 회의를 고백한다. 그들은 예수님 시절의 사람들은 악령을 믿었고, 그처럼 요즘은 많은 소박한 사람들이 믿는다고 말하므로, 그들의 입장을 설명하려 한다. 그 문화에 태어나신 예수님은 마태, 마가, 누가 그리고 요한이 그랬듯이 그들의 미신적인 믿음을 수용하셨다.

예를 들면 그 시절에, 사람들은 간질병은 마귀에 의해 발병한다고 생각했다. 그래서 복음서 기자들은 예수님이 기도하신 간질병 소년을 악령에 의해 고통 받고 있는 것으로 썼다. 마찬가지로, 복음서 기자들이 무덤 사이를 사납게 뛰어다니고 있는 거라사인을 악령에 붙들린 것으로 자연스럽게 표현했듯이, 소박한 사람들은, 미친 사람이 악령에 의해 붙잡힌바 된 것으로 믿는다. 우리 시대의 많은 복음서 해설자들은 자연 심리학적 설명을 더 좋아하고 우리가 예수님 시절의 사람들 보다 이런 행동들을 더 잘 이해한다고 믿는다. 귀신 들린 거라사인은 실제로 심한 망상증으로 고통 받는 정신병자였다. 등등…

발달된 의학으로 우리가 질병의 자연 원인에 대해 오늘날 더 많이 안다는 것은 사실이다. 반면에 우리는 질병의 어떤 가능한 초자연적인 원인에 대해 이야기하려면 당황한다. 이 시대에 질병의 진단은 자연적 수준에서 만들어지고, 반면에 초자연적이고, 불가사의한 원인으로 생각하지 않는다.

더욱 평판이 좋은 성경 해설자 중 한 사람인, 세대를 뒤로 가는 비교적 보수적인, 윌리암 바클레이에게서 당신은 그것의 좋은 예를 발견할 수 있다. 나는 개인적으로 바클레이의 저서를 좋아하고, 나 자신의 영적 읽을 거리로 그의 책을 사용한다. 나는 나 자신의 경험의 관점에서 그가 치유나 축귀를 이해하지 못한다는 것을 이미 안다. 바클레이가 복음서에 있는 치유나 축귀의 이야기에 당혹하듯이, 그래서 그는 이 일어난 일들의 주요점을 피하기 위해 온갖 종류의 부수적인 문제에 대하여 얘기한다.

실례로, 예수님이 바알세블의 힘으로 영들을 쫓아낸다고 비난 받으신 것에 대해(마 12:22-29) 바클레이는 다음과 같이 주장한다.

> 전체 일어난 일들에서 가장 흥미로운 것 중 하나는 예수님의 말씀이다.
> 그러나 내가 하나님의 영을 힘입어 마귀들을 쫓아내면, 그 때는 하나님의 나라가 너희에게 임한 것이라.(마 12:28)
> 이것은 하나님의 나라가 온다는 것의 표징이, 교회가 차고 대단한 부흥 운동이 아니라 고통의 패망이라는 의미 있는 구절이다.[12)]

바클레이는 하나님의 나라가 도래했다는 표징이, 사단의 나라가 망하고 있다는 것이라고 표현 할 수 없다. 대신에, 그는 사단의 패망을 고통의 패망으로 바꾸어야만 했다.

더욱이 바클레이 자신의 태도는 이 같은 과정에서 분명하게 나온다.

> 사람들이 마귀에 붙들림을 믿을 때, 그들이 붙들린 것을 스스로 납득하는 것은 (그들에겐) 쉽다. 그들이 그런 착각에 있을 때, 즉시 마귀에 붙들림의 증세가 일어난다. 이러한 착각 아래 있는 사람들이 신뢰할 수 있는 귀신 쫓는 자와 대면하게 되었을 때, 주로 그 착각이 없어져서 치유 받은 결과로 되었다. 이러한 경우에 그 남자가 고쳐졌다는 것을 확신하면 그는 나음을 입은 것이었다.[13]

바클레이는 예수님께서 착각과 미신을 지배하신 것을 공개적으로 진술하므로 이것의 논리적인 결과에 그 자신의 이유를 결코 거론하지 않는다. 그러나 그는 귀신에 붙들리는 것은 망상이고 사람들은 단지 암시의 힘을 통해 치료되는 것이라고 단호하게 주장한다. 귀신 쫓는 것에 대한 예수님 본인의 이해와 관련하여 우리는 우리 자신의 결론을 끌어내야 한다.

> 그것이 우리에게 허황된 것일 수도 있다. 그러나 고대 사람들은 마귀를 명확하게 믿었다… 오늘날까지 누구든 그 자신이 아픔

---

12. William H. Barclay, The Gospel of Matthew, Vol.2, 개정판 (philadelphia: Westminster Press, 1975), p.39. (1957에 초판)
13. 동일, p.35.

을 가지고 있다거나 그가 아프다는 착상을 생각해 볼 수 있다. 소위 우리가 미신이라 부르는 더 많은 것이 있을 때, 그리고 사람들의 지식이 지금보다 더 원시적이었을 때, 그것은 더 쉽게 일어날 수 있다. 마귀 같은 것이 없다 하더라도, 적어도 마귀가 실제적인 것처럼 그 사람에게 가정됨으로 사람이 치료될 수 있다.[14]

내가 바클레이를 인용하는 이유는 바로 그가 중간 입장에 있고, 많은 학술적인 크리스천 학자들의 일반적인 관점을 대표하기 때문이다. 주요한 신학자나 성서 해설자들의 확증된 지식은, 마귀에 붙들림과 귀신을 쫓아내는 것은 우리가 운 좋게 피해 온 원시적이고 미신적인 세계관에서 나온 것이라고 본다. 그러나 그 시대의 사람으로 예수님은 마귀에 붙들림과 축사를 받아들였다. 이것에서 예수님이 악령은 그 분 시대의 순진한 사람들이 미신적으로 만들어 낸 것을 모르셨거나, 혹은 그런 창작된 사고방식에 동조하신 것이다. 예수님이 미혹되었다고 담대히 말할 작가는 거의 없다. 학자들은 우리가 마귀의 세계가 실재하고, 실제로 우리가 마귀로부터 사람들을 자유롭게 하기 위해 기도하는데 대해서, 우리가 미혹되었다고 지적하는데 자신들의 생각을 제한한다. 그래서 그들은 귀신 쫓는 것과 '모든 덤불 속에 귀신이 보인다.' 는 것을 비웃는다.

## 초자연적인 것의 능력 재발견

---

14. 동일, Vol.1, p.321.

실제로 의심 많은 자들이 옳다.

모든 덤불 속에서 귀신을 보는 것은 실제 위험한 것이다. 그러나 이 비판자들이 어느 덤불 속에서던 귀신을 본적이 있는가? 그들이 마귀를 쫓아내 본적이 있는가? 혹은 그들 생각에 마귀 영역에 대한 어떤 믿음도 (바클레이가 쓴 것처럼) 우리에겐 좋은 것이기 때문에 그들이 과장된 표현을 쓰고있는 것인가?

성서 해석의 기본 원리는 우리가 상징적이고 은유적인 방법으로 그 구절들을 믿어야만 한다는 강한 증거가 없다면, 우리는 기자가 말한 것을 문자 그대로 받아들여야만 하는 것이다. 예수님의 마귀 쫓아내는 것에 대한 상징적 이해는 이 축사가 예수님의 악한 것에 대한 승리를 나타내는 은유적인 것이고, 1세기의 크리스천에게 보여주기 위한 방법으로 그런 것이라고 주장한다. 그러나 마귀가 없다고 우리를 확인시켜주는 증거는 어디 있는가? 우리는 예수님의 축사 사역을 상징적 방법이나 서정적 방법, 어디에 기초를 두고 해석해야만 하는가?

그 이유는 18세기 '자연적이고 물질적인 세계 뒤에는 실체적인 것이 없다.' 라고 가정하는 이성적이고 과학적인 세계관의 계몽주의가 서구 세계에 의해 받아들여진 것이다. 실험실에서 관찰될 수 없는 것이라면, 그것은 존재하지 않는 것이다. 이런 물질적 세계관은, 우리가 자동적으로 회의주의에 의해, 초자연적인 것의 일을 무시하고, 천사와 마귀의 세계를 더 이상 논의할 필요가 없는 것으로 규정해 버리는 서구 기독 사상에 많은 영향을 끼쳤다.

풀러 신학교에서 인류학과 범 문화 교류를 가르치는 찰스 크래프트 교수는 이렇게 쓴다.

우리가 크리스천임에도 우리의 기본적 가정이, 우리가 인정하는 것보다 주위의 크리스천이 아닌 서구 사람들의 그것과 대체로 더 많이 흡사하다는 것을 알아내는 것은 흥미롭다. (그리고 실망스럽다) … 성서의 가르침과, 일반적인 서구의 가정 사이에 큰 차이가 있음에도, 우리는 가끔 성서적인 것보다 서구적인 것을 더 인정하는 자신들을 발견한다.[15]

서구 사회는 문예부흥, 종교개혁, 계몽주의 그리고 이러한 운동으로부터의 잔 물결과 부수적인 것들의 폭 넓은 다양함을 거쳤다…… 그 결과, 하나님과 교회는 권위를 잃었고 인간의 마음이 구원자처럼 보여지게 되었다. 우리가 싸워야 할 것은 사단이 아니라 무지함이다.[16]

복음 전도자로서 척 크래프트는 외국 선교지에서의 그의 경험과, 풀러 신학교의 존 윔버의 수업에 참석한 것이 원인이 되어 그 자신의 세계관에 철저한 변화를 경험했다고 쓰고있다. 아프리카 선교에서 그는 신약의 세계관과 같은 것을 많이 찾아냈다. 그 곳에서 사람들은 악령의 실체를 체험했고, 선교사들에게 축사와 신유를 이행할 것을 요구했다. 만약 선교사가 부탁에 응하지 않으면 그들은 그들의 주술사에게로 돌아갔다. 크래프트와 많은 다른 복음주의 크리스천들은 초자연적인것 안에서 살아 있는 믿음으로 돌아 왔고, 치유와 축귀의 기도에

---

15. Charles H. Craft, Christianity with Power(Ann Arbor, Mich: Vine Books, 1989), p.26. 크래프트 박사의 책은 어떻게 치유나 축사를 믿지 않았던 평범한 복음주의 신학자가 악의 세계를 대적하는 것에 대해 가르칠 뿐 아니라, 그 학생들과 활발한 기도사역을 하게된 변화의 재미있는 서술이다.
16. 동일, p.31

대한 믿음 만큼, 이 믿음을 기독교 학문 세계와 신학교 생활에서 회복시키려 시도하고 있다.(아직 그들은 소수이지만)

크리스천들이 초자연적인 것의 능력을 재발견해야만 하는 것은 놀라운 것이 아니다. 나에게 놀라운 것은, 의학계가 이러한 시각에 대해 기독 학술계 보다 더 열려 있다는 것이다. 우리는, 정신과 의사이며 악령의 세계에 대해 그가 새로 발견한 믿음과 축사의 필요를 공개적으로 쓴, 스캇 페크을 알고, 많은 의사들이 비슷하게 치유를 위한 기도를 재발견하고 있다.[17] 약을 대신 할 수 있는 것에 대한 이러한 몇 연구가 크리스천들에게 문제시 될 영역에서 위험을 무릅쓰고 시도되고 있지만, 그러나 그들의 연구는 신성한 치유와 축귀의 가능성에 대한 의술의 정신학적인 질병의 모델을 개발하고 있다.

새로운 세계관이 또한 열린 것이다. 예를 들면 래리 도씨 박사의 저서 「치유하는 말」에서 서술한 사실을 보라.

서구 물질주의적 믿음은 치유에 바탕을 둔 기도의 가능성을 배제한다. 우리의 현대 과학적 대상 파악의 방법, 혹은 세계관은 멀게나마 치유에 대한 여지가 없기 때문에, 발생할 수 없다면 발생하지 않는 것이다 라는 접근 방법으로 영적 치유를 무시하는 것이 더 편리한 것이 되었다. 치유의 비물질적인 형태가 존재할 수 있다는 가능성은 사실상 생각되어질 수 없는 것이다.[18]

도씨 박사는 기도의 효과를 보여주기 위해 하고 있었던 거

---

17. M. Scott Peck, People of the Lie: The Hope for Healing Human Evil (New York:simon & Schuster, 1983).
18. Larry Dossey, Healing Words(San Francisco: Harper Collins, 1993), p.201.

의 300여 연구를 요약한 책의 저자다. 도씨의 저서는「많은 다른 사람들 것 중에서」복음서에서 우리가 발견하는 세계관이, 이성적인 사람들은 더 이상 초자연적 치유나 악한 영들의 존재를 믿을 수 없다고 가르친 뉴턴 시대 과학자들이나 19세기 신학자들의 세계관보다 더 과학적이라는 것을 지적하는 놀랄만한 영향력의 집중성을 서술한다.

치유와 축귀에 대한 예수님의 사역은 어느 때 보다 오늘날 적시에 있고, 예수님의 사역을 더 직접적이고 문자적인 방법으로 보게 하기 위해 우리를 부른다.

나는 지금, 로마 가톨릭 신부인 존 마키 O.P.가 학생과 선생으로서 그의 경험을 반영한 사려 깊은 기사를 읽었다. 그는 이렇게 의견을 말한다.

> 나는 지난 25년간 종교적 수업을 듣고 가르치고 하면서, 바티칸II 후의 가톨릭 학생들에게 가장 난처한 문제는 악의 존재라는 것을 보여줄 수 있다. 나의 세대에게는 이것은 불신앙과 불가지론의 진짜 근원이다… 이것은 새로운 질문이 아니다. 실제, 이것은 성경 자체 만큼 오래되었다. 그러나 우리 시대에 새로운 답이 도입되었다. 이것은 하나님이 모든 사랑과 전지하시지 않다는 것이 아니라, 이런 저런 면에서 하나님은 전능하시지 않다는 것이다. 하나님은 자비로우시고 돌보시지만 그러나 단지 그 상황에서 변화를 초래하실 수는 없다…
>
> 그러나 아무도 그것을 실제로 말할 수 없는 반면에 하나님에 대한 이러한 시각은 전체적으로 불충분한 어떤 것이 있다. 한가지는 그 하나님이 성서의 하나님은 아닌 것 같다는 것이다.
>
> 다른 하나는 하나님을 아픈 사람을 방문해서서 친절하게 돌보

시는 방문자가 되셨다. 그러나 우리가 진짜 원하는 것은, 단지 동정과 좋은 관심이 아니라 고침이다. 그 자체의 방법에서 악의 문제에 대한 이 대답은 내가 자란 대부분의 문화에 실제 널리 퍼져있는 허무주의에 기여했다. 내가 믿기로는 세상은 제어할 수 없고 아무도 책임지거나 책임질 수도 없다는 것이 일반적인 느낌이다… 개인은 대단한 변화와 변형의 희망을 포기하고 (하나님조차도 할 수 없기 때문에) 대신에 개인적인 변형에 전념한다. 혹은 어떤 이는 하나님의 연약함과 무반응에 분노하여서 하나님이 무시되고 가치가 떨어진다…
그러므로 악의 문제는 나의 동시대 사람들에게 수수께끼를 선물한다. 우리 시대의 신학자들이나, 선생들 그리고 설교자들의 목표는, 모든 그것의 복잡함 속에서도 이 문제를 대면해야 할 것이며 부정에 대한 경건성, 불가지론에 의한 무기력, 희생과 비난의 책략의 뒤로 사람들은 옮길 수 있는 하나님의 증거에 대한 새로운 표현을 발전시키는 것이다.[19]

그러나 만약 해답이 이미 거기 있다면 마키가 말하는 것의 결론은, 성서적 관점은 하나님이 악을 정복할 능력을 가지고 계시다는 것이다.

## 악에 대한 성서적 세계관

성서적 세계관은, 타락이 있었고 인간은 부수어지고 상처

---

19. Johm Markey, "The making of a Post-Vatican II Theologian: Reflections on 25 Years of Catholic Education," America magazine, Vol. 171, No.2(1994년 7월 16일), pp.19-20.

받았다는 것이다. 더욱이, 세상 속의 악은 우리보다 크다.

악은 기본적으로 초자연적이고 그 뒤에는 사단이 있다. 우리의 원수는, 우리보다 강하다. 우리의 투쟁은 악의 인간적 힘에 대항하는 것이 아니라 정사와 권세에 대한 것이다.

바로 이 광대한 악의 극악함 때문에 우리는 우리를 구원하실 구원자가 필요하다.

때가 차매 하나님이 세상을 사랑하셔서 성령과 하나님의 능력으로 기름 부음을 받으신 분, 하나님의 외아들, 예수 그리스도를 마귀의 영역에서 우리를 자유롭게 하기 위해 보내셨다.(행 10:38)

이런 방법으로 우리를 자유하게 하는 것에는 예수님께서 그의 제자들과 나누셨던(마 10:1; 눅 9:1, 10:1, 9) 하나님의 능력이 필요하다. 이후에 믿는 자들의 모든 공동체가 오순절에 이 능력으로 채워졌다(눅 24:49; 행 2:1-4). 성령의 능력으로 채워진 초대 교회는 복음을 설교하며 나아갔고, 병든 자를 치유하고 악한 영을 쫓아냄으로 복음을 증거했다.

이것 모두는 기독 신앙의 전통적인 가르침이다. 그러나 우리가 다음 몇가지 사실을 잘 소화하지 않으면 그것을 실제로 이해할 수 없다.

1. 악은 우리가 단지 인간적 선한 의지와 가르침에 의해 극복할 수 없는 어떤 것이다. 악은 그 뿌리가, 사악하고 너무 강하여서 우리가 이길 수 없다.
2. 악을 이기는 것, 이것이 예수님이 오신 목적이다.
3. 악은 윤리적 가치를 배우는 것으로 극복되어지는 것이 아니라, 성령에 의해 우리에게 주어진 하나님의 능력으

로 극복되어지는 것이다.
4. 치유를 위한 기도, 축귀를 위한 기도를 통하여 우리는, 예수님이 사람들을(제도와 사회) 내리 누르고 있는 악으로부터 그들을 치유하시고 자유롭게 하기 위한 통로가 된다.

우리가 우리 생활 속에 계신 성령의 힘있는 능력을 재발견할 때, 우리는 하나님이 무력하신 것이 아니라 단지 우리가 이미 거기 있는 것들을 받기를 기다리신다는 것을 안다. 하나님은 우리의 협력 없이 (보통은) 행하시지 않을 것이다.
그러나 우리가 예수님의 구원하시는 능력이 악을 이긴다는 것을 믿게 될 때, 그 때 우리의 선한 관심과 권고가 예수님이 오셔서 선포하신 복음으로 변형된다.

> 그가 나를 보내셨으니, 이는 마음이 상한 자를 치유케 하시며, 포로들에게 구원을 선포하고, 눈먼 자를 보게 하고, 짓밟힌 자들을 해방시켜 주고 주의 기뻐하시는 해를 전파하게 하심이라.(눅 4:18-19)

이것은 예수님 자신의 관점에서, 왜 그분이 우리들 사이에 살기 위해 오셨는가 하는 것이다. 이 관점은 신약을 통해 요약되었고 반복적으로 증명되었다.
우리는 삶의 경험이 마귀의 영역에 대한, 이 관점을 보강하는 것을 보는가?

# 3
## 인간경험의 근거는 무엇인가

**첫**째, 우리는 사단의 세계를 볼 수도, 잴 수도, 현미경 아래 둘 수도 없다는 것을 인정해야만 한다. 우리는 타락한 영들의 보이지 않는 불가사의한 세계를 다루고 있다. 정의에 의하면 영은 비물질적인 것이다. 영은 모든 문화의 사람들에 의해 인정되어졌다. 그러면 우리는 어떻게 마귀가 존재한다는 과학적 증명을 하겠는가?

우리는 하지 못하고 또한 할 것을 기대하지도 않는다. 마귀의 존재를 나타내는 우리가 가진 모든 증거는 우리가 악령 그 자체를 볼 수 없고, 단지 오직 악령이 사람에게 하도록 시킨 것만을 보기 때문에 모호하게 제한되어 있다. 악령의 존재의 결과는 다른 방법으로 더 잘 설명되어질 수 있다.

예를 들면, 한때 나는 극적인 축귀로 어떤 영들을 쫓아내고 있었다. 그 영들은 검은 옷을 입은, 사랑스러운 마녀 같은 숙녀를 통해 탁한 목소리로 내게 말을 되돌려 했다. 나는 생각이 깊은, 신학자인 내 친구에게 와서 이 극적인 과정들을 보고 그가 마귀의 실체를 확인하기를 기대하여 청했었다.

그 후 그는 당신은 그녀가 단지 다중 인격을 가진 정신병자가 아니라는 것을 어떻게 확신하느냐고 물었다.

인간적 기준 즉, 이성과 과학의 기준으로는 당신이 확신할 수 없다는 것이 솔직한 답이다. 그 목소리는 다중 인격 분열(Multiple Personality Disorder. MPD)의 징후일 수도 있고, 반면에 마귀에 의해(바클레이는 당신이 그들을 믿는다면, 이라고 전제를 둔다) 혹은 심리적인 문제 하에 있으므로 혹은 둘 다에 의해 기인될 수도 있다. 정의에 의하여 마귀의 영역은 보이지 않는 것이고, 우리가 보는 모든 것은 자연적 원인으로 설명할 수 있는 어떤 외부의 활동 상태이라면 당신은 도대체 어떻게 차이점을 말할 수 있는가?

그렇다. 합리적 시각에서는, 영이 검은 옷을 입은 여자를 통해 말한 것을 증명할 수 없다. 그러나 왜 오늘날의 그 많은 사람들이 이상한 행동이나 말의 설명으로 마귀 세계의 영향의 가능성을 인정하지 않는가? 회의주의의 주된 원인인 200년 전 계몽운동이라 불렸던 과학적 합리주의, 지배적 세계관이 지금 서구 크리스천들에게 널리 퍼진 세계관이 된 것이다. 만일 보거나, 재거나, 이유를 증명할 수 없다면 그것은 단지 존재하지 않든지 최소한 의심되어져야만 하는 것이다.

결과적으로 서구인들은 천사나 사단을 믿는 것이 어렵다는 것을 안다. 챨스 크래프트 박사에 의하면,

많은 서구인들이 애매한 믿음으로 하나님 안에 있음에도 대부분은 다른 초자연적인 것이 존재한다는 것을 부정한다… 실제로, 세상의 대부분의 사람들과는 달리 우리는 세상을 소위 자연적인 것과 초자연적인 것으로 나눈다. 그리고는 우리는 초자연

적인 것을 대부분 무시한다.[1]

어려움은 분명하게 우리가 천사와 마귀들을 그들에게 보여 줄 수 없고, 이성으로 증명할 수 없을 때 천사와 마귀의 영역이 실제 존재한다는 것을 어떻게 보여줄 수 있느냐 하는 것이다. 그러나 예수님의 주된 설교의 주제가 하나님의 나라와 사단의 나라 사이의 충돌을 강조하였듯이, 예수님은 영적 세계의 존재를 당연히 여기셨다.

문제는 예수님의 세계관과 우리 자신과 동시대 사람의 세계관 중 어느 세계관이 진실이냐는 것이다. 우리가 무슨 권리로 개인에 있는 마귀 영역의 존재를 부정하고 문화적으로 더 인정받는 시각을 지지함으로, 예수님이 어떻게 악한 영들을 쫓아냈는가를 기술한 신약의 구절들을 무시하고 거부하는가? 크래프트는 기존 주류교파들이(장로교회, 감리교회, 미국 감독교회 같은) 주로 우리의 세속적인 사회의 믿음 체계와 같은 신앙 체계를 설교한다고 지적한다.[2]

설교자들은 대체로 사단에 대한 전통적 기독 신앙을 공격하지 않는 반면에, 그 주제를 은근히 무시해 죽이려 하거나, 우리 사회 속에 있는 악의 실재 문제, 즉 전쟁과 빈곤과 같은 문제로부터 관심을 전환시켜, 축사를 한 조각의 청어 정도로 말하고자 한다.

의문의 여지 없이 전쟁과 빈곤은 한 개인이 마귀가 들릴 가능성 보다 더 큰 관심사이다. 그러나 이것은 이것이냐 저것이

---

1. Charles Craft, 능력있는 기독교 Christianity with Power(Ann Arbor, Mich.: Vine Books, 1989), pp.26-27.
2. 동일, p.59.

냐 하는 둘 중 하나가 문제되는 것이 아니라 양 쪽 전부가 문제이다. 만일 마귀가 존재하고 사람을 상하게 한다면 그 때 우리는 희생자의 고통을 또한 다룰 필요가 있다. 더 큰 악의 문제가 전쟁과 빈곤이기 때문에 축귀 사역을 던져버리는 것은 우리가 내과 의사와 치과 의사를, 핵으로 인한 대학살의 유령보다, 개인의 암이나, 하나의 불쌍한 썩은 이빨을 다루기 때문에 제거해 버릴 것을 요구하는 것과 같이 어리석은 것이다. 더 많은 사람들이, 더욱이 뛰어난 정치 지도자들이, 예를 들면 아돌프 히틀러 같은 지도자가 마귀의 영향으로부터 자유할 수 있다면 우리의 세계는 전쟁과 빈곤과 같은 넓은 영역에서 엄청나게 개선될 것이다.

내 생각에 축귀에 대한 회의주의자들의 실제 문제는, 단지 그들이 축사를 실제가 아닌 고대 미신의 유물이고 우리가 그것을 빨리 제거하면 할수록 악의 실제 문제에 더 빨리 집중할 수 있다고 믿는 것이다. 그래서 우리의 질문은 근본적으로 진리에 대한 질문이다. 악령은 실제 있는가?

## 서구 문화에서

우리가 신체의 눈으로 영적 세계를 볼 수 없다 해도 다른 증거가 시적이라기보다 실제의 문자적 표현으로 악한 영을 쫓아내신 예수님의 사역을 받아 들이는 것을 쉽게 만들기 때문에, 나 자신의 경험은 영적 세계가 사실임을 뒷받침한다.

크리스천 그룹에서 그들에게 천사에 대한 경험이 있는지를 물어 볼 때마다, 나는 긍정적인 대답에 놀랐다. 처음 내가 그것에 눈을 뜬 것은 약 300명이 참석한 집회 동안 내가 질의와 응답 시간을 인도했던 15년 전이다. 한 남자가 일어나 그는 근래에 천사를 보았다고 생각하는데, 그것이 가능한지 자신이 미혹된 것인지 모르겠다고 주저하며 말했다. 나는 천사와 마주친 경험이 있는 사람이 있는가 묻는다면 아마 둘 혹은 세 사람이 손을 들 것이라고 추측했다. 그러나 놀랍게도 그 그룹의 2/3가 손을 들었다.

천사에 관한 책을 쓰려 계획하고 있었던 내 아내 쥬디스가 비슷한 대답을 갖고 있었다. 그녀는 자주 천사에 대해 이야기 해 달라는 교회의 요청을 받는다.(그녀 역시 가끔 천사들을 본다) 그리고 청중들에게 천사를 경험해 본 사람들이 있는가를 질문할 때마다, 그녀 역시 10대들을 포함한 다수가 그러한 만남을 가졌다는 주장에 놀란다.

이런 '보았다'는 것은 분명히 측량될 수 있거나, 필름에 잡을 수 있는 신체적으로 보는 것은 아니다. 이것은 영적 환상이다. 세상에 알려진 죽을 뻔한 경험을 한 경우의 사람들이 천사의 방문을 나누는 것을 꺼려 한다. 그들은 그들의 친구, 목사들 조차도 그들이 환각 속에서 고통을 받고 있는 것이라고 생각하는 것을 두려워한다. 유럽 문화권이 아닌 곳을 방문했었을 때, 사람들은 그들의 꿈이나 환상들을 나누는데 열려 있었고 그것을 정상으로 생각했다.

너희 젊은 사람들이 환상을 볼 것이며, 너희 늙은이들이 꿈을 꿀 것이라.(행 2:17) 그 이면에 많은 보통 사람들이 가끔 우리가 날마다 마주치는 단지 그런 악이 아니라 의인화 된 악, 마귀에 잡힌 사람을 만났다고 내게 말했다.

예를 들면, 최근 축귀를 주제로한 집회에서 250명중 약 2/3 그들이 실제적으로 악령을 만났었다고 믿었다. 물론 이 집회는 마귀 들리는 것에 관심이 있는 사람들이 참석한 구별된 집회였다. 그러나 다른 집회에서도 대체로 최소 그룹의 반 정도의 사람들이 실제로 악한 영을 마주쳤던 것을 증언한다.

　기독 신앙의 초반, 수 세기를 통해 이러한 영적 체험은 흔한 것이었다. 오직 지난 몇 세기에 계몽 운동의 영향 하에서 크리스천들은 그러한 경험의 실체에 대해 의문을 갖게 되었다. 그러나 마귀적인 것을 대했던 사람들은 빈번하게 있다. 다만 사람들이 그것을 인정하는 것을 부끄럽게 느낄 뿐이다.

　아이러니컬한 것은 널리 퍼진 크리스천 패션은 회의주의를 공언하는 것이고 세속의 세상은 이단 혹은 사단주의조차, 영적 주의에 매혹되어 있다는 것이다. 내가 방문한 대부분의 책방에 이단에 대한 것을 모아 놓은 구역이 종교 구역의 2배 크기이다. 초자연적 경험에 대한 소망에 더욱 힘입어 반 기독 운동에 있는 사람들이 일상적으로 영적 세계의 실체를 체험한다. 크래프트 박사에 의하면,

　　나의 친구 중 하나는 어느날 최근에 이단에서 기독교로 개종한 여인과 사소한 이야기를 하고 있었다. 사단과 결합해 있는 동안 그녀는 다른 사람이 갖고 있는 영적 힘의 정도를 볼 수 있는 능력이 있었다. 그녀는 나의 친구에게 그동안 일 마일 정도 떨어져 있는 크리스천을, 그들이 갖고 있는 영적 힘 때문에 가리켜 낼 수 있었다고 말했다.

　내가 리사라 부를 14살의 소녀의 경험으로, 비슷한 이야기가 있다. 리사가 그녀의 부모와 기독교 교육법에 반항하고 있었을 때 유명한 락 그룹(Rock Group)에 빠져 있었다. 전하는 바에 의하면, 그룹의 스타 중 한 사람이 그녀를 연주회 후 마약, 섹

스를 위한 파티에 그들과 함께하도록 초대했다. 그러나 리사가 무대 뒤로 가고자 했을 때, 한 여성이 그녀가 가는 것을 못가게 정지시켰다. 그녀는 자기가 마녀라며, 크리스천은 함께 할 수 없다고 리사에게 말했다. 리사는 그 마녀에게 어떻게 자기가 크리스천인 것을 아느냐고 물었을 때 그녀는 "나는 네게 있는 그것을 보았다." 라고 말했다.[3]

나 자신이 천사나 마귀를(그들 역시 천사다) 전혀 볼 수 없었던 동안도 나는 이러한 환상을 가지고 있었다고 말하는 나의 친구들을 알고 믿었고, 그들의 진술이 믿을 수 있는 것을 알았다. 마찬가지로, 사역자로서 나를 도와주는 나의 동역자 중의 몇은 우리가 사람들을 위해 기도할 때, 마귀들을 보며 가끔은 악한 영의 이름과 성품을 구분할 수 있다고 말한다.

후에, 우리가 영 분별의 은사에 대해 말할 때 우리는 아주 깊이 있게 논할 것이다. 여기서는, 나와 개인적인 얘기를 나누는 내가 알고 믿는 몇몇 친구들이 악한 영의 존재를 느낄 수 있고, 그리고 내가 배워 그들 통찰력의 정확성을 믿게 되었다는 것을 이야기하는 것만으로도 족하다.

## 비 서구 문화에서

영의 세계를 경험한 것을 주장하는 것이 단지 개인적인 사람들만이 아니다. 그것은 전체 문화들이다. 사실 세상 사람의 대다수가 초자연적인 것을 믿을 뿐만 아니라 경험한다. 교육

---

3. 동일, p.125.

을 가장 많이 받은 유럽인과 북미 사람들은 천사나 마귀를 믿기 어려운 문화 속에서 산다. 그들은 세상에 다른 시각이 있다는 것과 다른 문화의 사람들이 우리가 영적인 세계에 왜 무지한가를 궁금해 하는 것을 깨닫지 못한다.

유럽을 제외한 모든 문화에서(우리들 자신처럼 유럽 문화에 의해 영향을 받은 사람들), 나는 보통의 사람들이 영적 결합과 마귀적 힘의 실체에 대한 생생한 바른 인식을 갖고 있는 것을 알았다. 그들은 하나님의 능력으로 자유하게 될 수 있다는 복음을 듣기 위해 기다리고 있다. 그리고 그들이 누군가 악한 영을 쫓아낸다는 것을 들을 때 그들은 떼를 지어 온다. 나는 인도에서 특이한 목회의 문제를 가지고 있는 신부를 만났다. 두 해에 500명이나 되는 매우 많은 사람들이 축귀를 위해 그를 찾아 오기 때문에 신학교에서 가르치는 그의 스케줄에 대혼란이 야기되었다.

우리의 기독 신앙의 동시대적인 이해에서 우리는 합리주의의 무거운 문화적 덮개를 강요한다.

이렇게 아직 개화되지 않은 문화들을 기독 진리로 옮기고 있다고 생각하는 동안 우리가 실제로 하고 있는 것은, 우리가 미신으로 명한 다수의 영적 이행에 대해 공평치 못한 인간애와 세상에 대한 서구적(그것은 데카르트 이후의 서구) 관점으로 그들을 바꾸고 있는 것이다. 우리의 선교사들이 근절시키기 원하는 미신들 중 하나는 악한 영의 존재와 활동에 대한 이 사람들의 믿음이다.

### 아직 기록이 남지 않은 문화들

유럽 사람들을 제외하고 내가 방문했던 모든 문화의 사람들은, 그들을 누르고 있는 영적인 세계에 대한 그들의 경험을 열심히 나눈다. 그들은 왜 많은 선교사들이 그들보다도 마귀적 힘에 대한 믿음이 적은 것 같은지를 이해 못한다. 반면에 선교사들은 영들의 어두운 세계에 두려움을 갖지 않도록 사람들을 교육시키려 한다. 그들이 오직 더 발달되고 과학적인 세계관을(우리는 그렇게 생각한다) 받아들인다면 그들은 우리들처럼 될 것이고, 더 이상 분별없는 마귀들의 공포에 의해 고통 받지 않을 것이다.

왜 우리가 복음을 많은 나라에 전하지 못했었는가 하는 이유 중 하나는, 단지 우리가 예수 그리스도가 가지고 오신 것을 온전히 이해하지 못했기 때문이다. 우리는 복음을 좋은 권고로 바꾸었다.

몇 가지 예를 들어보자.

1974년 나는 내가 나이지리아로 오기 원하는 가톨릭 선교사 그룹으로부터 초청을 받았다. 이 헌신적인 선교사들은 그곳 태생의 신학생들이 미신적이어서 개화될 필요가 있다고 결정했다. 신학생들은 그들을 저주하는 마법사들을 두려워하였기 때문에 권위자들이 지역 대학에서 그들이 걱정할 필요가 없다는 것을 학생들에게 설명할 심리학자를 데려 왔고, 일어나고 있었던 것에 대한 심리학적인 설명이 있었다.

나이지리아 신학생들은 백인들과 같이 오랫동안 일해 온 심리학자에게 말했다. 그들이 아는 모든 것은 그들의 마을로 돌아간 어떤 사람이 화가 나서 그들에게 저주를 한다면 다음날 아침 그들이 일어날 때 아프게 된다는 것이었다. 아무도 그들에게 저주받을 것이라고 경고하지 않았기 때문에 이 아픔은 암시의 힘에 기인한 것일 수 없다고, 나이지리아 사람이 심리학자에게 말했다. 그들은 그들이 아파 눕고 난 후에야 저주에 대해 알아차렸다. 그래서 심리학자들은 젊은 아프리카 신학생들에게 확신 주는 것을 실패하고 떠났다.

사실 그것은 우리 팀이 신학생들이 맞는지를 보기 위해 6주간 나이지리아를 방문하도록 초대 받은 이유 중 하나이었다.

우리가 나이지리아에서 발견한 다른 것이 있었다. 갑자기 한 남자가 복도로 넘어져 가끔 마귀의 출현을 알게 하는 징후를 보이기 시작했을 때 우리는 그룹과 같이 기도하곤 했다. 나이지리아 사람들은 무엇이 일어나고 있는지 즉각 이해했다. 남자가 격렬해지고 이상한 언어로 소리치기 시작하였다면 나이지리아 사람들은 일어서서 축귀가 끝날 때까지 손뼉을 쳤을 것이다. 반면에 유럽 선교사의 몇은 문으로 달려갔고, 그들이 본 것이 그런 것으로부터 사람들을 구해내려 했던 원시적 종교로의 역행임으로 머리를 흔들었다.

이 나이지리아 가톨릭 교도들의 대부분이 또한 그들이 그들의 생활 속에서 체험한 마귀적 영향으로부터 자유를 얻기 위해 알라두라(오순절) 교회에 참석한다. 선교사 자신들이 이 알라두라 교회들이 폭발적인 비율로 성장하고 있다고 우리에게 말했다.[4] 우리 팀이 집회를 열었던 이바단의 신학교로부터 2마일 안에서 선교사들은 72개의 알라두라 교회를 찾았다.

선교사들은 나이지리아 사람들이 미신에 끌리는 것으로 보지만, 아프리카 사람들은 우리보다 훨씬 많이 성경적 세계관을 이해했고, 어떤 기본적인 영적 실체와 더 많이 접하고 있는

---

4. 아르젠티나, 칠레, 브라질, 구아테말라 등의 라틴 아메리카에서 전통적인 천주교인들이 오순절 계통의 교회로 몰리는 현상이 있다.

것 같았다. 서구의 교회들은 아프리카 사람들에게 유럽의 교회 양식을 강요함에 자만했던 것을 깨닫게 되었고 대부분 그것에 대해 회개했다. 그러나 무엇보다 더 중요한 분야에서는 그들이 아직도 그들의 서구의 영적 성향을 들어낸다. 이 아프리카 사람들은, 파괴하는 악한 영과 치유의 능력을 가진 마법사의 실체를 경험으로 안다. 가톨릭과 주류인 개신교 선교사들이 더 큰 능력을 갖지 않는 한, 나이지리아 사람들은 알라두라 교회로 떼지어 가거나 필요한 때에 그들 태생의 마법사에게 계속 돌아갈 것이다.

### 고등문화

문헌 전 문화들만 마귀의 활동을 두려워할 뿐만 아니라, 발달된 고등문화들도 마찬가지라는 것을 발견했다. 사실 세계적으로, 일반적이고 자연적인 종교는 어디서나 아주 같은 방법으로 자신들을 나타내는 악한 영의 활동에 대한 경험에 기초하는 것 같다.

예를 들면, 신토와 불교 신자들의 믿음이 오늘날 동양 문화의 전통의 한 부분으로 남아 있는 일본에서는, 사람들이 아직도 축사의 필요성에 있어서 활성화 된 믿음을 갖고 있다. 나는 일본을 방문하는 동안 한 아파트 빌딩 꼭대기에서 6년동안 32명이 투신자살을 저질렀던, 도쿄의 큰 공공 주거 건물에서 악한 영을 쫓아내기 위해 신토 사제들이 초청되어지는 기사를 읽었다.[5] 이것에 대해 쓴 미국 기자들은 심리학자들이 초대되거나, 아파트가 더 좋게 만들어져야만 한다고 제안했다. 그러

---

5. Japan Times, 1978년 7월 30일자.

나 세상 물정에 밝은 일본 사람들은 악한 영이 자살의 원인이라고 믿었고, 그들을 쫓기 위해 신토 사제들을 초청하는 것으로 대응했다.

미국에 알려지지 않은 일본 생활의 다른 이상한 면은 소위 신 종교의 놀랄만한 성장이다. 일본인의 1%보다 적은 수가 크리스천인 반면에, 지금 약 15%가 급성장하는 종교적 관심이 된 이 신종교에 속해 있다. 대부분이 2차 세계 대전 이후에 터져 나왔고, 그들이 신에게 중심을 맞추고 있음에도 그들의 대부분은 크리스천이 아니다. 그들은 치유와 축귀에 초점을 맞추고 그들 자신이 치유와 축귀에 대한 큰 필요를 느낀다고 암시한다. 그리고 아마 기독교 신앙의 기본적인 전 복음주의는 (그것은 예수님 자신의 사역이었던 것처럼) 치유와 축귀이어야 하지 않은가를 나타낸다. 치유와 축귀에 대한 우리의 믿음의 포기가 이 영역을 그것의 기본적인 필요를 채우겠다는 누구에게든지(신 종교의 창시자 같은) 열어 놓은 것이었다.

이것을 조사하기 위해 나는 *마히까리 노 와자*(영적 정화의 예술)라고 알려진 한 치유 종교 센터를 가서, 치유와 축귀가 필요한 사람들을 위해 하나 하나 기도하고 있는 그들 그룹의 많은 회원이 있는 큰 방을 관찰했다. 그들이 나에게 준 문헌은 이런 문구로 시작한다.

당신의 인생의 일부가 어떤 보이지 않는 힘에 의해 제어된다고 들으면 당신은 무엇을 생각하겠는가?

30여년 동안, 수 십만의 일본 사람들이 코타마 오까따에 의해 창시된 이 종교로 개종했다. 그의 활동의 초기 구상은 다음 것으로 재미있게 설명된다.(오자가 포함되어 있음)

1959년 2월 27일 아침 5시에 위대한 성자 일본인, 코타마 오까따는 창조주 하나님에 의해 계시를 받았다.

"일어나라. 너를 코타마라 명하라! (글자 뜻 그대로 빛의 보석) 너의 손을 들어 세상을 깨끗게 하라. 세상은 인간들에게 점점 더 고통스럽고 어렵게 될 것이다."

위대한 성자 코타마 오까따는 계시 후에 바로 사람들 위에 그의 손을 놓기 시작했고, 석가모니나 예수 그리스도가 기적을 행하였던 것처럼 죽은 사람에게 다시 생명이 오고, 마비된 자가 걷기 시작하고, 장님이 보기 시작하는 것을 알았다. 하나님은 성자에게 명했다.

"가서 인간을 구하고 하나님의 빛을 나누라. 그리고 마히까리 노와자의 능력을 얻기 원하는 모든 사람에게 주라."

팜플렛에는 교파의 추종자들이 어떻게 죽음의 영으로부터 자유롭게 되었는가 하는, 몇 가지 설명이 젊은 여자 사역자가 정상적으론 불가능한 몸짓으로, 땅으로부터 뛰어 오르는 귀신 들린 사람을 위해 기도하는 사진과 함께 있는 인용문이 있었다.

일본을 방문한 같은 시기에 도쿄에 있는 로마 가톨릭 대주교를 만날 기회가 있었다. 그는 가톨릭의 복음 전도 계획이 지성인이나 지배 계급을 개종시키고, 그들이 나라의 나머지를 변화시키리라고 기대했던 가톨릭의 복음 전도 계획이 실패했었다는 것을 인정했다. 100년이 넘는 동안, 아직 거의 아무도 전향하지 않았고, 전향한 몇 명도 복음을 나누는데 각별하게 열성적이지 않다고 했다.

300여 개의 신 종교의 급속한 퍼짐과는 현저한 대조가 있다. 신 종교의 회원들은 그들의 확대 프로그램의 열광적인 흥행주들이다. 반면에 크리스천들의 성취도는 비교적 빈약하다. (예를 들면, 황족의 어떤 일원은 가톨릭 학교에서 교육 받았다)

## 마법사들에게 영역을 내어 주는 것

우리의 합리주의적 세계관이 마귀의 영향으로부터 사람들을 자유롭게 하는 것에 대해 실용적인 접근을 허용하지 않기 때문에, 개발도상국의 대부분의 크리스천들이 (내가 전 장에서 말했던 것처럼) 필요할 때 독자적인 오순절 교회로 갈 것이다. 그들이 어떤 오순절 주의자들도 모른다면 그들은 종종 축사를 받기 위해 마법사의 세계로 돌아간다.

내가 베네주엘라에 있을 때, 선교사들이 말하기를 베네줄라 사람들의 80%가 그들이 억압을 느낄 때, 마법사에게 가거나 혹은 *쿠란데로*에게 간다고 했다. 뉴욕, 마이애미, 뉴 올린즈 그리고 히스패닉이나 아이티 인구가 많은 다른 미국의 도시들에서도 마찬가지이다. 부룩클린에 있는 많은 캐리비안 가톨릭 신자들이 주일 미사처럼 집에서 부두 예배를 본다. 부두 예배의 주요 목적은 원수들에게 주술을 걸어 가족과 친구들을 치유하는 것이다.

아이티 사람들이 아프면, 그들은 그들의 사제가 마술에 의해 원인이 된 질병을 치료하기 위해 영들을 불러서 빌 수 있다고 믿는다. 그들이 부룩클린의 왕가 행정 병원에 입원하여 회복이 안 될 때, 가끔 의학 박사를 포함한 아이티 친구들이 당신의 나라로 돌아가라고 권고를 받는다. 특별한 '헌건'이나 '맘보'(마법사)를 만나라. 그들만이 당신의 병을 고칠 수 있다는 권고를 받는다.[6]

작가는 부두교의 아이리쉬 레프러컨(역주:황금을 숨긴 곳을 가르쳐 준다는 작은 노인 모습의 귀신) 보다 더 큰 문제는 아니라고 생각한다. 무해한 미신으로 부두를 보는 태도는 많은 교육을 받은 크리스천들의 문화적 편견을 반영한다. 신부와 목사들은 부두 예배에 참석하거나 *쿠란데*로나 영적 주의자들에게 가지 못하게 사람들을 설득할 수 있지만, 그들이 그러한 방문이 위험하다는 것을 인식하지 못한다면 사람들은 치유와 축귀를 위해 계속해서 그 곳에 갈 것이다. 애석하게도 많은 성직자들이 그들이 소명 받은 축귀 사역을 하지 않을 뿐더러 믿지도 않는다. 나는 아프리카에서 크리스천 병원에 입원해 있는 아픈 사람이 있을 때, 그 가족들은 가끔 환자에게 주문을 외울 마법사를 불러 들이는 것을 허가 받는다는 것을 알았다.

엘 두엔데와 다른 인큐비[7]라는 흥미 있는 연구 논문은 귀신 들린 사람이 비기독교적인 근원으로부터 도움을 찾는 이유는 신부와 주교들의 불신앙이라고 설명한다. 엘 두엔데는 라틴 아메리카 나라에서 어린 소녀와 그녀의 가족들과 자주 함께하는 어떤 조상의 영이다. 의사이며 작가인 칼로스 A.리온은 그가 일했던 콜롬비아 병원에서 귀신들린 경우로 보고된 12가족을 면담했다. 리온 박사가 우려하는 것은 정신의학 뿐 아니

---

6. Hugh Cassiy, "Saturday Night Voodoo: Sunday Morning Mass." U.S. Catholic, July 1978, p.36.
7. Carlos A. leon, M.D., "El Duende and Other Incubi," Archives of General Psychiatry, Vol.32, February 1975, pp.155-162.

라 신부의 축복을 받는 것과 같은 종교적인 관행도 그 환자들을 도울 수 없었다는 것이다. 이러한 소녀들에게 제공된 유일한 도움은 오직 이단 치유자들에게서 왔다.

신부나 교회 사람들이 치유를 위한 노력에 관한 사례들은 그들의 일부에 있는 실제의 불신앙을 가리킨다. 그들은 사도행전 19:14-16의 스게바의 아들 같이 영문 모를 행동을 어떻게 처리하는가를 모른다. 리온 박사는 알아내기를,

> 축사에 대한 요구는 여러 가지 예로 나타났으나, 받아들여지지는 않았다. 이런 경우를 우려하는 지역 성직자의 현 위치는 철저한 의심주의가 아니라면 철저한 조심의 하나인 것 같다. 신부가 돕기 위해 와서, 그들은 단지 약간의 축복과 기도를 할 뿐이다. 반면에 심령술사들은 거리끼거나 주저하지 않는 어떤 것이었다.[8]

그런 경우 중 하나가 우슬리나의 경우이다. 그녀의 가족은 엔 두엔데가 우슬리나를 장악하고 그의 영역으로 그녀를 끌고 가기를 원한다고 믿어서 그들은 이러한 운명으로부터 그녀를 보호하기 위해 도움을 찾았다.

우슬리나가 미사 시간에 두엔데에 의해 고통을 받은 바로 직후 가족들은 먼저 교구 신부에게 갔다. 신부는 그들에게 주교에게 가서 그 경우에 대한 축사자를 지명하여 줄 것을 청하라고 권고했다. 주교는 두 명의 수녀를 그 경우를 조사하고 보고서를 쓰

---

8. 동일, p.158.

도록 보내는 것으로 조치를 취했다. 수녀들이 방문해 있는 동안 두엔데는 휘파람 불기, 할퀴기 그리고 우슬리나를 때리는 등 폭력적인 행동을 보였다. 외설적인 노래, 일진의 바람이 지나가게 하기 그리고 그를 보거나 들을 수 없는 대신 그 소녀에 의해 보여지는 모든 몸짓과 거친 행동 등으로 두려워하고 있는 방문자들에 대해 모독적 언급하는 것 등… 그녀의 가족은 우슬리나가 종교 단체나 종교 제단으로 가야만 된다고 결정했다. 그 때, 모든 지옥과 같은 상태가 풀어져 나왔다.

두엔데는 온 집안을 우슬리나의 머리를 잡고 끌고 다녔다… 그 소녀는 다음날 아침에 상태가 너무 나빠져 있어서 신부가 우슬리나에게 고백성사조차 받지 않고 그녀의 가족에게 그녀를 정신병원으로 데려 가도록 명령하였다.[9]

간략이 말하면 우슬리나는 이 곳 저 곳을 돌아 다니게 되었다. 신부는 주교에게, 주교는 수녀에게, 수녀는 지쳐 떨어지고, 가족들은 다시 신부에게, 신부는 그 가족을 정신과 의사에게 보냈다.

우슬리나는 고쳐지지 않은 상태로 병원에서 퇴원한 후, 그녀에게 영들과 교통하는 것을 가르치는 심령술사 그룹에게 보내졌다. 후에 그녀는 능력 있는 무당이며, 이단의 중심적인 사람이 되었다.

이것은 일반적인 문제의 좋은 예이다. 내가 로베르타를 다른 사람에게 보낸 것처럼 우슬리나의 신부는 그녀에게 정신과 의사를 권했다. 그들이 충분히 도울 수 없을 때, 그녀의 가족

9. 동일, p.160.

은 그들이 가지고 있는 유일한 의지가 되는 곳 즉, 사술의 방법으로 가는 것을 생각했다.

놀랍게도 비슷한 경우에, 한 여인이 치유 사역을 오랫동안 하고 있는 바바라 쉘몬 리안에게 왔다. 바바라는 엘 두엔데 전통을 들어 본 적이 없음에도 그 여인은 엘 두엔데의 묘사와 정확히 일치하는 특이한 모습의 유령에게 눌려 있는 것을 설명했다.

어두운 안색과 하얀 이빨을 가진, 작은 항아리 배꼽 같은 모양, 빨갛고 까만 옷을 입고, 크고 긴 모자를 쓰고 장식 있는 긴 구두를 신고 있다.

## 정신 의학이 사단을 발견

엘 두엔데에 대한 기사는 최근의 중요한 발전을 암시한다. 더욱 더 많은 정신과 의사와 심리 치료사들이 사단의 존재를 발견하게 되었다.

몰톤 켈시 박사는 교회에서 있었던 치유의 이행에 대한 자세한 사례를 썼고, 아픈 사람을 고치기 위한 모든 성서적 지침에도 불구하고 그것이 점점 소멸해 가는 이유를 밝혔다. 그는 의학 박사들이 성직자들 보다 치유 기도에 더 많이 열려 있다고 믿는다.

… 종교와 건강 부문을 포함하는 비슷한 집회가 큰 서구 병원에 의해 개최된다. 성직자들의 구별된 그룹과 의학계 사람들이 함께 만나 주제를 논하도록 초대되었다. 의사들의 대부분이 응답을 보냈고 그들의 80%가 참석했으며, 반면에 성직자들은 겨우

50%정도가 편지 답장을 보냈고 그들의 30%가 안되는 수가 집회에 참석했다.

나의 아내 바바라와 나는 지난 20년 동안 많은 다른 교회 그룹에 있었다. 오순절 신학원을 제외하고 수백의 기독교 신학원 중 여섯 보다도 적은 학교가 치유의 종교적 분야에 대한 과정을 제공하고 있다는 것을 발견했다. 대부분의 신학원은 이 주제를 조롱하며 빼 버렸다.

…개방적이건 보수적이건 정통의 그리스도인들은 정통한 방법을 통한 신체적 정신적 치유에 관심이 거의 없거나 아예 없다.[10]

내가 성직자에게 말하는 기독교적 치유에 대한 경험은 켈시 박사의 경험과는 다르다. 나는 수천명의 신부와 목사들에게 치유에 대한 나의 경험을 말했고, 일반적으로 그들은 마음을 열어 받아들이는 것을 발견했다. (축귀와 축사는 또 하나의 문제이다) 그러나 켈시 박사처럼 나는 정신과 의사와 심리 치료자들 사이에 받아들이는 정도가 커가고 있는 것은 그들의 경험을 통해 왔다는 것을 발견했다.

예를 들면, 오는 한 해 동안 나는 조지아, 오하이오, 퀘백에 있는 의료기관의 주치의들에게 강연하여 줄 것에 대한 초대를 받았다.

늘어나는 개방 상태로 잘 알려진 예로는, 이름난 작가이며 정신과 의사인 M. 스캇 페크가 있다. 거짓의 사람들에게서 실제로 어떤 사람은 정말로 악하다는 것을 보여 주려 했다고 단

---

10. Morton Kelsey, Psychology, Medicine and Christian Healing (San Francisco:Harper Collins, 1988) p.3.

호히 기술한다.[11]

처음에 페크 박사는 악마와 축사를 믿지 않았으나,[12] 지금은 그 자신의 경험 때문에 사단이 있는 것을 믿는다. 그는 악의 얼굴을 보았다.[13]

페크 박사는 당신이 사단의 존재를 증명할 수 없다는 것에 동의한다. 하나님께 돌아가는 것처럼 그것은 개인적인 경험을 필요로 한다.[14] 그에게 있어서 그 경험은 두 번의 축사에 참여할 때 왔다.

> 나는 나 자신이 그렇다고 생각하는, 빈틈없는 과학자로서 나는 이 두 경우가 일어나는 것을 정신 의학적인 역학으로 95% 설명할 수 있다… 그러나 그런 방법으로 설명할 수 없는 중대한 5%가 남겨졌다. 나는 오직 초자연적인 것이나 비자연적인 것으로 설명할 수 밖에 없다.
> 한 가지 경우에 귀신 들린 사람이 분명하게 말할 때, 오직 사단적인 것으로 표현되어질 수 있는 표정이 환자의 얼굴에 나타난다. 그것은 철저한 적의를 갖고 믿을 수 없는 증오의 경멸적인 웃음이다. 나는 많은 시간을 거울 앞에서 그것을 흉내내 보려고 허비했지만 전혀 성공하지 못했다. 나는 내 인생에서 오직 또 한번 다른 때 그 표정을 보았다. 다른 환자의 얼굴에서 아주 순간적인 몇 초 동안.
> …환자는 갑자기 강한 힘을 가지고 몸부림치며 괴로워하는 뱀을 닮아갔고, 팀원들을 사납게 물려고 시도했다. 그러나 몸부림

---

11. M. Scott Peck, People of the Lie(new York: Simon &Schuster, 1983), p.10.
12. Ibid., p.178.
13. Ibid., pp.182-183.
14. Ibid., p.184.

치며 괴로워하는 몸보다 더 놀라운 것은 얼굴이었다. 눈은 느린 파충류의 휴면 상태 같이 덮여 있었다. 파충류가 공격물을 겨누고 있을 때의 모습이 아닌, 그 순간은 눈이 불타는 증오로 넓게 열려 있었다. 이런 급격한 동작 대신에 나를 가장 놀라게 하는 것은 내가 이 교활한 것으로부터 받는 것이 5000만년 된 엄청난 무게의 느낌이었다. 그것은 축사의 성공에 대해 나를 절망하게 한 원인이었다. 두 케이스의 축사에서 거의 모든 팀원들이 절대적인 이방인 그리고 인간이 아닌 그 무엇인가의 존재 하에 있었던 것을 확신했다. 각 축사 기도의 끝은 환자와 방으로부터 이 존재가 떠나는 것으로 알게 된다.[15]

켈시 박사처럼 페크 박사는 교회 권위로부터 도움을 얻고자 하는 것에 눈에 띄는 저항이 있음을 발견했다. 팀은 수도원이나 수도회가 축사를 위한 장소로 봉사하는 것을 찾을 수 없었기 때문에 그들은 결국 개인 집에서 끝내야만 했다.

공공 교회가 이러한 일에 적극적으로 후원과 봉사와 축복을 제공해 준다면, 모든 관여자들이 많이 수월했을 것이다. 양쪽의 경우 몇 교회 권위자들로부터 협력이 있었던 반면에, 대부분 일반적인 교회의 반응은 관여하는 것을 피하고자 했다. 그러한 경우의 부작용에 대한 교회의 두려움은 자연적이고 실제적이지만 물론 인도적인 것은 아니다.[16]

최근 일고 있는 사단적 의식의 폐해(SRA)의 많은 경우는

---

15. Ibid., pp.195-196.
16. Ibid., p.202.

많은 정신과 의사들에게 그것들이 실제 마귀의 세계인가 잠깐 생각하게 하는 원인이 되었다. 결과로 정신과 의사, 상담자 그리고 축귀를 체험한 사람들이 사단 주의에 대해 공개적으로 토의하고, 다른 사람에게 배우기도 하게 되었다. 우리가 사로잡힘으로 부르곤 하는 모든 것들이 단지 정신적인 질병이고 정신과 의사는 정신 병자를 돕기 위한 오직 전문적이고 유능한 사람이라고 생각하는 것은 더 이상 사실이 아니다. 신부들과 사역자들이 필요하다.(17장에 있는 SRA를 더 보라)

또한 놀라운 발전은, 그들 환자의 내적 치유와 어떤 경우에는 축귀를 위해 기도하는 다수의 상담자와 몇몇의 심리 치료자가 있다는 것이다. 한 사람은 고인이 된 나의 친구이며 크리스천 심리 치료자인 콘라드 바즈 박사였다. 그는 자신의 환자의 축귀에 대해 썼다.

몇 년전 나는, 심각하게 극심한 정신 강박증과 상실 신경증을 가지고 있는 종교적인 여인인 나의 한 환자에게 있었던, 어떤 영의 피해자가 되었다. 우리가 치료하는 기간 동안 이 여인은 나의 분노를 자극하는 초인적인 능력을 나타냈다. 물론 이것은 너무나 비상식적인 것이었지만, 내가 우려했던 것은 나에게 그것을 제어할 능력이 없었다는 것이다. 전에 혹은 그 이후에도 이런 일은 일어난 적이 없었다. 그러나 이런 경우, 매 과정마다 소란한 분노 표시의 교환과 환자가 울면서 방을 뛰쳐나가는 것으로 끝났다.

마침내, 무슨 일이 일어나고 있는 것이고, 왜 나의 분노를 조용히 전문가적인 태도로 다루지 못하는가에 대해 내가 염려하고 있었던 몇 주후, 그 자매는 계속적으로 즐겁고 친밀한 의사와 환자의 관계를 발전시키고 싶다고 그녀의 생각을 표현했다. 그녀는 나를 좋아하고 아주 존경하며 나로 인해 화가 날 이유가 없다고 말했다. 그러나 그녀는 자기가 나를 화나게 만들 수 있는 것을 하거나 말한다는 것을 정확히 알았다.

그녀의 허락을 얻어, 그 때에 우연히 나를 방문했던 프란시스 맥너트 박사에게 자문을 구했다. 그의 권고로 우리는 축귀를 위해 나의 환자에게 기도했다. 그녀는 실제로 그녀에게서 조용히 큰 반항 없이 떠나는 몇몇의 영으로부터 구출되었다. 그 영들의 누구도 자신들을 밝히지 않았고, 밝히도록 명령 받지도 않았다. 그러나 나는 그들 중 한 영이 명령 받았다면 그것이 '분노'라는 단어를 사용했으리라 확신한다. 그 때로부터, 환자의 행동과 모습에 극적인 변화가 있었다. 다시는 그녀의 말과 얼굴 표정이 나를 향해 분노나 미움의 감정을 나타내지 않았다.[17]

다른 놀랄 만한 축귀 경우는 *성적 행위의 기록들*에 써진 것으로서 성 전환 환자에 있어 성의 정체성 변화로 제목 붙여진 것이다. 이 작가들은 축사를 통한 성 전환 환자의(그들은 존이라 부름) 변화를 설명한다.[18] 이 경우 놀라운 부분은, 존은 보통 모든 치료가 소용이 없는 정신적 분열로 고통 받고 있었다는 것이다. 그들은 존을 철저히 검사했고 그의 결정 하에 성 전환 수술을 받게 하는 것이 그를 격려하는 가장 좋은 방법이라고 결정했다. 수술을 준비하는 동안 존은 쥬디로 이름을 바

---

17. Conrad Baars., M.D. Feeling and Healing Your Emotions (Plainfield, N.J.: Logos International, 1979), pp.204-205.
18. Gene Abel, M.D., David Barlow, Ph.D, and Edward Blanchard, "Gender Indentity Change in a Transsexual Behavior, Vol.6, No.5, 1988, as quoted in Baars, pp.205-206.

꾸고, 전기 요법으로 얼굴에 있는 털을 제거하고 에스트로겐으로 그는 가슴을 크게 했다. 수술 날짜가 잡혔다

그러나 그의 크리스쳔 친구의 강력한 요구로 존은 다른 의사를 찾아 갔고, 그 의사는 존에게 그의 실제 문제는 악한 영에 의해 사로잡힌 것이라고 말했다. 존은 세 시간의 축사 과정에 동의했고, 그 시간 동안 스물 두개의 악한 영이 그를 떠났다. 그 과정 이후 존은 남자다운 정체성을 확인하게 되었고 그는 여자 옷들을 버렸다. 다음의 기도 과정에서 크게 만들었던 존의 가슴이 즉시 거의 가라앉았다.

의사는 2년 반 동안 존을 검사했고 그가 분명한 성 정체성의 역전을 보이는 것에 놀랐다. 의사들이 자신의 업무에서 본 적이 없었고, 정신의학 문헌에서도 들어본 적이 없는 것이었다. 그들은 다음과 같이 분명히 말하므로 그들의 보고를 결론지었다.

> 그러나 부정할 수 없는 것은 가장 조심스러운 기준으로도 아주 분명히 성 전환자였던 환자가 놀랄만한 짧은 기간의 축사를 받은 후 계속해서 남성의 정체성을 가졌다는 것이다.[19]

축사의 화제 주위를 맴도는 이 모든 흥분에서, 우리는 크리스쳔 유산의 주요 부분을 재발견한 심리학 단체에 의해 격려받는 종교 단체의 행복한 전망을 본다. 그 일이 일어날 때 까지 고통 받는 많은 사람들은 그들을 묶고 있는 고리를 부수고 자유하기 위해 교회로부터 그들이 필요한 도움을 받을 수 없

---

19. Ibid., p.206.

을 것이다. 그 때, 그들은 더 고통스럽고 화나고 혹은 절망에 빠질 수 있다.

이것은 특별히 사단적인 그룹에 들어갔다 부수고 나오기 원하는 사람들의 현실이다. 그들이 자유를 위해 도망하려 할 때 그들은 사단(혹은 마녀 모임)으로부터 오는 복수에 대한 두려움 때문에 가끔 도움 청하기를 겁낸다. 그들은 또한 그들을 믿지 못하고 그들을 어떻게 자유하게 하는지 모르는 신부나 목사를 만날까 두려워한다.

티모시 오 히긴스 박사가 어떤 개인과 나눈 인터뷰 내용을 나와 나누었는데 경종을 울리는 내용이었다. 히긴스 박사는 교회들을 모독하고, 제사 의식에서 피의 제물을 드리는 세 번째 계급의 마녀 모임에서 결박을 풀고 탈출하려는 한 마녀를 돕는 일에 관여되었다. 그녀는 그녀를 믿는지 어떤지 확신할 수 없는 서너 명의 신부들에게 도움을 위해 이야기를 꺼냈었다. 그녀의 반응은 여러 가지 방법으로 그들에게 복수하는 것이었다. 인터뷰의 주요한 부분이 다음에 있다.

문: 당신은 전에 왜 그 사건에 종사했었던 이유 중 하나가 어느 교회에 대해 분노했기 때문이라고 내게 말했는가?
답: 어느 교회든.
문: 그 분노가 어디서 근원이 되었나?
답: 이것이 사실인 것을 믿지 못하는 그들로부터.
문: 그리고 당신의 분노는 처음 성___의 교구에 대한 것이었는가?
답: 그렇다.
문: 거기 기도 그룹에 대하여?

답: 나는 그들을 갈라놓고 분열을 일으키기 원했다.

문: 그것이 3년 전인가?

답: 그렇다; 내가 했다.

문: 어떻게 분열을 일으켰나?

답: 사람들의 마음에 생각들을 넣었다. 이런 일은 진짜가 아니다. 나에게 도움이 되는 것이 무엇인가? 같은… 각자에 대한 험담 즉, 그들이 비밀로 해야만 할 때 각자 서로에게 숨기지 못하게 … 나는 나의 분노를 신부에게 돌렸다.

문: 어느 신부인가?

답: 실제 두 명이 있었다. 하나는 ____ 시에 있었다. 그는 지금 떠나 갔다.

문: 당신은 어떻게 당신의 분노를 그들에게 나타냈는가?

답: 나는 그의 연약한 부분이 섹스라는 것을 알아냈다.

문: 그것을 어떻게 했는가?

답: 그는 내가 아파트를 둘러 보고, 빌리는 것을 돕기 위해 내게 아파트를 보여 주었다. 나는 미쳤었다. 나는 그가 좌절하기를 원했다. 결국 나는 그가 자신을 더 이상 유지할 수 없는 것을 보았을 때 그에게서 떠났다. 그 때 그는 다루어야 할 문제가 있었다. 그가 그것을 어떻게 다루던 나는 상관이 없었고 나는 만족했다.

문: 왜 그에게 분노했나?

답: 그가 나를 믿지 못하곤 했기 때문이다.

문: 특별한 방법으로 당신이 분노했던 다른 신부는 누구였나? 당신은 그에 대한 당신의 분노를 어떻게 보였나?

답: 나는 곧 그의 머리에 미친 생각, 즉 남성들과 관계를 갖

는 것에 대한 생각을 집어넣기 시작했다. 그리고 그가 신부를 그만둔다면 하는 생각 … 나는 그에게서 환상을 버리려 했다. 나는 그가 여기를 떠나기를 너무 원했다 … 그는 그렇게 했다.

문: 누군가가 당신에게 미쳤다고 한다면 당신은 무엇을 말할 것인가?

답: 나는 아마도 그럴 것이라고 말할 것이다. 그러나 나는 내가 말하고 있는 것을 안다. 만약 그들이 내가 미쳤다고 말하면, 그들은 취소하는 것이 나을 것이다. 왜냐하면 그들은 고난의 선에 있기 때문이다. 나는 무엇이 진짜이고 무엇이 아닌지 안다. 나는 내가 무엇에 있었던가를 알고, 그들은 그들이 무엇을 말하고 있는지 모른다. 그들이 내가 가지고 있는 힘을 보고 느낄 수 있다면 그들은 그렇게 말하지 않았을 것이다.

문: 어떤 힘을 가지고 있는가?

답: 그것을 가지고 있지 않은 것이 더 낫다.

문: 무슨 능력인가?

답: 파괴의 능력 그리고 돕는 능력.

문: 돕는 능력?

답: 돕는 능력은 화이트 매직이고, 파괴의 능력은 블랙 매직이다.

문: 어떤 사람들은 매직은 단지 미신이라고 말한다.

답: 그들은 그들이 무엇을 말하고 있는지 모른다. 그들은 누군가가 말했던 것에 의해 움직이고 있는 것이다. 나는 그것이 미신이 아니라 진짜라는 것을 안다. 나는 그것이 할 수 있는 것을 보았다. 그것은 종종 실제 나쁘게 해할

수 있다. (여기서 그녀는 사람 희생물의 예를 들었다) 그것은 그들이 나를 믿기 전이었지만, 이제 그들은 나를 내가 희망했던 대로 믿는다.

문: 그래서 지금 당신은 교회로 오기 원하지 않는가?
답: 나는 그들이 그것을 어떻게 하던 상관 않는다. 나는 도움을 원한다. 나 스스로 그것을 할 수 없다. 지난 2주간 나를 도와줄 사람이 없었다면 여기서 이야기하지 않았을 것이다. 나는 이미 죽을 준비가 되어 있다.

로베르타가 내게 "당신은 당신이 누구인지 믿지 않지요?"라고 말했던 것처럼, 마녀였던 그녀는(그리고 셀 수 없는 다른 사람들) 교회에게 "왜 당신들은 우리를 도울 수 없는가? 하나님께서 당신들에게 하라고 부르신 것을 믿지 않는가?"라고 묻고 있다.

## 복음 전도의 능력

이것은 우리에게 중요한 점을 알게 한다.
복음은 오직 교리를 가르치는 것만을 의미하지 않고, 반드시 자유하게 하고, 구원하고, 치유하는 능력을 포함한다. 30개 국가에서 설교를 해 본 후, 나는 모든 문화권의 사람들이 그리스도의 구원의 메시지를 듣기 위해 기다리고 있다는 것을 믿는다. 우리가 사랑이신 하나님께서 죄와 악으로부터 인간을 구하도록 그분의 아들 예수 그리스도를 보내신 것을 설교할 때마다 사람들은 열심히 응답한다.
내가 신학교에서 설교학을 가르칠 당시, 나는 설교자의 문제는 복음서를 어떻게 이 시대 사람들의 필요에 적절하게 만들어 해석할 것인가라고 생각했다. 지금 나는 복음서 그 자체가 적절한 것이고 그것이 직접 호소하고 있다는 것을 깨닫는다. 그러나 내가 치유하고, 악한 영으로부터 사람들을 자유롭게 하는 능력에 대한 필요를 충분히 이해하지 못했기 때문에 복음서를 전혀 설교하지 않았었다. 근본적으로 나는 나 자신을 선생으로 보지만 예수께서 제자들을 설교하러 내보내실 때 항상 그들에게 주신 성령의 능력에 대한 체험이 없었다.

> 그 후에 주께서 열 두 제자를 모두 불러서 모든 마귀들을 다스리며 병을 고치는 권세와 권위를 그들에게 주시고 그들을 보내시어 하나님의 나라를 전파하며 또 병든 사람들을 자유케 하시니라.(눅 19:1-2)

오직 우리가 눌린 자를 자유케 하고, 병의 저주로부터 고통받는 사람들을 치유할 수 있을 때 우리는 진실로 그리스도의 기본 메시지를 설교할 수 있다.

하나님의 나라가 가까이 있고 사단의 나라는 멸망하고 있다.

# 4

## 사로 잡혔다고(Possession) 불러야 하는가

우리가 억눌린 사람을 악한 영으로부터 해방시키기 위한 기도에 대하여 이야기할 때마다 대부분의 사람들은 우리가 귀신에게 사로잡힌것에 대해 이야기한다고 곧바로 생각한다. 그들이 모두 사로잡힘의 실체를 믿는 일이 생긴다면 그들은 사로잡힘의 적절한 해결책으로 축사를 생각할 것이다.

나는 이런 사고 방법이 우리의 이해를 돕기보다는 방해한다고, 단호하고 분명하게 말할 수 있다. 여기 그 이유가 있다.

첫째로, 귀신에게 사로잡히는 것이 실제 존재할 때 그것은 드물다. 모든 사람들은 이것에 동의한다. 그래서 귀신에게 사로잡힘이 우리가 염려할 필요가 있는 모든 것이라면 우리의 대부분은 관여하게 되는 것을 피할 수 있고, 이따금씩 사로잡힘의 경우를 더 높은 교회 권위에 위탁할 수 있다. 축사처럼 심각하고 위험한 어떤 것은 우리가 아니라 숙련자를 요구한다.

문제는 축사의 필요가 드문 반면, 축귀의 필요가 일반적이라는 것이다. 축귀 사역을 체험한 사람에게(실제로 상식적인) 일반 인구의 얼마가 축귀가 필요한가를 물으면 그들은 당신에게 당신이 거리에서 스치는 많은 사람들이 축귀 같은 종류가 필요하다고 말할 것이다.

나의 부인 쥬디스는 어느날 심리 치료자로서 환자를 상담하고 있을 때 환자의 1/3 정도에 대해 악한 영으로부터 자유하게 하기 위해 기도로 끝을 맺는다고 추정한다.

개인적인 생각으로도 완전히 사로잡힌 것 같은 사람은 만나본 적이 없다. 스캇 펙도 같은 결론을 냈다.

> 마틴이 우리가 사로잡힘이라 부르는 모든 경우는 부분적 사로잡힘과 불완전한 사로잡힘으로 표현되는 것이 더 정당하다고[1] 바르게 주장한 것은 건강한 인간의 혼과, 병들게 하는 마귀적인 에너지 사이에서 투쟁이 있기 때문이다.[2]

그러나 백만 명 중 삼십만 명이 축귀가 필요한 반면, 어떤 사람이 전적으로 사로잡힌 것을 증명해야만 할지라도, 오직 백만에 한 사람이 사로잡혔다면 우리는 아직도 중요한 목회적 문제를 갖는다. 이것은 의사들이 오직 말기 암 환자 만을 치료하기로 결정하고 모든 다른 병을 다루는 것을 거부하는 것과 같다. 예를 들면, 당신이 마귀의 나타남에 대해 호소하는 어떤 사람을 로마 가톨릭 권위자에게 보냈다면, 그들은 환자가 땅으로부터 들어 올려진다던가(공중 부양) 혹은 그 남자나 여자가 자연적으로는 알 방법이 없는 외국어를(귀신들린 사람은 방언의 은사를 위조한다) 말하는 것과 같은 드물고 보통이 넘

---

1. Malachi Martin, Hostage to the Devil (New York; Reader's Digest Press, 1976), p.442.
2. M. Scott Peck, People of the Lie(New York, Simon & Schuster, 1983), p.191.

는 징후에 대해 질문함으로 귀신들림에 대해 시험할 것이다. 영화 엑소시스트에서 우리가 본 기묘한 현상처럼, 그 사람이 귀신들린 것을 당신이 증명할 수 없다면 교회는 축사자를 부르지 않거나 축사를 이행하지 않을 것이다. 이런 기준이 이용됨으로 수천의 사람들이 그들이 절망적으로 필요로 하는 도움을 거부당한다.[3]

분명히 귀신에게 사로잡힘이라는 단어는 사단이 인간 개인의 핵심을 점거하거나 소유하는 것을 의미한다. 그러나 이것은 보통 우리가 발견하는 것이 아니다. 우리는 가끔 희생자의 삶의 한 부분이 침해 받고 있는것을 더 발견한다. 데릭 프린스는 귀신들림을 한 도시에서의 범죄경향과 비교했다.

시청을 포함한 도시의 중심은 자유롭고 정부의 통제하에 있는 반면 몇몇 뒷골목과 옆 길들은 범죄자들에 의해 지배 받는다. 우리가 만난 축귀가 필요한 대부분의 사람들은 좋은 사람이지 악한 사람은 아닌 것 같다. 그들의 대부분은 크리스천이고 주일에 교회에 가지만 그들 삶의 어떤 부분에 있어 자유하지 않다. 그들은 당신에게 그들의 가장 깊은 곳의 소망과는 대조되는 방법으로 행동하도록 강요당하고 있는 것 같다고 말할 것이다.

보통 사람들이 경험하는 것에 대한 더 나은 말은 귀신들린다는 것이다. 다른 좋은 말은 *체내 침입*이다. 사실 신약에서

---

3. 최근에 몇몇 교구에서는 감독이 신뢰할 만한 신부들이 내가 이책에서 언급하는 그런 축사 사역을 행하도록 임명을 받았다. 로마 가톨릭의 축사 사역에 관한 이해는 감독이 신부에게 허락하여 귀신을 쫓는 일에 초점을 맞추고 있다. 천주교 계통의 시각을 볼 수 있는 좋은 책은 Rev. Michael Scanlan, T.O R.,과 Randall Cirner이 쓴 Deliverance from Evil(Ann Arbor, Mich.: Servant Publication, 1980)과 Rev. Jeffrey Steffon이 쓴 Spiritual Warfare for Catholics( AnnArbor, Mich.: Servant Publication, 1994)가 있다.

사용된 그리스 말은 귀신에게 사로잡혔다는 것보다 '귀신이 들렸다', 혹은 '마귀화 되었다'로 가장 잘 번역될 수 있다. 아직 귀신에게 사로잡히지 않은 상태에서 귀신 들리는 것이 가능하기 때문에, 이 정확한 번역은 모든 차이를 나타낸다.

불행히도, 우리의 일반 사용되는 영어에선 이 보통의 현상을 설명할 좋은 단어가 없다. 이런 문제점을 아는 어떤 작가들은 우리가 취급하는 주제에 대해 '억압'이라는 단어를 사용한다. 그러나 억압은 위에서 내리 누르다를 의미하는 라틴어 동사에서 유래한다. 마귀는 사람들을 누른다. 그러나 위에서 내리 누르다는 바깥으로부터 오는 것이지 안으로부터 오는 것이 아니다. 여기서 우리는 마귀가 어떻게 사람들의 안을 소유하는가와 그들이 소유함 없이 어떻게 사람들의 태도나 행동에 영향을 주는가에 대해 이야기할 것이다.

시청은 범죄자들에 의해 침입받지 않지만 그 주변에는 들끓는다.

## 억압과 체내 침입의 다른 단계들

우리는 우리의 생활 속에서 마귀적 활동의 다른 단계들을 발견한다.

### 우리 밖에서의 마귀의 활동
우리 모두가 경험한 첫 단계는, 우리의 외부적인 마귀의 활동에서 온다.

*충동

충동은 우리 모두에게 일상적인 것이다. 세상, 육체, 인생의 자부심이 우리에게 충분한 문제의 원인이 되기 때문에 우리는 분명히 우리를 유혹할 마귀들이 필요없다. 예수님이 사막에서 사단과 대결하셨던 것처럼 악한 영은 우리에게 있는 약함에 작용하며 그것을 악화시킬 수 있다. 영들, 그들은 우리의 상상을 만져서 우리의 보통 인간적인 충동을 나쁘게 만들 수 있다.

*신체적 공격 혹은 장애물

때때로 어떤 사람들은 바깥에서 오는 실제 신체적 공격이나 장애물을 경험한다. 우리는 가끔 거룩한 사람들이(150년전 프랑스에 살았던 아르스의 유명한 부사제 세인트 존 마리 비안니 같은) 한 밤중에 귀신에 의해 괴롭힘을 당하거나 혹은 사단에 의해 방 주위로 던저져 멍이 드는 것을 읽는다. 축사자가 축사를 위해 택한 곳으로 운전하여 가고 있을 때, 분명한 이유없이 차가 망가지는 것은 축사의 일반적 지식에서는 평범한 것이다.

*감정적 억압

세 번째, 우리가 감정적 억압이라고 부를 수 있는 것이 있다. 그것은 우리의 영과 감정이 낙담과 우울에 의해 내리 눌려질 때 온다. 대부분 사람들의 정신 병적 요소는 우울을 만들지만 가끔 우리는 활력이 떨어지거나 행동하지 못하도록 하는 우리를 짓누르는 마귀의 힘을 안다 (280 파운드의 미식 축구 선수가 우리가 일어날 수 없도록 우리 위에 앉아 있는 것과 같은) 무거움이나 내리 누름의 결과는 같지만, 우리가 의문을 가져야 하는 것은 원인이다. 그것은 실제 나쁜 뉴스인가 혹은 우리가 먹은 어떤 것인가, 혹은 우리가 우리를 누르는 악한 영과 싸워야만 하는가?

스캇 펙 박사는 내리 누름이 어떤 느낌인가를 (전 장에서 우리가 인용한 쪽에서)완벽하게 표현했다.

나를 가장 화나게 한 것은 500만년 묵은 뱀같은 것으로부터 받은 무거움의 아주 예외적인 느낌이었다. 그것은 나를 축사의 성공에 대해 절망하게 만들었다.[4]

### 우리 안으로부터 오는 마귀의 활동

위의 모든 것은 기본적으로 바깥에서 온다. 그러나 가끔 영들이 안으로부터 사람을 공격한다. 이런 방법으로 악마화 되는 것은 체내 침투의 가벼운 형태로 시작하여 사로잡힘의 모든 정도까지 여러 단계가 있다. 가벼운 체내 침투 형태에서는 사람들이 성령의 강한 임재가 있는 장소나 하나님을 찬양하는 곳에 갔을 때, 영들이 쉽게 떠날 수 있다. 그런 때조차 개인의 바로 중앙에는 자유함이 아직 있을 수 있다.

### *귀신들림

영들인 마귀가 사람 안에 있을 수 있다는 것이 이상하게 들릴지 모르나, 그런 경우가 있을 수 있다. 어떻게 이런 불가사의한 일이 일어나는가, 그러나 실제 귀신들린 사람은 안에 악한 것의 현존을 체험한다.

예를 들면, 축귀를 위한 기도를 하는 동안, 마귀는 그 사람 몸의 어느 부분에서 통증이나 뒤틀림을 주어 안으로부터 사람

---

4. Peck, p.191.

들을 만지는 것 같다. 체내 침투가 심하면, 목소리가 너무 수축되어서 그 사람은 예수님의 이름을 말할 수 없다. 가장 심각한 체내 침입에서는 영들은 실제로 제동력을 가지고 사람들의 목소리나 몸을 통해 말하거나 행동한다.

고통 당하는 사람은 거의 언제나 악한 영이 떠날 때에(이것은 그 때의 90%가 넘는 것이 사실이다) 그것을 느낀다. 하나 이상의 영들이 있을 때는 그것들이 다 떠난 것을 그 사람이 당신에게 말할 수 있다. 이것은 우리가 세상의 곳곳에서 발견할 수 있는 기이한 현상들이다. 무엇보다 더 인상적인 것은 대부분의 사람들이 축귀에 관한 책을 읽음에 영들이 떠나거나 그들이 모두 떠난 때를 경험할 수 있다는 것을 배운 적이 없다는 것을 생각할 때이다. 전형적인 것은 내가 최근에 받은 편지이다.

> 당신이 예수의 이름으로 비통과 거부의 영이 떠나도록 기도했을 때, 나는 매번 나의 몸과 양 팔을 통해 무엇인가 움직이는 것을 느꼈고, 그것은 기도 때에 일어났다. 그것은 놀라운 것이었다. 같은 시간에 나는 나의 온몸을 통한 커다란 평화를 발견했다.

영들이 안이나 바깥에(혹은 양쪽 다) 있는지 어떤지는 우리가 증명할 수 없는 또 다른 분야이다. 그것은 우리 인간적 경험에 의한 질문이다. 그러나 안으로부터 오는 마귀적 활동에 대한 개념은 예수님과 그의 제자들이 그것에 대해 이야기한 방법과 대응한다.

예를 들면, 아나니아와 삽비라가 초대 교회 사회에서 그들의 재산을 판 돈의 일부를 뒤에 숨겼을 때 베드로가, "아나니아야, 사단이 너의 마음을 가득 채워 네가 성령께 거짓을 말하고 땅을 팔아 받은 돈의 일부를 너를 위해 숨기도록 하더냐?"라고 말했다.(행 5:3)

베드로는 물론 은유적으로 말할 수 있었다. 그러나 요한이 마지막 만찬에 대한 언급에 유다가 빵 조각을 받은 후에 사단이 그에게 들어 가니라(요 13:27) 라고 쓴 때는 실제로 일어난 어떤 것에 대한 표현인 것 같다.

***귀신에게 사로잡힘**

우리의 생활 속에서 있을 수 있는 사단적 활동의 여러 단계들은 사로잡힘이라는 최악의 경우로 결집된다.

우리가 귀신 들렸으나 사로잡히지는 않은 사람들을 위해 기도할 때, 영들이 쫓겨나는 것을 피하기 위해 끝까지 버티는 노력을 써서 일시적으로 사람을 소유하는것 같은 것이 가끔 일어나는 것을 여기 첨가할 필요가 있다. 축귀를 위해 기도하는 시점으로부터 우리는 사람들에게 분명하게 말한다. 그러나 기도 동안 사람들의 얼굴이 변하고 고통스러워 하고, 목소리가 올라가고 우리라는 복수로(우리는 너를 죽일 것이다) 위협을 하기 시작한다. 가끔 이것은 실제로 그 사람의 인생에서 처음 일어난 것이거나, 혹은 그녀가 자신의 체내 침입이 얼마나 심각한 것인가를 처음 알게된 시간이다.

그 후 대체로 그녀는 그녀가 악한 영에 의해 점거되어 있는 동안 무엇을 했고 무엇을 말했는지 기억하지 못한다. 그것은 마치 기억 못하는 주말 체험, 짧은 일화, 작은 사로잡힘과 같은 기억 상실이다.

영구적이고 전적인 사로잡힘은 드물다. 그러나 나의 경험으로 보아 짧고 일시적인 사로잡힘은 꽤 흔하다.

이것은 익숙한 질문을 하게 한다.

## 크리스천에게 마귀가 있을 수 있는가?[5]

크리스천이 성령으로 가득 차 있다면 악한 영이 있을 공간이 없다는 주장이 있다. 서로 모순되는 개념이기 때문이다. 유명한 미스터 오순절 주의자 데이빗 듀플리시스는 위의 견해를 갖고 있고, 1970년대 크리스천 모임에서 그룹 축사를 이행하는 잘 알려진 몇몇의 설교자들과 같은 강당에서 사역하는 것을 거부했다.

분명히 당신이 성령으로 꽉 채워질 수 없다면 동시에 완전히 사로잡힐 수도 없다. 그러나 크리스천이 악한 영에 의해 그들의 어떤 부분을 침해당하는 것과 같이 귀신 들릴 수 있는가?

이 질문을 성서적으로 대답하기는 어렵다. 왜냐하면 예수님의 죽음 이후, 혹은 아마 오순절이 오기까지 크리스천은 없었다. 그래서 귀신들린 크리스천을 다루고 있는 유일한 성경의 책은 사도행전과 서신서들이고, 거기서도 축귀에 대해 많이 다루지 않았다. 이미 우리는 예수님의 가장 가까운 추종자였던 유다의 예를 가지고 있다.

그가 빵 조각을 받은 후에 사단이 그에게 들어 가니라.(요

---

5. 돈 바샴(Don Basham)이 이 제목으로 책을 썼다. (Monroeville, Pa.: Whitaker, 1971) 이 책에서 왜 그가 믿는사람들도 귀신이 들릴 수 있는지 자신이 체험한 것과 그의 믿음을 잘 설명하고 있다.

13:27) 더욱이 아나니아와 삽비라는 초대 기독 사회의 한 부분이었다.

그러나 성서가 크리스천이 귀신 들릴 수 있는 것을 지당한 결론으로 끌어가지 못해도 경험이 나를, 그리스도를 구세주로 믿는 많은 사람들이 그들이 크리스천의 삶을 살고자 어렵게 노력하는 동안도 내부의 마귀의 존재로부터 고통을 당하는 것을 믿게 한다. 그들은 그들이 성령으로 충만해도 심각한 죄를 짓고 있다는 것보다 마귀의 존재를 숨겨 준다는 것을 더 생각조차 못할 것이다.

최근에 우리는 크리스천 리더들과 설교자들이 단지 사소한 타락이 아니라 중요한 죄를 지을 수 있었던 극적인 증거를 보았다. 사도 요한은 우리가 죄없다 주장한다면, 우리는 우리 자신을 속이고 진리가 우리 안에 있지 않은 것이다(요일 2:16)라고 썼다.

우리의 죄짓는 것과 악한 영을 숨기는 두 가지 면을 볼 때, 해답은 우리의 영의 중앙은 하나님의 성령으로 점유될 수 있는 반면에 바깥 부분 즉 육신의 정욕, 안목의 정욕, 생의 자랑은(요일 2:16) 아직 성령의 능력으로 완전히 정복되지 않은 것으로 보는 것이다. 더 나아가, 대부분의 우리는 우리의 삶을 예수님의 주권하에 온전히 항복 시키지 않았다. 바울은 이런 우리의 고통스런 상황을 설명했다.

> 내가 원하는 선은 행치 않고, 원치 않는 악을 행하는 도다. 이제 만일 내가 원치 않는 것을 행하면, 그것을 행하는 것은 더 이상 내가 아니요 내 속에 거하는 죄니라.(롬 7:19-20)

죄가 우리와 함께 살고 우리에게서 행동의 자유를 빼앗아 간다면 악한 영이 또한 나 자신의 한 구석을 침범할 수 있다는 것을 상상할 순 없을까? 도시의 시청은 깨끗하고 부패하지 않았다. 그러나 술집과 매춘굴과 전당포가 있는 거리는 어떠한가?

요약하면 '사로잡힘'이라는 단어는 이 세계에서 드물게 보는 챨스 맨슨(연쇄살인범)의 경우 같이 확실히 적용될 때만 사용해야 한다. 보통 사용하기 가장 적합한 명사는 귀신 들렸음 혹은 자리잡고 있음이다. 또한 사용할 수 있는 가장 좋은 동사는 '귀신 들리다'(성서적 술어) 혹은 '침입 당하다'이다. 마귀의 활동은 충동으로부터 오는 모든 것과 다른 외부의 공격으로 분류되는 다양한 단계들이 있다.

우리가 내부로부터 영향 받는 것으로 귀신 들리는 것, 악한 것을 하도록 우리를 강박감 아래 사로잡는 것들이 있다.[6]

그러나 우리가 단지 인간적인 문제(그것들도 아주 힘들다)에 부딪쳤는지, 혹은 실제 마귀에 의해 영향을 받았는지 우리는 어떻게 말할 수 있겠는가? 나는, *그레이의 해부학*을 통독하고 갑자기 그 책에 있는 모든 질병의 고통에 대해 걱정하는 의과 학생과 같은가? 마귀가 실제 존재한다면 나는 어떻게 말할 수 있을까?

---

6. 내가 이 책을 쓰는 이때 이 지역에서 악명 높은 연쇄 살인범 대니 롤링은 대학생들을 죽인 것을 자기가 이름을 알고 있는 두 귀신의 탓으로 돌렸다.

# 5
## 악한 영이 있는 것을 어떻게 알 수 있는가

**진**단(환자의 아픔의 특징을 찾아내는 것)이 모든 의학 치료의 시작이듯이 분별력은 (영적 병을 진단할 수 있는 능력) 치유 기도를 위한 시작점이다.

악한 영은 보여질 수는 없지만 그들이 우리에게 악영향을 끼칠 때 경험할 수 있기 때문에 그들의 존재는 문제시되는 모호한 것으로 굳어졌다. 우리는 그들을 우리의 신체적인 눈으로 볼 수 없으며 또한 그들의 존재를 증명할 수 없다.(전 장에서 우리가 본 것처럼) 이것이 우리에게 문제를 남긴다. 도움을 요구하는 사람이 실제로 악한 영에 의해 고통 받는 사람인지, 혹은 (마귀적 출몰 증세가 가끔 정신적 영의 증세와 비슷하기 때문에) 정신적인 문제로 고통 받는 사람인지 당신은 어떻게 말할 수 있는가?

당신은 물론 양쪽을 다 발견할 수 있다. 사람들은 마귀의 훼방만큼 심리적인 문제로 고통 당할 수 있다. 사실, 대체로 당신은 이것 아니면 저것이라는 상황보다는 이것 저것 모두 속하는 것을 발견할 것이다.[1]

## 어떤 사람에게 축귀가 필요할 때 어떻게 말하나?

축귀가 필요할 때 당신은 어떻게 말할 수 있을까? 여러 방법이 있다.

### *고통 받는 사람이 영들에 대해 알고 있을 때*

어느 사람이 축귀가 필요하다는 것을 우리가 발견해 내는 가장 일반적인 방법은 당사자가 우리에게 말하는 것이다. 영향을 받고 있는 사람은 대체로 무엇인가 잘못된 것 뿐 아니라 그들의 문제가 악한 영에 의해 기인되었다는 것을 안다.

우리는 물론 사람들이 우리에게 말하는 것을 반드시 믿어야 하는 것은 아니다. 나는 한 그룹의 신부들이 나에게 데려온 한 고등학생을 기억한다. 목사들은 그 학생을 위해 기도할 때 그가 마귀 침입을 받은 모든 징후가 보인다고 말했다. 다행히도, 크리스천 정신 의학자인 콘래드 바즈 박사가 그때 우리를 방문하고 있었고 인터뷰에 참석했다. 숙련된 방법으로 바즈 박사는 그 소년에게 다수의 질문을 했다. 마침내 1시간 후에는 그가 외로워서 관심을 끌기 위해 이 모든 행동을 가짜로 했다고 고백했다.

악한 영에 의해 진짜로 고통을 받는 사람은 대체로 그들의 문제에 대해 말하기를 괴로워하고, 가끔 그들의 친구나 상담자, 훨씬 적지만 목사나 신부에게 말하는것 조차 두려워한다. 왜냐하면 그들은 불안정한 사람 혹은 더 나쁘면 정신 병자로

---

1. 이는 교회 지도층이 귀신들렸을지도 모르는 사람을 정신과 의사한테 보내는 것을 질문하게 한다. 환자는 정신과 의사나 상담자를 만나야 한다. 그렇다 할지라도 그가 축사가 필요없는 것이 아니다. 암환자를 정신과 의사에게 보내면 암에 대한 두려움에는 도움이 될지 모르지만 암 자체는 따로 치료가 필요하다.

간주되는 것을 두려워하기 때문이다.

많은 사람들이 그들 자신의 안으로부터(귀신 들림), 혹은 바깥으로부터(억눌림) 악을 실제로 체험한 적이 있을 것이고, 그들은 자유하게 하는데 도움이 필요하다는 것을 나는 알았고 생각했다.

그들은 여러 종류의 형태로 악을 경험한다. 어떤 이는 그들을 자살이나 미움을 갖도록(특히 그들 자신에 대한 미움) 이끄는 목소리들을 듣는다.

"네 자동차를 길 밖 나무로 운전하라! 지금! 너는 조금도 좋은 것이 없어. 너는 영원히 지옥에 가도록 저주 받았어. 너는 내게 속해있고 영원히 도망 못할 거야."

이런 것들이 고통 받는 사람들로부터 계속 듣는 일반적인 메시지이다.

어떤 이들은 환상을 보거나 혹은 더 실제와 같고 보통의 악몽보다 더 공포를 전하는 악몽을 꾼다. 또 다른 사람들은 그들이 보통으론 한다는 것조차 생각해 본 적도 없는 것들을 하도록 강요받는 것을 느낀다.

이 마귀의 지배력이 그 자체를 어떻게 드러내는 것과 관계없이 상당 수의 사람들이 당신이 경청하고 도와줄 수 있을 것이라고 느낀다면, 근본적으로 무엇이 잘못이고 그들이 악한 영이 관여했다는 것을 믿고 있음을 당신에게 말할 것이다.

우리는 물론 그들이 틀릴 수도 있다는 것을 안다. 그들은 단순히 미혹된 것일 수도 있고, 혹은 정신적인 사건으로 환각을 일으키거나, 고통 당하는 것일 수도 있다. 그렇다면 그들은 축귀를 위해 기도할 수 있는 누군가 보다 정신과 의사나 상담자가 더 필요할 것이다.[2] 우리는 이것을 이해하는 것이 필요하고, 사람들이 말하는 것을 보여지는 그대로 취할 필요는 없다는 것은 말할 필요가 있다. 그러나 우리는 그가 마귀의 공격하에 있다고 믿고 있으며, 도움을 필요로 하는 사람에게 마음을 여는 것이 필요하다.

그들 생각에 그들이 마귀의 영향 아래 있는 것 같다는 것을 우리에게 말하는 것은 용기를 필요로 한다. 무엇보다도 회의주의나 더 나쁜 비웃음거리로 그들을 다루지 말아야 한다. 당신은 그들의 자기진단이 사실인지 아닌지 가려내는 것이 필요할 것이다. 그러나 그것을 심각하게 받아들여야 한다. 당신이 회의적인 반응으로 시작한다면 그들은 아마 입을 다물 것이다.

우리가 이행했던 축귀의 대부분은 희생 당한 사람의 문제가 어디에 있는가에 대한 바른 통찰을 우리에게 주는 대화로 시작한다.

### 당신이 마귀 들림의 징후를 관찰할 때

나에게는 이것이 축귀를 위한 기도가 필요한가를 발견하는 가장 흔한 방법이다. 내가 기도하고 있는 사람들은 악한 영이 있음을 암시하는 이상한 모습으로 행동하기 시작한다. 사람들이 목을 조르기 위해 당신의 목을 잡으려는 것과 같은 극단적인 예를 이미 설명했다. 그러나 마귀의 나타남에 의해 직면되어질 수 있는 다른 많은 징조들이 있다.

가장 강한 징후들은 신체적인 뒤틀림, 목소리의 바뀜, 얼굴 표정의 변화가 있다.

---

2. 나와 함께 일하는 정신과 의사들과 상담자들은 내적치유와 축사기도 사역의 필요성을 인정할 뿐 아니라 실시하고 있다.

### *신체적 뒤틀림

우리는 신약에서 이러한 현상들에 대해 읽는다. 악한 영이 그에게 발작을 일으키고,(막 1:26) 그가 울부짖으며 돌로 자기 몸을 상처 내고 있더라.(막 5:5)

때로는 예를 들어, 죽음의 영이 나타나면 사람들은 특히 손가락 주위가 굳어진다. 어떤 이들은 땅 위를 구르는 반면에, 또 다른 이들은 그들의 등뼈를 뒤로 젖혀 아치 모양을 한다. 한 남자는 호랑이처럼 주위를 뛰기 시작했고, 나에게 갑자기 달려드는 것처럼 소파의 뒤로 튀어 올랐다.(나는 그에게 뛰지 말것을 예수의 이름으로 명했고 그는 움직이지 못했다) 어떤 남자는 손과 발로 기며 사자처럼 울부짖었고, 같은 모임에서 한 여인은 의자를 쓰러뜨리더니 뱀처럼 바닥을 기기 시작했다.

이러한 예들은 마법의 영향으로부터 풀려나야 하는 사람들을 본 적이 없는 사람들에게는 이상할 수도 있다. 그러나 그것들은 우리 사역에서는 흔히 일어난다. 다행히 우리가 본 신체적 뒤틀림은 그렇게 난폭하지 않았다.

### *목소리

가끔 사람들의 음색이 변한다. 여자가 남자의 거친 목소리로 말을 시작하고, 부드러운 태도의 사람이 비열하고 무례한 음색으로 말하기 시작한다.

가끔 사람들이 말하는 것의 내용이 바뀌며 영에 의한 영향을 나타낸다. 이미 나 대신 우리라는 복수로 말하기 시작했던 사람을 언급했었다.

"우리는 떠나지 않을 것이다."

목소리가 바뀔 때, 대체로 내용 역시 바뀐다. 일본에서 영어를 할 줄 모르는 여인이 그녀와 기도하고 있는 우리 팀의 신부에게 나는 당신하고 자고 싶다고 영어로 말했다.

**\*얼굴**
아마도 마귀 들린 것의 가장 흔한 외부적인 표시는 사람의 얼굴 표정이 변할 때 온다. 그것은 당신이 함께 이야기를 시작했던 같은 사람을 더 이상 보지 못하는 것 같은 것이다. 옛 사람들이 말한 '눈은 마음의 창문이다.' 라는 말은 특히 의미 있는 것이다. 그것은 악한 영이 당신을 꿰뚫어 보는 것 같다. 눈들이 미움, 조롱, 자만 혹은 특정 영의 성격인 어떤 것으로 가득 찬다. 악한 영이 표면으로 나타난 후에는 당신이 더 이상 기도 받고 있는 사람과 직접 관련하지 않다고 보는 것이 좋다.

가끔 눈이 위로 말려 올라가서 섬뜩한 느낌의 흰 눈을 볼 수 있다. (그것은 피해자가 당신과 만나 도움 받는 것을 방해하기 위한 수단으로 당신을 보는 것을 피하려는 영의 방법일 수 있다.)

**\*다른 실마리들**
극적인 예들 중 어떤 것은 심한 귀신 들림으로 고통 받는 사람에게만 분명한 것이 있다. 이 모든 징후들은 여러 모양을 띤다는 것을 다시 말한다. 많은 정신적인 문제들이 비슷한 비정상적인 몸짓, 손짓 등으로 나타날 수 있다. 그러나 이런 징후들을 볼 때 당신은 마귀적 행동의 결과인지를 살펴 보고, 결국 사람들의 자유함을 위해 기도할 필요가 있는지 혹은 더 숙련된 사람에게 보내야 하는지를 알아내야 한다.

이런 이상한 행동들의 특이한 양상은 그것들이 일관되게 일어난다는 것이다. 악한 영에 의해 기인하는 얼굴 표정이나, 신체상의 뒤틀림 그리고 소리로 내는 진술들은 우리가 일을 이행했던 대부분의 사람들이 그러한 행동들에 대해 자세히 읽어본 적도 혹은 그런 사람을 본 적도 없음에도 불구하고 놀랄 정도로 비슷하다. (아프리카와 일본에서처럼 우리는 같은 징후를 미국에서 본다) 우리가 실제 마귀의 힘을 다뤘던 한 가지 예가 더 있다.

쥬디스가 예루살렘에서 일하였을 때, 그녀가 기도했던 많은 사람들에게서, 그들이 크리스천이든, 유대인이든 회교적 배경을 갖고 있던 상관없이 뒤틀림, 목소리와 얼굴의 변화를 볼 때 그녀는 마귀적인 세계의 실체를 확신했다. (이후에 실제로 우리가 플로리다에서 기도하고 있던 여인을 통해 말을 하던 영이 쥬디스에게 나는 전에 예루살렘에서 너를 만났었다고 말했다) 마귀의 출현에 대한 다른 징후들은 좋지 않은 냄새와 무엇보다도 냉기이다. 성령이 오실 때 우리는 종종 열기를 경험한다. (우리가 기도할 때 대체로 나는 스웨터를 벗어야 한다) 그러나 악한 영이 나타나면 방 안에 냉기가 돈다.

축귀 사역에서 어느 정도의 경험을 얻고 난 후에, 우리는 마귀의 출현에 따른 이러한 익숙한 징후들이 많다는 것을 배워 깨닫게 될 것이다. 그러한 경험들은 당신을 '우리가 악한 영과 여기 대면하고 있다고 생각한다.' 라고 자신에게 말할 수 있게 할 것이다.

### 특별한 주의
특별한 관심 분야는 17장에서 더 많이 다룰 주제인 다중 인

격 분열증이다.(MPD, 또한 DID, Dissociation Identity Disorder)

축귀가 필요한 사람의 외부적인 징후가 여러 가지이기 때문에 우리는 징후의 원인이 무엇인가, 즉 정신적 분열인가 혹은 마귀인가를 물어야만 한다. 확신이 없다면 서서히 조심스럽게 진행하는 것이 필요하다.

> 돌아가는 눈, 목소리의 변화, 뒤트는 것, 혹은 얼굴 표정에 있어서 현저한 변화는 정신적 분열이나 마귀를 나타내는 것일 수 있다… 축사자들은 차이를 말할 수 있을 만큼 MPD에 대해 충분히 알지 못한다… 축귀 사역에 수년간의 경험을 가진 크리스천들은 처음엔 마귀와 같은 어떤 실체가 있는 것 같은데 마귀가 하는 것 같이 축사에 반응하지 않는 것을 내내 알고 있었다고 말한다.[3]

다양한 인격을 가진(살아 남기 위해 필요한) 사람들이 있다면, 우리가 할 수 있는 최악의 것은 그들을 쫓아내는 것이다. 이번 주에 여기를 찾아 왔던 MPD 환자는 여자 사역자가 그녀 위에 올라 앉아 축사를 시행하려 하였던것 때문에 놀라고 혼돈했다. 선의이지만 무지한 사역의 이런 종류는 더 나아가 사람들을 산산히 부수고 정신의학과 상담 전문적 분야의 사람들에게 축사의 나쁜 평판을 준다.

분노가 예기치 않게 침투하여 당신이 사역하고 있는 사람이 갑자기 전혀 다른 인격처럼 행동할 때, 당신은 무엇을 대상으

---

3. James Friesen, Ph.D., Unceovering the Mystery of MPD (San Bernadino: Here's Life Publishers, 1991), p.246.

로 삼는지 어떻게 확신할 수 있는가?

 악한 영의 출현을 가장 정확히 진단하는 방법은 영 분별의 은사를 통하여서이다.(이것은 다음에 논할 것이다) 그것은 그만하고, 나는 당신에게 축귀가 필요한 사람들의 실체를 다룬 MPD에 대한 유명한 책을 읽기 권한다. 제임스 프리슨이 쓴 MPD의 풀리지 않는 신비라는 책이 있다.

> 분열증에 대하여는 쉽게 오진할 수 있다. 다른 인격이 몸의 실행 통제력을 가질 때, 그 과정은 가끔 예를 들면 뒤트는 것, 깜박거리는 것, 일시적 시각 장애 같은 행동의 변화를 동반한다. 어떤 사람의 행동의 변화가 악한 영이 통제력을 갖은 것으로 잘못 해석될 수 있는 것은 이해할 수 있다. 이러한 분열증이 사로잡힘으로 다루어질 때마다, 나는 그것을 종교적인 학대라고 부르고 싶다… 무의식적 인격이 지워질 수 없다면 그들은 쫓겨나 갈 수 없는 것이다. 그것이 시도된다면 삶이 몰락하게 된다. 종교적 학대는 치료상의 학대보다 더 많은 상처의 원인이 된다.[4]

 분명하게 당신이 할 수 있을 때마다 당신이 기도하는 그 사람을 잘 알도록 노력하고 그가 말하는 것을 경청해야 한다. 당신의 이해로 그가 그의 경험을 해석하도록 강요하지 마라. MPD환자는 심한 정신적 충격의(대체로 어린 시절의) 희생자이고 당신이 예수께서 그러한 정신적 충격으로부터 그들을 치유하실 것을 기도한다면 충격의 마귀로부터 자유함을 얻을 수 있다. 당신이 무엇을 다루어야 할지 확신할 수 없다면 이런 부

---

4. Ibid., p.107.

드러운 접근 방식이 직접적인 대결로 너무 빨리 관여하는 것의 문제를 우회해 갈 수 있다.

## 영 분별의 은사

크리스천 사회를 이루기 위해 성령께서 우리에게 주신 은사 중의 하나는 영 분별 능력이다. 영을 분별하는 은사는 바울이 쓴 고린도전서 12:8-10에 명시된 아홉까지 영적 분별력 중에 일곱번째에 있다. 분별력은 어떤 경우에 악한 영이 있는지를 아는 하나님이 주신 능력이다. 이 은사는 우리에게 사람이 (혹은 그의 행동이) 근본적으로 다음 것에 의해 영향을 받고 있는지를 구별할 수 있게 한다.

1. 성령.
2. 자연적, 인간적, 심리적인 혹은 만들어진 원인.
3. 악령.

분별력 없이 우리가 이야기 했던것(목소리의 변화와 같은 징후)들과 직면할 때, 우리는 사람들이 말하는 것과 행동하는 것으로 영의 존재를 추정하여야만 한다. 우리는 단지 결과로 (예를 들면 남자가 땅에서 경련을 일으키는 것) 가능한 원인을 증명하기 위해 우리의 생각을 이용한다. 진단에 의해 좋은 추측을 만들 수는 있지만, 하나님께서 우리를 그런 면에서 도우시지 않으시면, 우리는 우리가 무엇을 다루어야 하는지 확실히 알 수가 없다.

사람이 분별의 은사를 가졌을 때, 다른 면에서 그는 확실성에 가까이 갈 수 있는 것이다. 단 한 가지 문제는 이 훌륭한 분별의 은사가 많은 사람들에게 충분히 발달되지 않는것 같다는 것이다.

일반적으로, 우리가 그 사람을 잘 알지 못한다면 그의 분별력을 받아들일 필요는 없다. 이것이 우리가 알고 신뢰할 수 있는 크리스천 단체나 학회가 필요한 이유이다.

내가 믿는 영 분별을 가진 친구와 이야기할 때, 나는 분별력이 두 단계로 작용한다는 것을 알았다.

1. 악한 영이 존재한다는 것을 아는 능력.
2. 악한 영의 정체나 이름을 아는 더 첨가된 능력.(더 높은 단계)

### 영의 존재를 인식하는 것

단순히 영이 존재한다는 것을 인식할 수 있는 것은 상당한 영적 은사를 받은 것이다. 이 능력은 여러 가지 방법으로 사람들에게 온다. 상당히 많은 수의 사람들이 천사를 보는 것과 같이, 다수의 사람들이 악한 영을(타락한 천사들) 본다. 나의 친구 중 어떤 이는 그들이 지침과 치유를 위해 기도를 시작하고 있을 때 사역의 상황에 대한 영적 환상과 같이 영을 본다.

어떤 사람들은 다른 방법으로 악한 영의 존재를 감지한다. 한 복음주의자는 그의 목뒤의 머리가 설 때 악한 영이 존재하는 것을 안다.

예루살렘의 나키스 거리의 침례교회에 오랜 기간 신부로 사역한 친구 로보트 린지 박사는 오른쪽 귓볼이 따끔거리는 특이한 방법으로 악한 영이 나타난 것을 인식하게 된다. 또 어떤 친구들은 악한 영이 주위에 있을 때 특이하고 좋지 않은 냄새를 맡는다. 시에나의 성 캐더린이 프랑스 아비용에 있는 가톨릭 교황청을 방문했을 때 거기서 발견한 자연적 원인보다는 죄와 마귀에 의해 기인하는 고약한 냄새로 압도되었다. 어떤 사람들은 단지 악한 영이 가까이 있을 때 어떤 설명할 수 없는 방법으로 감지한다.

당신이 본 것처럼, 이러한 분별의 방법들은 아주 이례적이고 바르게 해석할 수 있는 능력을 필요로 한다. 그러나 악을 감지하는 사람들은(연기 감지기가 우리에게 불을 경고하는 것처럼) 그들에게 순수한 자연적 현상이 아닌 사실을, 경계 시키는 악을 감지할 수 있는 독특한 어떤 방법이 있음을 말한다. 예를 들면 당신이 악의 존재를 냄새 맡을 때 그것은 전에는 결코 맡아 보지 못한 그런 것이다. 그것은 림버거 치즈(역주:벨기에산 치즈) 냄새와 같은 뚜렷이 구분되는 것이다.

분별력이 갖는 형태에 관계없이 분별력은 한 상황(가끔 아무 문제가 없는 듯한 사람이나 상황)으로 걸어 들어갈 수 있고 그 표면 아래 있는 악한 어떤 것을 즉시 알아낼 수 있게 돕는다. 최소한 당신은 그 사람이 말하고 행하는 것에 대해 살피고 조심하도록 주의하게 된다. 대부분 하나님께서 고통 받는 사람을 풀어줄 축귀를 위해 기도하도록 당신을 부르실 것이다.

### 영의 정체를 분별함

악한 영이 나타나는 때를 아는 것이 큰 도움이라면, 영들의 본질이나 정체를 아는 것은 더욱 유용할 것이다. 다시 말하면 가장 명확한 분별은 영적 시각, 즉 영이 어떻게 생겼는가를 보고 그것의 이름과 본질을 직접적인 영적 통찰력과 결합시키는 것을 통하여 온다. 영의 이름을 아는 것은 (예를 들면, 음욕의 영) 그것을 쫓아내도록 우리를 돕는, 영을 이기는 능력을 우리에게 주는것 같다.

내가 치유를 위해 한 사람을 위해 기도하고 있을 때, 영을 분별하는 능력을 가진 사람을 곁에 두는 것은 도움이 된다. 내가 기도하는 사람이 영이 나타나는 것을 지적해 주는 행동을 표출하기 시작할 때 나는 나의 동료에게 우리가 무엇을 다루어야 하는가를 말해줄 것을 요구한다.

성령의 모든 은사와 같이 이것도 시험을 받는 것이 필요하다. 특정 악한 영이 나타나는 것을 분별한다고 내게 말하는 모든 사람을 믿을 필요는 없다. 다시 말하지만, 이것이 성령이 교회의 이익을 위해 각각의 다른 사람들에게 준 은사들을 인지하고 시험하는 시간을 갖는 단체가 필요한 이유 중 하나이다.

어떤 이는 예언, 치유 혹은 영 분별의 강한 은사가 있다. 그러나 그들이 자신의 편견, 자기 욕심 혹은 종교적 배경의 요소로 그것의 사용에 미성숙하다면 그들은 은사를 오염되게 한다. 자신의 마음과 욕망을 듣고 주님이 주신 예언적 메시지로 잘못 해석할 수 있기 때문에 예언적 메시지는 하나님께로부터 오는 것이지만 개인의 의견과 혼합될 수도 있다.

그러므로 우리 자신이 분별의 은사를 갖지 않았다면 우리가 사역하는 사람을 아는 것은 중요하다. 우리의 지난 일반적 경험으로 나는 몇몇 믿는 사람들이 있다. 그들은 항상 옳은 것 같다.

악한 영이 나타날 때 인지할 뿐 아니라 영의 정체나 본질

(예:죽음의 영이 이방에 있다)을 분간할 수 있는 내가 아는 사람들은 여러 방법으로 정보를 얻는다. 어떤 이들은 영을 본 것으로부터 그들을 인지하고 이전의 근거로 그들을 분간한다. 다른 이들은 생각이나 혹은 그들에게 오는 미움 같은 단어를 통해 영의 정체인 영적 정신적 불안같은 것을 집어낸다.[5]

우리가 직면하고 있는 영의 정체를 배우는 것은, 그것은 우리에게 영이 고통받는 사람에게 어떻게 들어왔는지에 대한 해답을 주기 때문에 도움이 된다. 이 방법은 회개나 내적 치유를 통해 가까워지는 것이 필요하다.

예를 들어 당신이 음욕을 다루어야 되는 것을 안다면 그 사람은 과거 행위를 회개하는 것이 필요하다. 당신이 거부나 비통함이 전면에 온 영인 것을 발견한다면, 영적 상처로 남은 거부와 비통의 정신적 충격을 치유하기 위해 아마도 내적 치유가 필요할 것이다. 괴롬 받고 있는 영은 상처 속으로 들어가 상처를 계속 자극한다.

성령에 의해 주어진 영을 분별하는 진정한 능력은 우리가 어떻게 진행하는 것이 최선인가를 결정하기 위한 필요한 진단을 얻는데 신속하고 가장 정확하다. 여기서 강조되어야 할 것은 '진정한'이다. 왜냐하면 적어도 나의 경험에 의하면 잘 조절되고 성숙한 분별의 은사는 비교적 드물기 때문이다. 그것에 대한 이유는, 내가 믿기로는 교회가 축귀 사역을 무시하고, 그리고 하나님이 축귀 사역으로 부르신 사람들은 실행하며 그들의 영적 은사를 성장시킬 기회를 갖지 못했다는 것이다.

---

5. 이런 영적 정보를 아는데 있어서 하나님이 우리에게 주신 심리적 구조와 연관이 있지 않나 의아하게 한다. 예를 들면 마이어 브리그 조사에 의하면 영감의 사람은 영을 '보는' 반면에 감각적인 사람은 그림이 없이 그저 생각이나 감을 느낀다.

반면에 축귀를 해보았던 열성적인 크리스천은 대체로 균형 잡힌 사역을 지도하기에 불충분한 지도와 감독을 받았다. 우리가 발견한 가장 흔한 문제는 축귀를 하는 어떤 사역자들은 심리학에 대해 전혀 모르고 있고 또 그 사람이 내적 치유나 축귀 혹은 둘 다가 필요한지를 말할 수 없다.

예를 들면, 심리 치료자인 나의 친구가 그녀에게서 마귀를 쫓아내려고 목사에게 갔었던 환자를 치료하고 있다. 그녀가 나아지지 않을 때 그녀는 그들에 의해 좋아지지 않는 것에 대해 자신을 비난함으로 자신을 미워하는 함정으로 더 밀어넣을 것이다. 이런 균형 잡히지 않은 사역은 의학계와 상담적인 전문분야에서 만큼이나 주류 교단에서도 축사에 대한 나쁜 평판을 준다.

그러나 학대에 대한 해답은 축귀 사역을 그만두는 것이 아니다. 해결책은 사용하지 않는 것이 아니라 바르게 사용하는 것이다.

표면화된 문제는 (그리고 모든 사람들이 그것들에 대해 들은 적이 있는) 단순히 더 중요한 문제를 인식하고자 하지 않는 많은 크리스천 목사들에 의하여 거부를 위한 변명으로 쓰인다. 대부분의 교회가 마귀의 침입을 다루지 않기 때문에 많은 사람들이 마귀의 침입으로 고통을 받고 있으며 사역 활동에는 거대한 진공이 있다.

분명한 분별의 은사 없이도 악한 영의 출현을 알 수 있는 보통의 징후는 우리를 실제적인 확실성을 가지고 사역하도록 허락하기에 충분하다. 내가 기도하는 사람들에게서 마귀의 징후를 보기 시작한 것은 1967년 오직 성령안에 세례받은 후였음을 밝혀야만 하겠다. 그것은 내가 더 거룩하여졌다는 것이 아니다. 그것은 나의 사역의 단계가 어느 점에 올라갔다는 것과 같다. 성령의 능력이 그 전까지는 실제로 위협을 받지 않았던 악한 영을 쫓아내기 시작했다.

내가 당신이 갖도록 장려하는 첫 단계는 이것들이다.

첫째, 당신이 성령 세례를 받지 않았다면 그것에 대해 공부하고 그것을 받도록 기도하라.[6] 성령의 권능을 위임 받음으로 우리는 더 효과적으로 축귀 사역을 할 수 있다. 거기다가, 그런 카리스마적인 은사는 치유와 영 분별의 은사와 같이 온전히 완성된 축귀 사역을 위해 필수적인 것이다.[7]

둘째로, 당신이 사람들과 기도할 때 속단없이 마귀의 행동을 조심스레 살피기를 권한다. 또한 사람들이 당신에게 말하는 것을 신중하게 들어라. 그들은 대체로 그들이 경험한 어떤 마귀의 출몰에 대해 나누기를 두려워한다 (내가 말했던 것처럼) 그러나 그들이 당신이 그들에 대해 듣기 위해 열려 있는 것을 발견한다면, 당신은 그들이 나누려고 하는 첫번째 사람이 될 것이다. 그들은 악한 영에 의해 영향을 받는 사람이 악한 사람이 틀림 없다고 믿기 때문에 그들의 불편한 체험을 나누는 것을 대체로 부끄러워한다. 그래서 당신도 알고 희생자도 알아야 하는 중요한 것은, 마귀의 침입으로 고통 받는 대부분의 사람들은 예수님과 함께 함으로 원수들에게 특정한 목표물이 된 좋은 사람들이라는 것이다.

세 번째, 당신이 마귀가 들었거나 사로잡힌 것 같은 사람을

---

6. 이 책의 마지막 장에서 성령세례에 관하여 다룬다.
7. Malachi Martin의 Hostage to the Devil이란 책에서 실지 축사의 다섯 경우의 역사를 서술한다. 그가 주장하는 한 가지는 축사에 임한 신부들이 그 과정에서 피해가 심하다는 것이다. 나는 그들이 그렇게 피해를 본 이유가 성령세례의 체험 없이 은사를 쓰지 않고 기록된 기도문에만 너무 의존하였기 때문이라고 믿는다.

본다면 당신이 그와 함께 기도해야만 하는가 혹은 그를 더 경험이 있는 사람에게 가도록 추천해야 하는가를 결정해야만 한다. 당신이 경험이 있다 하더라도 어떤 상황은 다른 것보다 더 훨씬 어려운 것이 있으므로 (예:다중 인격을 나타내는 사단적 의식에 폐해를 입은 희생자) 우리는 축귀 사역에서 우리 자신보다 더 은사와 경험이 많은 사람에게 그들을 보내는 것을 망설여서는 안된다.

다음 장에서 우리는 우리가 직면하는 악한 영과, 영들의 기본 위계 등, 폭 넓은 부류를 다룰 것이다.

# 6

## 악한 영들의 다른 종류들

**마**귀가 나타나는지 아닌지(가능하면 영적 분별력을 통하여)와 어떤 종류의 마귀인가를 알아내는 여러 다른 방법을 논의한 이상, 우리는 우리가 발견할 수 있는 악한 영들의 종류에 대해 이야기할 준비가 된 것이다.

바로 우리들처럼 영들도 이름이 있다. 마귀의 이름은 삶에 있어 그것의 본질이나 목적을 나타내기 때문에 특히 중요하다. 당신이 나의 이름이 프란시스라는 것을 알 때, 그것은 당신에게 나에 대한 많은 것을 말하지 않는다. 그러나 영이 그 자신을 시기라고 나타내면 당신은 그 영이 사람들에게 어떠한 영향을 끼치는지를 안다.

어떤 착한 영과 천사들의 이름은 잘 알려졌다. 가브리엘, 미가엘 그리고 (히브리 구전에 있는) 라파엘. 악한 영도 사단 혹은 루시퍼로 시작하여 이름이 있다. 천사들이 가장 중요한 천사장, 그룹(cherubim), 스랍(seraphim)으로 위엄과 영적 능력의 계보로 서열지어 있듯이, 악한 영들도 사단의 지도력 아래 그들 자신의 능력의 단계를 가지고 있다.

이름으로 영을 구분하는 것과 여러 중요한 근거로 서열 짓는 것은 우리에게 도움이 된다.

1. 영들의 정체는 우리가 사역하고 있는 사람에게 어떠한 영향을 미치는가에 대한 실마리를 준다. 이것은 어떻게 사역할 것인가 그리고 필요한 것이 수반되는 동안 어떻게 시행할 것인가 하는 양쪽을 다 알게 하는 아주 중요한 것이다.
2. 영이 영들의 군단에서 더 높은 계급이라면 그것을 쫓아 내기 위해 보통의 영적 권위를 가진 사람보다 더 많이 가진 축사자가 필요하다. 그리고 대체로 약한 영을 다룰 때보다 시간이 더 필요하다. 쉬운 시간이 아닐 것이다.
3. 여하튼 영의 이름을 아는 것은 당신에게 영을 제압하는 데 더 큰 능력을 준다.

축귀 사역에서 가장 흥미로운 것 중 하나는 우리가 영들의 여러 다른 부류와 형태를 발견한 것이다. 가장 흔한 형태는 네 개의 주요한 그룹으로 모아져 있다.

### 사술의 영

첫째, 그룹에 있는 대부분의 영들은 바알세블(Beelzebub), 파스조(Pasuzo) 혹은 적그리스도 같은 특이한 개인 이름을 갖는다. 이러한 기이한 이름들은 대체로 영들이 악한 영의 군단에서 높은 영역에 있는 것임을 나타낸다.

영들의 이러한 형태는 대체로 사람들이 사술에 직접 참여함으로 사람들의 생활 속으로 들어온다. (이것에 대한 더 많은 것은 다음 장에 다룸) 그들은 우리가 직면하는 영들의 비교적 작은 부분, 약 10% 정도를 다스린다. 그러나 그들은 지옥으로부터 온 진짜 마귀로 아주 어렵고 위험한 그룹이다.

## 죄의 영들

영들의 두 번째 큰 부류는, 인간적인 부도덕이나 죄를 의미하는 이름으로 특정지어진다. 예를 들면, 우리는 가끔 그들 자신을 음욕, 증오, 살인 그리고 시기 등의 이름으로 나타내는 영들은 대면한다. 이러한 이름들은 정확한 개인의 이름은 아니지만 영들이 야기시키고 또 기이한 방법으로 죄와 연약함을 먹이로 삼고 다스린다. 그것은, 사람들이 벌써 포기한 자연적인 약점을 유혹하고 악화시키면서, 그 사람의 죄가 시간을 거쳐 영을 환영한다고 느낄 수 있는 집같은 것을 짓는 것과 같다.

우리는 모든 인간의 죄가 허영심과 같은 비교적 사소한 부도덕부터 살인과 같은 중요한 것까지 이 그룹의 영에 들어간다는 것을 안다. 이러한 영들의 더 흥미로운 것 중 하나는 그들의 어떤 것은 매우 특별하다는 것이다. 예를 들면, 나는 증오의 영 뿐 아니라 남자를 증오하는 그런 특정한 영도 다루었다. (매춘부의 딸에게서 그 영을 만났다)

우리는 일반적인 음욕 뿐 아니라 포르노그라피(도색 잡지)라 불리는 더 세분화된 더러운 영도 대면했다. 악한 영들은 그들이 신학사전을 갖고 그들이 일할 인간의 연약함에 대한 약술된 중요한 분류를 가지고 있는 것처럼 부도덕의 여러 다른 종류들 사이에서 명확한 구분을 하고 있다.

축귀 사역에 오랫동안 관여했던 사람들은 희생자의 중요한 취약점을 악화시키려 하는 영들의 그룹을 안다. 프랭크와 이다 매 해먼드(Frank and Ida Mae Hammond)는 53개의 영들의 그룹을 만들었다. 편집증 그룹에는 질투, 시기, 의심, 불신, 학대, 두려움, 대결이 있다.[1] 이것들은 심리 치료사들도 말하는 편집적인 인격의 모습이다. 이상한 것은 이러한 세분화된 편집증의 양상이 마귀의 영역에 의해 목표물이 되고 어떤 심리학적 연구에 대한 배경도 없는 오순절 교회 사역자들에 의해 발견되었다는 것이다.[2]

위의 인간의 활동에 겨냥하여야만 하는 영들의 본질은 무엇인가? 그 영들은 단지 그들의 자유를 빼앗긴 고통하는 사람들을 보고 즐거워 하는가? 혹은 그들 자신의 영적인 형태로는 할 수 없는 것을 성취하기 위해 사람의 몸을 통해 일하는 것에서 기쁨을 찾는 어떤 것이 그들의 인격 속에 있는 것인가?

예를 들면 증오의 영은 사람을 자살하게 이끌고, 그를 짓밟고, 지옥으로 가게 인도하는 것으로부터 만족을 얻을 뿐 아니라 그 영 자체가 살해하고 죽이는 것에 즐거움을 갖지 않는가? 증오의 영일 때 오직 인간에게 다른 인간을 향해 칼을 휘두르고 총을 쏘게 함으로 그 영의 목적을 이룰 수 있을까?

이러한 영들이 죄로 인해 지어진 거주지에 들어오기 때문에 치료와 이러한 영을 쫓아내는 것은 필연적으로 사람 본인이

---

1. Frank and Ida Mae Hammond, Pigs in the Parlor(Kirwood, MO.: Impact Books, 1973), p.114.
2. 리차드 맥리어와 베티 브레넌은 축사에 많은 경험이 있는데 여러 다른 악한 영으로 부르는 경우 그것이 한 악한 영의 여러 모습일 수 있다고 주장한다. 예를 들면 공포증이라는 영이 시기같은 다른 일곱 영들에게 둘러 쌓여 있는 것이 아니라, 공포증이라는 영이 일곱 양상을 띄고 있다는 것을 밝힐 필요가 있는 것 같다.

죄로부터 돌아서고 회개해야만 한다는 것을 의미한다. (이것에 대한 것은 15장에 더 자세히 다룸)

## 정신적 충격의 영들

여기 이것은 우리가 발견한 축귀를 위해 가장 일반적으로 필요한 것이다. 이상하게도, 이러한 영들은 우리 자신의 개인적인 죄로 우리에게 들어 온 것이 아니라, 타락한 창조물에 의한 상처 혹은 다른 사람의 죄에 의해 받은 상처 때문이다. 우리의 약함과, 상처난 과거의 감정을 통하여 악한 영은 우리를 공격한다.

그것은 신체적인 상처와 매우 흡사하다. 살갗이 깨끗해지기 전에 상처로 덮인다면, 몸에 고약한 염증이 생겨 커지기 시작한다. 원래의 상처가 곪게 하는 원인이 될 뿐 아니라 곪게 하는 불결한 상태의 근원이 된다. 가끔 이러한 감염은 다른 것들이 근육과 뼈로 파고 들어 괴저병과 골수염으로 발전하고 혈관으로 쏟아져 들어가 생명을 위협하기도 한다.

마찬가지로, 우리의 정신 의학적 병력에서, 아주 작은 감정적 상처로 시작한 것이 그것이 빛으로 내어 놓아지지 않는다면 그것은 감추어져 영원한 인격적 분열이 될 수 있다. 그런 감정적인 상처는, 그 곳에 자리잡고 그것을 치유 받지 못하도록 하며 감정적 상처를 악화시키는 정신적 충격의 영이 들어오는 문으로 쓰인다.

이것은 가끔 개인의 죄 때문이 아니라 일반적으로 타락한 인간의 조건 때문에, 즉 크리스천 전통이 원죄라고 부르는 것 때문에 악한 영의 침입을 가져온다. 대부분의 축귀 기도는 사실 (전에 말한 것과 같이) 선한 사람 가끔 아주 선한 사람들을 그들이 약했을 때, 방어 받을 수 없었을 때인 어린 시절에 그들에게 일어났던 것의 결과로부터 자유하게 하는 것이다. 체내 침입의 어느 정도는 태어나기 전, 아기가 태어나기를 기다리고 있는 때에도 일어난다.

나는 나의 사역을 통한 경험과 축귀 사역에 능숙한 사람들과 이야기 함으로 축귀 기도의 삼분의 이 정도가 다양한 정신 충격의 영에 제압당한 사람들을 겨냥하고 있다고 추정한다.

이것은 전적으로 불공평한 것처럼 들린다.

정말 그렇다! 사단, 파괴자는 나찌가 한 것이나 감시하고 지배하기 위하여 사람들을 흔히 고문을 가하는 오늘날의 어떤 폭력적인 군사정권 보다도 어린아이들이나 약한 자들에 대한 동정심은 더욱 없다. 사단은 가능한 많은 힘을 빨아들이기 위해 공포로 다스림을 받는 왕국에 군림한다. 사단은 정당하게 싸우지 않는다. 그들의 의식을 위해 어린이들을 납치하는 사단 주의자들은 그들의 자학적인 법에 따라 움직인다. 이 모든 것은 사단의 왕국으로부터 우리를 자유하게 하고, 하나님의 왕국으로 우리를 데려 가실 수 있는 구세주에 대한 우리의 필요를 강조한다.

지나간 세대에 축귀 사역을 부활시킨 선구자들 중 한 분은 돈 바쉠(Don Basham)이다. 그는 그의 작은 딸 로라가 축귀가 필요했던 것을 어떻게 발견하였는가를 설명하고 있다. 돈과 그의 부인 앨리스는 그들이 로라를 잃어버렸다고 생각했고, 그들이 이웃을 정신없이 찾아 다니는 동안 로라가 단지 이곳 저곳을 돌아다니며 친구집 차고에서 놀고 있었다는 것을 알았을 때 격노했다. 그들이 로라를 찾았을 때, 앨리스가 "우리는 우리의 로라 앤을 다시는 못보는 줄로 생각했어!"라며 울부짖었다. 그때 로라가 공포 속에 통곡하기 시작했다. 그녀의 부모가 그녀를 위로하고자 했지만 로라는 계속 통곡했다.

잠잘 시간에 로라가 돈에게 잠을 잘 수가 없다고 말했다. 돈이 왜 그러느냐고 물었을 때 로라는 내가 기도를 하려고 할 때마다 내 안에 있는 어떤 것이 나의 기도를 조롱한다고 대답했다.

내가 그것을 생각하는 것이 내키진 않았지만 그것은 정확히 어떤 마귀적인 조롱하는 영의 행동인 것 같았다. 그런 것이 나의 아이에게 침입할 수 있다는 것이 얼마나 놀라운 생각인가! 나는 내가 로라에게 제안할 때 평상시처럼 하려고 노력했다.
"로라야, 그것이 악한 영인 것처럼 들리는 것 알지? 그것을 없애기 원하니?"
로라는 고개를 끄덕였다. 나는 내가 하고자 하는 사역을 어린아이가 알고 그것을 아주 자연스럽게 받아들이는 것에 감사했다… 로라가 말한 것으로 나는 그 영의 이름이 조롱자라고 가정했으나 놀랍게도, 내가 그것에게 이름을 대라고 명했을 때 로라는 단호히 두려움이라고 답했다. 내가 두려움의 영에게 나갈 것을 명령했을 때, 로라가 상복부를 꽉 잡았고 그리고 나서 몸을 꼿꼿이 세웠다. 그것이 떠난것 같다고 사실적으로 로라가 말했다.
"이제 괜찮아요. 안녕히 주무셔요, 아빠."
로라는 베개에 기분 좋게 몸을 뉘였다… 졸린 목소리가 문에 있는 내게 들렸다.
"그 늙은 영이 언제 내게 들어 왔는지 안다고 생각해요."

"그래? 언제니?"

"저, 아빠와 엄마가 내게 무척 화가나 있었던 그날 오후를 기억하시죠? 그리고 아빠가 나를 다시는 못보는 줄 알았다고 말씀하셨죠? 아빠, 나는 아주 무서웠어요! 그 이후로 나는 비웃고 있는 무엇인가를 느꼈어요…."

이것이 내가 나의 가족 안에 있었던 사건으로 어떻게 악한 영이 신체로 들어가는 길을 얻을 수 있는지 연구하기 시작한 때이다. 로라에게 일어난 것으로 내가 느낀 것은 그 오후의 정신적 충격 때문에 로라의 자연적 방어에 균열이 생겼다. 하나님의 어린 자녀로 로라는 보통 그런 침입으로부터 보호되었다. 그러나 실제로 쇼크, 질병, 사건과 같은 어떤 불안 때문에 우리의 정상적인 방어가 힘을 잃는 것이 우리에게 종종 일어난다. 분명히 오래지 않아 악한 영이 그 상황을 이용하여, 들어와 그것의 더러운 일을 한다.[3]

다시 한번 말하지만, 로라가 정상적으로 고통 당한 것이 아니라, 어린 시절의 강한 두려움의 체험으로 고통 받은 것을 우리는 어떻게 알 수 있는가?

어쨌든, 그녀는 고통 받았었고, 대체로 그러했다는 것으로 전부이다. 그러나 가끔 돈 바쉠(Don Basham)이 지적한 것처럼 우리가 우리의 발을 못으로 찍었을 때, 작은 상처에 더러운 것이 들어가 접촉 감염이 생기듯이 영은 정신적 충격, 감정적 상처를 통해 들어 온다. 영의 존재에 대한 징후는 로라가 자기 안에 있는 어떤 것을 느끼는 것이다. 역시 돈이 기도했을

---

3. Don Basham, Deliver Us From Evil(GRand Rapids, Mich.:Chosen Books, 1972), pp.125-126.

때 로라는 그것이 떠나는 것을 느꼈고, 그 후에 로라는 잠이 들었다. 당신은 두려움의 영이 거기 있었던 것을 증명할 수 있는가?

아니다. 우리가 가진 오직 정확한 증거는 (전 장에서 말했던 것과 같이) 영 분별의 은사이다. 그 외에 우리는 로라가 안에서 느끼는 것에 대해 아버지에게 말했던 경우처럼 외부적 징후로 그것의 출현을 추정할 수 있다.

우리는 14장에서 정신적 충격의 영에 대해 더 논의할 것이다. 지금은 그것이 불공정한 것 같아도 우리가 대면하는 대부분의 악한 영은 충격으로 인해 들어올 수 있고 그 충격의 대부분은 어린 시절이나, 혹은 그 이전 자궁 속에 자리 잡고 있다는 것을 충분히 말할 수 있다.

### 조상의(친한, 가족의) 영들

우리가 보통 직면하는 영들의 마지막 부류는 조오지 혹은 수잔과 같은 평범하고 매일 쓰는 개인적인 이름으로 불리운다. 이 영들의 근원은 알수 없다. 그들이 누구인가를 설명하는 두 가지 다른 이론이 있다.

첫째 이론은, 그들이 죽은 자의 혼들로 간단히 변장하여 죽은 친척들에 대한 사람들의 호기심을 자극하고 그것으로 교령회나 다른 금지된 활동들을 통해 죽은 자와 교신하도록 사람들을 유혹하는 것이다.

이것이 사실이라면, 그 때 이 영들은 영의 다른 부류처럼 다루어져서 쉽게 쫓겨날 수 있다. 복음 주의적 배경을 가진 대부분의 크리스천들은 집안에 내려오는 영에 대해 이 이해를 좋아한다.

　두 번째 이론은, 집안에 내려오는 영들은 실제로 '쉬지 못하는 죽은 자'라는 것이다. 이 경우에 우리는 그들을 악한 영으로서가 아니라 그들을 예수님께 부탁드려 그들이 쉴 수 있고 그들의 방황을 멈추게 하는, 기도가 필요한 죽은 영들로 다루어야만 한다는 것이다.

　여기서 물론 우리는 귀신들, 귀신들린 집의 전통과의 관계 그리고 호기심을 자극시키며 괴기 영화의 많은 주제를 형성하는 다른 기이한 현상들을 본다. 여기서 역시 우리는 축복 기도와 이러한 무서운 출몰과 방문이 있는 장소에 대한 축사의 오랜 크리스천 전통을 적용한다.

　이런 가족에게 내려오는 영들은 실제 '쉬는것이 필요한 죽은 자의 영'으로 보는 이 두 번째 이론은, 켄 맥얼 박사의 책 「가계 치유」[4]를 통해 아마도 잘 알려졌다. 정신과 의사이고 전 중국 선교사였던 맥얼 박사는 과거의 불치의 환자들이 조상으로부터 내려오는 통제의 희생자들이라고 믿는다. 환자의 가계를 그려 봄으로 그는 가족이나 조상이 환자에게 해를 주는 것을 나타내고자 했다.

　그 때 그는 죽은 자의 영을 예수님께 보내고 살아 있는 자를 자유롭게 끊는 기도 의식을 (성례식 전통에 의하면 성찬 예식이 되겠다) 통하여 조상과 환자 사이의 결합을 끊는다.

　이 두 가지 믿음 중, 어느 것이 사실인가를 결정해야만 하는 것을 피하는 한가지 방법은, 가족으로부터 내려오는 영이 사람들을 고통 주고 있을 때, 그것이 이것이 무저갱으로 보내질

---

4. Ken AcAll, Healing the Family Tree 4 (London; Sheldon Press, 1982, revised edition, 1984).

필요가 있는 악한 영인지 혹은, 단지 쉬는 것이 필요한 잘못 인도된 인간의 영인지 구분이 되면 간단히 영에게 말하는 것이다.

"나는 예수님이 그분의 공의와 자비로 너를 다루시도록, 네가 예수님께 가기를 명한다."

이런 종류의 기도로 당신이 죽은 자의 영 (혹은 악한 영)의 영향으로부터 도움을 청하는 사람들을 자유하게 하는 동안 주께서 이론적인 문제를 수행하시도록 하는 것이 안전하다.

저주와 축귀 사역을 위한 준비에 대한 다음 단락에서 우리는 이 부류들을 각각 사술의 영, 죄의 영, 정신적 충격의 영, 가족으로부터 내려오는 영 등으로 자세히 논의할 것이고 각각의 영향으로부터 어떻게 사람들을 자유하게 할 것인가를 말할 것이다.

Part 3

# 저주와 잘못된 심판의 능력

# 7

## 저주 아래 놓임

**마**귀의 공격 아래 놓이는 것과 마귀가 우리 몸안에 침입하는 것이 오늘날 가장 중요한 크리스천 교회에서 받아들일 만한 개념이 아니라면, 저주 받는 것에 대한 생각은 오로지 성서에 기초하여야 한다고 주장하는 많은 기본주의자들이나, 보수적인 교회에는 더더욱 미신적이고 원시적인 것으로 보일 것이다. 나 자신의 신학적 훈련에서는 저주로부터 누군가를 자유하게 하는 것은 분명하게 우리가 배워야 할 필요가 있는 기술로 결코 보이지 않았다.

그래서 나는 저주로부터 자유하게 하는 전통적인 관습을, 즉 초대 교회 신앙에서 뿐 아니라 모든 종교적인 것에서 배우기 위해 수년을 보냈다. 요즘 수년 동안, 저주로 고통 받는 사람을 위해 그 저주를 축복으로 바꾸는 기도를 하지 않고 일 주일을 보낸 적이 없다.

다음 것은 근래의 예이다. 1990년 600명이 들어찬 교회에서 강의하고 있을 때 영국에서 일어난 일이다. 신체적인 치유를 위해 어떻게 기도할 것인가에 대한 나의 강의가 끝난 후 나는 우리가 현장에서 증거할 수 있는 치유된 것, 그런 질병으로부터 치유 받기 위해 전 교회가 기도하기 원하는 사람이 있는가 물었다. 나의 목적은 사람들에게 그것이 얼마나 간단한가를 보여 주어 병자를 위해 기도하도록 사람들을 격려하는 것이었다. 6명의 사람이 손을 들었고 나는 40살 정도의 남자를 택했다.

그는 교회의 앞쪽으로 나아와 그가 암과 같이 생명을 위협하는 병을 가진 것이 아니기 때문에 조금 쑥스럽다고 우리에게 말했다. 그러나 양쪽 귀에 울림이 있고(이명 현상) 오른 쪽 귀에 통증이 있기 때문에, 그가 치유된다면 말할 수 있을 것이라고 했다. 그는 또한 교회 근처에 있는 성공회 교회의 신부였다.

온 교회가 그를 위해 기도하도록 하고 우리 팀은 함께 둘러앉았다. 몇 분 후에 우리는 울림과 통증이 사라졌는지 물었다.

그러자 그는 아니라고 대답했다.

그래서 우리는 한번 더 기도했다. 묻기 위해 다시 중지했고 그는 다시 아무런 변화가 없다고 대답했다.

나는 세 번째 마지막으로 기도하기로 결정했다. 그는 귀가 계속 울린다고 다시 조용히 말했다.

대중적으로 기도할 때, 성령의 인도하심을 진정 따른다면 지각할 수 있는 정도의 치유가 거의 항상 있다는 것이 나의 경험이었다. 또한 우리가 사람들에게 치유하시는 하나님의 소망을 믿도록 격려하기 위해 시도할 때, 아무것도 일어나지 않는 것은 우리를 낙담하게 하는 것을 상상할 수 있을 것이다. 물론 우리는 우리가 기도하는 모든 사람이 즉시 눈에 띄게 치유되는 것이 아니라는 것은 알지만 그러나 이와 같은 대중적으로 하는 시도에서는 치유가 일어나는 확률은 이유를 알 수 없지만 아주 높다.

우리 팀 중 한 사람인 미세스 앤 블로키가 내게 속삭였습니다. "프랜시스, 여기 나쁜 버릇의 영이 있어요."

그때 나는 치유를 막고 있는 것이 나쁜 버릇의 영일 수 있다고 생각했다.

이와 같은 상황에 당신은 무엇을 할까? 여기 큰 회중 앞에 나와 있는 성공회 신부가 있고, 당신이 그들에게 이 신부에게는 악한 영이 있다고 말한다면 그들의 다수가 놀랄 것이다. (최소한 말하는 것으로!) - 그것도 그들의 신부 안에.

내가 했던 것은 나쁜 버릇의 영이 떠나기를 명령하는 것을 작은 소리로 기도하는 것이었다. 내가 그렇게 하자 마자 신부는 허리를 굽히고 가끔 마귀의 추방을 동반한 심한 마른 기침으로 콜록거리기 시작했다. 우리는 축귀가 빨리 끝나기를 바라며 조용히 계속 기도했다. 반대로 그의 심한 기침은 계속 되었기 때문에 기도를 중지하였다. 그가 부끄러움을 당하지 않을 곳에서 계속 기도받게 하기 위해 그와 우리 팀 네 명을 남의 눈을 피할 수 있는 뒤쪽, 성구실로 보냈다.

다음날 저녁, 그가 돌아 와서 울림이 완전히 멈추었고 오른쪽 귀의 통증도 사라졌다고 회중 앞에서 발표했다.

이것은 성구실에서 일어났던 일이다. 팀은 첫날 저녁 성구실에서 한 시간 동안 그리고 다음날 낮에 그의 집에서 여러 시간 동안 사역했다. 그와 그의 가족은 아프리카에서 선교사로 사역했고 거기서 울림과 통증이 처음 시작했다고 팀에게 말했다. 더욱 심각했던 것은 그의 아들이 의사들이 진단할 수 없는 복부 전체에 퍼진 심한 발진이 발전되고 있다는 것이었다.

그 당시 아들은 자기 몸무게의 사분의 일이 빠졌다. 선교사는 그의 가족을 데리고 영국으로 돌아가지 않으면 아들의 생명이 위험하다는 충고를 받았고, 그것으로 그들은 돌아 왔다. 그 소년의 발진은 그 후 사라졌으나 신부의 문제는 그대로 남아 있었다.

이 이야기를 들은 후 우리에게 분별력을 주시길 기도했고 또한 지역 마법사가 그들을 없애기 위해 그 가족을 저주 아래 놓았다는 것을 발견했다. 신부는 그의 문제의 원인을 의심하지 않았다. 그래서 우리 팀이 분별력을 가지고 기도했을 때, 주님은 그를 세 가지 영으로부터 자유하게 하셨다. 그것들 중 하나가 마법사의 저주에 의해 그에게 들어왔던 나쁜 버릇의 영이었다.

이렇게 자유하게 하는 축귀는 나의 경험으로 보아 결코 드물지 않다. 놀라운 것은 아주 많은 전통적인 이방종교들이 축귀를 믿을 뿐 아니라 그들 토착의 사제들(무당들)의 의식을 통해 복을 구하고 저주를 피하는 것에 집중하고 있을 때, 교회들은 저주의 가능성을 실제적 목회의 관심사로 생각하지도 않는 것이다. 이 방면에 있어서 크리스천들은 본능적으로 저주의 능력을 믿으며 아직도 도움을 찾고 있다. 라틴 아메리카의 히스패닉 가톨릭 교인의 대부분은(미국에서도 마찬가지로) 그들이 저주를 느낄 때 산테리아, 부두, 다른 그런 그룹들로부터 도움을 찾는 것으로 추정된다.

나는 콜롬비아의 번성하고 열띤 크리스천 사회에서 그녀의 아들이 기이한 질환의 피해자가 되어 있는 여인을 만났다. 그 여인은 도움을 구하기 위해 크리스천 사회에 살고 있는 스피리띠스타와 만날 약속을 했다. 스피리띠스타가 말하길 그 사회에 있는 다른 가족이 그녀에게 분노를 가지고 있었고 그녀의 가족에게 저주를 주기 위해 스피리띠스타에게 돈을 냈다는 정보를 주었다. 그래서 그 어머니는 저주를 치워주도록 스피리띠스타에게 돈을 주었고, 소년은 치유되었다.[1]

스피리띠스타는 저주하고 그리고 같은 저주를 풀기 위해 두 여인으로부터 돈을 받았다는 것은 아이러니다.

이러한 주제, 즉 치유와 축귀에 대한 가르침이 전혀 없는 좋은 크리스쳔 사회에서 있었던 일이라는 것이다. (이것은 그 후 변화되었다)

## 성서의 증거

축복과 저주를 가르치는 것을 우리가 포기하는 것은, 그것의 구약 뿐 아니라 신약에 중요한 위치에 있는 것을 생각할 때 더욱더 엄청난 것이다. 분명히 성서의 중요한 강조점은 악이나 저주 보다는 그분의 의지를 행하는 자들에게 하나님의 선하심과 축복이 임한다는 것이다. 성서에 축복을 언급한 것은 약 410회가 있다. 반면에 여러 가지 형태의 저주는 230회 언급되었다.

예수님이 십자가에 돌아가신 이유 중 하나는 인간에게 있는 저주를 복으로 바꾸신 것이다.

> 그리스도께서 우리를 위하여 저주가 되셔서 율법의 저주로부터 우리를 구속하셨으니, 기록되기를 나무에 매달린 자는 누구나

---

1. 악령의 권세는 그들이 괴롭히고 있는 사람에게서 그 악을 제거함으로 치유를 가져올 수있다.

저주받은 자라고 하였도다.(갈 3:13)

성경의 많은 부분이 하나님의 명령에 불순종한 사람들에게 내리는 저주의 목록을 쓰고 있다.

예를 들면 모세는 이스라엘 종족을 두 그룹으로 나누어, 여섯 종족은 하나님의 명령을 따르는 자에게 있는 하나님의 축복을 선포하게 하기 위해 그리심산에 세웠다. 그 때 다른 여섯 종족은 불순종하는 자들에 대한 저주를 선포하도록 에발산에 세웠다.(신 27:12-14)

레위인들은 큰 소리로 저주를 이와 같이 시작하며 선포했다.

새기거나 부어 만든 어떤 형상도 주께 가증한 것이니 장인의 손으로 만든 것을 은밀한 곳에 세우는 사람은 저주를 받으리라 할 것이요, 모든 백성은 대답하여 말하기를 아멘 할지니라.(신 27:15)

다음 장에서 모세는 순종하는 자에게 쏟아질 축복의 목록을 만들었고, 길고 세밀한 저주의 목록이 뒤따른다. 그중에는 다음 것들이 있다.

주께서는 네 행위의 사악함과 네가 나를 버림으로 인하여 네가 행하려고 네 손을 대는 모든 일에, 네가 패망할 때까지와 또 네가 속히 망할 때까지 네게 저주와 괴로움과 질책을 내리시리라. 주께서는 네가 들어가 차지할 그 땅으로부터 그 분께서 너를 멸하실 때까지 네게 전염병이 돌게 하시리라. 주께서는 너를 폐병과 열병과 염증과 심한 화상과 돌풍과 곰팡이로 치실 것이요 그것들은 네가 패망할 때까지 너를 쫓으리라 네 머리 위의 네 하늘은 놋이 될 것이요, 네 아래에 있는 땅은 철이될 것이리라. 주께서는 네 땅의 비를 재와 티끌로 바꾸시리니, 네가 멸망할 때가지 그것이 하늘로부터 네게 내리리라.(신 28:20-24)

재난의 이 목록은 계속된다.
너희의 원수들은 너를 패망 시킬 것이다; 너희 시체는 묻히지 못할 것이다; 너희는 악창과 종기로 고통 받을 것이다; 너희들은 미칠 것이다; 너희의 부인들은 욕을 당할 것이다; 다른 국가가 너희에 속한 모든 것을 가져갈 것이다.
이러한 고통들은 우리의 불순종으로 하나님의 보호하심이 없어질 때, 악한 힘이 우리에게 행할 것들을 생생하게 표현한다.
민수기는 세 장에 걸쳐(22-24) 모압왕 발락과 그 지역 선지자 발람과의 흥미 있는 투쟁으로 바친다. 발락은 모압의 변경에 와 있는 이스라엘 민족을 저주하도록 발람에게 뇌물을 주려고 했다.

보라 이집트 땅에서 나온 한 백성이 있는데 지면을 덮었으니 이제 와서 나를 위하여 그들을 저주하라. 혹시 내가 그들을 이길 수 있어서 그들을 쫓아내리라.(민 22:11)

발람은 그가 하나님의 명령을 벗어날 수 없다는 것을(18절) 알기에 충분한 지식을 가지고 있었다. 그러나 발락 왕은 발람을 모압 쪽으로 합세하도록 유혹하는 것을 강행했다.

오직 발람의 당나귀가 그 길을 막기 위해 하나님이 보내신 천사를 보고 세 번 뒷걸음질 쳤다. 발람은 당나귀를 때렸지만, 결국 그 천사를 보고 하나님의 분노를 일으키는 것보다 발락에게 등을 돌리는 것이 났다고 확신했다.

그 이후 발락 왕이 이스라엘 민족을 저주하도록 발람에게 명령할 때마다, 발람은 오직 축복하기 위해 그의 입을 열었다.

> 너를 축복하는 자는 복을 받으며 너를 저주하는 자는 저주를 받으리라.(민 24:9)

이것들과 셀 수 없는 성경구절들이, 말들이 단지 인간의 표현을 넘어, 선이나 혹은 악으로 영적 힘을 전할 수 있다는 진리를 나타낸다.[2] 그리고 이것은 또한 신약 시대 이전인 단지 구약의 개념으로 남겨진 것이 아니다.

예를 들면, 예수님이 무화과 나무를 저주한, 기이한 사건을 기억하라.(막 11:14) 다음날 베드로는 저주가 이루어져 하루 사이에 무화과 나무가 뿌리까지 시들어 버린 것을 보고 깜짝 놀랐다.(20절)

초대 교회에 우리는 바울을 반대하여 총독 서기오 폴리오에게 돌아간 박수 무당 엘루마를 저주하는 바울을 본다.

> 그 때 사울이 성령으로 충만하여 그를 주목하고 말하기를 오 모든 궤계와 악행으로 가득 찬 너 마귀의 자식아, 너 모든 의의 원수야, 네가 주의 의로운 길에서 돌아서게 하는 일을 그치지

---

2. 웹스터 사전에 의하면 저주는 '어떤 사람에게 해나 상처가 오도록 하는 기도나 주문'으로 해석되어 있다.

못하겠느냐 이제, 보라 주의 손이 너에게 있으니 네가 눈이 멀어 한동안 태양을 보지 못하리라 하자 그 즉시 안개와 어두움이 그를 덮치므로 그가 손으로 더듬으며 자기를 인도해 줄 사람을 찾더라. 그때 총독이 이 광경을 보고 주의 교리를 믿더라.(행 13:9-12)

여기서 다시 우리는 초대 교인의 설교는 예수님이 악을 이기는 하나님의 능력을 가지고 있기 때문에 우리에게 갖다 주신 투쟁 즉 하나님의 나라와 사단의 나라 사이의 격렬한 싸움으로 기본적인 복음을 표현하고 있는 것을 본다. 첫 눈에는 바울이 엘루마를 마귀의 자식이라 부르며 눈을 멀게 한 것은 크리스천적인 방법으로 행동하지 않은 것 같아 보인다. 그러나 우리는 눈이 안 보이는 것이 잠시였다는 것에 주의하라.

그 저주는 엘루마의 방해를 중지하고, 바울이 소망하는, 그를 회심하도록 하는 것이었다. 마법사의 목적은 능력을 얻는 것이다. 그리고 능력에 욕심이 많은 사람 엘루마는 그 자신의 것보다 더 강한 능력을 발견했다. 그것은 엘루마가 이해할 수 있었던 일이었다. 또한 바울의 저주의 효과가 총독의 회심을 끌어냈다. 아프리카의 사람들은 그들이 마법사의 능력을 체험하였기 때문에 대부분 우리들 보다 오늘날 회심 이야기를 더 잘 이해한다.

엘루마에 대한 저주는 분명히 신약 성서의 예외적인 사건이다. 왜냐하면 바울은, 우리는 우리를 저주하는 사람을 축복하고 악을 위해 축복을 돌려야만 한다고 가르쳤다.(롬 12:14) 더욱이 야고보와 요한이 그들을 대접하지 않는 사마리아인들에게 불이 떨어지기를 원했을 때, 예수님은 그들을 꾸짖으셨다.(눅 9:52-55 : 예수님이 그들을 우뢰의 아들들이라고 별명을 부르는 것은 놀라운 것이 아니다.)
 우리가 다른 사람이 악하게 되기를 기원할 때마다 성경적 세계관으로는 우리의 말이 분노와 나쁜 소원의 인간적 전달 뿐 아니라 사람을 방해하거나 상처를 주는 영적인 힘도 옮길 수 있다.

## 우리 자신의 체험

 저주를 통해 불러내는 악령의 능력은 대부분의 토착 종교의 기본적인 구성 요소이다. 저주, 마술, 주문을 부과하고 그리고 그것들을 사라지게도 하는 마법사의 능력은 마법사들에게 두려움을 바탕으로 하는 권위와 존경을 준다. 크리스천들이 그들 자신의 종교를 이해하지 못할 때 영적 전쟁의 실체를 더 잘 이해하는 다신 종교주의자들을 회심시키고자 하는 것에 실패한다.
 사술을 단순히 미신적인 것으로 보는 서양의 생각을 거부하는 내가 3장에서 언급한 나이지리아 신학생들을 다시 생각해 보라. 그런 평가가 사실인것은 오직 아프리카에서만은 아니다. 미국에 있는 많은 사람들이 어떤 면에서 저주받고 있고 우리가 기도할 때 그들은 극적으로(혹은 때때로 신속하게) 자유하게 된다. 잭슨빌 지역에 사단적 마녀모임에서 온 몇 사람이, 나와 나의 가족과 우리 스텝들마저도 지역 마녀들 모임에 공격물로 지명된 것을 우리에게 밝혔다. 그들은 그들의 방법으로 우리에게 저주가 임하도록 기도하고 있다. (결과적으로 우리는 방어하기 위해 날마다 기도한다)

저주로부터의 일반적인 축귀의 예는 우리가 기도하는 목사로부터 받은 편지내용에 있다. 그의 교회는 마법의 추종자들이 아주 많이 사는 시골 지역에 있고, 그는 지역 마녀에 의한 자신에게 임한 저주를 믿고 있었다. 그의 현재 문제는 우울증이었다. 그가 목사직을 그만둘까 하는 생각이 들 정도로 심각했다. 평상적으로 우리는 치유를 위해 기도했었고 전문적인 상담을 받아 보도록 그를 격려하곤 했다. 그러나 우리는 그가 저주로부터 자유함을 받는 것이 필요하다고 결정했다. 여기 일어났던 일을 그가 설명한 것이 있다.

여러분 친구들에게 말씀 드릴 가장 흥미로운 것은 나 자신과 교회의 복지다. 여러분의 기도의 결과는 매우 극적이지는 않았지만 두 시간 안에 나는 괜찮다는 느낌이 들었다. C학점 같은 그런 평범한 느낌을 의미하는 것은 아니다. 평상적이고 또는 평화롭고 건강한 느낌을 의미한다. 나를 누르고 있었던 무엇이 더 이상 거기 있지 않았다. 그런 결과가 그날 하루 지속 되었을 뿐 아니라 꾸준히 에너지가 커갔고 사역과 사역 외부의 활동에 대한 관심이 다시 생겼다. 그것은 기적적인 것이다! 나는 무엇이 일어났는지는 모르지만, 그것이 무엇이든 나는 그것으로 하나님께 찬양 드린다.

저주에 대한 믿음의 흥미 있는 예는, 고급사회라 할수 있는 연극 세계에도 존재한다. 셰익스피어의 대 비극 맥베드를 연기한 배우들이 십중팔구 재난으로 고통 받는다는 오랜 전설이 있다. 당신은 맥베드가 미래의 예언처럼 저주를 주는 세 명의 마녀를 그리고 있는 것을 기억한다. 한 장면에서 우리는 그 마녀들이 그들에게 모욕을 준 여인의 남편을 저주하는 것을 발견하다. 첫째 마녀가 언약한다.

나는 건초처럼 그를 말려버릴 것이다
밤이나 낮이나 잠을 자지 못할 것이다
그의 옥탑의 뚜껑은 걸려있고
그는 갇힌 사람으로 살 것이다   막 3장

마녀들이 그들의 저주의 농축액을 악의 가마솥에 조제하는 유명한 장면이 있다.

두 번째 마녀. 살모사의 이빨 그리고 눈먼 지렁이의 침
도마뱀의 다리 그리고 올빼미의 날개
힘있는 고통의 매력을 위해
거품 내며 끓는 지옥 국물처럼
모두. 두 배, 두 배의 고역과 어려움
불은 타고, 그리고 가마솥은 거품을 내고   5막 1장

맥베드는 스코트랜드의 왕이 될 것이고, 여자에게서 태어난 어느 남자도 그를 죽일 수 없다는 마녀들의 예언에 따라 맥베드와 그의 부인은 스코트랜드의 합법적인 왕 던컨을 죽일 음모를 꾸민다. 그러나 끝에서 악과 멸망이 그들 둘에게 되돌아온다. 맥베드 부인은 미치고 맥베드는 전쟁터에서 죽는다.

이 완전한 비극은 악과 그것의 멸망시키는 무서운 힘에 중점을 둔다. 어둠의 힘은 선한 귀족들에게 압도된다. 그리고 맥베드의 어두운 힘은 영국의 선한 왕, 에드워드에 나타난 하나

님의 힘과 대조를 이룬다.

> 말콤. 이 선한 왕에 가장 기적 같은 일
> 가끔, 나의 여기 영국에 남은 이유로
> 나는 그가 하는 것을 보았다. 그는 얼마나 하늘 나라를 애원하나,
> 그 자신을 가장 잘 안다. 그러나 이상하게 방문하는 사람들.
> 눈이 모두 부어 오르고, 부패하고, 불쌍한 것
> 수술에 대해 오직 절망, 그는 치료 받는다.     4막 3장

세익스피어는 선한 왕 에드워드를 통해 온 하나님의 치유와 축복을 악한 왕 맥베드에게 있는 마귀의 영향과 대조함에도 불구하고 현대의 연출은 자백하는자로서의 에드워드의 설명은 무관한 것으로 대체하여 생략한다.

뉴욕의 연극계에서 여러해 경험이 있는 여배우가 오늘날에도 많은 사람들이 세익스피어의 이 위대한 비극에 저주가 붙어 있다고 우리에게 말한다. 맥베드의 남자 배우들이나 감독들에게 떨어지는 재난의 역사는 잘 알려져서 많은 연극계 사람들이 이 연극을 만드는 것에 관여하는 것을 두려워한다. 많은 사람들이 실제의 저주가 연극하는 배우에게 영향을 미친다고 믿을 뿐 아니라, 어떤 이들은 맥베드라는 바로 그 말이 나쁜 운을 가지고 있다고 믿는다. 그래서 그들은 스코티쉬 연극이라고 말하거나 맥베드 부인을 스코티쉬 여왕으로 언급한다. 만일 어떤 남자 배우가 맥베드 이름을 언급하는 일이 일어나면, 그들은 햄릿을 인용함으로(천사들과 은혜의 사역자들이 우리를 보호한다) 저주를 피할 수 있다고 믿는 것은 흥미로운 것이다.

## 누가 저주를 받고 있는 것을 어떻게 아는가?

　우리는 고통받고 있는 대상이 마귀 들렸는지 아닌지를 결정해야 할 때마다 보이는 증거는 모호하다. 저주가 영적인 영역에 있으므로 볼 수 없기 때문에 이것에 대해 아는 유일하고 확실한 길은 축귀 사역자가 진짜 분별의 은사를 갖는 것이다. 그러나 저주의 결과는 가끔 관찰될 수 있어서, 우리가 아마도 이 사람이나 가족이 어떤 종류의 저주아래 있다고 말할 수 있다.
　축귀를 위한 기도에 대해 수 년간의 경험을 모은 데릭 프린스는 한 사람이나 가족이 저주로 고통 받고 있는 것을 감지할 수 있는 일곱 징후를 뽑았다.

1. *정신적 혹은 감정적 쇠약.*
데릭은 자신의 경험으로, 끊임없는 우울증은 본인이 관여했거나, 혹은 조상이 관여한 어떤 종류의 마술에 대체로 그 원인이 있음을 믿게 한다. 당신은 대부분의 우울증이 저주로 더듬어 올라갈 수 있다고 믿을 필요는 없다. 그러나 당신이 우울증으로 고생하는 어떤 이를 도와야 할 때, 저주가 근본 원인이 아닐까 생각해 보는 것이 현명할 수 있다.
2. *특히 유전적이라 할 수 있는 반복적이거나 연속적인 병.*
만일 의사들이 질병에 대한 적당한 원인을 찾을 수 없다면 그것은 특히 저주로 고통받는 것이다.
3. *불임과 유산 경향.*
4. *결혼과 가족의 분열.*
5. *지속적인 자금의 불충분.*

어느 사람의 월급이나 교육 정도가 어느 정도 경제적 능력이 있음에도 불구하고 전혀 청구서를 갚을 수가 없는 때.
6. 사고가 쉽게 나는 것.
7. 비 자연적인 죽음이나(예:자살) 요절의 가족 내력.[3]

바로 이런 인간적 문제의 어느 것도, 그 자체로 저주의 존재를 증명하기에는 충분치 않다. 여러 징후가 나타날 때, 혹은 한가지 징후가 특히 심하게 나타날 때, 당신은 저주가 고통을 주고 있는 것이 아닌가 의심할 수 있을 뿐이다. 성령의 지침을 통하여서만이 당신은 확신할 수 있다. 우리는 이미 삶을 즐겨야 하는 많은 크리스천이 저주 아래 살고 있다는 것을 아는 것이 필요하다.[4] 우리는 또한 이 일곱 가지 분류가 우리가 신명기 28장에서 읽은 저주의 목록과 일치한다는 것에 유의해야만 한다.

한가지 예를 들어보자. 미국에 있는 대부분의 모든 사람들이 가족의 삶이 깨어지는 것, 특히 아이들이 부모로부터 소외되는 것은 현실적으로 우리가 당면하는 문제에 뿌리가 된다는 것을 깨닫는다. 인간적인 요소들로 이것의 많은 부분은 설명할 수 있다.

욕심(한 쪽이나 양쪽 부모가 일하는데 너무 많은 시간을 쓰는 것으로) 불성실, 간음, 인종 차별 주의.(좌절된 희망의 분노로 고통받는 소수민족의 가족에게 오는)

---

3. Derek Prince, Blessing or Curse:You Can Choose 축복이냐 저주냐를 선택하라(Grand Rapids, Mich.:Chosen Books, 1990), pp. 45-58. 축복과 저주에 관한 것을 더 알기 원하면 이 책을 권한다.
4. Ibid., p.38.

우리는 자연적이고 인간적인 문제와 함께 저주의 힘이 우리 사회를 파괴하는 많은 문제를 누르고 있다는 것을 깨닫는 것이 필요하다. 신명기가 예언한 것처럼.

> 네 아들과 딸들을 다른 백성에게 주게 될 것이요, 네 눈이 바라보고 종일 그들을 갈망하여 쇠잔해져도, 네 손에는 기력이 없으리라(신 28:32); 그리고 네가 아들과 딸들을 낳을 것이나 너는 그들을 기뻐하지 못하리니, 이는 그들이 사로잡혀 갈것 임이라.(신 28:41)

물론 이 예언들의 문자적인 성취가 이스라엘 백성이 바벨론 포로로 잡혀 갈 때 이뤄졌다. 그러나 데릭 프린스는 부모들이 다음 것을 아는 것으로 보아 이 저주는 오늘날에도 작동하고 있다는 것을 믿는다.

> 반항적인 지하문화에 붙들린 그들의 아들과 딸들은 마약, 섹스, 사단적 음악 그리고 사술의 모든 형태에 전념한다…
> 우리는 그러한 모든 것들을, 반목하고 찢어진 가정, 깨어진 결혼 그리고 분해된 가족의 괴로운 일들의 원인이 되는 저주의 작업으로 보는 것이 필요하다. 이러한 결과에 대한 원인이 되는 영향력을 표현하는 가장 정확한 단어는 '소외' 이다.
> 소외는 남편과 부인 사이, 부모와 자식 사이, 형제 자매 사이 그리고 가족의 결합으로 하나되어야만 하는 서로 다른 사람들 사이에 온다. 그것의 목표는 '가족의 파괴' 이다.[5]

---

5. Ibid., p.52.

이 가족 생활의 불화와 분열은 우리의 교회들에게 닥쳐왔다. 편지마다, 목사들과 전도자들은 전례 없는 교회와 성직자들의 결혼 파괴를 보고하고 있다.

바로 어제 나와 선교사인 루터와 나의 친구 해리와 룻 풀리러브로부터 편지를 받았다. 룻은 다음과 같이 썼다.

> 최근 수 년간, 어디든지 우리가 여행할 때 우리는 갈라지고, 절단되고 그리고 거의 파괴된 이 교회 저 교회를 보았다. (어떤 교회는 문을 닫았다)

다양한 부분에서 사단적인 마녀들이 무엇을 하고 있는가를 직접 접한 나의 친구들은 이 마녀들은 성직자들의 결혼 생활과 교회를 목표로 하고 그들을 파괴하기 위해 두 가지 방법으로 저주를 행한다고 전했다.

1. 교회에서 분열을 만드는 것.
2. 음욕과 간음을 통해 결혼 생활을 분리하는 것.
   첨가하여 교회와 그들의 지도자 가족들에게 저주를 쏟는 것. 가끔 그들은 교회 내부에 분열과 비난을 일으키고 혹은 목사와 목사의 배우자를 유혹하기 위해 실제로 마녀회의 단원을 보낸다.

다시 말해, 인간의 약함은 많은 우리의 실패를 성명할 수 있다. 그러나 우리는 영적 전쟁의 실체와 방어를 위해 기도하는 것의 필요성을 아는 것이 필요하다. 그러면 저주의 결과로부터 자유하게 될 것이다. 이 이유로 우리 가족은 방어를 위해 날마다 기도한다. 특히, 이 기도를 더 많이 하라.

## 외부로부터 우리에게 오는 저주

새가 떠돌아다니고 제비가 날아다님 같이, 부당한 저주는 임하지 않는다.(잠 26:2)

킹 제임스의 잠언 번역은 까닭없는 저주는 내리지 않을 것이라고 되어있다. 다른 말로하면, 우리에게 내릴 저주에 대해 어떤 이유가 없다면 우리는 저주로부터 자유하다. 그래서 우리가 저주를 제거할 필요가 있을 때마다 저주의 원인을 아는 것이 그것을 뿌리채 뽑을 수 있는 가장 큰 도움이다.

우리 자신의 잘못이 아닌 외부로부터 우리에게 오는 저주의 원인은 일반적인 두 부류로 떨어진다.

1. 지난 세대로부터 우리에게 내려온 저주.
2. 현재의 어떤 원인으로 우리에게 오는 저주.

### 과거로부터 온 저주들

여기서 우리는 잘못된 일에 대해 무죄할 수 있음을 강조해야만 하지만 기도로 우리 자신이나 가족을 방어할 수 없었을 때 저주의 희생자가 된다. 내가 나눈 아프리카에 있었던 영국 성공회 선교사의 이야기는 외부로부터 온 저주의 좋은 예이다. 그 비극의 실체는 저주가 우리 쪽의 어떤 잘못 없이 우리에게 내려올 수 있다는 것이다. 복음이란 우리가 저주들의 존재를 인식했을 때, 하나님의 능력으로 그 저주들을 제거한다는 것이다.

내가 생각할 수 있는 것 중 가장 기억나는 예는 비교적 평범한 문제로 기도를 원했던 여인이다.

그녀는 인내하는 것이 어려웠고 쉽게 분을 냈다. (흔한 인간적인 결점이다) 그녀는 규칙적인 교회 참석자였다. 실제 그녀는 주일학교를 가르쳤다. 그러나 우리가 기도하기 시작했을 때, 그녀의 얼굴이 분노에 찬 으르렁거리는 얼굴로 바뀌었다. 설상가상으로 이 평범하고 온순한 여성이 바뀌어진 목소리로 말하기 시작했고, 우리를 모욕하기 시작했다. 다행히 우리 그룹에 분별의 은사를 가진 사람이 있어 그 모든 것은 수 백년 전, 영국에서 전승된 블랙 미사에서 그녀의 가족이 사단에게 바쳐졌을 때 시작된 것이라고 말했다. 그가 그것을 말하자마자, 영이 분개하며 대답했다.

"누가 너에게 그것을 말했더냐!"

첫 계명에서 하나님은 선포하셨다,

> 나 주 너의 하나님은 질투하는 하나님이니, 나를 미워하는 자들의 삼사 대까지, 그 조상들의 죄악을 그 자손들에게 미치게 하고, 나를 사랑하고 나의 계명들을 지키는 자들에게는 수천대까지 자비를 베푸느니라.(출 20:5-6)

우리의 조상 중 누군가 가족을 사단에게 바치는 것과 같은 것을 했다면 그 재난의 결과는 그 저주가 끊어질 때까지 즉 사대까지 계속된다.

이런 세대적인 저주에는 세 가지 주된 원인이 있다.

1. *가족이 사술에 관여하였을 때, 특히 가계에 마녀나 점쟁*

*이들이 있다면.*
우리가 두 명의 부모, 네 명의 조부, 여덟 명의 증조부, 열 여섯 명의 고조부 합하여 서른 명을 가진 것을 고려해 볼 때, 가까운 서른 명의 조상 중 아무도 어떤 형태의 우상 숭배나 사술에 관여하지 않았던 것을 보장 할 수는 없다.[6]

2. *가족 그 자체가 어떤 이에 의해 저주를 받았을 때.*
3. *가족이 죄로 가득한 어떤 활동에 관여했을 때.*

우상 숭배는 특히 출애굽기 20장에서 제일 계명으로 언급되었다.

이런 세대적인 저주는 두 가지 결과를 가져올 수 있다.

첫째, 하나님의 축복이 단순히 막힐 수 있다. 저주는 하나님의 축복이 가족에게 임하지 않게 크나큰 장벽을 만든다.

둘째, 다중의 재난이 가끔 가족을 목표로 하는 것 같다. (당신이 여러 세대를 거쳐 영향을 미치는 비극을 생각할 때, 미국의 몇 유명한 가족들이 아마 당신의 생각 속에 즉시 떠오를 것이다) 고대 그리스 사람들은 저주를 파괴하기 위해 가족에게 나타나 설득하는 개인적인 힘을 대표하는 여신 네메시스(인과응보의 여신)를 불렀다. 우리가 이런 현상을 설명하는 기괴한 것 같은 말을 사용할 때, 혹은 우리 가족 일원이 어떤 예언이나 죽음의 공포로 고통 당할 때, 그들은 직관적으로 정상이 아닌 힘이 그들 가족의 운명을 지배하는 것 같은 것을 인식한다.

6. Ibid., p.74.

### 현재의 어떤 이유로 인한 저주

이것은 우리를 괴롭히는 외부로부터 온 저주의 두 번째 부류이다. 이 장 앞에서 나는 그가 아프리카에서 선교사로 있는 동안 마법사에 의해 아팠던 영국에 있는 성공회신부를 언급했었다. 많은 부두(블랙 매직)는 사람들을 저주하고 주문을 퍼트리는 일을 주로하고 있다.

많은 크리스천 지도자들이 지역 마녀회의 목표물이 되어 기분 나쁘게 고통을 당한다. 때때로 무거움 혹은 우울증과 같은 보통 증세에 의해, 다른 때는 다양한 질병의 종류로 더욱 심각하게, 혹은 설상가상으로 극단적인 생각이나 그들에게 불화를 일으키는 분개함이나 성적 문란으로, 유혹하는 갈망으로 (로마 가톨릭 신부들의 소수 그룹에서 요즘 밝혀진 아동성적 집착증세의 최근 증가세가 신부들의 사역과 교회 자체의 사역을 파괴하기 위한 사단의 기도에서 기인하였다 해도 나는 놀라지 않을 것이다)

이러한 저주의 많은 희생자들이 유감스럽게도 그들 문제의 영적 근원을 알지 못하며, 영적인 실체는 오직 영적으로만 밝혀진다. 이런 저주들은 현존하는 인간적인 문제를 악화시킬 수 있어서, 숙련된 사람들이 순수하게 이성적 관점으로 문제의 인간적 차원을 연구하지만 영적이고 초자연적인 구성 요소를 알아낼 수는 없다. 그들은 저주를 제거할 수 있는 것이라고 생각하지 않을 것이다.[7]

쥬디스는 조상과 깊게 관련된 개인적인 체험이 있다. 쥬디스의 아버지는 체로키(인디언 종족 중 하나)들의 대부분이 오

---

7. 스캇 펙 박사의 개척자적 책인 People of the Lie에서 어떤 상담자에게는 인간의 방법으로 도울 수 없는 초자연적 악이 활동하고 있다고 제기한다.

클라호마로 끌려갔던 비극의 눈물의 발자취에서(Trail of Tears) 도망쳐 150년 전 산속으로 도망한 그 조상으로부터 내려온 거의 완전한 혈통의 체로키이다. 그녀는 그 후손인 것을 자랑스러워 했으나, 20년 전 우려되는 체험이 있었다.

그 당시 그녀는 예루살렘에서 선교사로 있었고, 의학적인 치료로는 낫지 않는 기이한 열병으로 침대에 누워 있었다. 어떤 자연의 방법으로는 쥬디스의 체로키 조상에 대해 알 수 없는, 그녀가 전혀 모르는 선교사 한 분이 그녀의 방으로 들어왔다. 그럼에도 불구하고, 그 선교사는 쥬디스에게 그녀가 체로키의 후손인지를 물었고 쥬디스가 그렇다고 확인시켰을 때 선교사는 하나님께서 쥬디스가 마법의 어떤 결과 때문에 그녀의 피를 깨끗하게 하여야 한다고 말씀하셨다고 했다. 쥬디스가 그녀에게 기도하도록 허락했을 때 그 여인은 강한 축귀의 기도를 드렸고. 즉시 쥬디스의 열이 사라졌다.

작년 여름, 나의 친구들 조오지와 리나 랄슨이 쥬디스가 내적 치유를 받을 수 있도록 기도하는 동안 하나님은 그녀의 유산의 부정적 측면을 그와 관계되는 강력한 축귀로 상쇄시키셨다. 랄슨 부부가 기도하는 동안 쥬디스는 그녀가 어린 시절 좋아하는 장소에 - 그녀의 고향 캔터키에 있는 붉은 조오지 강 위로 있는 천연의 다리 위에 - 서 있을 때, 예수님께서 그녀에게 오시는 환상을 보았다. 아래 있는 아름다운 숲 위로 그분의 팔을 펴시며 예수님은 이 모든 것이 너의 것이라고 말씀하셨다. 그녀가 그것이 무엇을 의미하는지 물었을 때, 그분은 이것이 너의 유산이라고 덧붙이셨다.

*전통적 종교의 구성 요소

쥬디스의 삶으로부터 온 이 두 사건은, 그들이 크리스천이 건 불교 신자이건, 힌두교이건 별 차이가 없다는 것을 믿는 크리스천들이 있는 오늘날에 시기 적절한 가르침이다. 즉 우리 모두는 산 위로 올라가는 각자의 길을 갖고 있으며, 모든 종교가 정상에서 만날 것이란 평준화된 사고방식이다. 많은 전통 종교들이 특히 그 종교들의 사제가 마법사라면 마귀적인 것과 함께 좋은 요소(예를 들면, 도덕적 가르침)를 혼합했다는 전통적 크리스천의 믿음이 재 강조되어야 할 때다.

전통 종교를 생각해 볼 때, 우리는 두 가지 극단적인 위치 중 하나를 택하는 것을 피해야만 한다.

첫째, 어떤 크리스천은 이방 (예를 들면, 인도, 중국 혹은 아프리카)문화로부터 온 낯선 것들을 비난하는 경향이 있다. 그들은 바울 시대에 우상에게 바쳤던 음식에 이해할 수 없을 정도로 두려움을 갖는 그런 크리스천 같은 사람들이다.(고전 8장)

바울은 그가 먹음으로 민감한 양심의 사람들을 거슬리게 하지 않는 한 그런 음식을 먹는 것을 두려워하지 않았다.(오늘날 그것이 슈퍼마켓에서 팔린다면 나는 우상에게 바쳐졌던 고기 먹는 것을 거부하는 안전한 길을 택했을 것을 자백한다)

또 다른 극단은, 우리는 단순히 그것이 영적이라는것 때문에 다른 종교에서 온 영적인 어떤 것을 받아들이고 자동적으로 그것을 가치있게 생각하는 사람들이 갖는 더 일반적 문제를 가지고 있다. 원시적 미신으로 마귀의 존재를 깨끗이 잊어버린 크리스천 지도자들은 그들 자신을 궁지로 모는 것도 모른체 유대 크리스천 전통에 없는 타종교들에 있는 마귀의 악영향의 위험을 무시한다. 그들은 성령과 악한 영의 차이를 분별하는 능력을 잃어버린것 같다.

그러나 그 문화에서 자라서 안으로부터 그것을 이해하는 진정한 크리스쳔에 의해 분별될 필요가 있는 마법과 귀신 들린 자들의 요소가 가장 오래된 종교들에 있다. 그들이야말로 선한것을 장려하고 악한것을 걸러낼 수 있는 최적의 사람들이다.

놀랄 만한 예를 나누고자 한다. 1977년 나는 인도에서 짧은 2년 동안에 마귀의 영향으로부터 400명이 넘는 사람들을 기도하여 자유하게 한 훌륭한 신부 루퍼스 프레라를 만났다. 루퍼스신부는 그들의 1/3정도가 그들 자신이 힌두신들로 인정하는 마귀로부터 구함을 받았다고 추산했다. 나는 루퍼스신부가 무모한 광신자가 아니라 로마에서 성서를 공부했고, 그에게 축사를 하도록 허용한 인도 주교로부터 인정받은 높은 교육을 받은 신학교 교수인 것을 언급해야만 하겠다.

루퍼스 신부는 인도에서 종교의 귀족적인 면을 알고 있었으나 힌두 문화의 어둡고 마귀적인 면도 보고자 하였다. 그는 친절하게 나와의 인터뷰에 응했으며, 다음과 같이 말했다.

> 나는 나의 조국을 아주 사랑하고 인도 종교에 대해 커다란 존경을 가지고 있습니다. 그러나 종교적인 노력의 가장 높은 형태부터 인간성의 가장 낮은 격하까지 모든 것을 울리는 그런 넓은 분포 범위를 그 자체 안에 갖고 있는 종교는 없습니다.
> 모든 이름의 종교에서. 나는 힌두 신화에 있는 많은 신들과 여신들이 마귀 이상 다른 것이 아니라는 것을 믿게 되었습니다.

한 집회에서 내가 설교하고 있는 동안 다섯 가지의 사로잡힘의 경우가 표출되었다. 나의 설교 후에, 루퍼스는 나에게 그들이 강의실로 데리고 온 가톨릭 신자인 젊은 여성을 와서 관찰해 주기를 청했다. 그 여자는 당신이 힌두 동상에서 볼 수 있는 춤 동작을 하고 있는것 같이 테이블 위에 길게 뻗치고 있었다. 당신이 그녀를 잡으려 한다면 그녀는 즉시 그녀의 몸을 예술적인 동작으로 뒤로 비틀었을 것이다.

후에 루퍼스는 이 모든 것이 의미하는 것을 내게 말했다.

힌두의 춤추는 신의 포즈를 갖고 있는 이 소녀가 무엇처럼 보이는지 기억할 것입니다.(이 춤추는 소녀는 시바 신의 모습이다) 정말 놀라운 것은 이 소녀가 서구 문화의 가정에서 자랐기 때문에 인도 춤에 대하여 전혀 모른다는 것입니다. 그러나 여기 이 소녀는 손가락, 손목, 손 그리고 발에 아주 정확한 춤 동작을 한다는 것입니다.

바로 그 신과 조금도 다르지 않은 동작. 그녀의 눈, 그녀의 입이 그 힌두 신의 모양으로 변하는 것을 보는것은 놀라운 일이었습니다. 나는 후에 힌두 마법사에(그가 그녀를 다룰 때 아마 음욕적인 동기를 가지고 있었을) 의해 퍼부어진 주문 때문에 그것이 그녀에게 들어갔다는 것을 발견했습니다. 아마도 그 마법사는 그녀를 사로잡기 위해 그가 좋아하는 춤추는 신을 불렀고 그리고 그는 그녀를 힘으로 제압할 수 있었을 겁니다.[8]

크리스천들은 예수님은 근본적으로, 그것이 아시아 것이나, 아프리카 것이나, 아이리쉬 것이나 원래의 아메리카 것이나

---

8. Rufus Pereira와의 인터뷰는 부록 2에 나온다.

전통 종교로 나타나는 악의 매우 실제적이고, 개인적인 세계로부터 우리를 구하실 힘을 가지신 하나님의 아들, 우리의 구원자시라는 것을 다시 재발견할 필요가 있다. 예수님은 부처나 공자와 같은 수준에 있는 훌륭한 선생이고 예언자가 아니다. 그분은 우리를 타락시키려는 악으로부터 우리 모두를 자유하게 할 준비를 하고 계시고 그의 날개에 치유를 가지신 구세주이시다.

*미신

대중적인 미신들이 있다. 예를 들면 내가 바로 지난 주에 읽은 것에 의하면, 13일의 금요일은 불운하고 저주 받은 날이라는 미신은 어떤 타당성이 있는것 같다.

이것은 과학적인 조사에 의한 것이다.
13일의 금요일은 불운하다. 13일의 금요일에 길에서 일어나는 사고 때문에 병원에 가야하는 위험도가 52%나 증가할 수 있다고 연구가들은 어제 나온 영국 의학 잡지의 최근 호에 발표했다.
런던에서 35마일 남쪽으로 떨어진 헤이워드히드 마을을 기초로 미드던스 보건국에서 온 네 명의 연구자들이 13일의 금요일에는 집에 머물기를 제안한다고 말했다.
팀은 런던 주위를 도는 M25 차도의 남쪽 부분을 지나는 차의 숫자, 병원에 들어오는 사람의 숫자 그리고 영국의 가장 큰 수퍼마케트 체인인 J.세인스베리 소유의 영국 남동쪽에 있는 9개의 상점의 손님들의 숫자를 연구했다.
그들이 다섯 번의 13일의 금요일에 대한 숫자를(1990년 7월,

1991년 9월 12월, 1992년 3월과 11월) 그 달들의 보통 금요일과 비교했다.

13일의 금요일에 M25의 남쪽 구역의 자동차는 1.4%가 적었다.

차륜 사고로 병원에 들어온 것은 13일의 금요일에 현저하게 증가했으며, 우리의 자료로 보아 13일의 금요일의 차륜 사고의 위험이 52% 증가한 것으로 짐작된다.[9]

이 연구에서 과학자들은 교통 차량은 줄었음에도 미신적인 두려움이 집중력의 결여를 가져왔기 때문에 사고는 52%나 증가했다고 설명했다.

다른 면에서 우리는 13일의 금요일이 사단적인 마녀회가, 그들의 저주와 주문을 이땅에 보내기 위해 만나는 그들의 '바쳐진 날'이라는 것을 안다. 병원 종사자, 경찰, 정신병동 간호사들은 범죄, 사고 그리고 일반적인 미친 행동이 13일의 금요일 쯤이나 보름달에 가까운 금요일동안 증가한다는 흔한 경험을 나눌 것이다.

그것은 단순히 미신이 아니다. 사고의 증가는 마녀회의 집회와 땅을 마귀화하기 위해 악한 영을 보내는 것의 결과일 수 있다.

하지만 우리는 두려워할 필요가 없다. 복음은 예수 그리스도께서 악의 본체를 정복하셨고 우리를 보호하실 것이라는 것이다.

---

9. Florida Times-Union, Dec. 18, 1993, p.A. 9, Time Union은 프로리다 잭슨빌에 있는 신문이고, 이 기사는 연합통신 보고이다.

*무엇을 해야 하나.*

나는 마귀 영역의 힘을 과대 강조하고 싶지 않다. 그러나 우리가 한 밤중에 뉴욕의 센튜럴 파크를 걸어 다닌다고 생각한다면 우리는 조심할 필요가 있다.

방어에 대한 우리 기도의 부분으로 우리는 *우리를 악으로부터 구하소서*라는 주님의 기도에 강조구를 만들 수 있다. 대부분의 성서 학자들은 더 정확한 번역은 우리를 악한 것으로부터 구하시고(이름하여 사단) 라고 말한다. 이것은 우리 자신의 날마다의 기도의 일부분이 되어야만 한다. 결과적으로 매일 아침 나는 간단한 기도문으로 기도한다.

주 예수님, 우리 가족을(내가 이름으로 언급하는) 병, 해함, 사고로부터 보호해 주시기를 바랍니다. 우리들 중 누군가가 어떤 저주나, 마술 혹은 주문의 대상이 되었다면 나는 이 저주, 마술, 주문들이 예수 그리스도의 이름으로 가치 없고 빈 것이 되도록 명한다.[10] 어떤 악한 영들이 우리를 향해 보내졌다면 나는 너희들을 예수 그리스도의 이름으로 퇴치시키고 너희를 예수님의 의지대로 다루시도록 그분께 보낸다.

주여 이제 당신의 천사들에게 우리 모두를 보호하고 방어하도록 보내 주시기 바랍니다.[11]

---

10. 저주한다는 의미는 누군가를 해치려고 신적, 초자연적 능력을 부르는 것이다. 마법을 건다는 것은 악한 주문이나 주술을 사용하여 영향을 주는 것이다. 주문을 거는 것은 주문을 반복하여 누군가를 주문 아래 두는 것처럼 누군가를 영향을 주든가, 유혹하든가, 주술아래 있게 하는 능력을 행사한다. 예를 들면 어떤 남자가 어떤 여자로 하여금 사랑에 빠지게 할 수 있다. 그 반대도 마찬가지이고…
11. 슬픈 체험을 통하여 우리의 애완 동물을 위해서도 기도해야 한다는 것을 배웠다. 이 책을 쓰는 동안에도, 아주 건강하고 힘센 내 딸의 말이 갑자기 원인 모를 이상한 복통으로 고생하다가 가능한 모든 수의사의 노력에도 불구하고 16시간만에 죽었다. 이것이 우리를 상대로 사단 숭배자들이 건 저주의 결과라고 누가 말하겠는가? 우리가 확신할 수 없다. (보름 때에 그 일이 있었지만) 내가 우리가 매일하는 보호기도에 애완 동물을 포함하지 않았던 것도 사실이다.

꼭 기도를 이렇게 하라고 암시하는 것은 아니다. 나는 단지 당신이 지역 마녀들이나 혹은 당신을 향해 저주하거나 기도하는 사람들의 목표물이라는 것을 믿고 있다면, 당신이 만들 수 있는 기도 종류의 예로 이것을 제안한 것이다. 또한 나는 선교단을 맡고 있기 때문에 우리의 스텝들과, 그들의 가까운 가족 그리고 우리와 관계된 모든 사람들을 위해 같은 방법으로 기도한다.

하루의 시작에 이 기도를 말하고 우리는 방어를 위한 그 자체의 어떤 특별한 필요가 없다면 가능한 위험에 대해 계속 초점을 맞추지 않는다.

## 우리 자신의 잘못으로 우리에게 오는 저주들

이제 사람들이 가끔 무의식적으로 자신 위에 불러 내리는 그런 저주들을 다루겠다. 사람이 대체로 저주 아래 있으려고 하지 않아도 죄책감이 관여될 때가 있다.

데릭 프린스는 우리 위에 저주를 불러 내린다고 믿는 죄의 기본적인 네 부류를 만들었다.

1. 가짜 신에 대한 경배.
2. 부모에 대한 불경.
3. 사람들, 특히 약한 사람들을 강압하는 것. (데릭은 그의 경험으로 보아 낙태는 주로 그것의 결과로 저주를 가져 온다고 주장한다)
4. 불륜한 또는 비정상적인 성 관계.[12]

12. Prince, p.76.

가짜 신들에 대한 경배인 죄의 첫번째 부류에 의하면 우리는 우리의 문화에서 심령술에 관여한 것이 가장 흔한 예인 것을 발견했다. 데릭 프린스는 심령술에 관여한 것이 직접 관여한 사람 뿐 아니라 후손들을 예외 없이 저주한다고 믿는다.[13]

나는 16장 사술의 영들에서 심령술과 사술로부터 자유로워지는 것을 말할 것이다. 그러나 지금 우리가 다음의 것들을 하고 있기 때문에 사술에 관여하는 것이 가짜 신에게 경배하는 것과 어떤 관계가 있는지를 간단히 쓸 것이다.

1. 미래를 꿰뚫어 보려 하던가 혹은 사랑했던 죽은 자들의 운명을 알고자 하는 것과 같이, 오직 하나님으로부터 지식을 찾고자 할 때 그것을 점이라 불린다.
2. 다른 사람들이나 혹은 우리 자신의 삶의 환경을 지배하기를 소원하는 것.

초자연적인 방법을 통해 힘을 찾는 것은 마법이라 불린다.

종종 사람들은 그들이 점성가를 찾아 가거나 혹은 주문을 퍼뜨림으로 누군가를 조종하기 위해 블랙 매직을 찾을 때, 그들이 무엇을 얻는지 이해 못한다. 가짜 신에 대한 경배에 참여함 없이 사람들은 하나님으로부터 합법적으로 오는 지식(예를 들면, 미래에 대한 지식)이나 능력(사랑하는 사람을 조종하거나 좌우하는 것)을 찾고 있다. 다른 근원으로 돌아선 사람은 (손금 보는 사람) 감추어진 지식을 위해 은연 중에 마귀의 영역으로 돌아선다.

13. Ibid., p.217.

널리 알려진 던전과 드래곤 게임은(역주; 중 고교생 대상의 모의게임의 일종; 현재는 비디오 게임으로도 되어 있음) 경쟁자들이 다른 경쟁자들에게 주문을 외우므로 이기는 것을 가르치는 게임으로 사실상 위험하다. 던전과 드래곤의 마술의 세계에 빠지게 된 어떤 젊은 사람들은 결국엔 자살을 하게 된다.

다시 말하지만, 이러한 영적 세계의 실체를 믿지 않는 사람들에게 이런 연관을 어떻게 증명하겠는가?

데릭 프린스는 율법주의를 가짜신에 대한 경배와 동일시 하는데 이것은 우리를 깊이 생각하게 만드는 지적이다. 율법주의는 오직 하나님의 능력으로만 이룩되어지는 것을, 인간의 능력에 의존하여 성취하도록 부추키기 때문이다.

> 사람을 신뢰하는 사람과 육신을 그의 무기로 삼는 사람과 그의 마음이 주로부터 떠난 사람은 저주를 받으리라. 그는 사막의 히스 나무같이 되어 좋은 일이 오는 때를 보지 못하고 광야와 소금 땅과 사람이 살지않는 바싹 마른 곳들에 거하리라.(렘 17:5-6)

프린스는 율법주의가 솔직하고 종교적인 사람들에게 호감을 주고, 크리스천을 타락시키기 위해 사단이 즐기는 도구이기 때문에 사실상 위험하다고 본다.[14] 더욱이 그는 이 율법주의 때문에 대부분의 교회들이 저주 같은 어떤 것 아래 있고 결실이 없는 영적 황무지로 끝난다는 것을 믿는다.

---

14. Ibid., pp.93-94.

신학은 계시 위에 설 것이다
심리학은 분별력 위에
프로그램은 성령의 지도력 위에
이론은 믿음의 걸음 위에
규범은 사랑 위에.[15]

데릭은 교회를 공격하는 것이 아니라, 1970년에 지도자들이 최초로 성령에 의지했던 단체가 설립되는 것을 도왔던 그의 경험으로 솔직히 말하는 것이다.

곧 바로 일어난 일에 대한 통찰력 없이 갈라디아서 3장 '증세'의 다양한 양상이 저절로 나타나기 시작했다. 우리의 결정과 행동은 더 이상 성령에 의해 시작되지 않았고 고안되어진 법과 개념의 정교한 체제에 바탕을 두었다. 우리는 성령을 인정하는 것은 계속했지만, 그러나 식당에 있는 손님이 웨이터를 승인하는 것과 같은 것이었다. 우리가 어떤 것이 필요한 것을 느낀다면 우리는 급히 성령을 불러낼 것이다. 그러나 대부분의 경우 우리는 우리가 고안한 방법과 계획에 의존한다.[16]

그 시간 동안 그들의 단체는, 소위 양치는 제자 신분 논쟁의 중심이 되었고, 그들은 몇몇 크리스천 지도자들에 의해 심한 비난의 목표물이 되었다.

우리는 오래지 않아 우리 스스로 가져온 저주의 성과와 직면했

---

15. Ibid., p.90.
16. Ibid., p.94.

다. 그것의 표현은 기독교 역사를 통한 다른 비슷한 발전의 특징을 나타냈다. 개인적 관계는 깨어졌다. 회중은 갈라지고 흩어졌다. 전망있던 선교 단체들이 축소되거나 혹은 하나님의 목적으로부터 방향을 바꾸었다. 한 때 열성적이던 크리스천들은 좌절과 환멸로 파멸되었다. 많은 사람이 그들의 믿음을 버렸다.[17]

이런 슬픈 전개가 저주의 결과였고, 우리의 약함과 죄의 결과로 가끔 일어나는 퇴보의 종류는 아니라고 말하는 것은 내게는 힘든 것이다. 그러나 나는 데릭 피린스의 견해를 충분히 존중하여 여러분과 그것을 나누기를 원한다. 우리의 교회 안의 메마름은 우리의 인간적인 약함 때문인가 혹은 다른 것이 더 있는 것인가? 우리 교회들의 회복은 우리가 율법주의의 저주에서 교회들을 자유롭게 하기 위해 기도하는 것을 필요로 하는가?

### 하여야 할 것
앞에서 나는 그것들의 결과로 저주를 가져오는 죄들의 목록을 썼다.

1. 가짜 신들에 대한 경배.
2. 부모들에 대한 불경.
3. 사람들, 특히 약한 자들을 탄압하는 것.
4. 불법적이고 비정상적인 성행위.[18]

17. Ibid., p.76.
18. Prince, p.76.

우리 자신에게 주는 저주를 없애기 위해 내가 이미 말한 저주를 끊는것 외에 다른 두 가지를 첨가할 필요가 있다.

첫째, 우리가 한 것을 회개하는 것이 필요하다. (이성적으로 우리는 다른 사람들의 면전에서 하나님께 그것을 고백해야만 한다)

덧붙여서 우리는 우리가 저지른 것을 선언하고 단념해야 한다. 이것은 회개하고는 다르다. 회개는 우리의 죄를 인정하고 하나님께 우리의 용서를 구하며 그분께로 돌아서는 것이고, 반면에 공식적으로 선포하고 단념한다는 것은 우리의 잘못된 행동으로부터 돌아서 악을 대항하여 선다는 것을 수반한다. 이 두 가지를 다 했을때 우리는 저주로부터 끊어져 자유하게 될 수 있다.

우리는 우리의 죄를 회개하고 전에 관여했던 것에 대항하여 설 수 있는 유일한 사람이기 때문에, 물론 우리 자신이 저주를 끊고 자유로워지는 것을 할 수 있다. 그러나 누군가 하나님의 용서를 선포하고 우리를 저주로부터 끊어 자유하게 해주는 것이 도움이 된다.[19]

다음, 당신이 사술의 활동에 관여함과 관계된 어떤 물건을 가지고 있다면, 그것들을 없애라.

예를 들면 당신이 위지판(Ouija board-사술의 도구)을 가지고 있다면 없애라. 하나님께서 복을 주시기 위해 어떤 특정한 물건을(신성한 기름이나 오일) 사용할 수 있는 것처럼, 특히 그 물건이 마법사의 방법으로 축복을 받은 것이라면 사단은 사람들에게 악을 주기 위해 물건을(반지나 부적 같은 것)

---

19. 천주교의 전통적 교회에서는 이것이 고해성사에 의해 이루어 진다.

사용할 수 있다.

마법은 사람들을 지배하기 위한 저주 받은 물건을 사용한다. 나는 기도 모임에서 난폭해지는 나이지리아 남자를 위해 축귀 기도했던 것을 기억한다. 우리가 그를 위해 기도하기 시작했을 때, 그의 한 쪽 손이 제어 할 수 없을 정도로 심하게 흔들리기 시작했다. 우리가 더 가까이 가서 보니 그는 이상한 반지를 끼고 있었다. 그는 '주주' 마법사가 그에게 반지를 주었다고 말했다. 우리는 그에게 반지를 빼라고 말했고, 그가 반지를 뺐을 때 흔드는 것이 멈추어졌다.

저주를 가진 불쾌한 물건들로 우리를 우울하게 할 필요 없다. 다시 말하지만, 쓰레기를 버리는 것과 같다. 기분 나쁜일이지만 누군가가 그것을 해야만 한다. 복음은 예수님께서 나무에 매달리어 모든 저주로부터, 특히 율법의 저주로부터 우리를 자유하게 하시려 예루살렘 성 밖에서 죽으시므로 우리를 위해 저주가 되신 것이다. 예수님께서는 우리의 삶을 잡고 있는 모든 저주를 사랑과 축복으로 바꾸실 수 있다.

> 그리스도께서 우리를 위하여 저주가 되셔서 율법의 저주로부터 우리를 구속하셨으니, 기록되기를 나무에 매달린 자는 누구나 저주 받은자라고 하였도다. 이는 아브라함의 복이 예수 그리스도로 말미암아 이방인들에게 미치게 함이며 또 우리로 하여금 믿음으로 말미암아 성령의 약속을 받게 하려는 것이라.(갈 3:13-14)

다음 장에서 우리는 인간의 (마귀의 것보다) 다양한 저주를 살펴 볼 것이다.

# 8

## 저주같은 판단과 묶는 끈들

**나**는 이제 이것을 읽는 사람들이 자유하게 되어 하나님이 창조하신 예술품이 되는 것을 나눌 것이다.

> 우리는 그분의 작품이니 그리스도 예수 안에서 선한 일들을 위해 창조되었느니라. 이 일들은 하나님께서 미리 정하시어 우리로 그것들 가운데서 행하게 하려 하신 것이라.(엡 2:10)

우리가 이번 장에서 논의할 판단에 대해, 나는 우리가 언제나 마귀 들린 사람을 다루고 있는 것인지 확실치 않다. 나는 대부분의 경우 우리가 자연적인 감정적 힘과 잘못된 정신적 강한 느낌을 다루고 있다는 것을 믿는 것으로 기울어졌다. 그것들은 마귀의 수준이라기보다는 인간적인 면에서의 저주 같은 것들이다.(이미 이런 감정적 결박들은 그들의 치명적인 지배를 영원한 것으로 만들기 위해 애쓰는 마귀의 세력에 의해 잡힐 수 있다)

### 인간의 수준에 있는 저주들

우리는 우리 모두를 향한 다른 사람의 비판이나 느낌의(긍정적이거나 부정적이거나) 효과를 체험했다. 그들의 사랑, 미움 혹은 단순히 그들의 무관심 등.

내가 열성적인 청중들을 대할 때마다, 그들은 나를 높여 주고, 기쁨과 내가 아는 것들을 그들과 나누고 싶은 열정적인 소망으로 나를 채워 준다. 그들의 반응은 내가 그들에게 말하고 싶게 만들고, 내가 보통보다 더 잘 말하게 한다.

반면에 적대적인 그룹을 대하면, 내 안에 있는 것은 시들고, 그것은 내가 사라져버리고 싶게 만든다. 혹은 그들과 맞서 싸우게 만든다. 물론 내가 느끼는 것과는 상관없이 나아가 말하지만 그러나 투쟁으로 많은 힘이 소모됨으로 나의 말이 생동력과 효과를 잃는다.

당신 역시 이와 비슷한 것을 경험했을 것이다. 그것을 피할 방법은 없다. 우리는 다른 사람들이 우리에 대해 생각하고 느끼는 것에 깊게 영향을 받는다. 그렇지 않다면 우리는 인간이 아니다. 이러한 판단은 다른 사람들, 특히 친척들, 친구들 그리고 우리와 가깝게 일하는 사람들이 우리를 향해 직접적으로 주는 축복이나 저주 같은 것이다.

예수님 역시 그분이 도우시려고 했던 사람들에 의해 영향을 받으셨다. 그분이 고치신 열명의 문둥병자 중 한 사람만 예수님께 감사하기 위해 돌아왔을 때, 나머지 아홉 명에게 무슨 일이 있는가 의아해 하셨다.(눅 17:17-18) 그리고 예수님은 사람들이 예수님의 심판의 때를 인식하지 못했기 때문에 예루살렘을 위해 우셨다.(마 23:37-39)

바리새인들이 종려나무 가지를 흔들며 왕으로 오신 이에게 축복을(눅 19:38) 하며 소리치는 관중들을 비난했을 때, 예

수님의 절망은 커졌고, 예수님은 그들이 조용히 한다면, 돌들이 소리칠 것이라며 애통해 하셨다.(40절)

예수님께서는 그분을 향한 잘못된 판단에 대해 때때로 슬픔으로, 또는 분노로 답하셨다.

## 저주의 역할을 하는 판단

다른 사람들이 우리에 대해 갖는 판단은 그 판단들이 인간적 수준에 있음에도 우리의 삶에 저주와 같은 효과를 갖는다.

### 부모와 권위 있는 사람들의 판단

우리가 어렸을 때, 우리의 부모는 하나님의 권위 같은 것을 갖고 있고 우리는 그 판단이 사실인 것처럼 부모의 판단을 받아 들인다.(심리학자들은 이러한 판단을 부모의 훈령이라고 부른다) 아이들이 잘못된 부모의 판단에 반항할 때 조차도 아이들의 깊은 곳에 있는 무엇인가는 이것을 믿는다.

이러한 부정적인 판단은 - 실제로는 저주 - 칼 같은 것으로 아이들을 조각 내는 것과 같고 예수님이 그를 자유케 하고 그 거짓을 그가 실제로 누구인가 하는 진실된 평가로 바꾸실 때까지 평생동안 남는다. 이러한 왜곡은 어린 아이들의 자존심을 파괴할 수 있다. (수치심, 기본적으로 무가치하다는 느낌이 지금 모든 중독의 뿌리로서 나타나는 것은 의미 있는 것이다) 이러한 '혼의 구멍'은 아이들이 그들의 부모로부터 거부당했다는 믿음으로부터 온 결과이다.

제리 리치의 복장도착증(남자가 여자 흉내를 내는)에 관한 병력을 예를 들어 보자.[1]

제리의 어머니는 가끔 그에게 그가 소녀로 태어났다면 미래에 자신의 미용실을 운영할 수 있었을 것이라는 소망을 말했다. 제리가 네 살 때 드레스를 입으려 하기 시작했을 때, 그의 아버지조차 그를 격려했다. 여자 같은 것이 더 좋아 보인다고 그를 칭찬하기도 하며 어떤 때는 제리가 동성연애자인 것을 꾸짖음으로 제리를 혼돈시켰다.(그는 동성연애자가 아니었다. 그는 단지 여자처럼 옷 입기를 원했다)

후에 제리는 결혼했으나, 그의 성에 대한 정체성에 혼돈이 왔다. 그 자신의 깊은 곳에서 자신이 여자이기를 갈망했다. 어머니의 딸이면 더 나았겠다는 말이 저주처럼 작용했다. 그는 소녀가 됨으로 어머니를 기쁘게 하려 했다.[2]

복음은 물론 예수님이 이러한 결박으로부터 우리를 자유하게 하실 수 있다는 것이다. 여기 예수님이 제리를 어떻게 자유하게 하셨는가를 썼다.

찰린(나의 부인)과 나는 리타 베네트와 얼마간을 보냈다. 리타가 나를 위해 기도했을 때, 나는 그리스도의 특별한 방문을 받았다. 기도 중에 예수님이 내가 세 살 때, 우리 집의 현관 앞에 있는 나를 향해 오셨을 때 나는 성년 남자로(남성다움) 불리웠다.

나는 다음것을 보았다. 내가 거기 서 있을 때 예수님이 내게 오셨다. 나는 나의 이웃의 여자 친구인 캐롤과 놀고 있었다. 그녀

---

1. 리다 베넷트의 뉴스레터, In Touch and Emotionally Free, Fall 1993;Christian Renewal Association, P.O. Box 576, Edmonds, WA 98020 - 0576.
2. 이런 이야기의 비극은 부모들이 주로 그들의 무심한 말이 아이들에게 얼마나 심각한 영향을 끼치는지 모른다는 것이다. 제리의 어머니, 아버지도 그가 양성을 띤 사람이 되었다는 것을 모를 것이다.

는 그녀의 아기 인형을 내게 건넸다.

나는 나의 인생의 나머지에 대한 선택에 영향을 미칠 결정을 내렸다. 그러나 예수님이 그 상황에 나의 곁에 서 계셨기 때문에 그 사건은 약 47년 전 있었던 것과는 다른 전개를 보였다. 나는 예수님의 얼굴을 올려다 보았다. 그 분에게는 조용함과 강인함이 넘쳤다! 그분은 웃으시며 "제리야, 내가 너를 위해 여기 무엇인가 가지고 있다. 이것을 가지고 노는 것이 훨씬 좋을 것이야. 트럭 운전사가 되어도 좋지 … 남자로. 괜찮아, 그것이 내가 네가 되기를 원하는 것이기 때문이니까…"라고 말씀하셨다.

그 때 예수님은 내게 커다란 나무로 된 (틀림없이 손으로 만든 것이었다) 픽업 트럭을 들려 주셨다. 내가 보기에 그것은 아주 잘 만들어진 것이었다. 나는 그것을 그의 커다란 손으로부터 받아 가지고 마루위에 올려 놓고 갖고 놀았다. 나는 그것을 앞 뒤로 굴렸다. 그것은 매우 묵직했다. 예수님은 자동차 소리를 내기 시작했고, 놀랍게도 나와 즐거움을 나누기 위해 내 옆에 앉으셨다. 그는 분명히 나와 함께 재미있어 하셨다. 예수님은 나를 향해 트럭을 앞 뒤로 굴리시며 내게 자동차 소리를 내게 하셨다. 그 때 예수님은 옆으로 누우셔서 나와 눈 높이를 점점 더 맞추셨다. 그의 미소와 웃음은 표현할 수가 없다.

그때 예수님이 일어나셔서 내 손을 잡으셨다. 우리는 어디론가 갔다. 캐롤은 아직도 그녀의 인형과 놀고 있었다. 예수님과 내가 현관을 밟기 전에, 예수님이 돌아보시며 나의 허리를 잡으시어 갑자기 나를 그의 머리 위로 들어올리셨고, 그렇게 너무 오랫 동안 있어서 나를 놀라게 하셨다. 나는 나의 몸 안과 밖에서 그것을 볼 수 있었다. 순간 나는 스냅 장면으로 나타나는 것을 보았다. 그리고 그때 나는 내가 본 적이 없는 가장 친절한 분을 내려다 보았다. 그분의 눈은 나에 대한 기쁨으로 가득 차 있었다. 그분의 팔은 아주 강했다. 나는 어떻게 이렇게 오랫동안 그의 머리 위로 나를 들고 있을 수 있을까? 라고 생각했다. 그의 손이 나의 허리를 완전히 둘러 싸고 있는것 같았다. 그것은 상상할 수 없는 힘이었다! 그 힘이 그의 뻗은 팔로부터 그의 손가락 끝으로 그리고 나의 휘어진 몸으로 들어왔다.

그때 예수님은 나의 발로 단단히 서도록 나를 내려 놓았고 말씀하셨다. "이리 와라, 걷자."

나는 허리를 굽혀 나의 픽업 트럭을 주워 들고 그분의 손을 잡았다. 나는 뒤돌아 아직도 그녀의 여성적인 상상속에서 인형을 가지고 놀고 있는 캐롤을 보았다. 그녀는 잘 가라고 손을 흔들었다.

우리 앞에는 긴 오솔길이 있었다. 길 양 옆에 커다란 나무들이 있었고 어떤 터널 같은 느낌을 주었다. 나는 내가 전혀 알지 못했던 내적 자신감을 갖고 걷고 있었다. 나무를 쳐다보았을 때 나의 왼손이 예수님의 단단히 잡아 주시는 것에 안전하게 묶여 있는 반면 나의 오른 쪽에는 트럭이 단단히 끼워져 있는 것을 느낄 수 있었다. 해는 빛났고 나는 행복했다. 아주 행복했다!

우리는 늦은 토요일 저녁 집회에서 돌아왔다…
주일 오후 나는 가까이 있는 주유소로 차에 기름을 넣기 위해 갔었다. 거기 있는 동안 성령께서 다음 블럭에 있는 골동품 상가로 가라고 명하시며, "그 곳에 내가 네게 보여 줄 것이 있다. 너를 위한 선물이다." 라고 말씀하셨다. 나는 가서 내가 내적 치유를 받는 동안 보았던 것과 똑같은 오래된 빨간 나무 트럭을 카운터에서 발견했다. 나는 그것을 10불에 샀고,(돈을 꾸어서 라도 그것을 샀을 것이다) 하나님의 선하심의 상징으로 우리 집의 중요한 자리에 그것을 갖다 놓았다.

나는 가끔 권위를 가진 사람들에 의해 선의로 말하여진 위와 같은 부정적이고 잘못된 판단으로 심하게 상처입은 많은 사람들을 상담했었다. 단 한마디가, 가끔 농담이기도 한것이 어린 아이들에게는 흡수될 수 있다는 것이다. 어른들 역시 그들이 예민하다면, 거친 비난을 받아들여 그 비난을 곪는 상처로 만들 수 있다는 것이다.

각자 개인의 이야기는 다르다. 우리는 듣고 어떻게 기도하는 것이 최선인가를 결정하는데 민감할 필요가 있다. 때때로 사람들은 그들의 인생에서 실마리가 되는 사건을 잊어버리거나 중요치 않은 것으로 잊어 버린다.

쥬디스가 좋은 예이다. 그녀는 항상 그녀의 외양에 대해 특히 그녀의 신체에 관해 작은 문제를 가지고 있다. 그녀가 사랑스럽고 멋진 외모의 여성임에도 불구하고, 그녀의 외모에 대한 칭찬을 잘못 받아들이곤 했다. 어떤 때는 외모로 부끄러워까지 했다.

쥬디스가 30세 때 뉴욕의 스테이튼 아일랜드에 있었던 집회에 참석했다. 그 곳에서 모든 사람들은 그들에게 상처를 준, 적어도 한 사람을 용서하도록 요구 받았다. 집회 지도자는 그들에게 특별히 누구를 용서해야 할 필요가 있는가를 하나님께 물으라고 청했다.

쥬디스가 그렇게 했을 때 국민 학교 시절에 있었던 언뜻 보기에 중요하지 않은 사건이 그녀의 마음에서 터져 나왔다. 그녀는 그것을 간단히 잊으려고 했을 때 그것이 중요하지 않은 것 같을지라도 그것에 대해 기도하라는 감동이 확실히 왔다.

쥬디스의 중요치 않은 사건은 20년전 선생님으로부터 심한 부끄러움을 당한 후에 일어난 것이다. 쉬는 시간에 그녀는 울기 위해 휴대품 보관방으로 가서 엄마의 외투로 편안하게 자기를 덮었다. 그리고 그녀는 용기를 내기로 결정하고 운동장으로 나와 다른 아이들을 대했다.

그녀가 문을 들어섰을 때, 쥬디스는 소년들이 복도에서 쥬디스의 반에서, 쥬디스가 좋아하는 가장 인기있는 소년을 놀리고 있는 소리를 들었다. 그들은 그 아이를 놀리며 쥬디스를 좋아하는 것을 비난했다. 결국 그들의 놀림에 넘어가 그 소년이 폭발하여 소리질렀다.

"아무도 쥬디스를 좋아하지 않아. 쥬디스는 너무 뚱뚱하고 흉해."

충격적인 말을 듣자, 쥬디스는 휴대품 보관 방으로 돌아가 버렸다. 그때 쥬디스는 통통했었다. 그녀가 커지면서 살도 빠지고 아주 멋지게 되었음에도 그녀는 외모에 대해 막연한 부끄러움을 느꼈다.

20년이 지난 지금.이 부끄러움이 다시 떠올랐다. 그래서 쥬디스는 그 집회에서 친구에게, 그녀에게 흉하다는 판단을 던진 그 소년을 용서하도록 함께 기도해 줄 것을 청했다. 쥬디스는 수년 전에 그를 용서한 것으로 생각했으나 그때 그녀가 나는 당신을 용서한다는 말을 하고자 했을 때 말이 목에 걸렸다. 그러나 마침내 쥬디스는 용서할 수 있었다. 쥬디스는 울었고 그녀의 깊은 곳에 있는 어떤 것이 사라졌다.

15년전 그 기도 시간 이후로 그녀의 외모에 대한 칭찬을 있는 그대로 받아들일 수 있게 되었다. 다른 놀랄 만한 부수적 효과는 음식을 조금도 바꾸지 않았는데 그 주말 5파운드가 빠졌다는 것이다. 그리고 다시는 몸무게가 늘지 않았다.[3]

사람들은 온갖 종류의 판단의 소리를 들을 수 있다.
너는 나쁜 소년이야! 너는 보기 흉해. 네가 소년이라는 것이 (혹은 소녀라는 것이) 아주 나쁘다. 너는 아무것도 이룰 수 없을 것이다. 너는 왜 너의 형(혹은 누나, 언니, 오빠)처럼 하지 못하니? 너는 꼭 요정처럼 행동하는 구나!
이것들은 아이들이 듣고, 받아들이고, 그들의 인생을 살아가는 수천의 말들 가운데 몇일 뿐이다. 수치를 다루는 12가지 회복 단계가 우연의 일치가 아니다. 이러한 잘못된 판단을 없애는 예수님의 능력은 우리 세상에서 많은 사람에게 짐을 지우는 깊은 곳에, 미움을 치유하는 열쇠이다.
명확한 예로, 그의 교구로부터 존경받고 그의 신자들로부터 사랑받는 신부로서 성공했음에도 휴직을 하겠다고 하는 신부가 있었다. 왜 그가 안식년을 가지려 하는지는 그 자신에게조차도 기이했다. 그는 그가 가야 된다는 것만 알 뿐이었다. 내가 그를 상담했을 때 그가 기억할 수 있는 그의 아버지가 말한 특별한 구절이 있는가를 물으라는 것이 감동이 왔다. 그는 즉시 대답했다.
"네가 어떤 일을 완벽하게 할 수 없다면, 차라리 하지 않는 것이 낫다."
당신이 완벽하게 할 수 없는 일은 물론 신부가 되는 것이고

---

3. 25년의 사역 중에 기도 외의 다른 이유없이 순식간에 체중이 줄어든 세 번의 체험 중 하나이다.

목사가 되는 것이다. 그의 아버지는 무의식 중에 평생 가는 죄의식으로 그를 짐 지웠던 것이다. 그래서 우리는 오래된 완벽주의자들의 거짓인, 아직 그를 누르고 있는 그의 아버지의 말이 붙들고 있는 것을 깨기 위해 기도했다.

그 후 바로 그는 신부로서의 그의 성공적인 일로 돌아갔다.

### *자신에게 하는 맹세*

가끔 우리를 저주하는 것이 다른 사람들의 잘못된 관점이 아니라 우리 스스로의 것인 경우가 있다. 아픈 사건이 우리를 덮칠 때 너무 아프게 하는 인생의 한 부분을 피해 버리려고 한다.

당신이 사랑하는 어떤 사람에 의해 버림을 받았던 것으로 상처를 입은 적이 있다면 당신은 그것이 그렇게 아픈 것이라면 나는 결코 다시는 사랑하지 않을 것이라고 말하고 싶은 유혹을 받을 것이다. 혹은 모든 것이 어둡고 사는 즐거움이 사라질 때 당신은 죽고싶다며 비통해 할 것이다. 당신이 절망이 계속되는 시간을 살고 있을 때, 당신은 차를 전화대로 몰아 모든 것을 끝내고 싶을 것이다. (그러한 갈망이 너를 칠 때 즉시 되돌아보고 예수님께 이 자기 파괴적인 소원을 살겠다는 소망으로 바꿔주실 것을 구하라)

몇 년 전 페루에서 흔한 문제를 가지고 있는 가톨릭 수녀인 선교사와 기도했었다. 그녀는 약간 우울해 있었고 어떤 것에 대해서도 큰 즐거움을 경험한 적이 없었다. 우리가 그녀와 이야기했을 때 그녀의 인생에서 다루어지지 않은 작은 잘못된 것도 발견할 수가 없었다.

그러나 다음날 우리 팀의 단원인 바바라 쉘몬이 11살쯤 된 소녀가 무릎에 강아지를 안고 있는 환상을 보았다. 그것이 바바라에게 특별한 아무것도 암시하지 않아서 그녀는 수녀와 함께 그것을 나누고 그것이 그녀에게 의미하는 것이 있는지 물었다. 순간 수녀는 수 년간 거의 기억하지 않았던 사건을 생각해냈다.

그녀가 11살쯤 되었을 때, 그녀의 가장 친한 친구는 그녀의 개였다. 그러나 그녀의 애완견이 너무 늙고 쇠약해 갔기 때문에 그녀의 부모는 그것을 데려가 잠들게 했다. 어른들에게는 타당할지 모르나 11살의 어린 소녀에게는 끔찍한 것이었다. 그녀가 가장 신뢰했던 사람인 그녀의 부모가 가장 친한 친구를 죽였다. 그녀의 개에 대한 사랑이 큰 고통의 원인이 되었기 때문에 그녀는 결코 신뢰하거나 사랑하지 않을 것을 결심했다.

이 맹세는 그녀 인생의 흐름을 막았다. 그것은 그녀가 수도꼭지를 반쯤 잠가서 생명의 물이 조금씩 흐르는 것과 같았다.

그녀는 우리에게 손상을 준 어릴적 맹세를 예수님께서 깨뜨려주시기를 기도하여 달라고 청했다.

그 다음날 그녀는 우리에게 즐거운 소식을 보내왔다.

"삶이 온전히 뚫렸습니다! 할렐루야!"

### 이러한 판단이나 맹세를 위해 어떻게 기도하나

이러한 판단이나 맹세를 깨는 기도는 비교적 간단하다.

한 사람이 누군가의 잘못된 판단을 받아 그 자신 안에 그것을 받아드렸다면,

1. 먼저 그것을 발설한 사람을 용서할 것을 그에게 청한다.
2. 그리고 저주를 끊는 것처럼, 다음과 같이 말한다. 예수님

의 이름으로 그리고 성령의 칼로 나는 당신을 ___의 잘못된 판단으로부터 자유하게 하기 위해 끊고, 그리고 그것이 효과 없고 쓸모 없음을 선포한다.
3. 당신이 어떤 마귀의 힘이 이 잘못된 판단에 관여하고 있다는 것을(거부의 영 같은 것) 감지하면, 그 영이 떠날 것을 명령하라.

그 사람이 자기 자신에게 선포한 맹세로부터 자유하게 되는 것이 필요하다면[4)]

1. 그에게 ___ 의 구체적인 회개를 청해라.
2. 맹세를 깨뜨려라: 예수의 이름으로 나는 이 ___ 의 맹세를 끊노라 그리고 그것이 효과 없고 쓸모 없어 더 이상 당신에게 영향을 미칠 수 없음을 선포한다. 성령의 검으로 이 모든 맹세와 그것의 모든 결과로부터 당신을 자유하게 끊는다.
3. 다시, 당신이 어떤 악한 영들의 존재를 감지한다면 그들이 떠나도록 명령하라.
4. 마지막으로 가장 중요한 것은 예수님께, 판단이나 맹세로 가장 상처 입은 그 사람의 인생의 부분을 회복시켜 주시기를 구하라. 그가 "나는 죽고 싶다."라고 말한 적이 있다면 예수님께 그분의 생명과 건강을 그에게 부어 주시기를 청하라. 그가 흉하다고 말을 들었다면 하나님께서 그의 눈을 열어 그가 아름다운 창조물임을 보게 해달

---

4. 자신에게 한 이 맹세들은 주로 깊은 생각이나 상세히 쓰여있지 않다. 그저 간단히 말로하지 않고 마음만을 먹었을 수도 있다.

라고 청하고, 시편 139편과 같은 성서의 적절한 단락을 그와 함께 읽으라. 그의 인생의 부분에 있었던 부정적인 것을 예수님 안에 생명력 있고, 고귀하고 아름다운 어느 것으로든 바꿔 주시기를 기도하라.

예수님이 얼마나 자주 사람들에게 환상으로 나타나시며, 가장 창조적인 방법으로 기도를 들어 주시며(복장 도착증 환자인 제리에게 나타난 것처럼) 잘못된 판단을 깨드리시는지(제리의 경우 그에게 빨간 트럭을 주시고 그의 남성다움을 확인하시는 것) 놀랍다.

## 해로운 영적 일치감

우리는 사람들에게 영적으로 그리고 신체적으로 해를 줄 수 있는 지나친 의존 관계에(codependence) 익숙하다.

### 영적 그리고 정신적인 속박
가장 쉽게 인지할 수 있는 해로운 영적 일치감의 예는 그의 어머니에게 지나치게 의존적인 성인 남자이다. 너무 흔해서 우리는 그것에 관한 용어를 가지고 있다.

마마 보이. 8살의 나이에는 아름답고 적합한 것이 38의 나이에는 뒤틀어지게 보인다. 그는(그리고 그녀 역시) 앞치마 끈을 자르지 못한다.

이 지나친 의존의 관계의 일부는 인간적이고 정신적인 면에서 일어난다. 사람들은 성장하며, 성숙하고, 독립적인 것으로 변화시키는 단계를 갖는 것이 필요하다.

딸들이 그들의 아버지나 어머니와 지나친 일체감을 가지려 하는 것은 가능하다. 그리고 가끔 아들들은 아버지와 지나친 일체감을 가지려 한다. 사람의 성숙과 같이, 변화가 필요한 정신적인 속박 몇 가지가 있다.

이해할 수는 없지만, 기도를 통해 절단되야할 필요가 있는 영적 속박이 있을 수 있다. 나의 친한 친구, 토미 타이슨 목사는 그가 사람들과 기도하는 동안 다른 사람의 얼굴이나 영상이 그 사람의 영역에 포개지거나 밀어 넣어지는 것을 본다. 그것이 일어날 때 그는 사람들에게 잘라야 할 필요가 있는 영적이거나 정신적인 결박이 있는가 보도록 요구한다.

의존적인 관계 같은 것들은 단지 우리 부모의 한쪽과 있는 것만은 아니다. 사람들의 정당한 독립성을 상실케 하는 관계들, 특히 성적인 결박과 같은 것은 기도를 통해 끊어내야 할 필요가 있다.

### 성적 결박

이것의 가장 좋은 예는 두 사람이 함께 성적으로 결합되었을 때 일어날 수 있는 영적 일체감이다. 두 개의 몸이 단지 합하여지는 것보다 더한 영적 결합 같은 것이 일어난다.

> 너희 몸이 그리스도의 지체인 줄을 알지 못하느냐 내가 그리스도의 지체를 가지고 창녀의 지체로 만들 수 있겠느냐 결코 그럴 수 없느니라. 또한 창녀와 합하는 자는 한 몸인 것을 너희가 알지 못하느냐 그가 말씀하시기를 둘이 한 몸이 되리라고 하셨느니라.(고전 6:15-17)

바울은 남자가 창녀와 한 몸이 되었을 때, 어떤 종류의 하나됨이 일어나는지 정확히 쓰지 않았다. 그러나 영적 영역에 어떤 것이 생긴다는 것을 가르치고 있는 것 같다. 우리는 남자와 아내의 하나됨은 특별하다는 것을 분명히 안다. 왜냐하면 그것은 그리스도와 그의 교회의 하나됨의 상징이기 때문이다. 그것은 오직 육체적인 결합 뿐 아니라 영적인 결합이다.

다시 말하면, 나는 토미 타이슨으로부터 성적-영적 속박을 부술 필요가 있는 것에 대해 처음 들었다. 1970년 우리가 볼리비아에서 강의하고 있었을 때, 한 선교사가 결혼 전 성관계에 대해 무엇이 잘못된 것인가를 10대들에게 어떻게 대답할 것인가를 물었다. 토미는 누구든 강렬한 성적 관계에 빠질 때마다 두 사람이 헤어지는 것에 의해서가 아니라 축귀를 위한 기도와 같은 것에 의해서 그 관계를 끊을 때까지 남는 영원한 결박이 형성된다고 대답했다. 한 남자가 여섯 여인과 성적 관계를 가졌다면, 그는 그의 결혼 생활의 침대로 그의 곁에 여섯 사람을 데려오는 것이고, 처음부터 영적 혼돈이 그의 결혼 생활에 생기는 것이다. (여성들은 대체로 남자들보다 이러한 관계에 더 깊은 이해를 갖는 것 같고 이러한 영적 차원을 더 깊게 감지하는 것 같다) 그것이 사실이라면, 그것은 성적으로 문란한 세대에 왜 많은 결혼 생활이 파괴되는가 설명하는데 도움이 된다.

목사가 결혼 생활에 들어가는 각 파트너를 위해 이런 종류의 축귀를 위해 기도하는 것은(조용하고 비밀이 보장되는 장소에서) 뛰어난 생각이다. 이성적으로 고백, 회개 그리고 용서하는 것은 얽혀 있는 지난 생활로부터 자유로워지는 것을 준다. 적절치 않은 신체적, 정신적, 혹은 영적 결합으로부터 자유롭게 하기 위해 누군가를 위해 기도하는 것은 비교적 쉽다. 단순히 성령님의 지침을 따라 기도문을 만들고, 예수님께 전에 있었던 각각의 성적 관계를 절단하여 달라고 요청하라. 당신은 결혼을 계획한 파트너들의 한 사람을 위해 이런 기도를 할 수 있다.

　예수의 이름으로 나는 당신 안에 남아 있어 당신의 과거 성적 관계에 의해 기인하는 어떤 육체적, 정신적, 혹은 영적 결박으로부터 당신을 자유하게 하노라. 그리고 축복 기도를 하고 그 지난 연인들을 자유하게 하라. 맨 마지막에 그 사람이 (혹은 둘이) 사랑의 선물을 믿음으로 받고 예수님의 사랑으로 가득 차고 큰 즐거움으로 그들의 약속을 이겨내기 위해 성령으로 권능을 받도록 기도하라.

# 9

## 누가 축귀를 위해 기도할 수 있나

**당**신이 축귀를 위해 기도할 수 없다고 느끼게 하는 많은 이유들이 있다. 당신이 로마 가톨릭 신자나 성공회 교인이라면 당신은 아마 오직 신부만이(게다가 거룩한 신부) 그런 것을 해야만 한다는 인상을 가지고 있을 것이다. 그리고 당신이 보수적이고 독자적인 모임이나 주요한 개신 교단에 속해 있다면, 당신의 교회 지도자들은 그들이 귀신에 들리는 것을 믿지도 않기 때문에 당신의 축귀에 대하여 얼굴을 찌푸릴 것이다. 거기다가 당신이 엑소시스트 같은 영화를 보았었다면 당신은 축사 기도에 대한 예상으로 정신을 잃고 무서워 할 것이다!

그러나 교회에서 축귀가 항상 영화에서처럼 있는 것은 아니다.

### 초대 교회에서

초대 교회 시절에 모든 믿는 자들이 축귀를 위한 기도를 할 수 있는 것으로 예상했다.

이 믿음에 대한 증거는 믿는 사람들에게 함께하는 다섯 가지 징표 중의 하나인 나의 이름으로 그들은 마귀를 쫓아낼 것이라는 내용이 마가복음의 끝에 있다.(막 16:17) 여기서 축귀를 시행한 사람이 실제로 사도나 장로가 아닌 평범하게 믿는 자였다는 것을 유의하라.

그리고 역시, 예수님은 12제자를 보낸 후에, 하나님의 나라가 가까이 있음을 선포하기 위해 72인의 다른 사람을 보냈다.(눅 10:11) 그들이 돌아왔을 때, 그들은 마귀 조차도 당신의 이름에 우리에게 항복하나이다 하며 놀랐다.(17절) 그들이 너무 기뻐함으로, 예수님은 (대신에) 너희의 이름이 하는 나라에 쓰여진 것을 기뻐하라고 그들에게 말씀하시므로 그들의 열광을 가라앉히셨다.(20절)

축사 사역은 초대 교회에서 계속 되었다. 예수님이 돌아가신 후, 빵을 나누어 주는 것을 감독하기 위해 안수 받은 집사, 빌립은 사마리아 사람들을 전도하고 그들에게 강한 영향을 주었다.

더러운 영이 많은 사람에게서 큰 소리를 지르며 나오더라.(행 8:7) 사도들의 죽음 후에 축사는 어떤 특별한 크리스천 계급으로 축귀 사역을 제한하는 언급 없이 수행되어졌다. 사실 교부 오리겐은(주후 253년 순교) 많은 크리스천들이 오직 가장 평범한 사람들이 사용하는 기도와 단순한 탄원으로 마귀를 쫓아냈다고 언급했다. 왜냐하면 대부분의 경우 그 사역을 행한 사람들은 교육을 받지 않은 (혹은 문맹의) 사람들이었기 때문이다. 오리겐은 축사는 논쟁에 강력한 힘이나 지혜를 필요로 하지 않는다고 덧붙였다.[1]

져스틴 마터는(주후 150년경 이미 일찍이 논했다) 많은 크

---

1. Origen, Against Cel년, vii, 4 and 17.

리스천 남자들이 이교도들이 할 수 없었던 마귀들을 쫓아냈다고 진술했다.[2] 3세기에는 세인트 유지니아라는 여자처럼 여성들이 마귀를 쫓아냈다.[3]

져스틴 마터와 이레니우스도(주후 180년경 썼다) 유대인들이 아브라함, 이삭, 야곱의 하나님의 이름으로 축사를 실행할 수 있다는 것을 믿었다.[4]

터툴리안은(주후 200년경 썼다) 가장 고귀한 크리스천의 삶은 악한 영을 쫓아내는 것, 치료를 실행하는 것… 하나님을 향해 사는 것이라고 말하기까지 했다.[5] 그의 저서, 「징후」(The Shows)에서 그는 이교도들에게 그 시절의 이교도의 놀이나 구경거리에 참여하는 것보다 악한 영을 쫓아내고 병든 자를 고치는 것에 더 진정한 즐거움이 있다는 것을 납득시키려고 노력했다. (오늘날 주교가 그의 양떼에게 R 등급의 영화 - 청소년은 볼 수 없는 - 를 보는 것보다 더 재미있기 때문에 악한 영을 쫓아내는 것을 장려하는 것을 상상해 보라)

우리는 그 옛날 초기 시절에 크리스천이 악한 영을 쫓아내기 위해 안수 받아야만 한다는 증거를 발견하지 못한다. 축사를 행하는 것은 어느 크리스천에게나 가능한 것이다.

그럼에도 불구하고 바울은 고린도전서 12장에 열거한 성령의 다양한 현현(은사) 가운데 - 치유의 은사 같은 현현(10절) - 축사를 언급하지 않았다. 어떤 이들은 기적들의 은사(10절)가 축사를 나타낸 것일 거라고 믿는다. 어떤 사람들이 하나님으로부터 치유의 은사를 선물 받는 것처럼 다른 사람은 축사

---

2. Justin Martyr, Apology II - To the Senate, vi.
3. Evelyn Frost, Christian Healing(London:A. R. Mowbray & Co., 1949), p.40.
4. Ibid., p.58.
5. Tertullian, De Spectaculis, para. 29.

의 은사를 갖을 수 있다는 것은 말이 된다. 이 능력이 특별한 계급을 위해 준비되어진 것이 아님에도 어떤 믿는 자들은 더 위대한 등급으로 그것을 매긴다.[6]

초기 교회 저자들은 어떤 사람들은 특별하게 축사를 시행하도록 은사를 받는다고 알았고 그들은 바울이 목록을 만든 다른 성령의 은사(혹은 선물)와 그것을 비교했다. 이레니우스는 다음과 같이 썼다.

> 어떤 이들은 실제로 그리고 진짜로 마귀를 쫓아냈다… 어떤 이는 미래에 대한 예견, 환상 그리고 예언의 말을 한다. 다른 이들은 손을 올려 놓고 아픈 자를 고쳐 그들을 건강하게 회복시킨다. 그리고 바로 전에 내가 말했듯이 죽은 사람이 실제로 일어났고 그가 여러 해 동안 우리와 함께 살고 있다.[7]

초대 교회의 모든 크리스천이 마귀를 쫓아내도록 부름 받았지만, 어떤 이들에게는 성령에 의해 축사 사역에 더 많은 은사를 받는 것으로 알려졌다. 그것은 오늘날도 같다.

우리 모두는 다양한 때에 아픈 자를 위해 기도하도록 부름 받았고, 이미 어떤 이는 치유자로서 특별한 선물을 받았다. 바울이 모두 치유의 은사를 받았느냐고 물었을 때(고전 12:30) 암시적인 대답은 아니요이다. 이것은 크리스천들이 축사에 대

---

6. Geoge Montague, Christian Initiation and Baptism in the Holy Spirit (Collegeville, Minn.: Liturgical Press, 1991), p.13.
7. Frank Darling, Biblical Healing: Hebrew and Christian Roots (Boulder, Col.: Vista Publication, 1989), p.181. 이레니우스의 Refutation and Overthrow of Knowledge Falsely So Called 이 인용은 유시비우스의 Ecclesiastical History의 Books 5 and 7에 있다.

해 더 은사를 받을 것을 기대하는 것이 타당하다는 것이다.

가톨릭 예수회 신학자 프랜시스코 수아레즈(1548-1617)는 초대 교회에서 마귀를 쫓아내는 능력은 모든 신실한 남자와 여자에게 주어졌다고 지적한다. 그는 또한 실제 사로잡힌 사람으로부터 마귀를 쫓는 능력은 기적의 종류에 속하고 성령님의 특별한 영감 없이는 시도될 수 없는 것이라고 믿는다.[8]

## 사역의 좁아짐

수세기를 거쳐 오면서, 몇 가지 요인이 특별히 지정된 축사자 그룹으로 축사를 점차적으로 좁아지도록 유도했다. 우리는 왜 그랬는가를 쉽게 알 수 있다. 한 가지는 그것이 어려운 사역이라는 것이다. 사도들조차 간질병 마귀를 쫓아낼 수 없었고 그들은 기도와 금식을 통해 충분히 준비하지 않은 것으로 예수님께 꾸중 들었다.

더 많은 몇 경우에 불충분한 영적 방어가 축사자들을 위험하게 할 수 있다. 그리고 축사자들이 그가 하고 있는 것을 모른다면, 그것은 사역을 받는 사람에게 위험할 수 있다. 사단의 집단으로부터 도망 나온 희생자들은 이것을 알고 있어서 도움을 위해 목사나 사역자에게 가는 것을 두려워한다. 그들의 나중 상태가 처음보다 더 나빠질 수 있다.

### 축사자의 제도(신부, 목사 제도 같이:역자주)

이런 위험의 결과로 사이프리안은 3세기에 그녀가 성령의

---

8. Francisco Suares, Opera Omnia, Vol. 14, p.742.

영감을 받은 것처럼 행동한 가짜 여자 예언자에 대해 썼다. 주위에서 인정을 받은 다른 축사자는 그녀가 실제 성령이 아닌 사악한 영에 의해 감동되어졌다는 것을 분별하였다.[9] 다음은 이블린 프로스트가 쓴 것이다.

> 그것은 우리에게 사이프리안 시대에 축사자의 계급이 분명히 교회에 의해 규칙화되어야 했고 증명받아야 했음을 보여준다. 그것은 매우 많은 형제들의 그 누구도, 그들의 강한 믿음에도 불구하고, 또 신부들 중 그 누구도 그 여인을 위해 기도하려고 시도하지 않았고 대신 축사자에게 간청했다는 것은 유의할 만 하다. 이것은 3세기 중반에 교회에서 축사의 시행이 공공연히 남용되어져서 규칙화하는 것이 필요했다는 지적일 수 있다.[10]

특별히 지정된 축사자 그룹으로 축사를 좁히는데 관계된 다른 흥미 있는 요인은 초기에 성인 세례(대체로 부활 주일과 오순절에 있는)는 긴 준비 기간을 통해 진행되었고 축사는 항상 그 준비의 한 부분으로 실행되었다는 것이다. (모두는 아닐지라도 대부분의 이교도들은 마귀의 영향으로부터 자유로워지는 것이 필요했다는 것을 생각할 수 있다) 종종 이러한 축사들은 준비 기간 동안 매일 시행되었다. 축사가 세례에 첨부되어 있었을 때, 지정된 교사가(오히려 은사를 받은 개인 보다) 손을 얹어 놓음으로 이 날마다의 축사를 시행하기 시작했다. 매우 긴 준비의 끝인 거룩한 토요일에는(Holy Saturday) 주교 자신이 이방의 영들을 쫓아내곤 했다.[11]

9. Cyprian, Episle LXXIV, p.10.
10. Frost, p.60.

역사적으로 같은 시기에, 치유의 은사를 가진 사람들은 성직자 서임식에서 그들에게 손을 올려 안수하는 것이 필요하지 않았다. 그들이 치유자로서 생각되어지는데 필요한 모든 증거는 사람들이 실제로 치유되어졌는가, 아닌가였다.[12]

코넬리우스 교황이 로마 성직자 사이에 축사자를 제도로 언급했을 때인 3세기 중반에 다음 단계에 이르렀다.[13] 10세기에 로마에서 축사자를 안수하기 위해 사용된 의식은 다음과 같다.

> 축사자가 안수 받을 때, 그가 주교의 손으로부터 축사에 관해 쓰여진 책을 받게 하면서 주교는 그에게 이것을 받아 외우라고 말한다. 그리고 세례자이던 새 신자이던 마귀에 의해 떨고있는 사람들 위에 손을 얹는 능력을 갖으라고 말한다.[14]

교회가, 오직 이교도들 뿐이지 크리스천은 도저히 축사가 필요할 수 없다는 오늘날의 널리 알려진(오순절 교회와 그 외) 믿음과 비교하여, 축사가 필요한 세례 받은 사람의 가능성을 알고 있다는 것을 유의하라.

또한 10세기 경 예식이 교과서에 의해서처럼 점점 형식화 되었다는 것을 유의하라. 이미 축사는 책에 있는 것을 반복하

---

11. 이 모든 것은 3세기 초기의 로마에서 Apostolic Tradition of Hippolytus 에 쓰여져 있다. Craig Karpel 이 쓴 The Rite of Exorcism (New York: Berkeley Meddallion Books, 1975), pp. 144-145 (chapter on Demon Possession" by henry Ansgar Kelly).
12. Ibid., p. 145.
13. Ibid.
14. Ibid., p.146.

는 대신 각각의 마귀 들린 사람들과 개인적으로 일하고 그 사람의 필요에 맞는 기도를 하는 창조적인 가능성을 잃어버렸다.

그럼에도 좋은 것들 중 하나는 축사자 보다 작은 계급이 세 개의 소위 비중 있는 계급들(사제직, 집사직 그리고 부집사직) 전에 수여되어서 축사자는 목사이어야만 할 필요가 없었다. 또 다른 작은 세 개의 계급은 복사, 성구 낭독자 그리고 관리인(혹은 문을 지키는 자)이었다. 분명히 이런 것들은 높고 신성한 직위는 아니었다. 그리고 전통적으로 이런 모든 역활들이 평신도들에 의해 이루어졌다.

### 중가되는 제약

그럼에도 축귀 사역의 실행은 신부가 축사의 전형적인 사역자가 된 중세기까지 점점 더 제약을 받았다. (대체로 교회사에 있는 것처럼) 드디어 교황 파이우스 11세 시대인 우리의 세기에 축사 사역은 신부에게 제한되었다.[15]

이런 많은 제한은 귀신들리는 것과 축사는 유럽 문화에서 점점 드문 일임에 중점을 두었기 때문이다. 아마도 로마 가톨릭 교회는 종교 재판의 지나침과 마녀의 화형에 대해 책임감을 느꼈을 것이다.

예를 들면, 1614년 로마 가톨릭 교회의 로마 재단 축사자들은 누군가가 귀신들린 것을 쉽게 믿어서는 안되고 사람이 실제 사로잡혔는지 아닌지를 알 수 있게 도움을 주는 것은 아주 이상한 징후를 보일 때라고 선포했다. 귀신들림의 이러한

---

15. Ibid., pp. 149-150.

징후는 모르는 말을 하는 능력, 멀리 있는 모르는 것에 대한 계시 그리고 다른 이상한 힘의 드러남(공중 부양)을 포함한다.[16] 이러한 징후들은 매우 평상적이지 않기 때문에 귀신들린것에 대한 진단은 자연적으로 드물어져서 통상의 교회 생활에서 축사는 제거되었다.

대부분의 경우 개신교 종교 개혁가들은 축사의 중요성을 축소하거나 완전히 축사를 멀리했다. 대부분의 칼빈 주의자들은 축사는 오직 초대 교회 시대에만 유효했다고 믿는다. 축사는 로마 가톨릭적인 미신으로 종교 개혁자들의 마음에 연결되어 있다. 성공회 교인들은 축사의 필요에 대한 작은 믿음을 가지고 있음에도 그들의 1604년에 소집된 회의에서는 사전에 그들 주교의 명시된 동의 없이, 어떤 구실 하에 어느 형태로든 축사를 하는 성공회 성직자를 금하고, 사기꾼으로 취급하고 사역에서 퇴위시킨다는 조건의 법을 통과시켰다. 그런 제한하는 분위기에서 누가 축사를 해야 하는가의 질문은 거의 나오지 않았다. 오히려 질문은 축귀가 필요한가 였다.

그러나 아직 가느다란 믿음이 남아있었다. 예를 들면 가톨릭 교회에서 사로잡히지 않은 크리스천들이 아직도 중압감에서 자유로워져야 할 필요가 있을 것이라는 인식이 주장 되었다;[17] 그리고 신학자들이 다음 상황에 해당하는 정식의 축사, 즉 예배 의식과

1. 오직 사로잡힌 사람들을 위해.
2. 오직 신부에 의해 실행된다.

16. Ibid., p.151.
17. Ibid., p.150.

3. 주교의 허락으로 실행한다.

사역자가(평신도를 포함하여) 악한 영에 의해 압박받는 사람을 위해 사역자 개인의 권위로 기도할 수 있는 사적인 축사를 구별했다.

17세기의 가장 유명한 도덕적인 신학자, 성자 알폰수스 리구어리는 사적인 축사는 모든 크리스천들에게 허락될 수 있다라고 썼다.[18] 우리의 시대까지 대부분의 가톨릭의 도덕적인 신학자들은 신부들이 특별히 고백실에서 개인적인 축사를 위해(우리가 축귀라 부르는 것) 가끔 조용하게 소리 없이라도 기도하는 것을 추천한다.[19] 제임스 맥매너스가 쓴 것이다.

성자 알폰수스는 그가 신부 뿐 아니라 누구나 주교의 허락을 받아 개인적으로 축사할 수 있다고 말할 때 가톨릭 전통은 정식으로 축사할 수 있다고 진술했다. 이것이 가톨릭 전통이기 때문에 우리는 어떻게 축사의 시각을 잃어버렸고 왜 현대 교회에서 축사가 불화의 씨처럼 되었는가를 우리 자신에게 물어야만 한다. 지난 시대의 도덕주의자들이 만든 기본적인 구별의 시각을 잃었기 때문에 나에게 그렇듯 우리는 우리 자신의 전통적인 시각을 잃었다. 우리는 주교의 허가가 필요한 정식의 축사로 모든 축사를 감축했고, 주교가 오직 거룩하고 분별 있는 신부만이 그러한 축사를 하도록 정하기 때문에 대부분의 대신부들은 그들

---

18. St. Alphosus Liguori, Theologia Moralis, III, p. 492, Matthew and Dennis Linn 이 쓴 Deliverance Prayer(New York: Paulist Press, 1981), p.244에 인용되어 있는대로.
19. 부록 A, "Exorcism in Catholic Moral Theology" by James McManus, C.S.R., in Deliverance prayer, pp.242-251.

은 축사를 시행하면 안되는 것으로 간단히 생각했다.[20]

몇몇의 명성 있는 신학자들은 사적인 축사를 시행하는 것은 주교의 특별한 허가가 필요없다고 계속해 말한다. 이것은 조금 틈이 축사의 문을 여는 계기가 되었고, 그 문은 축사 사역이 부흥된 요즈음에 더 넓게 열린문이 되었다.

여태껏 축귀 사역은 세기를 거듭하면서 점차적으로 줄어왔다. 개신 교회의 많은 부분에서 축귀의 필요를 믿는 사람이 거의 없기 때문에 축귀 사역은 대부분 폐지되었다. 가톨릭 전통에는 (로마, 동방 정교회, 성공회) 사단과 축사에 대한 믿음은 남아 있었으나 지난 3세기 동안에 그 사역은 아주 심하게 제한 되었다.

예를 들면 1709년에 종교 재판의 과다함과 남용에 대한 반응으로 바티칸 교황청은 축사의 다섯 가지 방식을 금했고 1725년에 그것을 강력한 제약으로 제정했다.[21]

1972년 교황 바오로 6세는 축사자가 이제 서품 계급으로서 소용이 없다는 전제 아래 사제가 안수받는 길의 과정으로서 축사자를 포함한 네 개의 작은 서품직을 없앴다.[22]

축사의 필요에 대한 믿음이 쇠퇴한 이유의 부분에는 Fr. 드 돈키드와 같은 그 분야의 숙련자들이 있다. 거의 반 세기 동안 파리에 있었던 공인된 축사자인 그는 진짜 사로잡힌 경우를 다룬 것을 결코 확신할 수 없다고 주장했다. 대신에 그는 정신

---

20. Ibid., p.246.
21. A Manual of Exorcism (Translated from a Spaish manuscript of about 1720), (Hispanic Soc. of America.; Distributed by Interbook Inc., New York, 1975), p. 7.
22. The Rite of Exorcism, Op.Cit., p.147.

병자들이 그들의 잠재의식과 모든 주위에 있는 축사의 의식을 통해 사로잡힌 징후를 나타낸다고 말했다. "악마로 불러라 그러면 당신이 그를 볼 것이다." 그러나 그 보다는, 아픈 사람이 그의 생각으로 만든 그림일지 모른다. 이것이 드 돈키드가 공인 축사자로서 자신의 일을 평가한 것이다.[23]

1972년 교황 바오로 6세는 사단에 대한 전통적인 믿음을 확고하게 지지했다.

> 악은 단지 어떤 것의 결핍이 아니라 효력 있는 대리인, 살아 있고 영적인 것, 그릇된, 그릇되게 하는 것이다. 끔찍한 실체이다… 그 실체의 존재를 인정하는 것을 거부하는 것은 성경과 교회의 가르침에 위배되는 것이다.[24]

### 각성

구교나 신교의 주된 교회에서 축사가 사라지고 있는것에 대치한것은 악한 영을 쫓아내는 능력을 포함한 초자연적 은사가 20세기 초반의 오순절 계통에 의해 다시 깨어나기 시작함으로서 왔다. 성령 세례, 방언으로 하는 기도, 예언, 치유 그리고 축귀 등 모든 분야가 다시 강렬하게 재개되었다. 문제가 없는 것은 아니지만 그러나 분명히 재개시켰던 것이다.

만인 제사장직을 강조하면서 그들은 축귀 기도에서 성직자와 평신도의 의무를 구분하지 않는다.[25] 우리가 순복음 사업

---

23. Ibid., p.160.
24. "Deliver Us From Evil" : General Audience of Pope Paul VI, Nov. 15, 1972. Reported in L'Osservatore Romano, Nov. 23, 1972.
25. Dictionary of Pentecostal and Charismatic Movement, article on "Exorcism" by L.G. McCLung Jr. (Grand Rapids: Zondervan,1988), p.291.

가 친목회에서 보는것과 같이 보통 평신도가 축귀를 위해 기도한다. 그러나 시간이 가면서, 오순절 교회가 오직 복음 전도자, 목사 그리고 실제로 축사를 실행하는 사역자에게 더 권위를 부여하기 시작했다.

많은 사람이 마귀의 영향으로부터 자유하게 되어야 하는 필요의 재발견은 영적 전쟁의 주제를 집중적으로 가르친 데릭 프린스와 돈 바쉠같은 어느 교파에도 속하지 않은 지도자의 사역아래 있는 전 교인들 사이에서 집단 축귀로 이어졌다.[26] 1960년대와 1970년대의 그러한 집단 축귀는 은사주의적 무리들로부터 많은 비난을 받았고, 데이비드 듀플리시스는 그 당시 그들의 그룹 축사에 대한 항의로 그들과 같은 연단에 서는 것을 거부했다. 그들의 위치는 축사가 오랫동안 무시를 당하는 것이었음에도 많은 사람들이 축사를 필요로 했고, 비난에도 불구하고 마귀의 압박에 있는 많은 희생자들을 돕기 위해 무엇인가를 해야만 하는 것이었다. 그들이 본 것처럼 우리는 위태로운 상황에 놓여 있었다.

성령 세례와 평신도 사역의 생생한 이해가 성공회 목사인 데니스 베네트 같은 선각자의 영향을 통해 주된 교회로 뿌려지는 것처럼 치유와 축귀 은사가 아그네스 샌포드 여사와 알프레드 프라이스 목사를(성 누가교의 창시자 중 하나) 통해 주된 교회에 소개되었다.

그럼에도 주요 교파는 축귀 사역을 성령 세례, 치유, 하물며 방언 기도보다 더 많은 주의와 비난을 했다. 축귀는 중세 유럽의 마녀를 사냥한 부끄러운 기억, 살렘의 마녀 재판, 실패한

---

26. 아직도 시판되고 있는 훌륭한 책은 Don Basham 의 Deliver Us From Evil (Grand Rapids: Chosen Book, 1972)이다.

축사의 최근 끔찍한 이야기 때문에 두려운 것이다.

예를 들면 20년 전 독일에서 젊은 여성의 축귀에 실패한 두 신부가 결국 그녀를 굶겨 죽였다. 그녀의 죽음은 두 신부와 그들의 무분별한 축사의 탓으로 돌려졌다.

모든 전통 교회는 어떤 경우에서든지 조심스럽게 접근하는 것을 원칙으로 한다. 어떤 경우에는 마귀적 영역의 존재 조차도 기본적으로 믿지 않는 것을 본다.

## 그러면 대답은 무엇인가?

축귀를 실행하는 사람의 문제에 대한 최상의 답은 우리가 교회에서 축사할 수 있는 사람을 특정 계급으로 묶지 말아야 한다고 나는 믿는다. 교회의 조심에 대한 이유는 실제적이다. 고집 센 열심신자라고 다 축귀 사역을 해서는 안된다. 어느 정도의 감독과 권위가 필요하다.

그러나 축귀가 대체로 지연없이 이루어져야 될 필요가 있는 사역이기 때문에 축귀의 은사가 있는 크리스천과 축귀를 위해 가끔 기도하는 사람은 그들이 하고 있는 것에 대해 계속 보고하고 그들 교회의 권위자로부터 일반적인 허가를 받아야만 한다.[27]

불행하게도 대부분의 장소에서 우리는 종교적인 권위에 의지할 수 없다. 대부분 그들 자신이 축귀를 위한 기도에 실질적으로나 이론적으로나 경험해 본 적이 없다. 그들은 그것을 이해하지 못한다. 왜냐하면 영적 전쟁이(축사는 더 더욱) 주요

---

27. Michael Harper, Spiritual Warfare(London: Hodder & Stoughton, 1970), p.62. 이 제시들은 영국교회에서 실행되고 있다.

신학교에서 가르쳐지지도 않기 때문이다. 더 나아가, 많은 신학교에서조차 사단은 실제 인격적인 실체 보다는 단지 공상적인 상징으로 여겨진다. 소경이 소경을 인도하는 것의 고전적인 예이다.

그러나 교회의 권위는 옳다.

축사사역에는 실질적인 어려움과 남용이 있다. 가끔 경험을 가진 사람이 신학적으로 교육 받지 않았고, 그들이 하는 것을 교회 지도자의 만족에 맞게 설명할 수 없는 경우가 있다. 그리고 실제 위험한 것은, 어떤 사람들은 모든 우울은 마귀에 의해 기인한다 같은 지나치게 단순한 해결책을 받아들여서 고통 받는 사람에게 많은 해를 입힌다.

현재의 나빠진 상황에서 우리의 딜레마에 대한 완벽한 답은 없다. 그러나 우리는 몇 가지의 지침을 내어 놓을 수 있다.

모든 사람들이 축귀에 대한 기도를 할 수 있다, 그러나 모든 사람이 해야만 하는 것은 아니다!

### 영적 전쟁의 세 단계에 대한 우리의 참여

이 실제적인 문제의 해결을 위해 우리는 크리스천에 의한 참여의 다양한 각도를 가지고 영적 전쟁의 세 단계를 빈틈없이 알아야 할 필요가 있다.

### *보호

먼저, 우리 모두는 우리의 바깥으로부터 오는 악한 영의 공격으로부터 우리 자신과 우리의 가족을 어떻게 보호하는가 그리고 그들의 공격을 어떻게 물리치는가를 알 필요가 있다.

### *간단한 축귀

두 번째, 모든 크리스천은 악한 영에 의해 약간 눌리거나 침입 당한 사람을 위해 기도하라고 부름 받았고, 어떤 사람은 사로잡히지는 않았으나 심하게 마귀들린 자를 위해 자주 기도하라고 부름 받았다. 대부분의 크리스천 상담자들은 그들이 마귀의 체내 침입의 증거를 발견했을 때, 그들의 의뢰자를 위해 기도할 수 있어야만 한다.

그러나 간단한 축귀의 종류를 위해 기도해서는 안되는 많은 수의 크리스천이 있다.

1. 비정상적으로 예민하거나 그들 자신이 영적 공격의 대상인 사람.
2. 축귀가 필요한지, 내적 치유가 필요한지 구별할 수 없는 사람.
3. 능력에 도취되어 있거나 사단과 싸우는 그의 열성을 도움을 청하는 희생자에게 분노로 옮기는 사람.
4. 불충분한 경험과 지식을 가진 사람.

비상 사태를 제외하고는 어떤 사람이 축귀 사역에 적합하지 못한지 많은 표시가 있다. 문제는 우리가 우리 자신의 잘못에 대해 보지 못하는 경향과 우리가 원인이 될 수 있는 피해를 보지 못할 때, 우리가 축귀를 위한 기도로 부름 받았다고 생각할 수 있는 것이다. 우리는 우리의 실패를 쉽게 무시하고 우리가 가졌던 성공만을 기억하는 경향이 있다.

이러한 이유로 우리 모두는 불균형하고, 변하기 쉽거나 혹은 이미 씹히고 상처 입은 사람에게 해를 줄 수 있을 때, 우리에게 부담없이 전화하여 충고해 줄 수 있는 누군가에게 우리의 사역을 책임있게 보고해야 한다.

***비중 있는 축귀**

영적 전쟁의 세 번째 단계는 사람이 심하게 마귀화된 경우를 포함한다. 대체로 사술에 참여했을 때이다. 축귀 사역을 하는 몇몇의 크리스천은 주요한 마귀의 침입의 경우를 위해 기도할 수 있다.

여기 교회 전통은 현명하게 사용하고 있는 유의점을 가지고 축사자를 다음과 같은 사람으로 표현했다.

1. 거룩한 사람, 왜냐하면 악한 영은 우리의 알지 못하는 죄를 가끔 알아 그것들을 대중 앞에 드러낼 수 있다.(그들이 고백하고 용서 받지 않는 한)
2. 축귀에 현명하고 경험이 있는 사람.
3. 축귀의 은사를 수여 받은 사람.
4. 성령에 의해 능력 받은 사람, 왜냐하면 우리가 힘있는 마귀를 다룰 때, 우리는 마귀에 의해 우리 자신이 침입 당하는 두려움 없이 사역하기 위해 성령 세례에 의해 열린 특별한 영적 능력이 필요하다.

**능력 받는 것에 대한 필요**

실제로 축사자들은 비중 있는 축사에서 다칠 위험이 항상 있다. 그러나 어떤 사람은 이 위험을 너무 강조하는 경우도 있다. 말라키 마틴의 저서「악마의 인질」의 제목은 축사자들이 이 전쟁에 관여함으로 인질이 될 수 있다는 그의 개인적 믿음을 나타낸다.

모든 축사자들은 진짜 악한 것과 개인적이고 고통스런 일과 대면을 시작하여야만 한다. 일단 시작하면 축사는 취소할 수 없다. 반드시 승리자와 정복 당하는 자가 항상 있을 것이다. 결과가 무엇이냐에 상관없이 그 접촉은 축사자의 일부엔 치명적인 것이다. 그는 자신의 깊은 곳에 지독하고 고칠 수 없는 피해를 감수해야만 한다. 무엇인가가 그의 안에서 죽는다. 그의 인간성의 어떤 부분이 모든 인간성에 반대되는 악의 근원과의 가까운 접촉을 통해 시들어 갈 것이다. 그리고 새로운 힘을 얻는다는 것은 거의 드물다. 그의 잃어버림을 위해 어떤 보상이 그에게 주어지지 않을 것이다.[28]

나는 개인적으로, 이것은 우리를 겁주려고 하는 사단의 계획에 항복하는 것으로, 축사를 너무 어둡게 묘사한 것으로 본다. 영화 엑소시스트에서 두명의 신부가 한 소녀를 사단으로부터 자유하게 하려다 그들의 목숨을 잃어버리는 것과 같이 (장기로 말하자면 하나를 얻기 위해 둘을 잃는 것), 축사자들이 매번 전쟁을 치룰 때마다 생명을 잃는다는 것이 사실이라면 누가 그런 사역에 들어오기를 원하겠는가? 그 이면에 그러한 관점이 하나님의 능력에 대해 무엇을 말하겠는가? 누가 더 강한가?

모든 정사와 능력에 쇠고랑을 채우시는 예수 그리스도인가 사단인가?

---

28. Malachi Matrin, Hostage to the Devil (New York: Reader's Digest Press, 1976), p. 10.

축귀 사역을 하는 내가 아는 사람들은 다양한 영적 공격을 받음에 틀림 없다. 자연적으로 우리는 그것을 예상할 수 있다. 대체로 외부로부터 오는 성가시게 하는 공격이다. 말하자면, 당신의 차가 축사를 하러 가는 길에 이상하게 고장나는 되는 것과 같은 것이다.

더 권위 있는 전통은 다음과 같을 것을 확신하는 교부 오리건에 의해 주장 되었다.

> 크리스천들은 마귀들이 그들에게 친절하지 않은 것이 틀림없다 할지라도 아무 두려움도 갖지 않는다. 왜냐하면 크리스천은 최고의 하나님에 의해 방어를 받기 때문이다… 하나님은 그의 신성한 천사들을 그러한 보호 임무의 가치가 있는 사람들을 돌보도록 준비하신다. 그러므로 크리스천들은 마귀로부터 아무 것도 고통 받을 수 없다.[29]

오리겐은 이단자 셀수스와 논쟁했다. 셀수스는,

> 마귀에 의해 행하여지는 의로운 사람을 향한 맹렬한 공격으로부터 그들을 보호하는 힘으로 그들을 섬기는 천사를 주시는 하나님의 능력을 믿을 수 없다. 왜냐하면 셀수스는 마귀나 마귀적인 사로잡힘 그리고 그들의 탄원으로부터 많은 사람들을 구출하기 위해 진정한 신실함으로 말할 때 예수님의 이름으로의 유효성을 결코 믿지 않았다.[30]

---

29. Origen, Against Cel년, vii. 27 in Frost's Christian Healing, p. 60.
30. Ibid.

심하게 마귀들린 사람이나 사로잡힌 사람을 다룰 때, 축사자들에게 실제로 위험한 것들이 있다. 그러나 축사자들이 방어를 위해 기도하고 오리겐이 언급한 성령의 능력을 이용한다면 피할 수 있는 것들이다. 나는 말라키 마틴이 말한 마귀의 공격에 씹어먹힌 어느 축사자에 대한 실제를 믿는다. 그러나 나는 그들이 성령 세례를 통해 더 많은 능력을 받았더라면 그들 고통의 대부분이 피할 수 있었던 것이라고 생각한다. (우리는 23장에서 그것에 대해 이야기할 것이다) 그것은 그들이 효과적인 사역을 못했다거나 성령이 그들에게 있지 않았다는 것이 아니다. 그러나 분명히 성령이 충분하지 않은 것도 확실하다.

마지막 만찬에서 안수 받고 세례 받은 크리스천임을 믿고 있던 사도들도 오순절까지는 사역을 위해 온전한 능력을 받지 않았던 것처럼 많은 사역자들은 그들이 사역의 힘든 부분을 성공적으로 수행하기 위해 성령으로 더욱 채워져야 할 필요가 있다.

당신은 축사자들이 축사를 행할 때마다 왜 어떤 축사자들은 그들의 한 부분이 죽는가와 축사자들의 목표를 달성하기 위해서는 왜 끊임없이 여러 주 동안 마귀를 맹공격하는 것이 가끔 필요한가에 대한 나의 분석에 동의할 수 없을 것이다.

그렇다면, 나는 당신에게 더 나은 해답을 내어 놓을 것을 요구한다. 그러나 내가 믿는 한 가지는 모든 예방책을 가지고 성령의 능력으로 사역하는 축사자는 축사를 실행하도록 요구 받았을 때, 안전하고 보호받는 것을 틀림없이 느낀다.

Part 4

# 사역 준비

# 10

## 어떻게 준비하나

**치**유 예배를 보는 동안 예기치 않게 치유를 필요로 하는 사람이 표면화 될 때, 나는 아주 여러 차례 악한 영으로부터 그 사람을 자유하게 하기 위해 기도해야만 했었다. 거기서 악한 것이 갑자기 튀어 나올 때 당신은 그 사람을 위해 기도할 것이다. 그 사람의 눈이 뒤로 젖혀지고 그가 소리를 지르기 시작하거나 다른 기이한 모습을 보이기도 한다.

이것이 이상적인 상황은 아니다. (실제 인생은 거의 잘 정돈되고 이상적이지 않다) 그러나 당신은 기도하고 그 축귀를 완전히 이루어야 하는지, 연기하여야 하는지에 대한 하나님의 지혜를 구하라. 가끔 그때 그 곳에서 축귀를 끝마치는 것이 최선일 때가 있다. 그러나 이상적으로는 당신은 당신 자신이나, 당신의 팀 그리고 축귀에 필요한 사람들을 준비하기 위해 가장 좋은 시간을 택해야만 한다.

### 오랜 준비

진정한 준비를 위해 당신은 어떠한 심각한 죄로부터도 자유하여야 한다. 내가 심각하다고 말한 것을 유념하라. 우리 모두는 죄인이다. 만일 우리가 우리에게 아무 죄도 없다고 말하면 우리 자신을 속이는 것이요, 진리가 우리 안에 있지 아니하나. (요일 1:8) 우리가 심각하고 고백하지 않은 죄를 가지고 있다면 당신의 과거를 아는 주된 악한 영은 당신의 죄를 드러나게 함으로 대중 앞에서 능히 당신을 부끄럽게 할 수 있다. (이것은 영들의 속임수나 협박하고는 다르다 - 너는 너무 피곤해서 우리를 쫓아낼 수 없어. 너는 충분히 강하지 않아 - 이러한 더러운 수법은 항상 일어난다) 나는 개인적인 죄가 대중적으로 나타나는 일이 없었던 것을 하나님께 감사한다. 그러나 그것이 일어난다는 것을 안다.

축사자들의 죄의 노출 가능성 때문에 로마 가톨릭의 축사의 의식은 축사자가 그의 경건, 신중함 그리고 삶의 정직함으로 적절하게 구분되어져야 하고 분별력 있는 나이이어야만 하고 그의 직무에서만이 아니라 그의 도덕성이 공경 받아야 하는 것을 요구한다.[1]

그러나 죄가 공개되어지는 충격의 두려움이 개인적인 준비를 위한 가장 중요한 이유는 아니다. 축사자는 축복하기 위해 성숙하고 민감해야 하고, 마귀의 사로잡힘으로 고통 받는 사람들에게 해를 주어서는 안된다. 이상적으로 우리는 신중함과 깊은 동정으로 우리를 갖추기 위해 준비 기간이 필요하다. 그러나 축귀를 위한 기도를 하면서 긴장하는 사람들은 가끔 충동적이고 순간적 판단을 내리는 사람이다. 엄밀히 그런 종류의 사람들은 축귀를 위한 기도를 하지 말아야만 한다. 비극은

---

1. C. karpel, comp., and the Rev. Phillip Weller, trans., The Rite of Exorcism(New York: Berkeley Medallion, 1975), p. 15. 내가 전에 언급하였듯이 천주교에서는 축사의 예식을 신부들과 감독이 허락한 사람이 귀신에게 사로잡힘을 상대로만 하도록 제한되어 있다.

그들이 자신의 취약점을 모르는 것이다.

자신의 취약점을 알고 관여하는데 어려움이 있는 것을 이해하는, 생각이 있는 사람들은 무엇보다 기도하는 것을 망설인다. 결과로, 축귀 기도를 하지 말아야 할 사람들은 - 자신을 돌봄이 전혀 없는 그것을 믿음이라 부르는 사람 - 가끔 서두르는 바로 그런 사람이다. 통찰력 있는 스위스의 심리 치료사 폴 투니어 (Paul Tournier)가 다음과 같이 썼다.

> 모든 질문에 대해 오직 한 면만을 보는 생각의 종류를 가진 사람은 폭력적인 행동으로 흐르는 경향이 있다. 그들은 사소한 일을 꼬치 꼬치 캐는 것을 중단하지 않고 자신의 능력에 많은 자신감을 가지고 있기 때문에 모든 일에 성공한다.
> 예를 들면, 당신들의 성공한 기자는 모든 문제를 간단히 하여 그것을 눈에 띄는 문구로 함축 시키는 경향이 있다. 반면에 명석하고 교양 있는 생각의 사람들은 정교한 식별의 미로에서 길을 잃는 경향이 있다. 그들은 항상 실제로 사물이 얼마나 복잡한 것인가를 본다. 결국 그들의 설득력은 무효하게 된다. 이것이 최소한 그것의 문화적 도덕적 기준에 맞는 사람들에 의해 세상이 끌려가는 이유이다. 오직 소수만이 두 가지 경향을 잘 혼합하여 다룬다. 그리고 나의 관점에서 살아 있는 크리스천 믿음은 마음의 심오한 이해와 간단함을 다 주기 때문에 이 기적의 성취를 위한 가장 좋은 전제 조건이다.[2]

여기서 투니어는 저널리즘과 정치에 대하여 말하였으나 정

---

2. Paul Tournier, The person Reborn (New York: Harper & Row, 1966), pp. 20-21.

확하게 같은 일이 축귀 사역에서 일어난다. 흑(악)백논리로 사물을 보는 단순한 믿음의 교육받지 않은 사람이 식당에서 있었던 오순절 교회 모임에서 축귀를 위한 기도를 하기 위해 뛰어 들었다. 반면에 신학자들은 악한 영을 쫓아내는 영역에서 떨어져 있다. 그 신학자들은 축귀 사역은 '마귀는 실제 존재하는가?' 라는 가장 큰 문제를 포함하여 문제 투성이라는 경향이 있다.

축사자는 투니어가 말한 어려운 점을 알아내는 것과 단순한 믿음이 결합된 드문 종류의 사람이어야만 한다. 심리학적인 지식과 인간적인 약함을 성령의 은사를(분별력 같은것) 시행하는 것과 합할 수 있는 사람. 그러한 성숙한 사람이 항상 축귀를 위해 준비할 수 있다.

## 즉석의 준비

당신이 축귀를 위한 기도를 생각할 때, 답해야 할 몇 가지 질문이 있다.

### 누가 기도해야만 하는가?

물어야 할 첫 번째 질문은 이 사람을 위해 내가 기도하여야 하는가이다. 단지 많은 필요에 있는 사람이 있다고 해서 꼭 내가 기도해야 하는 사람이 아닐 수 있기 때문이다.

한 이유로, 나의 능력이 닿지 않는 경우가 있을 수 있다. 분명히 하나님의 은혜는 공급될 수 있지만, 많은 경우 나는 나 자신의 능력을 넘는 상황에 사역하라고 부탁받는 경우가 있다. 아직 나의 인간적인 지식과 경험은(하나님의 선물인) 내가 사역을 해야만 하는가 라는 질문으로 빠진다. 다중 인격을 가진 사단적 의식의 폐해에 의한 희생자가 내게 도움을 위해 온다면 보통 나는 그 분야에서 일하는 경험이 많은 우리의 스텝 한 분에게 그를 보낸다.

내가 그 모든 것을 나 혼자 하고자 한다면 나는 그 사람을 도우려는 나의 소망에 무책임한 것이다. 사실 그것은 영적 교만이다.

그러나 실제로 우리가 사람을 위해 기도할 수 없을 때, 우리는 그를 절망시키기 원치 않는다. 그래서 우리는 최소한 축복 기도는 할 수 있다. 종종 나는 축귀를 위한 기도를 해야 할지 어떨지 확신이 서지 않을 때, 나의 손을 그의 머리 위에 얹고 성령님께 기도를 돌리며 단순히 방언으로 기도한다. 예수께서 축귀를 일으키시기 원하신다면, 그렇게 된다. 그렇지 않으면 그 기도는 단순히 축복으로 남는다.

시간은 기도해야만 하는 사람에게 다른 요소이다. 기도를 필요로 하는 사람이 매우 많아서 당신이 그 모든 사람을 사역하려고 한다면 당신은 곧 지쳐버릴 것이다.[3]

단지 3년의 공생애 기간을 가지신 예수님조차도 휴식을 갖기 위해 그의 제자들과 조용히 떠나 가시는 것이 필요했다.

초기 나의 축귀 사역에서, 약 50명의 성직자와 의학 전문가들을 위한 선정된 첫 소규모 치유 학회에서 좋은 교훈을 배웠다. 나는 그 곳에서 사람들이 '미시간의 기적의 치유자'라고 부르는 사역자를 만났고 마음 속으로 감탄했다. 나는 나 자신

---

3. 도움이 필요한 사람들을 만나는 데 있어서의 겪었던 어려움을 토대로 도와주려고 하는 열정과 휴식을 취함으로 내 자신이 잘 견딜 수 있도록 하는 것을 균형을 잡아야 하는 것에 관하여 Power to Heal (Notre Dame: Ave Maria, 1977), pp. 111-124의 "Having to Say No" 장을 썼다.

에 대해 미조리의 놀라운 사역자로 알려지는 것은 멋진 일이라고 생각했다. 마지막 식사 때 내가 그와 같은 테이블에 앉아서 특권으로 느끼고 있는 나에게 그가 말했다. "오, 내가 당신의 입장에 있기를 얼마나 소원하는지요!"

나는 놀라서 그에게 왜 그런가 물었다. 그때 나는 그가 그에게 도움을 청하는 아픈 사람들을 방문하는 것에 지쳐서 신경쇠약으로 고통을 받고 안식년에 있다는 것을 알았다. 그것은 나에게 잊을 수 없는 교훈을 주었다.

우리는 우리의 사역을 나누고 다른 사람에게 사역하도록 가르치는 것이 필요하고 주께 "주님 지금 내가 이 사람과 기도하기를 원하십니까?"라고 묻는 것이 필요하다.

### 때와 장소

우리가 축귀를 위한 기도를 하기로 결정했다면, 우리는 또한 가장 좋은 시간과 장소를 결정하는 것이 필요하다. 대체로 그들이 축귀가 필요하다고 느끼는 사람은 치유 사역의 끝까지 기다리는 것 같다. 군중들이 적어졌을 때, 그들이 나오고 당신은 지쳐있는 그때에 그들은 도움을 요청한다. 당신은 개인적으로 이야기할 시간을 원하는 그들을 비난할 수 없다. 그러나 축귀가 필요한 사람들은 항상 빨리 가지 않는다. 당신이 지쳐버리는 때인 한밤중은 대체로 기도를 시작하기 가장 나쁜 시간이다.

도움이 필요한 사람들은 대하는 환경이 어떠하든 당신은 결정을 내리는 것이 필요하다. 짧은 기도로 기도해야만 하나, 당신이 휴식을 취하고 영적으로 준비되었을 때, 그리고 당신이 팀을 모을 수 있을 때인 다른 시간을 정해야 하나, 혹은 긴 시간 동안 그를 도와 줄 수 있는 다른 사람에게 그를 보내야 하나, 할 수만 있다면 당신이 전쟁의 때와 장소를 절대 사단이 택하지 않게 하라. 당신은 성령의 지침 아래 그것을 선택하라.

다른 시간이 정해지면 당신은 한 번에 축귀를 이룰 것인지 혹은 정기적인 기간으로 시간을 나누어 그 사람을 볼 것인지를(예를 들면 석 달 동안 일 주일에 두 시간씩) 결정하는 것이 필요하다. 나의 가장 좋은 계획은 대체로 상담과 기도를 혼합하고 시간의 간격을 두고 마귀 들린 사람을 보는 것이라고 생각한다.

그 이상(ideal)이 상황을 항상 얻을 수 있는 것은 아니다. 나의 여행 중에 나는 한 번 혹은 두 번밖에 집회에 참석할 수 없는 절망적으로 축귀를 찾는 고통 받는 사람들을 만난다. 나는 매 도시마다 내가 그들에게 소개해 줄 수 있는 성숙된 축사자를 알기 소원한다. 그것은 비극의 한 부분이고 내가 이 책을 쓰는 원인 중 하나이다.

### 기도와 금식

예수님 본인에 의해 위임 받은 준비의 부분인 기도와 금식을 이야기하지 않을 수 없다. 나는 제자들이 악한 영에 의해 고통 받는 소년을 치유하는데 실패하고 예수님이 그들이 실패한 이유를 그런 종류는 오직 기도에 의해서만 나갈 수 있다.(초기의 필사본에는 그리고 금식이 첨가되어 있다) (막 9: 28)라고 말씀하신 때를 이미 언급했다.

복음서는 제자들이 준비를 위해 기도하는데 (그리고 금식) 얼마나 긴 시간이 필요했는가 혹은 그들이 어떻게 기도했는가에 대해 아무것도 말하지 않는다. 분명하게 축귀에는 어려움의 정도가 있다는 것이다. 악한 영의 어떤 것은 찬양과 경배 시간 동안 떠난다. 더 강력한 영들은 (특히 사술의 영) 제거하는데는 더 많은 힘이 들고 더 많은 준비를 요한다. 그래서 사람들이 축귀를 위해 기도하기 전에 얼마나 오래 기도하고 금식하는 것이 필요한지 물을 때, 나는 최선의 답은 단지 성령님의 지침을 찾는 것이라 생각한다.

### 팀

시간과 장소를 선택하는 것 외에 생각해야 할 마지막 것은 당신이 팀이 필요한지 아닌지이다. 우리는 이것을 다음 장에서 논의할 것이다.

# 11

## 사역팀 구성

여기서 다시 우리는 이상적인 것에 대해 이야기할 것이다. 왜냐하면 당신이 알고 신임하는 팀과 같이 축귀를 위해 기도하는 것은 이상적이다.

나 자신의 경험과 이 이상은 거의 맞아떨어지지 않았다. 가끔 내가 여행 길에 있을 때, 나는 실제로 나를 강의하도록 초청했던 사람들을 모른다. 그리고 그 시점에서 팀을 형성한다는 것은 어렵다. 행복하게도 나는 지금 결혼했고 진정한 영 분별의 은사를 받은 나의 아내 쥬디스와 같이 보통 치유 사역에서 기도한다. 그것은 그 곳에서 바로 팀이 되는 자연스런 시작이다. 그 때 시간과 장소가 통상적이지 않을 때라도 예를 들면, 집으로부터 2000마일 떨어진 치유 사역에서 300명의 사람들을 위해 기도하려고 할 때.

그럼에도 팀과 하는 축귀를 위한 기도가 최선의 기도 방법이기 때문에 우리는 팀 구성에 대한 이상적인 것에 대해 이야기 하는 것이 필요하다.[1]

네 가지 중요한 이유가 있다.

---

1. Rev. Leo Thomas의 Healing as a Parish Ministry (Notre Dame:Ave Maria Press, 1992) 5장 "The Power of Community"를 권한다.

## 스캔들의 가능성을 막기 위해

만일 남성 혼자 여성에게 사역하고 있다면, 혹은 반대의 경우, 항상 성적 유혹의 가능성이 있다. 분명히 당신이 다른 사람이나 당신과 사역하는 팀이 있다면 혼자 일할 때 있을 수 있는 유혹을 받지 않을 것이다.

빌리 그레함이 정직한 것으로 그의 명성을 유지하는 한 가지 이유는 혼자 자기의 부인이 아닌 다른 여성과 한방에 결코 있지 않는 것을 항상 확실히 한다는 것이다. 특히 음욕의 영은 마귀 들린 사람을 통해 이미 존재해 있는 어떤 위험을 증가시키는 것을 쉽게 행할 수 있다.

우리 팀의 신부가 일본에서 한 여성을 사역하고 있었다. 그녀는 영어를 전혀 몰랐고 그는 음욕의 영으로부터 그녀를 자유하게 하기 위해 통역자를 통해 사역하고 있었다. 갑자기 그 여성이 완벽한 영어로 "당신 나하고 자는 것이 어때?"라고 물었다.

다른 경우, 나는 칠레에서 많은 영으로부터 한 여성의 자유함을 위해 기도하고 있었다. 그녀는 그녀의 등을 바닥에 대고 있었고 그녀의 엉덩이를 흔들기 시작했을 때 여러 가지의 유혹하는 자세를 취했다. 자연적으로 그것은 큰 방해 요소였다. 우리 팀의 여성단원은 그 자극하는 행동으로 화가 났고, 즉시 표면으로 나온 음욕의 영을 쫓아내기 위한 기도를 했다.

## 서로에게 휴식을 주기 위해

팀으로 일하는 현실적이고도 매우 실제적인 이유는 축귀가 피곤하다는(고갈된다고 말하지는 않는다) 것이다. 어떤 축귀는 비교적 빨리 끝난다. 그러나 당신은 사전에 그것이 얼마나 오래 걸릴지 결코 모른다. 당신이 서너 시간 동안 축귀를 위한 기도를 이끌어 간다면, 영적 권위를 가진 누군가에게 기도를 넘겨줄 수 있다면 다음 방으로 물러나가 잠시 동안 쉬거나 혹은 산보를 하는 것이 도움이 된다. 만약 당신이 쉴 수 없다면 당신의 집중력은 약해질 것이고, 거의 효과적일 수 없을 것이다.

### 마귀 들린 자를 저지하기 위해

특히 우리가 영에게 조용히 하고 저항하지 못하도록 명령하는 사전 주의를 한다면, 대체로 축귀 기도할 때 난동은 없다. 그러나 더 힘있는 사술의 어떤 영은 제어하기 힘든 것을 보여줄 수도 있다. 우리 스텝이 사역하고 있던 거의 사로잡힌 한 여성이 의자를 들어 창문을 부수었다. 나는 여러 차례 개인적인 부상을 입을 위험에 처했지만 실제로 상처를 입은 것은 딱 한 번 있었고 그것은 우리가 기도를 시작하기 전에 일어났다. 그때 나는 그 사람에게 (사단과 계약을 맺었도 심하게 마귀들려 고통당하고 있는) 소개되고 있었고, 그녀가 자기 의자 위로 뛰어 올라가서 나의 얼굴을 할퀴고 나의 목으로부터 십자가를 쥐어 뜯었다.

이러한 일이 일어나는 어떤 위험이 있다면 당신은 그 마귀 들린 사람을 제지할 수 있는 몇명의 강한 보조자들을 원할 것이다. (정신 병원에서는 더 많이 일어난다) 그러나 이 정도로 난폭한 마귀들린 자는 드물다.

## 다양한 은사를 활용하기 위해

팀을 이루는 주된 이유는 단순히 우리의 대부분이 모두 같은 정도의 영적 은사를 나타내지 않는다는 것이다. 바울이 말한 것처럼, 크리스천들은 그리스도의 몸을 이루기 위해 다양한 영적 은사를 나타낸다.(고전 12) 간단히 말해 우리는 서로가 필요하다. 나는 축귀 팀에 내가 약한 영역에서 하나님이 더 사용하시기 좋아하시는 사람이 필요하다. 반면에 나 역시 성공적인 축귀에 공헌할 어떤 강한 힘이 있다.

여기 확인된 은사가 도움이 되는 경우가 있다.

### 영적 권위

9장에서 우리는 축귀에 대한 기도를 가장 잘 할 수 있는 사람이 성숙함과 영적 권위를 수여 받은 사람이라고 말했다. 어떤 권위는 하나님께로부터 직접 주어지고(나는 어떤 안수 받지 않은 평신도가 대단히 효과 있는 기도를 하는 것을 보았다) 반면에 다른 사람에게 있는 권위는 그들이 안수 받은 직분와 함께 오는 것 같다. 영들을 쫓아내는 경험은 여기서 분명하게 도움이 된다. 그러나 경험이 거의 없지만 실제 영적 권위를 가지고 성공적으로 기도하는 사람을 보았다.(우리들 모두에게 첫 번 축사가 그것이고, 만약 경험이 절대적으로 필요한 요구 조건이라면 우리는 시작할 수 없었을 것이다)

팀에서 둘이나 더 많은 단원어 이런 영적 권위를 가지고 있다는 것은 얼마나 좋은가 그러면 그들이 때때로 장소와 휴식을 바꿔가며 할 수 있다. 모든 크리스천들이 악한 영을 쫓아내는데 필요한 기본적인 권위를 갖는 반면에 어떤 사람들은 다른 사람보다 그것을 더 발휘한다. 영들의 계급에서 더 강한 영들을 다룰 때, 이것은 중요한 요소로 나타날 수 있다.

또 돌아다니며 귀신을 쫓아낸다고 하는 어떤 유대인들이 악령 들린 사람들에게 주 예수의 이름을 불러서 말하기를 우리가 바울이 전파하는 예수로 너희에게 엄명하노라 하였더라. 제사장들의 우두머리인 한 유대인 스케바에게 일곱 아들이 있었는데, 그들도 그렇게 행하였더니 그 악령이 대답하여 말하기를 내가 예수도 알고 바울도 알지만 너희는 누구냐고 하더라. 그리고 그 악령 들린 사람이 그들 위에 뛰어 올라 그들을 짓누르고 그들보다 힘이 센지라. 그들이 상처를 입고 벌거벗은 채로 그 집에서 도망치더라.(행 19:13-16)

이 특별한 축사자들은 그들이 예수님의 이름을 부름으로 악한 영을 이미 쫓아냈기 때문에 어느 정도 성공을 누리고 있었다. 그러나 그들이 아직 크리스천이 아니었거나 성령의 권능을 받지 않았기 때문에 생각컨대 그들의 실력이 부족했던 것이다.

### 분별의 은사

당신은 보통 분별력을 가지고 사역할 수 있는 반면에 - 귀신 들린 사람과 이야기하거나 영들이 스스로 이름을 대도록 명령함으로 영들이 존재하는 것을 알아낸다 - 이상적인 방법은(당신 스스로 은사를 가지고 있지 않다면) 팀의 누군가에게 분별하게 하는 것이다.

1. 영이 존재하는가 하지 않는가.
2. 영의 정체.

우리는 5장과 6장에서 이러한 질문들을 다루었다.

### 지식의 말의 은사

바울이 고린도전서 12장에서 말한 지식의 은사는 성서학자들에 의해 다른 방법들로 정의되었다. 그러나 오순절 주의자들은 치유 사역에서 아픈 것이나 귀신들림의 원인이 되는 근본 원인을 본인이 그것을 잊어버렸거나 밝힐 수 없을 때에도 그것을 누군가 분별하기 위해 사용할 수 있는 은사에 대한 용어로 써왔다.

이 은사는 마귀활동의 근본 원인이 사단적 의식의 폐해와 같이 너무 고통스러운 것이어서 희생자가 정신 분열없이 생존하기 위해 그것으로부터 기억을 차단시켜야만 할 때 특별히 도움이 된다.(종종 분별력을 가진 사람은 지식의 은사도 나타낸다)

### 중보기도자

단지 뒤에서 하나님을 찬양하는 것으로 채우거나, 축귀의 성공을 위해 조용히 기도하는 한 사람 혹은 더 많은 사람이 있을 때 축귀가 얼마나 쉬울까 또한 우리가 하고 있는 축귀 부분에 대한 적절한 성서 본문을 생각해 내고 그것을 나누는 친구 몇이 있다.

어떤 성서 구절은 그 내용에 대적하는 악한 영을 괴롭히거나 더 나아가서 쫓아내는 큰 능력을 보여주는 것 같다. 빌립보

교회에 쓴 바울서신은 특히 영들을 괴롭히는 것 같다.

> 너희 안에 이 생각을 품으라. 곧 그리스도 예수안에도 있는 생각이라. 그는 하나님의 형체로 계시므로 하나님과 동등하게 되는 것을 탈취라 생각지 아니하셨으나 오히려 자신을 비워 종의 형체를 입으시고 사람들과 같이 되셨느니라. 그리하여 사람과 같은 모습으로 나타나셔서 자신을 낮추시고 죽음에까지 순종하셨으니, 십자가의 죽음에 까지라. 이로 인하여 하나님께서는 그를 지극히 높이시고 모든 이름 위에 있는 한 이름을 그에게 주사 하늘에 있는 것이나 땅 위에 있는 것이나 땅 아래 있는 것이나 모든 무릎을 예수의 이름에 꿇게 하시고 모든 혀가 예수 그리스도를 주라 시인하여 하나님 아버지께 영광을 돌리게 하셨느니라.(빌 2:5-11)

## 팀을 구성하는 것

이상적인 축귀 팀은 5~6명으로 만들어지는 것이 적당하다. 그러나 실생활에서 이렇게 완벽한 은사를 받은 팀은 거의 찾기 어렵다.

마지막으로 팀을 구성하는데 있어, 당신은 당신과 함께 일할 수 있는 사람을 찾는 것이 필요하다. 당신은 분명히 은사를 받았지만 그와 같이 일하기에 어쩐지 불편한 점이 있을 것이다. 그들이 말이 너무 많을 수도 있다. 그들의 기질에 약간의 경쟁심이 있어서 부적합한 때에 주도하기를 원할 수도 있다. 우리의 누구도 완벽하게 맞을 수는 없지만, 그런 결점은, 팀의 구성이 우리가 기도해야 할 상처 입은 사람에게 초점을 맞추도록 우리를 돕는 것보다 우리의 집중력을 갈라놓는 분열이 될 수 있다.

우리는 쉽게 같이 일할 수 있는 사람, 서로 사랑하고 신임할 수 있는 사람들을 찾아야만 한다.

다음에는 팀의 어떤 단원과 함께 할 것인가 보기 위해 눈 한 쪽으로 힐끗 거리는 것을 원치 않는다. 서로에 대한 팀의 크고 진실한 사랑이 그 자체로 치유에 대한 엄청난 힘이다.

# 12

## 귀신 들린 사람은 축귀를 위해 어떻게 준비하나

**보**통 축귀를 받기로 한 사람과 개인적인 면담을 갖는 것이 최선이지만, 그것이 항상 가능하지는 않다. (예를 들면, 큰 신유 집회에서는 축귀 사역이 더 좋은 시간까지 연기될 수 있음에도 불구하고, 축귀가 동시다발적으로 터져 나올 수 있다)

### 인터뷰

인터뷰에서의 가장 중요한 요소는 지망자의 열린 마음과 정직함이다. 인터뷰는 조직적일 필요는 없고, 사람들이 그가 알고 있고, 기억할 수 있는 것들을 편하게 나누도록 하는 것이 필요하다. 우리가 알기 위해 찾는 것은 악한 영이 그 사람의 존재 안으로 들어간 이유이다. 그것이 항상 그 사람의 잘못은 아니지만 언제나 원인은 있다. 우리가 오직 약한 부분을 알았을 때, 우리는 영이 느슨해지는 것을 살필 수 있고, 영이 돌아올 수 없도록 그 부분을 강하게 할 수 있다.

*사람이 저지른 어떤 것이 이런 상황을 있게 하였는가?*

그에게 죄가 있는가? 예를 들면 그가 오이자 판(역주:점치는 판)을 가지고 놀았던 것을 기억할 수 있을 것이다. 이런 마귀의 침입이 그의 잘못에 의해 어떤 길로 들어 왔다면, 인터뷰 시간이나 실제 축귀 기간 초반에 그는 그의 죄를 고백하고 하나님의 용서를 구하는 것이 필요하다. 고백은 전형적으로 야고보서 5:15-16에 있는것 같이 성숙된 크리스천의 면전에서 큰 소리로 해야만 한다.

> 믿음의 기도는 병든 자들을 구원하리니 주께서 그를 일으키시리라. 그가 죄들을 범했어도 그것들을 용서해 주시리라. 그러므로 너희는 서로 잘못을 자백하고 치유를 위하여 서로 기도하라. 의인의 효과적이고 열렬한 기도는 역사하는 힘이 많으니라.(약 5:15-16)

가톨릭 전통에서 이것은 고해성사에서 신부들에게 일어난다. 사단은 지독한 율법주의자이다. 그러므로 고백되지 않은 죄가 마귀의 침입과 연관되어 있다면 침략 받은 영은 당신이 기도할 때 아마 떠나지 않을 것이고 혹은 짧은 시간 떠났다가 곧 바로 다시 돌아와 희생자의 약한 부분으로 침입할 것이다.

*다른 사람의 죄 때문에 노략 당하여 희생된 사람이 있나?*

어떤 여성은 그녀가 어릴 때 강간당한 것이 원인이 되어 두려움과 음욕의 영으로 고통을 당할 수 있다. 자연적으로 그녀는 그녀가 범하지 않을 죄를 회개할 필요는 없지만, 그럼에도 그녀는 가끔 더러움과 죄의식을 느낀다. 그녀가 해야 할 필요가 있는 것은 그녀에게 죄를 범한 사람들을 용서하는 것이다. 감정적인 피해가 심각했었다면 그것은 매우 어려울 것이다.

나는 우리에게 깊은 상처를 준 원수를 용서한다는 것이, 인간적인 말로, 거의 불가능하다는 것을 깨닫게 되었다. 우리가 필요한 것은 예수님의 선물인 은혜이다.

나는, 예수님이 그 사람을 위해 가지신 사랑과 용서의 능력이 나에게 들어와 예수님께서 말씀하신 것처럼, 아버지여 그들을 용서하소서, 그들은 그들이 하는 것을 모르나이다(눅 23:34) 라고 부르짖으셨을 때 십자가에서 승리하신 용서로 채워질 수 있기를 기도해야만 한다.

나 자신으로는 용서할 수 없지만 하나님의 도움으로 나는 할 수 있다. 이것은 물론 우리에게 범하여진 죄를 용서하는 것을 의미하지는 않는다. 그것은 단지 성 어거스틴이 말한 것처럼 우리는 맹렬하게 죄를 미워하지만 죄인은 사랑한다.

감정이 상처와 접해 있기 때문에 깊은 용서는 대체로 시간이 걸리고, 우리는 사람들에게 하는 척 하도록 강요하지 말아야 한다. 그들이 용서하는 것을 원치 않는다고 말한다면, 나는 그들이 그것을 해야 한다는 필연적인 감정 없이 용서할 수 있는 가를 묻는다. 종종 우리가 할 수 있는 최선의 것은 "당신은 용서하고자 하는 의지가 있습니까?" 라고 묻는 것이다.

그럼에도 아주 최소한 우리는 눈에는 눈, 이에는 이와 같은 복수에 대한 갈망을 단념하도록 할 수 있는 것이 필요하다.

> 사랑하는 자들아, 너희 스스로 복수하지 말라. 뒤로 물러서서 하나님의 진노하심에 맡기라.(롬 12:19)

어떤 이가 그의 죄를 회개하고, 고백하고 그리고 그의 원수를 용서한(필요하다면) 후에 물어 보아야 할 두 가지 중요한 질문이 있다.

1. 당신은 그 문제가 언제 시작되었는지 알고 있습니까?
2. 당신은 그것이 왜 시작되었는지에 대해 알고 있는 것이 있습니까?

당신은 단지 그 사람이 말을 하게 하는 것으로 그 문제가 언제, 왜 시작 되었는지를 알 뿐 아니라 아마 어떤 영이 존재하는지 조차도 알게 되는 것을 가끔 발견할 것이다. 예를 들면 로베르타는(내가 1장에서 언급한) 수년 전 사단의 대 사제에 의해 제물로 드려졌을 때, 그녀의 옷에 핀으로 붙여진 이름이 공포의 왕임을 알 수 있었다.

어떤 사람들은 수줍어서 이야기하는 것을 힘들어 한다. 어떤 때는 마귀가 나타나 적극적으로 그 사람과 이야기하는 것을 방해한다. 이러한 방해가 일어난다면, 방해를 중지하도록 영에게 명령하라.

나는 예수의 이름으로 조롱의 영 너에게, 내가 ___ 에게 말할 수 있도록, 방해하는 것을 중단하도록 명령한다!

인터뷰는 그 사람이 축귀를 위해 준비되어 있고 우리가 다루어야 할 것이 무엇인지 알 때 짧을 수 있다. 인터뷰는 마귀 들린 사람이 사술의 관여에 무죄할 때 더 짧을 수 있다.

반면에 마귀 들린 사람이 태도를 늘 바꾸거나 혹은 너무 불안정한 바탕 때문에 축귀를 지속할 수 없다면 준비하는데 시간이 걸릴 수 있다.

나의 친구들은 그들의 피상담자들 중 어떤 이에게는 축귀 전에, 기도와 성서를 규칙적으로 읽는 것으로 6개월을 보내게 하고, 친교 그룹의 일원이 되게 하고, 규칙적으로 교회에 참석하게 하는 것으로 준비하게 요구한다. 나의 친구들은 불안정한 삶을 살아왔던 사람들이 단단한 바탕(환경)를 만드는 것이 필요하다는 것을 발견했다. 그리고 당신이 악한 영들을 쫓아내어 다룬다 할지라도, 그 영들은 간단히 돌아올 것이다. (두려움이 있는 사람들을 위해 나는 견고한 크리스쳔의 삶을 사는 사람은 영들이 돌아올 것을 두려워할 필요가 없다는 것을 강조하고 싶다)

## 영들을 구별하는 것

우리의 축귀에 대한 접근이 우리가 다루는 영의 종류에 따라 매우 다를 것이기 때문에 일반적인 방법으로 영을 구별하도록 하여야만 한다.

영에 대한 기본적인 네 가지 부류가 있다.(앞에서 내가 말했듯이) 그래서 우리는 우리가 대면하던 안하던 분리할 필요가 있을 것이다.

상처 주는 영들.
죄 많은 영들.
사술적인 영들.
조상 전래의 영들.

### 상처 주는 영들

이 영들은 피해자의 과거 상처를 끄집어내는 것들이다. 이 마귀의 침입으로 인한 죄는 근본적으로 본인 자신의 죄는 아니고 깊은 상처로 남아 있는 다른 사람의 죄이다.

이런 영의 종류의 좋은 예는 *거절감*이다. 그녀의 어머니나 아버지에 의해 거절당한 어린 소녀는, 후에 여인이 되어 인생에서 아주 자연적인 수준인 누군가가 그녀를 진실로 사랑할 수 있다는 것을 믿는 것이 어렵다. 그리고 그녀는 누구를 믿는 것이 어렵다는 것을 발견할 것이다. 그 상처로 들어간 거절의 영은 인간적인 거절을 더 깊게하고 그 여인이 신뢰하는 것을 더욱 힘들게 만든다.

그녀는 가해자를 미워하는 것을 회개하는 것이 필요할 수도 있지만, 그러나 근본적으로 그녀는 죄를 저지른 것 보다는 죄의 희생자이고, 가해자라기 보다는 오히려 희생자인 것이다.

### *죄에서 오는 영(Sinful Spirits)*

여기 당신의 인터뷰에서 마귀의 체내 침입이 사람들 자신의 죄 많은 행동이 원인이 되었던 것을 알아낼 수 있다. 죄가 강렬하고 의지에 차 있다면, 혹은 그것이 오랜 시간 동안 탐닉되어 왔다면 그 때 악한 영은 어떤 면에서 초대받은 것이다.

폭력으로 그의 개인적 문제를 처리하곤 했던 한 남자가, 그 때 해군에 입대하여 전쟁에서 그의 폭력을 정당화시킬 이론적 근거를 발견했다. 그가 군복에 메달을 달고 군복무를 마치고 제대하지만, 그러나 그가 즐겨온 폭력의 습관적 형태 때문에 그는 정신적인 어려움들을 갖는다. 또한 그의 조절할 수 없는 성질은 여러해 동안 그에게 들어와 있던 다양한 영들에 의해 더 강렬해진다.

죄의(살인 같은것) 이러한 영들 중 어떤 것은 악랄하고 제거하기 어렵다. 다른 것들은(허영심 같은것) 투덜대며 선웃음 치며 나간다.

### 사술의 영들

당신의 인터뷰에서 사람이 사술에 빠져있었던 것이 드러날 수 있다. 이것을 아는 것은 중요하다. 왜냐하면 사술의 영은 가장 완강하여 내어쫓기 어렵다. (다음 장에서 어떻게 이것을 하는가를 보여줄 것이다)

사술의 영이 있다는 것을 알아내는 것은 특히 중요하다. 왜냐하면 사술의 영들은 당신이 시도하는 치유를 위한 모든 기도를 막으려 하기 때문이다.

### 조상 전래의 영들

많은 영들이 이 세 가지 부류에 들어가지 않는다. 그들 중에서 가장 중요한 것은 조상 전래의 영들이나, 혹은 죽은 자의 영면하지 못한 영이라고 자신을 말하는 가족의 영들이다. 가짜 종교의 영이나 율법주의의 영같이 쉽게 부류 지을 수 없는 다른 다양한 영들이 있다. 우리는 후에 18장에서 이 다양한 영들의 어떤 것들을 논의할 것이다.

## 질문서

처음 인터뷰에서 문제들을 정확하게 지적하는 것을 돕기 위해, 당신이 처음 의사를 찾아 갔을 때, 간호사가 당신에게 주는 질문서 비슷하게 물어볼 일련의 질문을 만들기를 원할 것이다. 그가 축귀가 필요한지를 결정하기 위해 당신이 누군가를 면담할 때마다 질문서를 사용하는 것으로 구속받지 말아라. 오직 당신이 긴 기간 동안 기도할 시간이 있을 때만 사용하라. 그러나 잘 정돈된 질문지는 당신이 의미 있는 것을 놓치지 않도록 도울 수 있다.

우리의 스텝의 여러 방면의 단원들이 개발한 질문지를 종합한 것이 여기 있다.[1] 우리는 이상적인 것으로 이것을 제안하는 것이 아니라, 단지 당신이 자신의 것을 개발하는 데 격려하기 위한 모델로 제안하는 것이다.

### 축귀 질문서

단지 농담으로든, 호기심에서든 혹은 진지하게든 다음 것을 해 보았는가.

1. 당신의 운명을 찻잎, 손금 읽기, 수정공 등에 의해 말한 적이 있나?
2. 점성술을 읽거나 따르며, 당신 자신을 위해 만들어진 도표를 가지고 있나?
3. 요가나 초자연적인 명상을 연습했었나?
4. 강령회나 심령주의자들의 모임에 참석했었나?
5. 당신이 전에 어떤 존재 속에 있었는가에 대한 환생에 대한 읽을 거리를 가지고 있는가?
6. 오이자 판이나 태롯 카드(22매 한벌의 트럼프) 혹은 던전스(감옥) & 드래곤스(용)를 놀이한 적이 있나?

---

1. 그 중에서도 북 플로리다의 성결교회에서 치유사역을 개척하고 인정받았던 디어링 신부의 며느리인 Mrs. Norma Dearing가 그 시아버지에게 배운 것으로 도왔다.

7. 초감각적 지능(ESP), 텔리퍼시 등을 이용한 사술적 성질의 놀이를 한 적이 있는가?
8. 영매나 실질적 전달 경로로 행하는 무당에게 상담한 적이 있는가?
9. 심령 치료나 심령 수술을 찾은 적이 있는가?
10. 테이블 들기, 몸 들기, 자동으로 쓰기, 혼의 여행을 연습한 적이 있나?
11. 보호를 위해 부적 같은 것을 사용한 적이 있나?
12. 우물을 어디에 팔 것인가를 발견하기 위해 수맥 마술을 사용한 적이 있나?
13. 마법, 운명을 말하는 것, 초 감각적 지능, 심령 현상 혹은 사로잡힘에 대한 책을 읽거나 가지고 있는가? 사술을 하는 어떤 사람이 당신에게 준 것을 집에 가지고 있는 것이 있는가?[2)]
14. 영화에서 마귀에 관한 주제에 흥미 있어 한 적이 있는가? 사술에 흥미가 있는가?
15. 에드가 케이시나 다른 뉴 에이즈 저자의 저서를 받아들인 적이 있나?
16. 다른 이에게 마인드 콘트롤을 시도하고, 주문을 외우고, 심령 체험을 찾은 적이 있는가? 사람이나 심령술 전화를 통해 심령술을 접한 적이 있는가?
17. 사단과 계약을 맺거나 사단을 경배하는 것에 참여한 적이 있는가?
18. 마법이나 부두의식에 참석한 적이 있는가?

2. 이런 책들을 여러 이유에서 읽을 수 있다. 차이는 그들의 삶을 조정하려고 이런 책을 읽을 때이다.

19. 마법, 이교도 종교, 점술에 관여했거나 마술 주문을 사용했던 친척이나 조상을 아는가?
20. 사당이나 유대 크리스천 종교가 아닌 성전에 방문한 적이 있나?
21. 프리메이슨주의에 관여했던 적이 있는가? 당신의 가족 중 누군가 관여한 적이 있는가?
22. 우리가 자신감의 과잉으로 하나님이 필요 없다는 착오를 받아들인 적이 있는가?
23. 환각제, 마리화나, 코케인 혹은 환각을 일으키는 마약을 사용한 적이 있는가?
24. 술로 인한 문제가 있었는가? 가족의 다른 사람은 어떠한가?
25. 당신 자신을 포르노 잡지, TV, 혹은 무대 쇼, 책들, 토플리스 술집, X 등급 영화 등에 노출시킨 적이 있는가?
26. 습관적인 자위 행위로 문제가 된 적이 있는가?
27. 비정상적인 성행위에 관여한 적이 있는가?
28. 혼음에 관여한 적이 있는가?
29. 유산을 했거나 유산 시킨 아이의 아버지와 인적이 있는가?
30. 자신이 죽기를 소원한 적이 있는가?
31. 다른 사람이 죽기를 소원한 적이 있는가?
32. 당신 자신이 자살을 시도한 적이 있는가?
33. 누군가를 죽이고자 한 적이 있는가?

이러한 질문서를 활용하는 것에서, 우리는 어떤 활동은(오이자 판 놀이를 하는 것 같은) 분명히 금지되어지고, 반면에 다른 것들은 참작할 만한 정상에 포함할 수 있다는 것을 깨달아야만 한다. 당신은 에드가 케이시의 작품을 공부할 충분한 이유를 가질 수 있고,(예를 들면, 그 주제로 강의를 준비하거나 혹은 에드가 케이시의 추종자였던 피상담자의 심각한 질문에 대답하기 위해 더 배우는 것) 해를 입지 않는다.

더 나아가서, 강령회에 참석한다던가, 오이자 판 놀이를 한다던가 혹은 다른 사술적 활동에 열중하고 그리고 후에 영향을 받지 않을 가능성도 꽤 있다. 두 사람이 오이자 판을 놀고 난 후에 둘이다 회개하는 것이 필요하지만, 그러나 다른 사람은 전혀 문제가 없는 반면에 한 사람은 후에 사술의 영에 의해 침해 받을 수 있다. 한 쪽, 혹은 둘 다 축귀가 필요하거나 둘 다 필요 없을 수 있다. 그럼에도 이 질문들은 물어 보기에 좋다. 왜냐하면 그 질문들은 악한 영에 의해 문제가 있는 사람의 원인을 찾는 것을 돕고, 이 질문들은 우리의 관심을 우리의 회개가 필요한 지난날의 삶의 영역으로 가져간다.

또한, 그것에 대한 타당한 질문이 있는, 분명하게 금지된 것이 아닌 어떤 활동이 있다는 것을 알아두라. 이런 것들 가운데 최면술과 요가 체조가 있다.

최면에 걸리는 것은 위험한 것이다. 당신의 의지가 무방비 상태일 때, 당신은 어떤 것이 당신의 혼을 침략하는 것에 노출될 수 있다. 그러나 어떤 사람들은 최면이 두 가지를 경계함으로 정당화 될 수 있다고 믿는다.

첫째, 당신이 그것을 해야할 충분한 이유를 가지고 있는 것. 예를 들면 어떤 사람의 기억이 10살 이전의 것에는 막혀있을 때, 최면을 통하여 깰 수 있는 장벽임을 의미한다.

두 번째 경계해야 하는 것은 과정을 지휘하는 사람이 평판이 좋아야 하고 환자를 보호하여야 한다는 것이다. 실내게임처럼 사람을 몽환의 경지에 놓는 것은 분명히 심리학적인 이유만큼이나 영적으로도 위험하다.[3]

마찬가지로 우리는 요가 체조의 연습에서도 논쟁거리를 발견한다. 어떤 크리스쳔은 요가 철학을 거리낌 없이, 그러한 체조를 연습하는 것은 유익하다고 말한다. 다른 이들은 그렇게 할 수 없다고 말한다. 왜냐하면 체조가 그 밑에 깔려있는 철학과 밀접하게 연결되어 있기 때문이다.

개인적으로 나는 내가 확신할 수 없을 때, 안전한 길을 택하는 것을 더 좋아한다.

동시에 우리는 우리가 익숙하지 않은 행위를 다른 이들이 그들을 비난하는 것을 들은 것으로만 속단하여 비판하는 것은 피하는 것이 좋다.

## 취할 단계들

당신이 인터뷰에서 치유가 필요하고 축귀가 필요한 것을 알아냈으면, 사람들이 다음 것을 할 수 있게 돕도록 하라.

1. 회개하고 그들이 저지른 죄들에 대해서 하나님의 용서를 구한다.
2. 그에게 해를 준 사람을 용서한다.
3. 그가 실행했던 사술적 행동을 포기한다.

---

3. 정신과 의사들은 환자가 심한 상처로 인해서 기억을 상실했을 때 환자의 기억을 회복하기 위한 합당한 이유로 최면술을 쓴다. 그러나 지식의 말씀을 통하여 성령님은 상담자의 과거에 관하여 우리가 필요한 것을 계시해 주실 수 있다. 그리고 우리가 상담자와 같이 기도할 때 그들의 과거가 열리고 고통스러웠던 사건들을 기억할 수 있는 때도 있다.

내가 전에 말했듯이 회개와 단절하는 것은 다르다. 회개는 우리가 죄를 알고, 죄로서 그것을 고백하고, 하나님의 용서를 구하고 그것으로부터 돌아서는 것을 의미한다.

단절하는 것은 깊은 차원의 것이 첨가된다. 우리가 과거에 행하였던 것에 대한 사죄와 우리의 삶을 바꿀 것을 결단하는 것에 더하여, 우리는 단절을 정확하게 선언함으로 우리의 지난 죄를 거절하고, 내어버리고, 철회한다. 우리의 사술적 행위를 단념함으로 이전에 악한 것의 영역에 포위당했던 것을 철회한다.

축귀 기간에 기도해야 할 영역을 찾아낸 후에(질문서로 혹은 질문서 없이) 당신은 앞으로 그가 어떻게 최선을 다해 기도할 수 있는가와 그가 가장 도움을 필요로 하는 특정 영역에 대해 책을 읽어야만 할 것에 대해 제시하는 것이 바람직하다.[4]

---

4. Christian Healing Ministries, 의 중보기도 디랙터인 Joy Lamb이 Lamb's Books, Inc(P.O. Box 9520, Jacksonville, FL 32208)에서 출판된 기도 지침서, The Sword of the Spirit... the Word of God을 썼다. 이책에서 보호, 축사, 내적치유 등에 적용되는 성경구절을 담고 있다.

Part 5

# 축귀 기도

# 13

## 축귀 기도
*기본적 형태*

이제 우리는 이 책의 가장 실질적인 단계에 왔다.

축귀 기도의 기본적인 형태는 무엇인가? (13장 이후 세 개의 장에서 우리가 다루는 영의 종류에 따라 세 가지의 주요 변화를 설명할 것이다)

우리가 축귀를 실행할 때 깨달아야 하는 첫 번째 것은 축귀 기도는 치유 기도와 다르다는 것이다. 사실 그것은 결코 기도가 아니다. 그것은 명령이다. 그것은 기도처럼 하나님께 직접 하는것이 아니라 악한 영에게 나가도록 명령하는 것이다.

이 명령은 하나님의 권위, 예수 그리스도의 이름에 의해 뒷받침 된다. 예를 들면 바울은 그를 계속 괴롭히는 노예 소녀로부터 점치는 영을 쫓아냈다.

> 그 소녀가 여러 날을 이렇게 하므로 바울이 마음이 아파서 그 영을 향하여 내가 예수 그리스도의 이름으로 내가 명하노니 그녀에게서 나오라고 말하니 그 즉시로 나오더라.(행 16:18)

반면에 치유 기도는 하나님께 직접하는 것이다. 우리는 분명히 하나님께 어떤 것을 하시도록 명령할 수 없다. 우리는 이런 경우 치유하여 주실 것을 하나님께 청한다.[1] 우리는 피조물이고 하나님은 창조자이시다.

> 그때 주께서 회오리 바람 속에서 욥에게 대답하여 말씀하시기를 지식이 없는 말로 이치를 어둡게 하는 이자가 누구냐 너는 이제 남자답게 네 허리를 동이라. 내가 너에게 요구할 것이니, 너는 내게 대답하라. 내가 이 세상의 기초들을 놓을 때, 네가 어디 있었느냐 네게 명철이 있다면 분명히 밝히라.
> 네가 네 날 이후로 아침에게 명령한 적이 있으며, 새벽으로 그의 처소를 알게 하여…(욥 38:1-4, 12)

우리가 치유를 위해 기도할 때, 우리의 기본적인 태도는 간절한 부탁의 태도이다. 나는 은총을 구하는 종이다.(혹은 좀 더 나은 것으로 친구) 약속 위에 바탕을 두고 있으나, 은총을 구하는 것이다.

## 준비

나는 당신이 이미 팀을 형성하고 축귀를 찾는 사람을 인터뷰할 기회를 가졌기를 바란다. 분명히 피상담자의 이력과 영이 어떻게 들어오는 입구를 얻었는가를 안다면 도움이 될 것이다. 주된 영의 정체를 안다면 특히 도움이 될 것이다. 그렇지 않다면, 축귀 기간의 첫 번째 부분은 피상담자와 이야기하

---

1. 치유기도가 어떤 때는 명령의 형태일 수도 있다. 명령 뒤에 하나님의 권세를 가지고 원래 창조질서에서 벗어난 것들에게 원래의 모습으로 회복되라고 명한다. (예: 눅 4:39에 예수님께서 베드로의 장모의 열병보고 떠나라고 꾸짖으신 것) 이런 종류의 기도는 질병의 악을 떠나라고 명령하는 데 있어서 일종의 축사라고 볼 수 있다.

고 영이 어떻게, 왜 들어갔으며 그들이 누구인가를 될 수 있는 한 많이 알아야 하는 것을 필요로 할 것이다.

사역은 물론 기도로 시작한다. 먼저 우리에게 지혜를 주시고 우리를 기도를 이끌어 주시도록 예수 그리스도를 초청한다. 영들을 쫓아내는 그분의 권위를 부른다. 사람들을 자유롭게 할 뿐 아니라 치유하도록 하나님의 능력과 사랑으로 우리에게 기름 부시길 성령께 구한다. 하나님께서 그의 능력과 사랑이 넘치도록 그 방에 채우시길 구한다. 그러한 분위기에서는 어떤 악한 것도 생존할 수 없다.

우리는 거룩한 천사들이(특히 천사장 미가엘) 우리에게 역사하고 그들의 방어로 우리를 둘러싸며 우리를 위해 전쟁을 하도록 부른다. 반면에 하늘에 있는 성자들의 단체와 히브리서 12:1의 무수한 구름 같은 증인들은 우리를 위해 중보하도록 구한다.

마지막으로 예수 그리스도의 이름으로 악한 영의 영역에 어떤 교통도 금지한다. 이 때 피상담자를 괴롭히던 영들은 고통을 받을 것이다. 그리고 이 영들이 사람 바깥의 어떤 영들로부터 오는 힘을 끌어들이는 것을 금지한다.

방어하는 기도가 끝나면 이제 축귀 그 자체를 진행할 준비가 된 것이다.

## 도움이 되는 제안들

### *긍휼함을 가지라*

피상담자에게 화내지 말 것을 다시 기억하라. 그를 위해 깊은 긍휼함을 느끼는 것이 필요하다. 그녀가 이미 느끼고 있을 수치심과 자신을 미워하는 것을 증가시킴으로 그녀에게 더 상처를 주지 마라.

### 잔잔한 목소리로 말한다

어린아이를 다루는 것 같은 것이다. 당신이 실제로 권위를 가지고 담당하는 사람이라는 것을 안다면 당신은 조용하게 명령할 수 있다. 마귀가 당신이 침착하고 자신있는 사람이라는 것을 감지한다면 그들은 어린아이처럼 당신의 명령에 순종할 것이다.

또한 당신이 불안해하면 마귀들이 그것을 감지하고 그들을 쫓아내는데 더 오래 걸릴 것이다.(처음에 우리의 대부분은 조금 불안한데 그것은 예상된 것이다)

마귀에게 소리치고 날뛰는 것은 우리 자신의 불안함을 알리는 것이다. 혹은 우리가 마귀에게 화가나기 때문에 크게 소리 낼 수 있다. 위험한 것은 어떻게 피해자가 그녀 자신에게 직접 화내는 것과 마귀에게 화내는 것을 골라 낼 수 있는가 하는 것이다. 그래서 조용히 하는 것이 더 낫다.

### 상담자의 눈을 본다

절대적으로 필요한 것은 아니다. 그러나 이것이 도움이 되는 것 같다. 5장에서 나는, 당신이 마귀를 숨기는 사람의 눈을 들여다 볼 때 거기에 무엇이 있다는 것을 볼 수 있을 것이라는 것을 언급했다. 당신은 단지 눈여겨 보는 것으로 악한 영을 구별할 수 있다.(미움인지, 조롱 혹은 자만인지, 아니면 그 어떤 다른 것인지)

르완다에서 있었던 대학살을 다루며, 타임지는 잡지 표지에 선교사가 "지옥에는 악마들이 남아 있지 않다; 그들이 르완다에 있다." 라고 말한 것을 인용했다. 같은 기사에 U.N 관리자가 살생자인 젊은 남자를 표현한 것을 인용했다.

당신이 그들의 눈을 본다면, 정상적인 사람의 눈에는 없는 어떤 것이 그들의 눈에 있는 것을 볼 것이다.[2]

사람의 눈을 본다는 것은 악한 영을 직접 대면하는 것과 같고 그들을 쫓아내는 것을 돕는다. 나는 영들이, 도전적일지라도, 눈으로 우리를 보는 것을 두려워하고 그것을 피하기 위해 그들이 할 수 있는 무언가로 방어하는 것을 발견했다. 가끔 (내가 이미 언급했듯이) 눈동자가 위로 말려 올라가 흰자위 외에는 아무 것도 안 보인다. 대체로 나는 그 사람에게 나를 보라고 요구한다. 보통 그녀가 아직 그녀의 몸을 명령할 수 있으면 그녀는 그렇게 할 것이다. 그러나 영이 강하다면, 영은 그녀가 돌아가는 것을 제지한다. 이러한 일이 일어나면 당신은 영에게 "예수의 이름으로 내가 너에게 나를 보도록 명한다."라고 말할 수 있다. 그리고 영이 그것의 잡은 것을 풀고 사람이 그렇게 할 때까지 계속 (조용하게) 명령하는 것을 한다.

혹은 사람들이 앞으로 나올 때, 당신이 그들을 위해 기도하고 있을 때, 어떤 사람들은 당신에게 도달하기 전에 마루에 쓰러진다. 대체로 이것은 하나님의 능력이 너무 강해서 그들이 서 있을 수 없기 때문이다. 그러나 가끔 악한 영도 같은 것을 할 것이다. 사람들은 앞으로 나가기 원하지만, 영들은 당신에게 가지 못하게 필사적으로 싸운다.

2. Nancy Gibbs, "Why? The Killing Fields of Rwanda," Time, May 16, 1994, p. 59.

### 일시적인 사로잡힘을 어떻게 다룰 것인가 결정한다

축귀 기간에 가끔, 그들의 존재를 전혀 나타내지 않았지만 그러나 교묘한 방법으로 사람들의 삶에 영향을 미쳤던 영들이 두려움을 느껴 표면으로 나타나 그들이 그들의 힘으로 그녀를 소유하기 위해 싸울때 피해자의 인격을 빼앗는다. 그 다음 그 사람은 일어난 일에 놀라움을 나타낸다. 한 순간에는 당신은 외관상 정상인 사람과 이야기하고 있고, 다음 순간에는 그 인격이 거기 더 오래있지 않고 당신은 마귀의 존재와 얼굴을 맞대게 된다.

만약 이런 일이 일어나면 당신은 결정을 내리는 것이 필요할 것이다. 지금이 겉으로 표출된 영들을 대면하여 쫓아낼 때인가? 실제적인 축사 전에 아직 당신이 그들을 인터뷰하고자 하는 동안에 영들이 표출되었다면, 당신은 그들에게 떠나라고 명하고 "나는 지금 네가 아닌 ___와 말하기를 원한다. 나는 너에게 그녀의 목소리를 풀어주고 그녀가 말하는 것을 허용하도록 명령한다." 라고 말할 수 있다. 이런 일시적인 사로잡힘은 가끔 당신이 그 사람을 예수님을 향한 위탁으로 인도할 때 일어난다. 그녀가 예수님의 이름을 말하려고 할 때 오직 예라는 대답을 반복하며 더듬을 뿐 끝마칠 수 없다.

일시적 사로잡힘의 특이한 양상 중 하나는 후에 그 사람이 그 시간 동안 일어난 어떤 것을 기억하지 못한다는 것이다. 사람 자아가 두 시간의 축사 사역 동안 잠식하게 되었다면 아마 그 시간 동안 말하고 행동했던 것을 아무 것도 기억하지 못할 것이다. 그녀는 당신에게 저주를 퍼부었거나 혹은 몸부림치며 뒹굴고 날카로운 비명을 질렀을 것이다. 그 후에 은혜스럽게도 그녀는 그것의 기억이 전혀 없을 것이다. 결국 그녀는 아마

상쾌해져 당장에 축하를 할 것이며, 반면에 당신과 당신의 팀은 지쳐있을 것이고 그 순간에 금방이라도 잠을 잘 수 있을 것이다.

일시적인 사로잡힘의 현상은 일상적인 축귀를 하는 허가를 받기 위해, 그 사람이 사로잡혔다는 것을 교회의 권위자에게 증명하는 질문에 큰 문제를 일으킨다. 당신이 할 수 있는 것은 오직 그 사람이 보통은 정상적으로 행동하지만 종종 사로잡히는것 같다고 말할 수 밖에 없다.

일시적인 사로잡힘은 또한 어떤 연쇄 살인범들이 그들이 저지른 끔찍한 사건에 대해 다음날 아침 신문에서 읽을 때 놀란다고 말하는 이유를 설명한다. 그들은 진실을 말하고 있다. 그 때 누군가가 대신하였다. 실제 마귀가 그들이 그것을 하도록 만들었다. 물론 궁극적으로 그들은 자기 자신을 사단의 지배 하에 떨어지게 한 것에 대한 책임이 있다. (예를 들면, 사단주의에 깊게 빠짐) 그러나 비극은 실제의 그들 자신이 그런 괴물 같은 죄를 저지를 수 밖에 없는 것이었다. 더욱 그들이 회개하고 그들의 삶을 우주의 하나님에게 돌리면, 그들은 괴물이 아닌 구출될 수 있는 인간이다.

### *사람을 만질 것인가 결정한다*

우리는 여기 두 가지 대조되는 견해를 가지고 있다. 어떤 이는 당신이 가능하면 사람을 만지지 말아야 한다고 주장한다. 그것은 전염될 수 있고 위험할 수 있기 때문이다. 반면에 나 자신의 경험은 성령의 능력이 우리에게서 고통 받는 사람에게 흘러간다는 것이다. 악한 영이 그 사람의 목에 자리 잡고 있다면, 나는 나의 손을 가볍게 목에 올려놓을 것이다. 악한 영은 우리들 가까이에 서 있을 수 없어서 손을 올려 놓는 것이 나가도록 그들 위에 압력을 가하는 것이 된다. 악한 영들의 피해자를 만짐으로 당신은 그 영들에게 불편함과 떠나감을 서두르는 것을 가중시킨다.

손을 올려놓는 것이 물론 기본은 아니고, 나는 당신의 그 사람을 만질 필요가 없다(혹은 만지지 않아야 한다)라는 견해를 존중한다.

접촉은 거칠지 않아야만 한다. 대조적으로 그것은 악한 영이 머물 수 없는 사랑의 표시일 수 있다.(여러 번 나는 접촉의 두려움으로 특성을 나타내는 영을 접한 적이 있다. 그것은 자신을 만지지 말라고 소리친다)

나는 어머니의 사랑을 전혀 모르는 한 여성과 기도했던 것을 기억한다. 나는 쥬디스에게 그녀를 안고 어머니가 하는 것처럼 쥬디스의 팔을 흔들라고 청했다. 우리가 결혼하기 전의 일이었다. 그녀 안에 있는 영은 "너는 엄마였던 적이 없어. 너는 어떻게 하는지 몰라!"라며 쥬디스를 비웃었다. 정신병원의 환자였던 그 여성은 그날 저녁 자유함을 얻었다.

## 축귀를 위한 실제 기도

당신이 기도를 시작할 때까지는 쫓아내야 할 영의 정체를 알아야만 한다. (준비 과정을 통해 혹은 이 축귀 과정 처음에) 전형적으로 이 지식은 분별의 은사를 가진 팀의 누군가로부터 오거나 혹은 면담이나 일반적인 상담을 통해 얻은 분별을 통해 온다.

당신 주위의 팀과 같이 당신은 고통받는 사람이 앉아 있으면 그를 바라보고 앉는 것이 바람직하다. 그 사람이 아직 그녀의 인생을 예수님께 맡기지 않았다면, 그녀는 지금 그렇게 할 수 있다. 그녀는 축귀를 위해 그녀와 연결된 어떠한 죄든 회개하는 것이 필요하고, 사술과 연결된 어떤 행위도 단념해야 한다. 왜냐하면 그것은 그 사람이 예수님께 위탁되었음을 확인하는데 좋고 그녀가 최선을 다해 회개할 때, 악한 영이 그녀가 회개하는 것을 방해하려는 것을 생각할 수 있기 때문에 당신은 이 두 가지 영역으로 완전한 준비의 기간을 갖기 원할 것이다.

이러한 준비를 다룬 후에, 그 사람에게 눈으로 당신을 보도록 청한다. 조용히 기도하며, 성령께 먼저 어떤 영을 쫓아낼 것인가를 결정하기 위해 당신을 인도하여 주실 것을 구하라. 가끔 당신은 가장 강한 중심 되는 영으로 시작한다. 당신이 그 하나를 쫓아내면, 다른 약한 것들은 거의 저항 없이 따라간다. 다른 때, 특히 중심 되는 영이 대체로 힘이 강하다면 가장 작은 것으로부터 시작한다. 이것은 큰 나무 밑둥을 파내는 것과 같다. 땅 속으로 퍼져있는 작은 뿌리들을 잘라 낸다면 주된 밑둥은 결국 그것을 지탱해 주는 가지로부터 잘려 나가 당신이 그것을 뽑아낼 수 있을 정도로 느슨해진다.

또한 군대에서 척후병처럼 주된 영을 보호하기 위해 당신에게 나타나 막는 영들이 있을 수 있다. (이러한 영들 가운데 우리는 조롱, 거짓말, 혼돈, 졸림 그리고 놀이하는 것을 발견한다) 당신은 이것들을 묶거나 쫓아내는 것이 필요하다.

나는 조롱의 영이 표출되었을 때, 축귀를 위해 한 여성과(선교사 임에도) 기도했던 것을 기억한다. 그 여성은 상상의 와인 잔을 들고 우리 팀에게 건배했다. 그녀는 또한 웃음으로 우리를 분열시키기 위해 우스운 이야기를 했다. 그녀는 실제 재미있었다. 그러나 우리가 무엇이 진행되고 있는가를 깨달았을 때, 우리는 조롱의 영에게 다루어야 할 목표로부터 우리를 분열시키는 어리석은 짓을 중단하도록 명령했다.

물론 축귀의 중심은 몇 가지 매우 명확한 구성 요소를 가지고 있는 축귀 기도 그 자체이다. 보통 축귀 기도는 다음과 같은 요소를 포함한다.

1. 악한 영이 물러나도록 강요하는 권위 : 예수님의 이름.
2. 축귀 기도의 형태인 명령.
3. 명령을 직접 받는 것 : 악한 영(이름으로 영에게 명령하는 것이 이상적이다).
4. 당신은 영이 해야 할 것을 명령 : 떠나라! 가라! 지금!
5. 영이 어떻게 떠나는가: 조용히 그 누구도 해함 없이.
6. 영은 어디로 가는가 : 예수님에게로 (혹은 지옥으로).[3]

### 1. 예수님의 이름으로……

우리는 우리 자신의 권위로가 아니라 예수님의 능력으로 영들을 쫓아내는 것이다. (그 이름은 실제로 예수님의 인격을 의미한다.)

72인이 기쁨으로 돌아와 주여, 마귀들 조차도 당신의 이름으로

---

3. 저널리즘에 관계한 사람들은 5 W를 인식할 터인데, 누구(who)는 "너 ___한 악한 영", 무엇(what)은 "가라"이고, 언제(when)은 "지금"이고 어디(where)는 예수님에게로이다. 왜는 우리가 귀신에게 그것을 설명할 필요가 없기 때문에 없다.

우리에게 복종하더이다라고 말하더라.(눅 10:27)

### 2. ··· 나는 너에게 명한다 ···

우리가 악한 영에게 하고자하는 것은 친절한 요청이 아니다. 우리는 권위를 이용한다. 우리의 목소리에 의심이나 머뭇거림이 있다면, 영들은 당신의 두려움을 포착하여 당신을 더 협박하려 할 것이다. (우리는 너보다 더 강하다, 너는 결코 우리를 나가게 할 수 없을 것이다 등등) 예수님의 권능이 악한 영을 모두 내어쫓음을 온전히 믿으라. 당신이 그것을 할 수 없다는 것은 사실이나, 당신 안에 계신 예수 그리스도는 포로된 자를 자유하게 하신다.

### 3. ···너 ____의 영아···

가능할 때 이름으로 영을 구분하라. (예를 들면 미움의 영, 음욕의 영, 등등)

### 4. ··· 떠나라 ···

명령의 이 부분은 설명이 필요 없는 것이다.

### 5. ··· ____에게[이름으로 혹은 이름과 성으로 그 사람을 호칭한다] 어떤 소음이나 소란 없이..... 혹은 이 집이나 그녀의 가족에 있는 그 누구에게도 해를 주는 일 없이

영들이 떠날 때, 그들에 의해 다른 사람이 영향을 받을 때가 있다. 가끔 집에 있는 동물이 공격을 받아서 그 이후로 사납게 행동한다. 당신은 축귀 전이나 축귀 동안 방어를 위한 기도를 함으로 이런 모든 것을 피할 수 있다.

악한 영들은 소란을 피우고 더럽고 구역질나는 행동으로 당신을 놀라게 하는 것을 좋아한다. 그래서 그들에게 조용히 하고 어떤 분란도 일으키지 못하도록 명령한다. 이것은 평화로운 축귀로 끌어가고, 최소한 난동이나 소란이 일어나는 것을 막는다.

6. … 나는 네가 곧 바로 그분의 의지대로 너를 처리하실 예수님께 가기를 명령한다. 더욱이, 나는 네게 다시는 돌아오지 않을 것을 명한다.

어떤 축사자들은 마귀들에게 지옥으로 가거나 혹은 무저갱으로 돌아가라고 명한다. 그러나 나는 그들을 예수님께 보내어 그분이 원하시는 대로 하시는 것을 더 좋아한다.

인간적인 타락은 우리를 우리가 싸우는 것에 의해 오염되게 하고, 그것은 축사자들을 서둘러 판단케 하는 업무상의 위험 요소이다.

> 그러나 천사장 미카엘도 모세의 몸에 대하여 마귀와 더불어 다투며 논쟁할 때, 감히 그를 모독하는 비난을 하지 아니하고 오직 주께서 너를 꾸짖으시니라고 말하였느니라.(유다서 1:9)

가끔 당신은 악한 영의 이름을 모르지만, 간단히 당신이 그 사람의 눈을 볼 때, 당신이 보고 있는 영에게 떠날 것을 명하라. 당신은 이미 그것과 접촉되어 있고 그것에게 떠나라고 말할 수 있다.

그래서 당신은 여기 축귀를 위한 기도의 기본 형태를 갖도록 하라. 당신이 하고자 하는 대로 그것을 변형시키고 당신의 방법으로 그것을 발전시켜라. 가끔 단순히 *"가라!"* 하는 것도 악한 영이 도망가도록 강요하는데 충분하다.

## 악한 영이 떠난 것을 어떻게 알 수 있나?

어떤 때는 악한 영이 즉시 떠난다. 더 강한 영을 떠나게 하는 데는 몇 시간 혹은 며칠이 걸릴 때도 있다. 분명히 우리는 악령이 떠났다면 사역을 계속 반복하길 원치 않는다. 그러나 종종 영들은 떠난 척하고 밑으로 숨어들어가 당신이 피곤해지거나 그들을 내버려두기를 희망하며 시간을 기다린다.

영들이 떠난 것을 우리는 어떻게 알 수 있는가? 세 가지 방법이 있다.

### 팀의 분별

영이 떠났는지를 아는 가장 쉬운 방법은 (우리가 5장에서 설명한 것처럼) 영분별의 은사를 통해서이다. 당신 자신이 이 은사를 가지고 있지 않다면, 당신이 "그 영이 나갔는가?" 라고 물어 볼 수 있는 사람을 당신의 팀에 가지고 있다는 것은 멋진 일이다.

첫째 영이 나갔을 때 "지금은 위로 무엇이 떠오르고 있습니까?"라고 물을수 있다. 그리고 분별력을 가진 팀의 단원은 쫓아 낼 필요가 있는, 다음 악한 영을 알아낼 수 있다.

### 피해자의 분별

내가 기도했던 대부분의 사람들이 마귀가 떠났는지를 아는 것 같은 것이 나를 놀라게 한다. 당신이 달라진 것을 볼 수 없을 때일지라도, 사람들은 쳐다보며 "그것이 갔어요. 나는 지금 훨씬 가벼워진 것을 느껴요."라고 말할 것이다.

많은 수의 악한 영이 존재할 때(대체로 그렇다), 어떤 것이 더 남아 있다면 사람들은 대체로 말할 수 있다. 그녀는 또한 마지막 하나가 간 것을 안다. 그것은 마치 기도 받는 사람이 기도 시간 동안 분별의 은사를 갖는 것 같다.

이런 일이 얼마나 자주 일어나는가를 내가 계산해 본다면, 90%정도라고 말할 것이다. 분명히 이것은 결박으로부터 하나님의 사람들을 자유롭게 하도록 우리를 도우시는 훌륭한 은사이다.

### *인간적 관찰*

분별의 초자연적인 은사가 없다고 해도, 우리는 영들이 떠난 것을 단지 인간적인 관찰로 알 수 있는 많은 방법을 가지고 있다. 기도 받는 사람의 눈을 들여다 볼 때, 가끔 변화를 볼 수 있다. 당신은 사람의 눈을 볼 때, 괴수적인 미움의 표현이 갑자기 부드러워지고 맑아지는 것을 볼 수 있을 것이다. 다시 다른 인간의 눈을 보고 있는 것이다.

종종 영들은 뒤틀면서 나간다. 가끔 사람들은 울부짖는다, 그들은 땅으로 던져진다. 이러한 현상은 불쾌하지만 도움이 될 수 있다. 왜냐하면 축귀가 끝나갈 때 소리 지름이 고요함으로 바뀔 것이고 몸의 뒤틀림이 평화로운 몸으로 변형될 것이다. (조용하게 나오도록 영들에게 명하는 기도는 모든 이런 난폭한 형태를 줄이는 것을 돕는다)

가끔 영들은 몸의 특정한 부분에 자리잡는 것 같다. 그들은 통증으로 그 곳에 고통을 준다.

예를 들면 어떤 사람이 허리를 굽힐 때 위에 통증이 있을 수 있다. 통상적 과정은 우리가 기도할 때, 그 통증이 가슴으로 올라와 목으로, 마침내 입까지 올라 온다. 그 영이 입을 통해 나간다면 대체로 구역질이나 기침을 수반한다. 사람이 구역질을 할 경우는 가끔 물질이 나온다. 이것은 토하는 것이 아니라 담같은 것이다. 우리가 계속 기도하는 동안 우리는 그 사람이 단지 기침을 하도록 한다. 잠시 후 그것이 멈춘다. 그 때 당신은 그것이 갔습니까 라고 물을 수 있다. 그 사람은 예, 혹은 아직요, 무엇인가 아직 남아 있어요 라고 대답할 것이다. 그러면 당신은 계속 기도한다. 이 과정을 더 쉽게 하기 위해 우리는 플라스틱 쓰레기통이나 양동이를 준비하도록 한다.

나는 이런것을 본적이 없는 사람들에게는 이상하게 들릴 것이라는 것을 안다. 그러나 이것은 축귀 사역에선 흔한 현상이다. 이런 기침 현상은 우리가 축귀를 위해 기도하는 때 적어도 절반은 이런 현상이 일어난다.

다른 기괴하고 난폭한 현상들이 축귀 기도 동안 일어난다. 우리는 예수님의 사역에서 이런 흉한 양상에 대해 읽었다.

> 그 때 예수께서 그를 꾸짖어 말씀하시기를 조용히 하고 그에게서 나오라고 하시니, 그 더러운 영이 그에게 발작을 일으키고 큰 음성으로 소리 지르며 그에게서 나오더라.(막 1:25-26)

가끔 우리는 경련을 일으키는 사람을 본다. 또 어떤 때는 그들이 소리 지르는 것을 듣는다. 우리 교회 문화에서 우리는 이런 보기 흉한 표현에 부끄러워한다. 그러나 복음서에 쓰여진 것은 그것에 대해 사실 그대로 쓴 것이다. 이러한 양상이 일어났을 때, 그리고 경련이 평화에 의해 무너지고 고함소리가 고요에 의해 꺾일 때, 당신은 아마 영들이 갔을 것이라고 판단할 수 있다. 예수님이 영에게 조용히 하라고 말씀하신 후에도 그 남자가 소리지르고 경련을 일으켰던 것을 유의하라. 예수님은 영이 긴 논쟁을 하려 하거나 나가는 것을 연기하려는 것을 완전히 막기를 원하셨다.

## 한번의 기간에 혹은 여러 번에?

각 영이 떠난 후 당신은 지금 남아 있는 영들을 후에 쫓아낼 것인지를 결정해야만 한다. 어떤 때는 몇 분 혹은 몇 시간, 혹은 몇 일이 걸리든지, 한번의 기간에 그 모든 것을 끝낼 수 있다. 한번의 기간에 축귀가 끝나는 것은 더욱 큰 하나님의 은혜이다. 당신이 이런 방법으로 전체 축귀를 위한 기도를 시도하기 원한다면 당신이 가지고 있는 시간과 체력을 확인하라.

다른 때에는 더 많은 시간을 가지고 몇 달 동안 일 주일에 한 시간씩 여러 차례 시간을 내는 것이 더 현명하다. 인간의 연약함(예를 들면 우울증)과 죄(예를 들면 살인)를 통해 들어온 영들에 대해 사람들은 오랜 시간 정착된 사고 방식이나 행동을 바꾸는데 시간이 필요하고 당신이 한꺼번에 축귀를 하려 한다면 지쳐버릴 것이다. 그것은 수술 후에 병이 회복되고 다시 걷는 것을 배우는 데 시간이 필요한 것과 같다.

기도와 성령을 듣는 것은 우리가 할 수 있는 가장 중요한 것이다. 이것은 기술이나 우리의 목소리 크기가 아니다. 이것은 우리가 성령의 지침을 듣고 따를 때, 우리를 통하여 일하시는 하나님의 능력이다.

## 빈 데를 채우는 것

영들이 떠난 후, 피상담자에게는 영적 진공이 남는다. 그래서 우리는 하나님께서 떠난 악한 것들과 반대되는 예수님의 특성으로 그 빈 공간이 채워지도록 구하는 것으로 우리의 사역을 끝낸다.

우리의 죄와 과실에 대해 해독제처럼 작용하는 예수님 생애의 어떤 면이 있다는 것은 놀라운 것이다. 예수님은 마지막 만찬에서 내가 가진 모든 것은 너희 것이라고 말씀하셨다.(요 17:10) 근심과 두려움의 장소에서 예수님은 내가 너희에게 화평을 남겨 두나니 나의 화평을 너희에게 주노라. 내가 너희에게 주는 것은 세상이 주는 것과 같지 아니하니, 너희는 마음에 근심하지 말고 두려워하지도 말라.(요 14:27) 라고 말씀하셨다. 거짓과 혼돈의 장소에서 예수님은 세상의 빛이시고 (요 8:12) 길이요, 진리요, 생명이다.(요 14:6) 미움의 장소에서 성령은 예수님의 사랑을 우리 마음에 부으셨다.(롬 5:5) 음욕의 자리에서 우리는 예수님 안에 있는 순수한 하나님의 사랑을 받았다.(요일 4:10) 그러므로 모든 축귀는 긍정적이고 예수님의 생을 채웠던 강함과 선함으로 채우시기를 기도함으로 하나님 중심의 강조로 끝낸다.

> 이 신비의 영광의 풍요함이 어떠한지를 알리고자 하셨으니, 이 신비는 너희 안에 계신 그리스도시여, 곧 영광의 소망이라.(골 1:27)

## 다른 도움들

우리를 하나님의 임재함으로 인도하는 모든 방법은 악한 영을 불편하게 만들 것이고, 우리가 고통 받는 사람들을 구원하도록 돕는다. 뒤에서 팀 단원들이 기도하는 것과 또는 카세트나 CD플레이어로 영성이 깊은 음악을 트는 것은 악한 영을 괴롭게 하고 그들이 곧 나가도록 자극한다. 당신은 또한 다른 사람에게 적절한 성경 구절 특히 당신을 반항하는 영의 본질을 대적할 수 있는 예수님의 말씀을 읽도록 청할 수 있다.

우리를 악한 것으로부터 자유하게 하기 위해 십자가에서 흘리신 예수님의 보혈을 언급하는 것은 또한 마귀의 영향을 받는 사람을 자유하게 하는데 큰 효과가 있다. 축사 전, 축사 동안, 축사 후에 "주의 보혈에 능력 있도다."를 부르는 좋은 오래된 오순절 전통이 있다. 이 곡은 내가 힘든 축사 기간 중간쯤 지쳐가고 있을 때마다 나에게 활력을 주는 효과가 있다.

특히 마귀의 세계를 괴롭히는 일은 빌립보서 2:6-11에 있는 성가이다. 그것은 다음과 같이 끝난다.

> 이로 인하여 아버지께서는 그를 지극히 높이시고 모든 이름 위에 있는 한 이름을 그에게 주사 하늘에 있는 것이나 땅 위에 있는 것이나 땅 아래 있는 것이나 모든 무릎을 예수의 이름에 꿇게 하시고 모든 혀가 예수그리스도를 주라 시인하여 하나님 아버지께 영광을 돌리게 하셨느니라.(빌 2:9-11)

가톨릭 전통에 있는 사람들에 의해 사용되는 것 중에 특히 도움이 되는 것은 올리브유, 물 그리고 소금이 치유와 악령들을 쫓아내는데 하나님의 축복으로 사전 준비가 된 성물이다. 물을 축복하는 전통적인 기도는 "이 물이 정결한 물이 되어 원수의 모든 힘을 내어쫓는 힘을 받아, 나아가 타락한 천사들과 함께 다니는 원수 그 자체를 뿌리뽑고 멸망시키라."라고 말한다.[4]

물은 방에(혹은 사람에게) 뿌리기 위해 사용된다. 소금은 기도를 시작하기 전 방에 뿌리거나 혹은 사람이 조금 먹을 수 있다. 그리고 올리브유는 고통 받는 사람에게 기름을 붓기 위해 사용된다.

가끔 나는 내가 축성한 올리브유로 고통 받는 사람에게 기름 부을 때 놀라운 반응을 보았다. 기름이 별로 뜨겁지 않은데도 불구하고 사람들은 빨간 뜨거운 철을 만진 것처럼 펄쩍 뛴다. 물론 그렇게 반응하는 것은 사람이 아니고, 사람을 통해 행동하고 있으며 하나님의 권능의 경로와 접촉되는 것을 피하려는 영들이다. 전기 콘센트에 손가락을 집어넣으면 전기의 힘으로 쇼크를 받는 것과 같다.[5] (19장에 축성 받은 물체들을 통한 축귀에서 이것에 대해 더 읽을 것이다.)

나의 친구들 중 어떤 이들은 기도 받는 사람에게 십자가를 잡거나 보게 한다. 다른 사람은 받는 사람의 손에 성경을 놓는다. 예수님의 생애를 기억나게 하는 이런 모든 것과 성령의 능력은 악한 영이 나가는 것을 촉진하는 효과가 있다.[6]

---

4. Michael Scanlan T.O.R.이 집성한 Prayers and Blessings from the Roman Ritual(Steubenville, Oh.: Steubenville University, 1978), p. 4.
5. 기름과 물의 축사에 대한 것을 더 알기 원하면 #4의 책이나 부록 2나 나의 책 Power to Heal(Notre Dame:Ave Maria Press, 1977)을 참고 하라.
6. 여기서는 순서가 바뀌어진 분별과정이 있는데 사단의 세계가 어떻게 반응하는 가에 따라 무엇이 거룩하고 하나님의 도구가 되는지 분별할 수 있다.

당신의 기독교적 배경과 전통에 의해, 당신은 이러한 도움 중 어떤 것은 받아들일만 하고 다른 것은 그렇지 않을 수도 있다. 당신이 그것들을 받아들일 수 없다면 그냥 그것들을 옆으로 밀어내라. 아무 것도 필수적인 것은 아니다.

축귀의 시간이 끝난 후, 기도받은 사람에게 따라야 할 지침서들을 주고(20장을 보라) 하나님을 찬양함으로 시간을 끝낸다. 마침내 그 사람이 떠나간 후에 팀의 모든 단원들이 악한 영과의 접촉으로부터 알게된 해로운 것에 대해 깨끗하게 되기를 기도하는 것을 잊지 마라.

다음 것은 내가 축귀시간 후에 말하기 위해 만든 깨끗이 하는 기도이다. 나(단수), 우리(복수)를 상황에 맞게 사용하라.

주 예수여, 당신의 훌륭한 치유와 축귀의 사역을 나(우리)에게 나누어 주신 것을 감사합니다. 내(우리)가 오늘 보고 경험했던 치유에 대해 감사합니다. 그러나 나는 내가 접한 아픔과 악령이 나의 인간적인 것으로 견딜 수 있는 것보다 더 강하다는 것을 깨달았습니다. 그래서 내가 알게된 상심함과 부정적인 것 그리고 절망에 대해 저를 깨끗게 하시옵소서.

나의 사역이 분노, 참지 못함 그리고 음욕으로 나를 유혹했다면 그러한 유혹으로부터 나를 깨끗게 하시고 그것들을 사랑, 즐거움 그리고 평화로 바꾸소서. 악한 영이 어떤 방법으로 내게 붙었거나 나를 누른다면 땅, 공기, 불, 물, 저승 혹은 자연의 영에게 지금 떠나 예수님이 그분이 하시고자 하시는 대로 다루시도록 예수님께 가라고 명한다.

성령이여 오셔서 나를 새롭게 하시고 당신의 권능, 생명 그리고 즐거움으로 나를 새롭게 채우소서. 내가 나약한 것을 느꼈던 곳에서 나를 강하게 하시고 당신의 빛으로 내게 옷 입히소서. 생명으로 나를 채우소서. 그리고 주 예수여, 나와 나의 가족에게 역사하소서. 우리를 모든 질병, 해함 그리고 사고로부터 보호해 줄 (그리고 나를 집까지 가는 길을 안전하게 돌보아 줄) 당신의 거룩한 천사를 보내 주소서.

나는 지금부터 영원까지 당신 성부, 성자 그리고 성령을 찬양합니다.

## 마지막 제안

고통 받는 사람 스스로 축귀를 할 수 있도록 한다면, 그것은 당신에게 대단히 도움을 줄 것이고 축귀를 빨리 끝나게 만들 것이다. 가끔 영들은 그 사람들이 당신에게 협력하는 것을 허락하지 않는다. 그러나 당신은 그녀를 가능한 개인적으로 참여하도록 해야만 한다.

첫째, 그녀에게 특히 다음의 중요한 두 가지 요소에 집중하여 죄인의 기도 혹은 세례의 맹세를 반복하게 청한다.

나는 예수 그리스도를 나의 주, 나의 구세주 그리고 나의 구원자로 받아들입니다.
나는 모든 사단의 역사와 허세와 함께 사단을 단절합니다.

둘째, 그 사람에게 실제 축귀 기도의 부분을 당신을 따라 반복하도록 청하라.

예수님의 이름으로 나는 너 ___의 영에게 지금 나를 떠나 예수님께서 다루시도록 예수님께 가도록 명한다. 그리고 다시는 돌아오지 않기를 명한다.

나는 또한 그녀의 시점에서 무엇이 일어나고 있는가를 내가 알기 위해서 그 사람이 축사 사역 과정을 중지시키더라도 나에게 알려 돕도록 부탁한다. 그것은 매우 도움이 될 수 있다.
예를 들면 그녀는 배 안에서 어떤 것이 움직이며 다니는 것을 느끼며 혹은 머리 속에서 나를 죽이라고 내게 말하는 소리를 듣는다고 말할 수 있다. 이것은 자기 혐오나 자살의 영을 나타낸다. 이러한 모든 도움은 우리가 기도할 수 있는 최상의 방법을 지시한다.
분명하게 한 사람(혹은 둘)이 전 과정의 책임을 지고 인도하도록 내가 전에 제의한 것 또한 기억하라. 그리고 당신이 피곤하다면, 휴식을 취하거나 혹은 당신을 대신할 사람을 정하는 것을 염려하지 말고 잠시 동안 빠져 나오라.
나는 이 모든 것이 압도적인 것으로 들리지 않기를 희망한다. 축귀는 심신을 지치게 하지만 매우 가치 있다. 그리고 결코 그렇게 복잡하지 않다.
마귀의 쇠고랑에서 해방되고 감옥으로부터 나온 사람을 보는 기쁨과 찬양은 너무 영광스러운 것이다.
프랑스인이 200년전 프랑스 혁명 기념일에 느꼈던 것은 하나님의 자녀가 감옥을 부수고 나와 빛으로 들어 갈 때 우리가 느끼는 즐거움과 같을 것이다.

# 14
## 마음의 상처의 영으로부터
## 사람을 자유롭게 하는 것

**일**반적인 축귀 기도를 설명했고, 이제 우리는 마음의 상처의 영으로 시작하는 축귀 기도의 다른 종류에 전념한다.

마음의 상처의 영들은 사람을 괴롭히는 악한 영들중 가장 흔한 부류이다. 그러나 축귀에 대한 강연은 그들에게 가장 적은 관심을 둔다.[1] 앞에서 나는 내가 아는 치유와 축귀의 균형 있는 사역에 가장 경험이 많은 사람들이 마귀의 체내 침입으로 고통 당하는 사람의 약 네 명중 세 명이 이 그룹으로 구분된다고 추정하는 것을 언급했다.

이 영들은 자신의 신원을 밝힐 때, 비애, 거부 그리고 두려움 같은 이름을 댄다. 이것들은 물론 죄가 아니지만 그러나 우리들의 가장 일반적인 감정을 표현한다. 감정은 인간애에 대한 하나님의 선물들 중 하나이고 우리를 행동으로 움직이도록 돕는다. 두려움 그 자체는 문제가 아니지만, 두려움의 영은 지나친 감정에 침투할 수 있는데 이것이 문제이고 나아가 더 큰 문제를 만든다. 마귀적인 두려움은 피해자의 자유 의지를 방

---

1. 주목할만한 예외는 John and Paula Sanford가 지은 A Comprehensive Guide to Deliverance and inner Healing(Grand Rapids: Chosen Books, 1992)이다.

해해서 피해자가 무분별하게 행동하고 자포자기의 행동을 저지르도록 유혹한다.

마음의 상처의 영들은 사람들이 다음과 같은 때에 있을 때 침입한다.

1. 격심한 감정적 상처의 고통을 당할 때.
2. 영적으로 보호되지 않았을 때.

우리는 아기가 태어나기 전이라도 그가 원함을 받았는지를 인식할 수 있다는 것을 발견했다.[2] 그가 원함을 받지 못했다면 거절감의 영이 갈고리를 걸 수 있다. 그 때부터 그 사람은 거절감의 영에 의해 약해질 것이다. 우리는 이것을 녹슨 못을 밟는 것과 비교할 수 있다.(자연적인 상처) 그 때 그것은 파상풍 감염에 의해 퍼진다. 영은 거절감을 악화시키고 후의 삶에서 애정과 사랑 같이 그것을 치유할 수 있는 것을 막으려 한다. 이러한 영에 의해 영향을 받은 사람들은 영이 존재하는 것을 감지할 수도 혹은 감지하지 못할 수도 있다. 그러나 그들은 확실하게 그들이 이 부분에서 자유하지 않고 그들의 두려움이나 근심이(혹은 다른 감정이 흥분하는 것) 그들의 제어 능력 밖에 있다는 것을 감지할 것이다.

패트(가명)라는 사랑스럽고 예민한 여성이 수년 전 기도를 위해 우리에게 왔다. 그녀의 현재 문제는 그녀를 불안에 잡아 두는 깊은 우울증이었다. 패트는 그녀의 어머니에 의해 말과

---

2. 나와 Judith가 지은 Praying for Your Unborn Child(New York: Image/ Double Day, 1989)에서 태아들이 사랑을 받는 것을 아는지 모르는지 아는 것에 대한 놀랄만한 리서치에 관하여 읽을 수 있다.

신체적으로 상처를 입었고, 아버지의 보호를 전혀 알지 못했다. 영들은 이 부분으로 들어 갔고, 그녀를 우울하게, 자살하고 싶게, 그리고 본의 아니게 결혼 생활을 위태롭게 만드는 것을 도왔다.

패트가 쥬디스를 보러 왔을 때, 그녀는 "너 여기 온 것은 어리석은 것이야. 아무 것도 일어나지 않아."라고 말하는 소리를 들었다. 그러한 소리는 가끔 치유를 방해하려는 영들의 시도이다. 그녀의 경우, 절망 혹은 낙망의 영이 그녀의 천성적 감정을(거절감에 가득찬 슬픈 인생에 기초한) 자극하였고, 그녀에게 좋은 일이 일어난 적이 없다거나 혹은 일어나지 않을 것이라고 말한다. 이런 영들은 많은 다른 것들과 함께 탄생하기 전부터 있었다.

우리는 닷새 동안 하루에 한 두 시간씩 대부분 내적 치유를 위해, 약간의 축귀를 동반하며 패트를 위해 기도했다. 2, 3년 전에 패트는 시멘트에 싸인 작은 태아를 본 예언적인 꿈을 꾸었다는 것이 밝혀졌다. 꿈을 꾸는 동안 번개불이 그 상자를 쳤고 그것은 부서지게 되었으며 거기에선 작은 감옥수가 나왔다.

쥬디스가 나를 위해 기도할 때 이 꿈이 내 마음에 왔고, 나는 아기가 그 상자 옆에 누워 있는 것을 보았다. 그곳에 빛이 들어와 그 아기를 비추었다. 그 아기는 분홍으로 그리고 빨강으로 변했다. 나는 그 아기가 새 생명을 받는 것을 보았다. 목소리가 내게 들렸고 "나는 너를 너의 부모에게 선물로 보냈다."라고 말했다. 이 시점에서 나는 내가 얼마나 거절 당했던 것을 느꼈으며 그리고 내가 결코 태어나지 아니하였으면 하고 바랬던 것을 깨달았다.

쥬디스의 기도로 나는 천천히 생명으로 가고 있었고 사는 것, 창조되어진 것, 인간인 것, 육신인 것 그리고 나의 육신와 같이 육체가 된 성육신의 말씀을 갖는 것이 얼마나 좋은가를 깨달았다.[3]

주일의 마지막에 패트는 우울증으로부터 해방되었다. 더욱 행복한 결과는 그녀가 그 이후 곧 결혼한 것이다.

## 충격의 영은 어떻게 다른가?

패트의 치유는 마음의 상처의 영으로부터 축귀와 다른 종류의 영으로부터 축귀 사이의 차이점을 보여주는 좋은 예이다.

### 그들이 어떻게 들어오나

마음의 상처 영이 다른 첫째 이유는, 그들이 피해자의 죄로 들어오는 것이 아니라 다른 사람들의 죄를 통해 들어온다는 것이다. 피해자는 상처를 입는 것이다.

패트의 경우 죄는 패트를 원치 않았던 그녀의 어머니 것이다. 그러므로 패트는 죄냐 혹은 죄가 아니냐 절망으로 포기하느냐 혹은 그것과 싸우느냐에 대한 어떤 생각 있는 결정을 내릴 수 있기 훨씬 전 태 안에 있을 때, 벌써 상처를 받았다. 그녀는 꿈에서 시멘트로 갇혀 있고 움직일 수 없게 되어있는 태아인 자신을 보았다.

---

3. Praying for your Unborn Child 에 나온 편지에서 p.125.

이 각본은 불공평한 것 같다. 한 무죄한 아이가 그녀 자신의 실수가 아닌 것으로 해를 입는다. 그러나 우리는 경험으로 이것이 인생에서 가끔 일어난다는 것을 안다. 사랑스런 40살의 여성이 남편과 육체적으로 관계할 수 없거나 혹은 남편을 전적으로 신뢰하지 못해 우리를 찾기도 한다. 우리는 그녀가 8살에서 15살이 될 때까지 그녀 아버지의 근친 상간의 피해자였음을 발견했다. 우리는 그녀에게 과거와 나머지 모든 것을 잊고 남편을 신뢰하도록 권고했지만 그녀는 할 수 없었다. 이 모든 것은 그녀의 의지력이 미치지 않는 곳에 있었다.

이것은 우리 모두가 어떤 방법으로든 우리의 타락한 인간의 상태에서 체험할 수 있는 것이다. 이것은 바울이 설명한 비극적인 인간의 상태이다. 그의 안에 있는 것은 그에게 그것을 이겨낼 힘이 없는 잘못된 것을 하게끔 유도한다.

> 내 안에(곧 내 육신 안에는) 선한 것이 거하지 않는 줄을 내가 아노니, 원함은 내게 있으나 선한 것을 어떻게 행하는 것인지는 알지 못하노라. 내가 원하는 선은 행하지 않고 원치 않는 악을 행하는 도다. 이제 만일 내가 원치 않는 것을 행하면 그것을 행하는 것은 더 이상 내가 아니요 내 속에 거하는 죄니라.(롬 7:18-20)

압박은 우리가 어떻게 할 수 없다. 그러나 그것은 우리에게 구세주가 필요한 이유가 된다. 우리는 스스로 그것을 할 수 없다.

오늘 나는 우리의 지방 신문에서 이성이나 의지로 잠재울 수 없는 지나친 감정의 전형적인 예에 대해 읽는다.[4]

한 남자는 그의 피해자가 그를 고소한지 22년이 지나 마침내 강간으로 기소되었다. 그는 첫 번째 여성의 본보기로 힘을 얻은 여섯 명의 여성이 그녀의 고소를 확증함으로 기소되었다.

그녀는 침묵을 깨고 그녀의 과거를 빛으로 가지고 나온 그녀의 동기는 무엇일까?

첫째, 그녀는 여러해 동안 느껴왔던 수치심을 가라앉히기를 원했기 때문에 그녀의 아버지의 친구인 그 남자를 기소하기로 결정했다.

둘째, 그녀의 세 살 짜리 딸이 역시 괴롭힘을 당할것 같은 보이지 않는 두려움에 의해 고통 당하고 있는 자신을 발견했다. 이런 수치와 두려움의 감정은 그녀의 의지가 닿지 않는 곳에 있었고, 22년이란 세월도 그것들을 잠재우기에 충분하지 않았다.

이것은 유아들을 보호하기 위한 기도의 전통적인 기독교적 실천에 대한 지혜를 입증하는 것이다. 유아 세례의 뒤에 숨은 아이디어는 아주 초기부터 하나님의 생명으로 아기를 채우는 것 뿐 아니라, 또한 악으로부터 그를 보호하는 것이다. 세례에 대한 로마 가톨릭 의식은 만약의 경우 아기가 이미 바깥 세상으로부터 어떤 마귀적인 영향을 받았다면 축사를 위한 기도를 포함한다. 나는 이 축사 기도가 성급한 것이고 아름다운 세례식에 필요 없는 부분이라고 생각하곤 했다. 그러나 나는 그 후 마음을 바꾸었고, 그가 이미 그의 가족이나 환경으로부터 접한 어떤 악한 것으로부터 자유하게 하기 위해서는 아이들을

---

4. Florida Times-Union, 1994년 8월 25일 자, pp.1, 8.

위한 기도의 지혜가 있어야 함을 깨달았다. 최소한 이 세례 축사는 무죄한 사람이 악한 영에 의해 침입당할 수 있다는 교회의 전통적인 믿음을 나타낸다.

### 그들이 어떻게 떠나는가

좋은 소식은 여러 해 동안 고통 받던 사람이 그의 과거의 짐으로부터 자유하여 질 수 있다는 것이다. 더욱이, 그는 악에 물들게 된 것에 대해 죄가 없기 때문에, 축사는 우리가 죄나 혹은 사술의 영으로부터 사람들을 자유하게 하기 위해 기도할 때 가끔 발생하는 싸움에 비하여 비교적 쉽다.

다른 축사의 형태와 다른 가장 중요한 차이점은 악한 영을 직접적으로 다루어야 할 필요가 없는 축사라는 것이다. 마음의 상처의 영이 열린 영적 감정적 상처를 통해 들어갔고 피해자가 대체로 죄에 대해 무죄하기 때문에 영은 대부분 상처가 치유되면 곧 떠난다. 치유 기도 후에 그것이 자동적으로 떠나지 않는다면, 그것은 그 후에 마주 대해지면서 쉽게 나갈 수 있다.

기억해야 할 중요한 것은 당신이 마음의 상처의 영을 다루어야 하는 것을 알았을 때, 당신의 첫째 주안점은 축귀가 아니라 내적 치유라는 것이다. 치유가 일어난 후 영은 떠난다.

## 무엇이 내적 치유인가

간단히 말하면, 내적 치유는(신체적인 치유와 비교하여) 우리의 감정적 그리고 영적 상처를 고치는 하나님의 치유 형태이다. 이러한 상처들은 대부분, 우리가 자유롭게 행동하지 못하게 방해하거나 혹은 현재의 사람들과 편안하게 관계를 갖지 못하게 방해한다. 이것은 우리의 과거의 아픈 사건이나 혹은 깨어진 관계의 결과이다. 우리의 영적 성장의 많은 영역에 존재하는 것으로, 필요한 의지력(율법)과 훈련만으론 깊은 상처를 치유하기엔 불충분하다.

한 소녀가 아버지의 사랑을 모르고, 설상가상으로 그녀의 아버지에 의해 말로, 육체적으로 혹은 성적으로 폭행을 당했다면 그녀는 하나님의 사랑, 특히 하나님 아버지의 사랑을 믿거나 받아들이는 것이 어렵다는 것을 발견할 것이다. 의지력으로 그녀는 하나님이 그녀를 사랑한다는 것을 믿기로 - 말하자면 머리로 - 결정할 수 있다. 그러나 하나님이 실제로 그녀를 사랑하는 것을 마음으로 느끼는 것이 불가능하진 않지만, 어렵다는 것을 알게 될 것이다.

근래의 우리의 집회 중 어느날 아침, 한 목사가 그 전날 저녁 치유 사역기간 중 있었던 아름다운 경험을 나누었다.

그는 17살이었고, 그에 말에 의하면 지나친 죽음의 두려움으로 고통받고 있었다. 특히 그가 어떻게 죽을 것인가에 대해, 그는 가끔 나이 든 사람에게 일어나는 것을 본 것처럼 그의 정신과 모든 기능을 잃을까봐 걱정했다. 의식적인 믿음과 의지력으로 그는 하나님께 죽음과 하나님이 그를 위해 선택하신 죽음의 어떤 방법도 받아들인다고 말했다. 그러나 아직도 그는 두려워 한다. 그리고 모든 그의 인간적 노력은 이 두려움을 없앨 수 없었다.

우리와 함께 아침 식사 테이블에 앉았을 때 그의 눈은 눈물로 반짝이고 있었고, 그는 약 한 시간의 치유 사역으로 성령에 안식했던 것을 말했다.[5] 그 시간 동안 예수님은 오직 하나님만이 하실 수 있는 것을 이루셨다.

그를 그의 두려움으로부터 자유하게 했다.

이것은 하나님이 어떻게 우리 모두를, 상처의 깊이에는 차이가 있지만 이런 저런 방법으로 고통을 주는 감정적 상처로부터 자유하게 하시는가에 대한 내가 나눌 수 있는 많은 이야기 중 하나이다.

많은 뛰어난 책들이 이 주제에 대해 썼고, 이 책은 내적 치유보다 축귀에 관한 것이기 때문에 나는 단지 내적 치유에 대해 몇 가지 중요한 점들을 간단히 더할 것이다.

가장 중요한 구분은 회개가 필요한 것과 내적 치유가 필요한 것이다. *당신이 죄를 지었을 때 당신은 회개하는 것이 필요하다. 그러나 다른 사람이 당신에게 죄를 지었거나 영원한 영향을 미치거나 당신에게 해를 끼칠 때(그들이 그것을 모른다 할지라도) 당신은 다시 한번 자유하기 위해 내적 치유를 받을 필요가 있다.*

다른 때는 우리의 상처가 특별히 누군가의 죄로부터 오지 않는다. 왜냐하면 우리는 타락하고 파괴적인 세상에 의해 에워싸여 있기 때문이다. 당신의 어머니가 당신이 세 살 때 바로 눈 앞에서 교통사고로 죽었다면, 당신은 그녀의 죽음을 본 무서운 쇼크 뿐 아니라, 당신의 인생의 전 과정에 영향을 미칠 어머니의 존재와 사랑을 수 년 동안 빼앗겼기 때문에 아마도 치유가 필요할 것이다.

인생의 단순한 비극의 감동적인 예로 C.S 루이스가 암으로 죽은 그의 아내를 따라 어떻게 행동했는가에 대한 유명한 이

---

5. 이 현상은 나의 책 「Overcome by the Spirit」(Grand Rapids: Chosen Books, 1990)에 언급되고 토론되고 있다.

야기가 있다. 그는 고통과 죽음에 대해 여러 해 동안 철학적으로 썼었지만 그녀가 죽었을 때 모든 그의 종교적인 관념들은 그를 위로할 수 없었고 다음과 같이 소리 질러댔다.

> 수면제의 과다 복용이 위로를 준다. 나는 우리가 실제 덫에 걸린 쥐, 혹은 더 나쁘게 실험실에 갇힌 쥐인 것이 더 두렵다. 곧 혹은 후에 나는 단순한 언어로 질문을 받아야만 한다. 우리의 간절한 소원을 제외하고, 우리가 받아들일 수 있는 기준으로 하나님이 선하시다는 것을 믿는 어떤 이유를 가지고 있는가? 모든 자명한 증거는 정확하게 반대되는 것을 나타내지 않는가?[6]

다음날 아침 루이스는 고함으로 그 감정의 폭발을 나타냈다. 결국은 그는 그의 고통을 통해, 기도와 집필하는 것을 통해 평화를 얻기 위해 그의 방법으로 노력했다. 그러나 사랑하는 사람의 죽음으로 고통하는 아이들에게는 기도를 통해 오직 예수 그리스도만이 그들을 자유롭게(아마도 인생에서 후에) 할 수 있는 영원한 상처가 남는 것이다.

대부분의 마음의 상처는 마귀적인 침입의 결과가 아니지만 그러나 어떤 것은 그렇다. 두려움의 영이 어머니가 차 사고로 죽는 것을 본 아이에게 들어갈 수 있다. 그런 종류의 기억에 속하는 죽음이라 불리는 영이 있다.

당신이 다른 사람의 죄나 태도에 의해 혹은 불안전한 세상의 거친 현실에 의해 심하게 상처를 입었다면 회개할 필요가 없다. 당신은 죄책감을 느낄 필요가 없지만 당신이 해야 할 필

---

6. C.S. Lewis, A Grief Observed (New York:Seabury Western Press, 1961), p. 26.

요가 있는 중요한 것 하나는 당신을 아프게 한 사람을 용서하는 것이다.

당신이 단지 내적 치유가 필요한 보통 인간적인 상처를 다룰 때와 그리고 그것에 상처의 영이 붙었을 때를 어떻게 말할 수 있겠는가 우리 집회 끝에 앞으로 나오는 사람들을 위해 기도할 때, 한 남자가 깊은 비통함이 터져 나와 마루를 기며 흔들었다. 그는 오직 치유가 필요한 것이었나, 악한 영이 있는 것이었나?

말할 수 있는 유일한 길은 분별력의 은사를 통해서이다. 남자가 통곡하는 것은 내 생각에는 그가 아마 비통의 영으로 고통받고 있다는 얼굴 표정을 나타내는 것일 수 있다. 그러나 내가 아는 뛰어난 분별력을 가진 나와 함께 있던 사람이 그는 단지 극단적인 인간적 비통으로 고통 받고 있는 것이라고 말했다.

실질적으로 그것은 중요하다. 영이 존재한다면, 당신은 팔길이 정도의 거리에 그 사람을 놓고 눈으로 그를 쳐다보며, 영에게 조용하고 떠나라고 말한다. 그것이 단지 감정의 심한 폭발이라면, 더 적당한 대응은 그 비통함이 평온으로 바뀔 때까지 그를 울도록 격려하고 그를 가까이 데려와 당신이 기도하는 동안 그를 안아주는 것이다.

그리고 그 남자의 경우가 정확히 이런식으로 해결되었다.

### 마음의 상처의 영으로부터의 자유를 위해 기도하는 법

내적 치유를 위한 기도는 상처의 영으로부터 사람을 자유하게 하는데 충분하기 때문에 당신은 가능한 내적 치유 기도를 하기 원할 것이다. 영들은 그들이 할 수 있다면 기도를 방해하려 할 것이다. 그래서 당신은 다음의 단계로 기도를 형성하기를 원할 것이다.

### 1. 방어
첫째, 내가 앞에서 설명한 방법의 방어를 위한 기도.

### 2. 묶음
다음과 같은 기도로 치유를 방해하는 영들을 묶는다.

예수 그리스도의 이름으로 나는 너에게 이 기도를 방해하지 못하게 명령한다. 나는 너를 ___의 의지에 영향을 주는 것, 그의 마음, 그의 상상력이나 감정, 그의 기억 그리고 그의 몸으로부터 묶는다. 나는 너를 성령의 칼로 ___의 비통함 (혹은 두려움, 혹은 다른 중요한 감정적 문제)을 일으키는 것으로부터 잘라낸다. 나는 너에게 조용히 하고 우리가 치유를 위한 기도를 끝냈을 때 떠나기를 명령한다.[7]

### 3. 용서를 베푸는 것
그에게 해를 입힌 사람을 아직 용서하지 않았다면 그가 그것을 할 수 있게 돕는다.

### 4. 내적 치유

---

[7] 이 것은 한 기도을 예로 들고 제시하는 것이다. 너무 있는 그대로 복사하는 것보다는 자신이 만들어서 써도 좋다.

이제 그를 내적 치유를 위한 기도로 인도한다. 이것을 하는 많은 방법이 있지만, 그러나 모든 내적 치유는 예수님이 그 사람에게 계속해서 영향을 주는 그때 그 순간이나 깨진 관계로 돌아가 주시기를 구하는 것이 있다. 기도는 기억을 지우지 못한다. 기억을 막아버리는 정신치료의 한 형태(전기쇼크) 같은 것이 아니다. 예수님이 하시는 것은 기억으로부터 독을 없애는 것이다. 그리하여 그것이 더 이상 지금 그 사람에게 해를 줄 수 없게 때로는 특이한 방법으로 그것을 바꾸는 것이다.

내적 치유의 가장 간단한 기도는 당신의 기도가 방해받지 않을 조용한 장소에서 시작한다. 그 때 예수님께서 상처가 생긴 그 사건의 기억이나 깨어진 관계로 돌아가 주시기를 구한다. 어떻게 최상으로 기도하는가에 대한 더 많은 설명을 위해 이용할 수 있는 내적 치유에 관한 이름 있는 책들을 참고하라.[8]

우리가 내적 치유의 기도를 끝낸 후, 그들은 더 이상 있을 곳이 없기 때문에 상처의 영은 조용히 떠나야만 한다. 그들이

---

8. 내적치유에 관한 자료를 여기에 소개한다. Chapter 13 of my book, Healing (Altamote Springs, Fls.: Creation House, 1988) ;How to Pray for Inner Healing for Yourself and Others by Rita Bennet (Grand Rapids, Flemins H. Revell, 1984); Inner Healing by Mike Flynn and Doug Gregg (Downers Grove, IL.:Inter Varsity Press, 1933); Healing Life's Hurts by Matthew and Dennis Linn(Mahwah, N.J.: Paulist press, revised deition, 193); Healing the Wounded Spirit by John and Paula Sanfor (Tulsa: Victory House, 1985); The Healing Gifts o the Spirit by Agnes Sanford (San Francisco; Harper & Row, 1966); Healing Memories by David Seamands (Wheaton, IL.:Vistor Books, 1985); Healing the Hidden Self by Barbara Shelmon (Notre Dame: Ave maria Press, 1982); Inner Healing through Healing of Memories by Betty Tapscott (Kingwood, Tx.: Hunter Books, 1987). Two "cassettebooks" on inner healing are available from Christian Healing Ministries (P.O. Box 9520, Jacksonville, FL 32208); "Love and Healing," three tapes by Judith MacNutt, $15; and "Inner Healing : A Munti-Faceted Approach to Wholeness," featuring five speakers, including Judith and myself, $50.

감염시킨 상처는 치유되었다.

 그러나 때때로, 영이 남아있다. 그러면 당신은 그것과 대면하여 쫓아내는 것이 필요하다. 그러나 치유가 일어났을 때 영은 사람의 과거를 잡고 있었던 것을 잃는다. 다른 때에는 당신은 내적 치유의 기도가 더 쉽게 될 수 있도록 만드는 것을 돕기 위해 먼저 두려움의 영이나 근친상간의 영을(혹은 어느 것이던) 쫓아내는 것이 최선이라는 것을 발견할 것이다.

 내적 치유전에 축귀를 시작하는데 있는 어려움은, 우리가 상처 입은 사람에게 사역하는 것이지 악한 영에게 사역하는 것이 아니다. 그리고 그 사람은 이미 깨어진 관계와 깨어진 인생으로 상처를 입었기 때문에 우리가 도우려고 시도하는 과정에서 그 사람에게 더 상처를 줄 수 있다는 것이다.[9] 삶 자체가 나를 대적하고 내가 부패한 사람이라는 느낌은, 내 안에 악한 어떤 것이 있다고 결정을 내리고 그것을 나가라고 명령을 시작하는 사람에 의해 더 나빠질 수 있다. 악한 것을 대면하여 떠날 것을 명령하시는 예수님의 권위와 노여움보다 고치시고 편안하게 하시는 예수님을 나타내는 것이 대체로 더 도움이 된다.

 이 이유로 당신이 영에게 떠나라고 명령하는 것으로 시작한다면 눈으로 보는 모습 그리고 목소리의 크기등 어떻게 하는가를 주의하여 악한 영 그 자체보다 악한 것의 피해자를 꾸짖는 것 같은 느낌을 주지마라. 악한 것에 대한 기도에서 피해자 그 자신이 악하다고 느끼게 만드는 것은 쉽고, 죄를 미워하는 것과 죄인을 사랑하는 것 사이의 균형을 유지하는 것은 어렵

---

9. 22년 동안의 침묵을 깬 그 여인은 성적으로 학대당한 후에 우울증, 낮은 자존감과 사람을 믿을 수 없는 감정과 싸워야 했다. 이런 것은 아주 일반적이다.

다.
　당신이 악한 영을 대면하고 쫓아낼 필요가 있다면, 내적 치유 기도 전이나 후에 마지막 장에서 내가 제안하는 방법으로 그것을 하라.
　가끔 나는 기도로 나에게 이름이 밝혀진 상처의 영으로부터 사람들을 자유하게 하기 위한 크고 대중적인 치유 사역에서, 강단에 서서 기도한다. 나는 이것을 조용히 끝낸다. 그러면 대체로 눈에 보이는 작은 반응들이 있다. 그 후에 어디서나 200명 정도의 집회에서 10명에서 20명의 사람들이 무엇인가 조용히 그들을 떠나는 것을 느꼈다고 내게 말할 것이다.
　다음은 근래에 내가 한 여성으로부터 받은 편지에 있던 것이다.

> 당신이 토요일 저녁 비통과 거절감의 영이 예수님의 이름으로 떠나기를 기도했을 때 나는 매번 나의 몸을 통해 움직이는 어떤 것을 느꼈고, 기도를 위해 들었던 양 팔이 움직이는 것을 느꼈다. 그것은 놀라운 것이었다. 같은 때에 나는 나의 온몸으로 큰 평화를 알게 되었다.
> 주일 아침 나는 내가 오랫동안 가지고 있었던 대장염에 의한 아주 심한 통증으로 잠이 깼다. 당신은 남자를 미워하는 영으로 고통 받는 여인에 대한 이야기를 했었다. 나는 오랫동안 그것을 경험했었다. 그리고, 나의 어머니가 대장염으로 고통당하는 것과 마찬가지로, 나는 어머니를 통해 세대에 걸쳐 남자에 대한 미움의 감정을 가졌다고 믿고 있었다. 나는 또한 어머니가 나처럼 성적으로 상함을 입었다는 느낌을 가지고 있었다. 그러나 어머니는 그것에 대해 말한 적이 없었다. 당신이 남자를 미워하는

영을 꾸짖었을 때 나 역시 그것이 나를 떠나는 것을 느꼈다. 그 시간 바로 전까지도, 정상보다 더 많은 약을 먹었음에도 대장염에서 오는 통증 속에서 나는 친구에게 나를 위해 기도해 줄 것을 청했었다. 통증은 완전히 사라졌다. 전에 내가 느꼈본적이 없는 깊은 평화를 나의 몸 한 부분에서 느꼈다. 예수 그리스도 안에서 하나님을 찬양합니다!

## 더 나아간 통찰

*상처 입은 성품을 채워 주시기를 예수님께 구한다.*
  그의 약함 때문에 악령이 그 사람에게 들어왔다. 그렇기 때문에 치유와 축귀 뒤에 우리는 예수님의 생명이 잃어버린 것들을 채우기 위해 그 사람의 생명으로 들어가시기를 구하는 것이 중요하다. 대부분 상처입는 것은 여러모로 보아 사랑의 결핍으로 거슬러 올라가고, 가장 필요한 것은 하나님 사랑을 체험하는 것으로 사람을 채우는 것이다. 가끔 예수님은 사람에게 나타나시고 그가 사랑받고 있다는 것을 더 이상 의심하지 않게 아주 절실하게 말씀하신다. 그는 예수님의 얼굴을 볼 수 있거나 예수님이 그를 강하게 결박했던 수치심이 간단히 사라질 그런 부드러움과 애정으로 그를 보고 계시는 것을 본다. 혹은 예수님이 "너는 나의 사랑하는 자녀이다. 나는 너를 창조하였고 태초부터 너를 사랑하였다." 하시는 것과 같은 어떤 것을 말씀하실 것이다.
  수많은 방법으로 예수님은 찢어지고 망가진 우리의 삶 안에 모든 것을 그의 생명과 건강으로 바꾸시기 위해 그의 사랑, 그의 용서, 그의 기쁨, 그의 평화, 그의 증언으로 우리의 상처

난 성품을 채우신다.

### 상처의 영들은 덩어리로 온다
상처의 영들은 대부분의 악한 영들처럼 덩어리로, 모든 흡사한 것으로 말하자면 같은 상처를 매달리어 온다. 중요한 문제가 거절감이라면, 당신은 관계된 다른 것 즉 고독, 자기 혐오 그리고 자기 연민같은 것들을 발견할 수 있다.

### 사람들은 회개가 필요할 것이다
마음의 상처의 타격은 결국 사람을 회개를 필요로 하는 죄로 끌어들인다. 그가 거절감으로 고통당하고 건강하지 않은 방법으로 산다면, 그는 고의로 자기 연민에 빠지거나, 혹은 도피구로 자살을 기도하기 시작했을 것이다. 이런 경우도 회개하는 것이 필요하다.

### 연약함을 없애기 위해 강건함을 기른다
치유와 축귀에 뒤 따르는 것으로 사람은 그의 연약함을 없앨 강인함을 기르는 단계를 가져야만 한다. 여러 해 동안 그는 어떤 파괴적인 방법으로 느끼고 생각하는 것에 익숙해져 있어서, 그는 이런 습관의 형태를 바꾸는 것이 필요하다. 그렇지 않으면 같은 문제와 같은 영들이 돌아올 것이다. 나는 한 여성이 저녁 식탁에서 누군가 그녀를 무시하는 것을 가볍게 느낀 것 때문에 거절감의 영이 쫓겨난지 겨우 두 시간 후에 돌아온 것을 보았다.

다른 도움은 사람들의 눈에 띄는 약함을 없앨 영적인 읽을 거리를 선택하는 것이다. 그가 필요한 선행들이 있는 성경의 사건들에 관심을 두어야만 한다. 자기 혐오로 고통 받는 사람을 위해서는 나는 가끔 나의 친구 버넌 매닝이 쓴 「자기 혐오에의 이방인 - 예수님을 살펴봄」을 권한다.[10] 만일 그 사람의 삶이 슬픔으로 가득 차 있다면 그는 예레미아 애가 보다 시편 23과 이사야서 마지막 장 같은 것을 읽는 것이 좋을 것이다. 그는 우리 사회의 죄를 무겁게 다룬 책이나 교회가 무엇이 잘못 되었나 하는 책보다 기독교 신앙의 즐거운 면을 쓴 책을 읽어야 한다. 나는 많은 크리스천들이 그리스도의 가르침의 더 힘든 부분은 피한다고 느낀다. 십자가를 부정하는 것은 절대 내가 좋아하는 것이 아니다. 다만 어떤 사람들은 얼마간 그들의 삶을 균형 있게 하는 것이 필요하다는 것이다.

우리는 격려가 필요한 부분에서 우리를 도와줄 지침이 필요하다. 그리고, 이상적으로 말하자면, 우리가 보지 못하는 실수를 지적해 줄 현명한 영적 감독자가(요즈음에는 그런 사람을 발견하는 것이 힘들지만) 필요하다. 우리의 기도와 우리의 여가활동 조차도 어쨌든 우리의 치유로 주의를 돌려야 한다.

예를 들면 나는 항상 심각하게 삶을 살고 지나치게 책임지려는 경향이 있다. 나는 사역이나 일을 하고 있을 때, 놀기 위해 시간을 갖는 것이 어렵다는 것을 안다. 한 쪽에서는 이것이 많은 좋은 결과를 가져온다. 그러나 조화를 이루지 못할 때 이것은 가족 관계에 해를 주고 피곤함으로 이끈다. 그래서 나는 그것을 바꾸기 위해 조치를 취했다.

예를 들면 일 주일에 한번씩 나간다. 아이들과 더 많은 시간을 보낸다. 노리치의(역주; 잉글랜드 동부) 댐 쥴리안 같은

---

10. Brennan manning, A Stranger to Self-Hatred, A Glimpse of Jesus (Danbille, N.J. Demension Books, 1982).

낙천적인 성자의 생활을 읽는다. 이 모든 것을 이루기에는 아직 멀었지만 그러나 나는 내가 해야할 필요가 있는 방침을 안다. 이것이 마음의 상처의 영을 쫓아내는 것과 무슨 관계가 있는가? 아주 중요한 관계다. 우리들의 대부분은 친구들이 우리의 가장 약한 것을 자세히 봄에도 불구하고 그것을 보지 못하는 경향이 있다. 그러므로 대부분의 크리스천들은 그들의 약함을 보강해 나가는 방법을 강구하는 것이 필요하고 오랜 시간을 거쳐 그들의 삶을 바꿀 계획을 짜는 것이 필요하다. 우리에게 오랫동안 있었던 습관의 형태를 바꾸기를 시도하는데 필요한 방안은 우리가 보통의 인간적 약함이나 마귀의 공격에 의한 체내 침입으로 고통하는 것과 마찬가지로 힘든 것이다. 그러나 문제가 심각하다면, 우리가 갖는 파괴적인 성향에 대항하는 방법은 단호하고 힘들것임에 틀림 없다.

### 모든 축귀는 내적 치유를 필요로 한다

종종 내적 치유가 먼저 온다. 어떤 사람은 아주 깨지기 쉬운 인격을 가지고 있다. (예를 들면, 심한 학대를 당한 다중 인격을 가진 피해자들이 갖는) 그들은 축귀를 받기 전에 오랜 시간 동안 내적 치유를 통해 강건해지는 것이 필요하다. 마음의 상처의 영이 치유를 가로막을 때는 내적 치유를 위한 기도가 축귀를 위한 기도를 한 후에야 온다.

어떤 경우에는 죄가 있을 때, 우리의 죄를 계속 반복하게 하는 과거의 약함이 또한 있다. 그래서 축귀가 필요한 모든 이들은 그들에게 죄를 짓도록 이끄는 연약함을 강화하기 위해 같은 시점에 내적 치유를 필요로 한다.

반대 의견은 사실이 아니다. 내적 치유를 필요로 하는 모든 사람들이 축사를 필요로 하지 않는다.

### 율법과 은혜의 조화

어떤 크리스천들은 죄를 짓거나 여러 연약함으로 고통하는 사람들을 피해자로 보는데 많은 어려움을 갖는다. 그들에게는 우리가 내적 치유를 장려한다면 우리가 죄에 대해 부드러워질 것이라고 느끼게 할 것이다. 그들은 "그것은 죄다. 그것들을 회개하게 하라." 라고 말한다.

회개 그 자체는 물론 은사이다.(딤후 2:25을 보라.) 그리고 복음서는 우리의 율법 특히 복음서의 율법을 따라 살 수 없다고 한다. 우리는 구세주가 필요하다. 우리는 훈련 받고 우리가 책임질 수 있는 것을 행해야만 한다. 그러나 한편으로는 우리가 어쩔수 없고 치유나 축귀를 위해 하나님께 돌아서는 것이 필요하다.

익명의 알콜 중독자는 이 메시지를 이해한다.

당신은 당신 스스로 마시는 것을 중지할 수 없다. 당신이 알콜 중독자라면 당신 의지로 마시는 것을 간단히 끊을 수 없다는 것을 인정해야만 한다. 당신은 자신보다 더 능력 있는 분께 가는 것이 필요하다. 알콜 중독자가 어떤 제어력을 갖는 단계는, 그가 제어 능력이 없고, 그의 중독에서 벗어날 수 없다는 것을 인정하는 것이다. 그가 행동하기 편하고 행동해야만 하는 곳은 익명의 알콜 중독자들이나 후원자를 만나는 곳이다. 그때 그는 중독자가 아니다. 어떤 면에서 그는 속박 안에 있는 것이다. 그러나 알콜 중독자들이 그들은 중독자가 아니라고 생각하는 한 - 나는 알콜 중독자가 아니다. 나는 마실 수도 안 마실 수도 있다 - 그는 도움을 받을 수 없다. 그래서 우리가 할 수 있는 한 넓혀 우리 자신을 훈련하는 필요와 하나님의 치유의 은사인 은혜에 대한 필요 사이에 균형이 있어야 한다. 축귀(마귀가 네게 그렇게 하게 만들었다)와 치유는 우리에게 책임을 피할 수 없게 한다. 어떤 사람들의 자유의 영역은 아주 작다. 아마 5% 정도일 것이다. 반면에 95% 정도가 속박 안에 있다. 다른 이들은 거의 행동하고 안하는데 또는 죄를 짓고 안짓는데 자유롭다(물론 하나님의 은혜로다) 그러나 내가 발견한것은 거의 자유하다고 생각하는 사람조차도, 그들의 친구들 대부분이 아주 분명하게 보는 그들을 얽매고 있는 죄에 가리워져 있다고 보는 것이다.

모든 인간적인 문제가 회개에 의해 해결될 수 있다고 말하는 것은 우리를 비판적으로 만들고 우리를 거친 바리새인이 되는 것으로 이끄는 경향이 있다.

그것은 항상 죄인의 잘못이고, 그는 벌이 필요하다. 더 많은 감옥을 지어라. 더 거친 벌을 주라. 예수님은 우리가 모두 악한 것의 지배하에 있고 우리는 회개와 전향 만큼이나 동정과 치유와 축귀가 필요하다는 것을 이해하셨다.

로마서와 갈라디아서에서, 바울은 그들의 의지력이 그들을 하나님의 생각을 따르는 삶을 살게 해 줄 수 있다고 생각하는 율법에 의존하는 사람들을 몹시 꾸짖었다. 그것은 옛날 율법이었는데 이제는 거친 것으로는 마찬가지인 새 율법이 되었다. 우리는 매번 설교에서 그것을 듣는다.

반면에 복음은 우리 스스로 그것을 만들 수 없다고 가르친다. 우리는 은혜, 구원, 치유와 축귀가 필요하다. 그것들은 예수님이 중심되는 메시지의 전체 부분이다.

우리에게는 새로운 율법주의자가 아닌 구세주가 있다. 타락한 인간의 상태 위에 번민하는 바울의 울부짖는 결단을 들으라.

오, 나는 비참한 사람이로다! 누가 이 사망의 몸에서 나를 구해 낸 것인가? 예수 그리스도 우리 주를 통하여 하나님께 감사하노라.(롬 7:24-25)

# 15

## 죄의 영들

　**이**름을 알 수 있는 죄의 영들은 피해자들이 저지른 죄 때문에 그들의 피해자 안에 살고 있는 영들이다.

　영들은 우리가 죄를 졌기 때문에 간단히 우리에게 들어 오지 않는다. 우리는 언제나 죄를 짓는다. 그러나 죄의 영은 신비하게 다음 이유 중 하나인 사람에게 들어간다.

1. 이 사람들은 오랫동안 습관적으로 죄를 짓기 때문이다. 혹은
2. 그들은 죄의 영들이 들어 오도록 문을 여는 특히 강렬한 죄를(예를 들면 살인의 광폭한 행동) 저질렀기 때문이다.

　우리가 오랫동안 죄를 지을 때, 우리는 하나님의 의지를 무시하고 하나님 나라의 보호로부터 빠져 나간다. 우리는 죄의 집을 짓고 결국 죄의 영이 들어온다.

　용서하지 못하는 것은 우리가 접하는 가장 흔한 죄의 영들 중 하나이다. 우리 모두는 우리의 원수를 용서하는 그리스도의 법으로 충만하기 위해 힘든 시간을 갖는다. 그러나 우리가

우리의 상처에 안주하여 복수를 위한 쓴 뿌리와 소망을 쌓고자 한다면, 그 순간 용서하지 못함의 영이 들어올 수 있다.

우리는 자신을 밝히도록 죄의 영에게 요구할 때, 그것이 준 이름으로 대부분 죄의 영을 인식할 수 있다. 가장 흔한 것들이 음욕, 용서 못함 그리고 절망이다. 그러나 셀 수 없이 다른 것들이 있다. 어떤 것들은 미움과 같이 일반적인 이름으로 밝혀지는 반면에 다른 것들은 남자를 미워하는 영 혹은 여성을 미워하는 영같이 특별히 구분된 악한 것일 때가 있다. 가장 간단한 최고의 규칙은 모든 다양한 죄에 대해 당신은 그 영역에서 사람들을 괴롭히는 악한 영을 발견할 수 있다는 것이다. 그러므로 그 이름들은 너무 많아서 거의 열거할 수 없다.

한 여성이 유산을 했을 때 가끔 유산이라고 불리는 영이 그 여성에게나 혹은 의사에게 들어간다는 것은 언급할 만한 일이다. 축귀에서 강한 사역을 하고 있는 데릭 프린스는 이것이 거의 항상 일어난다고 믿는다. 최소한 우리는 그들의 유산 후의 상처 치유를 위해 여성들과 기도해야만 한다.[1]

## 죄의 영으로부터 구출

이런 종류의 영으로부터 사람을 자유하게 하는 것의 특별한 양상은 사람들이 회개하여야만 하고 죄에 의해 해를 입은 상처 받은 사람을 위해서 뿐 아니라 죄를 위해 하나님의 용서를 구해야만 한다.

회개하지 않은 죄는 악한 영의 입구로 작용하기 때문에 그

---

1. 이 주제의 아주 좋은 책은 Susan Sanford 박사가 쓰신 「Will I Cry Tomorrow?」(Grand Rapids: Flemins H. Revell, 1990)이다.

부분은 닫혀야만 한다. 사람들은 자의적으로 죄를 짓기 때문에, 그들이 그 문을 단단하게 닫는 가능성은 힘들다는 것을 발견할 것이라는 것이다. 만일 한 사람이 그의 잦은 포르노 잡지를 보는 것과 포르노 비디오를 보는 것을 통해 들어간 포르노의 영을 숨기고 있다면, 그는 아마 끊고자 하는 강한 열망을 갖지 않을 것이다. 그러므로 그가 포르노를 보는 것을 회개할 준비가 될 때까지 그 영은 그것이 있는 곳에 머물 권리가 있다. 당신이 그것을 쫓아낼 능력이 없거나 그렇게 한다 하여도 그것은 할 수 있는 한 빨리 돌아올 것이다.[2]

성 어거스틴의 고백서의 유명한 사건은 그가 이런 저런 방법으로 누구나 경험하는 죄의 습성에 대한 고통을 표현한 것이다.

> 원수는 나의 의지를 잡고 있었다. 그리고 그는 쇠사슬을 만들어 나를 묶었다. 나의 의지가 사악했기 때문에 그것은 음욕으로 바뀌었고 음욕은 습관이 되었고, 저항 받지 않는 습관은 필수물이 되었다. 다른 것을 붙잡고 있는 고리 같은 것이었다 (이것이 왜 내가 그것을 쇠사슬이라고 부르는 이유이다) 그리고 그들의 단단한 결박은 나의 손과 발을 묶었다.[3]
>
> 나의 거대한 무가치함 속에서 나는 … 당신에게 순결을 구하며 말씀 드립니다.
> 나에게 순결과 성욕의 절제를 주소서, 그러나 아직은 아닙니다.

2. 이 장에 있는 모든 권면이 고해성사(죄사함을 구하는 과정)가 있는 교회에 다니는 기독교인들에게 도움이 될 것이다.
3. St. Augustine, The Confession, translated by Frank Sheed (New York: Sheed & Ward, 1943). Book Eight, V, p. 164.

왜냐하면 나는 당신이 나의 기도를 너무 빨리 들어 주셔서 내가 소멸시키기보다는 만족시키기를 원하는 음욕의 질병으로부터 나를 너무 빨리 치유하실까 겁나기 때문입니다.[4]

성 어거스틴은 회개하는 것을 어렵게 만드는 우리 자신의 의지에 약함을 얼마나 잘 표현했는가! 우리는 악한 영들이 그 안에서 그의 회개를 막고 있다는 것을 모른다. 분명히 그는 사단이 그가 생활 방식을 바꾸는 것을 더 힘들게 만든다고 믿었다. 그는 이미 그 시대에 하나님의 은혜 없이는 아무 것도 바꿀 수 없다는 것을 믿고 있던 사람이었다.

죄의 영이 하는 것은 죄를 극에 달하고 충동적인 양상을 보태는 것이다. 그리고 사람들이 회개하여 영이 쫓겨났어도 그가 다시 타락했을 때 그 영은 쉽게 다시 돌아올 수 있다.

상담일을 하고 있는 나의 친구는, 포르노 그림에 중독된 남자를 사역한 적이 있다. 그는 또한 포르노 영을 숨기고 있었다. 많은 기간이 지난 후 그는 포르노 그림이 그의 결혼 생활에 해를 끼치는 것을 깨닫고 끊기로 마음을 정했다. 그는 회개했고 상담자는 그의 음욕적인 충동을 일으키도록 돕고 있는 영을 쫓아냈다.

몇 달 후에 그는 많이 변화되었다. 그러나 심심한 순간에 그는 누군가 그의 차에 놓고 간 포르노 잡지를 들었고 다시 한번 유혹에 굴복했다. 즉시 그 영은 돌아왔다. 그 남자는 더 이상 자유하지 못했고 그의 중독된 지난 습성에 작용하는 영에 의해 조정되었다.

4. Ibid., p.170.

더러운 영이 어떤 사람에게서 나와, 물 없는 곳으로 두루 다니면서 쉴 곳을 찾다가 찾지 못하자, 그가 말하기를 내가 나왔던 내 집으로 돌아가리라 하고, 돌아와 보니, 그 집이 비어 있고, 소제 되고, 단장 되었더라. 그러자 그가 가서 자기 보다 더 악한 다른 일곱 영을 데리고 들어가 거기서 사니, 그 사람의 나중 상태가 처음보다 더 악화 되었더라.(마 12:43-45)

많은 경우 그녀가 진짜 그녀의 죄를 포기하기를 원하는지를 확신하지 못할 때, 당신은 죄를 버리기 위한 자진함에 대한 기도를 기꺼이 받기 원하는지를 물을 수 있다. 그녀가 기꺼이 자진한다면. 이것에 대한 가장 흔한 예 중의 하나는 용서하고자 하는 것이다. 원수를 용서하는 것은 우리가 용서한다는 것이 힘들 것을 알았을 때, 우리의 정의감 만큼이나 복수에 대한 우리의 인간적 소망과는 대조되는 것이다. 우리는 다른 사람이 틀렸다고 이유를 댄다. 그가 나를 상하게 했다. 그가 변하고 내게 용서를 구할 때까지 왜 내가 그를 용서해야만 하나 그러나 죄를 뉘우치는 친구나 친척이 아닌 원수를 용서하는 것은 예수님이 하나님의 명령에 의해 살아있는 자들을 위해 만든 가장 두드러진 요청 중의 하나이다.(마 5:38-45)

우리에게 상처를 준 사람들을 용서하는 것은 치유를 일으키는데 요구되는 것이고, 용서 못함, 괴로움 그리고 분함은 우리가 용서하는 것을 고집스럽게 거부하고 있을 때, 우리 안에 거하는 악한 영들 사이에 있는 것이다. 당신이 북부 아일랜드나 이스라엘 혹은 요단강 서안 지구(West Bank)에서 온 사람들을 위해 기도해야만 한다면 당신은 우리의 세상에 이 지역들에서 일어나는 살인과 복수의 사이클이, 원한을 갖고 그들의 압제자를 죽이려는 난동의 희생자들을 충동하는 악한 영과 혼합되어 복수에 대한 자연적인 갈망을 이끌고 있는 것을 발견할 것이다.

자주 우리가 그들에게 해를 준 사람들을 용서하도록 청했을 때, 그들은 그들 자신이 그것을 할 수 없다는 것을 안다. 그때 우리는 그들이 기꺼이 용서하는 것을 도와 주시도록 하나님께 원하는지를 묻는다. 그들이 예 라고 대답하면 우리는 다음과 같이 기도할 수 있다.

> 주 예수님, 우리의 능력이 닿지 않고, 예수님께서 "아버지 저들을 용서하소서 저들은 자기들이 하는 것을 알지 못하나이다." 라고 말씀하셨을 때 십자가에서 승리 하신 용서의 능력으로 당신의 용서하는 사랑을 ___의 마음에 부어 주소서, 그리하여 그녀에게 너무 깊게 상처를 준 사람을 용서할 수 있게 하소서.

당신은 사람에 대해(그녀가 그녀의 아버지를 용서하도록 도우소서와 같은) 혹은 사건에 대해(그녀가 치근거림을 당했을 때와 같은) 어떤 특정한 것을 이 기도에 첨가할 수 있다.

우리가 특히 상처가 깊고 우리의 삶에 영원하게 손상을 입었다면, 용서는 우리의 인간적인 능력과는 아주 멀리 떨어져 있기 때문에 우리는 실제로 용서하기 위해 예수님의 능력이 필요하다. 우리는 옛 피조물에서 새것으로 바뀌는 것이 우리 인간의 능력 밖이기 때문에 회개할 의지에 대해 사람들과 기도하는 것이 필요하다.

그러므로 누구든지 그리스도 안에 있으면 새로운 피조물이라.

옛 것들은 지나 갔으니, 보라, 모든 것이 새롭게 되었도다. 모든 것이 하나님께로부터 났으며…(고후 5:17-18)

그러므로 사람들이 회개한 후에 우리는 죄의 영들로부터의 구출을 위해 보통의 방법으로 기도할 수 있다.

### 긍휼의 필요

당신이 보는 것과 같이 죄의 영을 다룰 때 두 단계의 과정이 있다.

1. 사람들이 진정으로 회개하게 돕는 것.
2. 축귀를 위해 그 사람과 기도하는 것.

가장 끔찍한 죄는 삶의 상처로 인해 생기기 때문에 회개는 전혀 쉬운 것이 아니다. 죄인은, 문제를 더 나쁘게 만드는 악한 영들이 없을 때 조차도 전적으로 자유하지 않을 것이다. 예수님은 죄인들을 특히 연약함으로 인해 죄를 진 사람들에게 동정심과 그리고 예수께서 종교적인 자, 자칭 의로운 자 그리고 바리새인들에게 하셨던 것보다 더 많은 관심으로 대하셨다. 예수님은 죄인들이 비록 잘못된 방법으로 행복을 찾는다 할지라도 그들이 죄 가운데 가끔 선한 것을 찾는 것을 아셨다. 알콜 중독자는 실패한 꿈의 고통을 죽이고자 할 수 있다. 거짓말쟁이는 사랑받고 존경받기 위해 그녀의 평판을 방어하려고 할 수 있다. 우리가 하나님이 우리의 연약함과 죄 가운데 우리를 향해 용서하실 것을 믿음으로, 예수님처럼 우리는 죄인에게 온유하게 하는 것이 필요하다.
　이러한 이유로 마음의 상처의 영들로부터 사람들을 자유하게 한 것처럼 주로 내적 치유가 필요하다. 가끔 사람들은 내적 치유가 있은 후에도 회개할 수 없다. 이런 경우 두 가지가 아니라 다음과 같은 도울 수 있는 세 가지 다른 과정이 있다.

1. 사람들이 진정으로 회개하게 돕는 것.
2. 내적치유를 위해 그 사람과 기도하는 것.
3. 축귀를 위해 그 사람과 기도하는 것.

　당신은 진행할 가장 좋은 순서에 대해 성령의 지침으로 현명한 결정을 내리는 것이 필요하다.
　한 여성이 난잡한 생활 방식에 빠져 있기 때문에 음욕의 영이 그녀를 침범한 것을 가정해 보자. 그녀는 새로운 남자 친구와 매 주마다 즐기고 그들이 만날 때마다 침대에서 뒹군다. 그녀는 우리에게 그녀의 행위가 잘못되었다는 것을 알고 에이즈 환자를 접할까 두렵다고 말했고, 그녀는 수치심에 마음을 다 빼앗기고 있었다. 그녀는 또한 우리에게 단 몇 분이라도 붙들려 있는 것이 아주 좋은 느낌이라고 말했다. 그리고 그녀는 자신이 중단하기 원하는지 조차도 모른다. 더욱이, 그녀는 당신에게 변화를 약속할 수 없다고 말할 정도로 아주 솔직하다.
　내 생각에 분명히 그녀가 모든 아이들이 성장하는데 필요한 진정한 사랑을 빼앗긴 곳을 발견하는 것이 필요하다. 이런 애정에 대한 심한 배고픔이 어디서 왔는가?
　우리는 그녀가 회개할 수 있기 전에, 축귀가 일어날 수 있기 전에, 예수님이 그것을 채워 주실 것을 기도하는 것이 필요하다. 그렇지 않으면 이 빈 공간은 남을 것이다. 그리고 당신이 음욕의 영을 쫓아냈다 하더라도 연약함은 돌아올 것이다.

대부분 모든 죄는 감정적인 약함 때문에 우리를 붙잡는다. 학교에서 실패의 두려움은 젊은 사람을 그의 기독교적 기준과 부정행위를 절충하도록 이끈다. 그녀의 남자 친구의 조롱에 대한 두려움은 젊은 여성을 파티에서 술을 너무 많이 마시거나 함께 밤을 보내자는 남자 친구의 압력에 굽히게 이끈다. 그리고 그 여성이 임신을 한다면, 두려움은 그녀에게 아기를 중절하는 성급한 결정을 하도록 영향을 미친다.

> 허물과 죄들로 죽었던 너희를 그가 살리셨으니 전에는 너희가 그것들 가운데서 이 세상의 풍조를 따르고 공중 권세의 통치자, 곧 지금은 불순종의 자녀들 안에서 역사하는 영을 따라 행하였으니 그들 가운데서 우리 모두가 이전에는 우리 육신의 정욕대로 행하였으며 육신과 마음의 욕망을 이루어 다른 자들과 마찬가지로 본래 진노의 자녀였느니라.(엡 2:1-3)

바울은 죄가 그 안에 집을 만들었고 그는 그것에 대해 아무 것도 할 수 없음을 인정했다.(롬 7:18) 오직 예수 그리스도를 통해 우리는 자유하게 될 수 있다.

> 너희가 믿음으로 말미암아 은혜로 구원을 받았으니 이것은 너희에게 난 것이 아니요 하나님의 선물이라. 행위에서 난 것이 아니니 아무 것도 자랑하지 못하게 하려 하심이라. 우리는 그분의 작품이니 그리스도 예수 안에서 선한 일들을 위하여 창조되었느니라. 이 일들은 하나님께서 미리 정하시어 우리로 그것들

가운데서 행하게 하려 하신 것이라.(엡 2:8-10)

결과적으로 사람이 회개하는데 어려운 시간을 갖는다면, 그녀의 마음이 내키지 않음은 단지 자연적인 것이다. 우리는 하나님께서 그 죄인이 진실로 죄송해하고 변화를 원하게 도와주실 것을 기도하는 것이 필요하다. 회개는 열쇠이다. 단어의 관용적인 표현이 아니라 우리의 생활에 분기점이다. 우리는 예수님이 우리의 빈 곳과 수치를 그분의 사랑과 생명으로 바꾸시고 예수님이 우리를 부르신 새 피조물로 변형될 때까지 우리는 버둥거릴 것이다.

우리의 빈 곳이 그의 사랑으로 채워지고 우리의 죄와 수치가 그의 용서와 빛으로 대신될 때 더러운 영을 위한 공간이 더 이상 없을 것이다. 마지막에 죄의 죽음은 생명 안에 삼켜질 것이다.

오, 사망아 너의 쏘는 것이 어디 있느냐 오, 음부야, 너의 승리가 어디 있느냐 사망의 쏘는 것은 죄요, 죄의 능력은 율법이라. 그러나 우리 주 예수 그리스도를 통하여 우리에게 승리를 주시는 하나님께 감사하노니.(고전 15:55-57)

# 16

## 사술의 영들

요즘 사단 주의와 마법에 더욱 많은 관심이 집중된다. 어느 정도 주어진다. 그들은 정규적으로 라디오나 텔레비젼의 할로윈 인터뷰에 초대되어진다. 나는 크리스천 제단의 교수로 임명받은 최소한 한 사람의 마법사를 안다. 많은 사람들이 마귀영역의 실체를 질문할 때인 요즘 영화들은 마법사들과 사단적 공포를 주제로 다루고 있고, 사술에 대한 흥미가 점점 더 커가고 있다. 젊은 사람들은 그들 자신이나 부모 그리고 선생을 죽이기 위해 조약을 만든다. 많은 경찰서들이 사단적 범죄를 막고 다루기 위해 경관을 훈련한다. 몇 개의 데이케어 센터와 학교가 어떻게 사단의 의식에 의해 조종 받는 어린이 학대의 둥지가 되었는가의 이야기가 계속 표면화된다. 그러나 전반적으로 크리스천 교회는 그것들이 교회 영역의 바깥에 있고 무시하는 것이 최선인 것처럼 우리의 사회와 문명의 쇠퇴인 이런 양상을 무시한다. 작년에 크리스천 고등학교를 다니는 나의 딸이, 소녀들이 그들의 어머니가 준 오이자 판을 가지고 온 두 번의 슬럼버 파티에 갔었다. 한 파티에서는 집 주인 어머니가 소녀들에게 그녀의 딸의 오이자 판은 해로움이 없는 게임이므로 염려하지 말라고 말했다.

반면에 나는 속박에서 벗어나려고 한 그런 마술적인 시행의 많은 피해자의 괴로움을 들었다. 사술의 영들은 모든 영들 중에 가장 완강하고 악독하다. 마음의 상처와 죄의 영들은 그들의 피해자가 회개하거나 치유의 기도를 받아들일 때 그들 스스로 가끔 떠나는 것과는 대조적으로 사술의 영은 직접적으로 대면하여 쫓아내야 할 필요가 있다.

## 사술이란 무엇인가?

사술은(이 말은 '숨겨진' 혹은 '비밀'을 의미하는 라틴어로부터 왔다) 진정한 지식이나 능력이 오직 하나님으로부터 올 수 있는 것임에도 불구하고 사람들이 하나님 아닌 다른 근원으로부터 다음 것을 찾는 영적인 영역을 나타낸다.

1. 지식.
2. 능력.

우리가 그런 능력과 지식을 찾을 때, 우리는 우리가 무엇을 하고 있는지 깨닫지 못해도 악한 영의 영역으로 우리 자신을 열어 놓고 있는 것이다. 사술에 관여한 대단히 많은 사람들이 그들이 무슨 잘못을 하고 있는지 깨닫지 못한다.

### 부지 불식간에 말려듦
어떤 사람은 지식을 찾다가 가끔 호기심에 걸려든다.
예를 들면 오이자 판은 우리의 미래에 대한(오직 하나님께로부터 오는 지식의 종류이다) 혹은 사랑하는 죽은 자들의 운명에 대한(다시, 오직 하나님만이 아시는) 우리의 질문에 대답을 준다. 부모들은 자살로 죽은 아들이 내세에서 행복한지를 알기 원할 것이다. 매우 인간적인 질문이다. 그들의 소망은 사단과 연결되어 있지 않다. 그것은 그들의 아들과 연결된 것이다. 그러나 이런 금지된 지식을 알고자 할 때, 그들은 그들 자신을 마귀적 영향력에 열어 놓는 것이다. 악한 영들은 오이자 판을 점령하고 한 두가지 중요한 거짓을 흥미있는 진리의 작은 부분에 섞는다.

다른 어떤 사람들은 능력을 찾는다. 예를 들면, 그들은 사랑에 빠져 영향을 주기 원하는 사람에게 주문을 걸기 위해 혹은 그들이 미워하는 사람을 저주하기 위해 부두의 숭배자가 된다.

불법적인 지식이나 능력을 찾는 대부분의 사람들은, 성서나 크리스쳔 전통이 그러한 활동을 항상 금지하고 있음에도 불구하고, 그들이 영원히 압제 받는 사단의 나라로 들어가고 있다는 것을 모른다. 많은 기독교 목사들이 이러한 실습을 어리석고 미신적인 것으로 간주하고 그것들에 대해 설교하는 것을 거부한다. 내가 접했던 사술의 영들의 대부분은 고통받는 자가 자기도 모르는 체 사단의 영토로 들어갔을 때 접해진다. 존 웸버는 그것을 '미끄러졌다' 라고 생생하게 표현했다.

수년 전에 우리가 '알' 이라고 불리우는 존경 받는 사역자인 나의 친구가 자신의 부인을 잃었는데, 그녀는 30대에 예기치 않게 죽었다. 그 사건은 비극이었고 알은 그들의 어린 두 아이를 돌보게 되었다. 그의 다음 일어날 일들이 무엇인지 불확실하여, 논쟁의 대상이 된 감독 교회 주교 알프레드 파이크가 그의 아들이 자살했을 때 찾아간 영매자(또한 사역자인)에게 상담하기로 결정했었다. 영매자는 영매의 목소리를 통하여 찾는 사람에게 다른 쪽으로부터 정보를 전해주는 영 안내자와 접촉하는 사람이다.

알이 그의 약속 시간에 갔을 때, 사역자는 몽환의 상태에 들어가 있었고 그의 영 안내자, 플렉처가 점거하고 있었다. 알과 영매자는 서로 만난 적이 없음에도 불구하고 영 안내자는 자연적 상태에서 영매자가 알 수 없었던 알의 과거에 대한 어떤 것들을 알고 있었다. 영 안내자는 알이 다닌 대학과 그가 전공했던 지식의 부분을 가지고 왔다. 게다가 알도 모르는 알의 가족이 숨겨진 것들을 알았고, 그가 집에 돌아왔을 때 그것을 확인 했어야만 했다. 알은 그들 모두가 사실인 것에 놀랐다.

영매의 목소리를 사용하여 영 안내자는 알에게 그의 아내가 다른 쪽에서 행복하다고 확인시켜 주었다. 그러나 안내자는 또한 그의 아내가 그를 너무 많이 사랑해서 알이 다시 결혼하는 것을 원치 않지만, 그녀는 첩으로 그의 성적 필요를 만족시키도록 그에게 권한다고 알에게 말했다.

알은 그가 인터뷰하는 동안 만든 카세트 테이프로 내게 이 모든 것을 들려 주었다. 그는 재혼하여 그의 두 아이를 위한 어머니를 찾기를 희망하고 있었지만, 지금 그는 그 지식이 초자연적이기 때문에 혼돈하였고, 그는 그 충고를 따라야만 하는지 염려하고 있었다.

알은 옳았다. 그 지식은 초자연적이었다. 혹은 더 정확하게 불가사의한 것이다. 그러나 그것은 하나님에게로부터 온 것이 아니다.

이것은 우리가 가끔 발견하는 사술적 말려듦의 종류이다. 더 놀라운 일은 크리스천 사역자가 다른 사역자에 의해 추천

받은 사술에 깊이 말려든 다른 크리스천 사역자인 영매자에게 감으로 사술적 지식을 찾는다. 이 경우 사술적 지식을 또한 찾았던 사람은 주교이다. 알이 모르는 사이에 사술의 영에 말렸는지는 모른다. 그러나 이것은 그가 작정했던 것이 아니었다. 그러나 이런 과정으로 가끔 사람들이 억압받게 되는 결과가 된다.

### *계획적인 관여*

사술의 영역으로 더 깊이 들어가면, 사람들이 지식의 능력을 얻기 위해 사단의 영역을 고의로 접할 때, 우리는 심각한 말려듦을 발견한다. 이것의 유명한 표본이 돈과 명예 그리고 여성에게 인기를 성취하기 위해 그의 혼을 악령에게 파는 파우스트이다. 그가 죽어 갈 때, 그는 이 모든 것을 돌려 놓으려고 했지만, 악령은 그의 계약으로 그를 붙잡고 지옥으로 끌고 갔다. 크리스토퍼 말로우는 힘있는 엘리자베튼 연극 파우스트 박사를 썼고, 그 자신이 사단 주의에 관여했기 때문에 그가 맥베드에서 세 마녀에 대해 썼을 때, 세익스피어에게 상담자로서 일했다.

이러한 사술에 직접적인 관여로 우리는 심각한 체내 침입의 단계들을 발견한다.

개인적으로 혹은 그룹으로 사단 주의에 대해 읽는 것으로 관여하게 된 어떤 10대들은 그것을 재미있는 것이라고 결정하고 모임을 만들며, 스스로 할 수 있는 사단 주의의 지침서를 읽음으로 어떻게 주문을 퍼뜨리는가를 발견해 냈다.

저 심각하고 깊게 참여한 층은 마법사와 마술사의 지도력하에 마녀회를 조직한다. 여기 역시 단계들이 있다.

동물 희생 제물의 부도덕한 항목에 관여하는 그룹, 우리가 읽은 엄청난 범죄를 행하는 그룹들은 더 타락한 것이다. 사단 숭배자들은 교회에 침입하여 그들의 의식을 행한 후, 더러운 동상같은 그들의 활동을 나타내는 증거의 종류들을 남긴다.

더욱 심각한 것은 전문직에 있는 사람들이 그들의 직장과 정부기관에 권력을 구하기 위해 비밀이 유지되는 높은 영역의 사단 집단에 속해 있다. 관심을 끌기는 커녕 그들은 외부의 주의를 끄는 것 없이 살아가려고 한다. 그들이 누구인지 아는 사람이 별로 없다. 더욱이, 그들은 사단 주의의 저속한 형태의 잔혹성을 싫어한다. 간혹 그들은 사단 예식에 오랫동안 바쳐졌던 가족들의 후손이다.

사단주의의 이런 명백한 형태로 결국 피해자들은 사단과 서면이나 피의 계약을 맺도록 인도된다. 사람들이 깨고 이것에서 떨어져 나오기는 어렵다.

모든 것으로 보아 교회가 사단의 억류에서 도망하기로 결정한 피해자들을 자유롭게 도울 수 있는 축사자들을 훈련하는 것이 필요하다.

다음 것은, 피의 계약에 서명했고 영성체를 더럽히기 위해 훔쳤던 한 여성을 돕기 원하는 신부로부터 온 편지를 발췌한 것이다.(나는 그들의 신분을 보호하기 위해 그들의 이름을 바꾸었다)

나는 주교 A와 개인적으로 이야기하기 위해 특별한 노력을 했다. 그는 나에게 얼버무리며 그 문제를 그만두었다고 했다. 그리고 그것을 어떻게 다루어야 하는지 모르는 것 같다고 말했다.[1] 이것은 나의 답답함에 도움이 되지 않았다.

…어느 날 모든 지옥이 터져나오는것 같았다.(표현을 용서하시길) 나는 그날 아침 Y를 보았고 그녀는 다섯 개의 10mg 바륨 (역주: 정신 안정제)을 먹은 후 말을 거의 못하며 더듬고 있었다.[2] 자연히 그녀는 의기 소침해 있었고 분명히 자살하고 싶어했었다. 그러나 그녀는 내가 그녀의 계약을 파기시켜 주고 그녀의 소유물 속에 가지고 있는 성체를 보관해 주기를 원한다고 내게 말했다… 정신병동에 침대가 비어있는 것이 있다면 그녀를 그 곳으로 보내기로 결정했다. 그녀는 동의했다. 그때 그녀는 그녀가 만든 약속을 이행하기 위해 나를 보자고 청했다.

우리는 작은 방으로 갔고 그녀는 내게 묶는 기도를 부탁했다. 나는 기도했고 그것은 그녀가 내게 다음 것들을 줄 수 있게 했다.

태롯 카드, 성체와 계약서. 태롯 카드를 꺼내는 것은 문제가 아니었다. 그러나 성체를 꺼내기 위해 그녀가 자신의 지갑에 손을 뻗쳤을 때 그녀는 떨기 시작했고 어렵게 말했다. 그녀를 더 반응하게 하기 위해 나는 묶는 기도를 반복했고 성령께 기도했다. 그녀의 눈이 구르기 시작했고 봉투에서 성체를 떼어낼 때 그녀의 얼굴은 일그러졌다. 초인간적 힘으로 그녀는 내가 그것을 그녀의 손으로부터 가져가지 못하게 했다. 그녀는 인간의 것이 아닌 '으르렁' 거리는 소리를 내기 시작했다. 그녀의 것이 아닌 목소리로 그녀는 사단을 위한 돼지였다고 말하기 시작했다. 그때 그녀는 그녀의 오른손으로 성체를 깨뜨려 온 방에 던지므로 성체를 더럽혔다. (그 시점에 나는 천천히 아프기 시작했다)

1. 이 여인을 돕기 위한 여러 노력이 실패로 돌아갔다. 감독의 답답함을 이해할 것이다. 그러나 교회가 이런 피해자들을 돕기 위해 좀더 많은 이해와 능력을 갖추어야 한다.
2. 사단 숭배자들은 주로 의도적으로 마약을 복용하게 하여 축사의 문제를 더 어렵게 한다.

그녀는 내가 루시퍼를 대적하는데 필요한 힘을 성령께서 내게 주시기를 기도했던 순간은 조용한 것 같았다. 커다란 분노와 떨림으로 지갑에서 계약서를 꺼냈고, 그것을 찢기 시작했다. 그것을 한 후에 그녀는 오른손을 가지고 왼손에 피가 많이 흐를 때까지 할퀴었다. 계약서는 마루 바닥에 떨어졌고, 나는 그것을 회수할 수 있었다. 그녀는 내게 그녀의 오른손에 기름 붓고 사단 쪽에서의 어떤 폭력적 반응에 대해 자신을 준비하라고 가르쳐 주었다.[3] 내가 그녀의 오른손에 기름 부었을 때, 어떤 외부의 힘이 나의 손으로부터 그녀의 손을 채어가 그녀의 팔을 벽으로 던졌다. 그러나 나는 그녀의 왼손에 기름 부을 수 있었고, 결국 그녀의 오른손에도 할 수 있었다. 그 시점에서 그녀는 어떤 풀려남을 경험하는 것 같았고 그녀의 손에서 흐르던 피가 멈추었다. 나는 그녀가 예수 그리스도에 대한 그녀의 믿음을 고백하도록 도왔고 그녀는 좀 어렵게 고백했다.

나는 저녁에 집으로 와서 더럽혀진 성체와 계약서를 태웠다. 내가 불을 지폈을 때 종이 타는 것이 아닌 머리털 타는 것 같은 악취가 났다.

### 말려듦을 피하는 것

이 편지는 지옥으로부터 온 사술의 영을 제거하는 어려움에 대한 어떤 생각을 준다. 대부분의 영들이 오는것 보다 더 높거나 낮은 저쪽 세계에서 오는 영, 마법사들에 의해 악령이라 불리는 이러한 영들은 보통의 악한 것이나 더러운 영들(더 포괄

---

3. 사단과 계약을 맺을 때 오른쪽 엄지 근처를 상처내어 나온 피로 한다. 사단 숭배자 무리(코븐)의 일원인지 아닌지는 이곳의 흉터를 보면 알 수 있다.
4. 사단적 이해에 의하면 귀신들은 저승이나 지옥에서 보내진다. 다른 악한 영들은 땅, 대기, 불, 물과 자연의 다섯 지역을 떠돌아 다니며 다스린다. 이 다섯 부류가 더러운 또는 악한 영을 이룬다.

적인 것)보다 강하다.⁴⁾ Y에게 한 사역은 얼마 동안 지속되었고 한 순간 사단에게 그녀의 의지를 넘겼으나, 이제는 예수님을 섬길 소망을 갖고 사단으로부터 고통 받는 자들을 돕기 위한 것이 얼마나 복잡해져, 얼마만큼의 시간이 소모되는가를 증명해 준다.

사술의 영적 주의에 무지하게 관여했던 것으로 인해 악령이 들리게 되는 것으로부터 자신들을 보호하도록 크리스천만큼 크리스천이 아닌 사람들을 가르치는 것이 중요하다. 우리는 억압의 통로가 되는 활동의 영역을 우리가 할 수 있는한 분명하게 해주는 것이 필요하다.

12장에서 나는 우리가 사람들에게, 그들이 그들을 억압에 노출시키는 어떤 것에 관여했는지를 볼 수 있게 하기 위해 물을 수 있는 몇 질문들을 제안했다. 그런 행동 중 어떤 것은 분명히 사술적이고 우리는 그것들을 분명히 피해야만 한다. 우리의 미래를 읽고 보는 행동, 오이자 판을 가지고 놀거나 강령회에 참석하는 것. 다른 활동들은 잘 알고 있는 크리스천들 사이에서도 동의하지 않는 회색지역으로 떨어진다. 최면술은 어떤 경우에는 해도 되는 것인가? 요가 철학을 받아들이지 않는다면 요가 체조는 해도 되는가?

바울은 우상에게 바쳐졌던 고기를 먹어도 되는지 질문 받았을 때 같은 종류의 질문에 직면했다. 그는 그 희생물이 마귀적인 것이 아니므로 그는 편하게 그 고기를 먹는다고 생각했다. 그러나 다른 크리스천들은 우상에게 드려졌던 것을 양심적으로 먹을 수 없다는 것을 인정한다. 그럼에도 평화를 유지하기 위해 그는 더 약한 자의식을 가진 크리스천 앞에서 그런 고기를 먹는 것을 금했다.

내가 바울의 시대에 살았다면, 나는 아마 거짓 신에게 드려졌던 고기를 먹는 것을 불안해했을 것이다. 그러나 여기서 지적하고자 하는 중요한 것은 크리스천이 동의할 수 없는 좋고 지식이 있는 다른 영역일지라도 그들이 위험할 수 있기 때문에 어떤 활동들은 분명히 금해져야 한다.

## 숙고해야 할 것

사역하기 전에 기억해야 할 중요한 것들이 있다.

### 사랑으로 사역한다

사술의 영들의 영향력 하에 있는 사람들에게 사역할 때, 우리는 특히 우리가 사람에게 사역하는 것이지 마귀에게 사역하는 것이 아니라는 것을 알 필요가 있다. 영들이 점령하여 인격의 밑으로 숨어들어 더러운 얼굴로 침을 뱉으며 당신을 모독할 때 이것은 잊어버리기 쉬운 것이다. 당신이 어떤 종류의 사악한 사람이 그 자신을 어린이를 학대하는 이단의 모임에 참여하게 할 수 있는가 라고 생각하며 성을 내게 될 수 있다. 이 모든 것 가운데 당신의 사역은 사랑으로 특성 지어져야만 한다.

그러므로 너희는 하나님의 택함을 받은 거룩하고 사랑받는 자로서 자비로운 마음과 친절과 마음의 겸손과 온유와 오래 참음으로 옷 입으라. 만일 어떤 사람이 누구에게 불평이 있으면 서로 용납하고 서로 용서하기를 마치 그리스도께서 너희를 용서한 것같이 너희도 그리하라. 이 모든 곳 위에 사랑을 더하라.

이것이 온전함의 띠니라.(3:12-14)

영들과의 관계에서는 단호하고 그러나 모든 그런 혼돈 아래 살고 있는 사람과의 관계에서는 사랑으로 하라. 아이를 희생물로 한 범죄처럼 사단 주의의 최악의 범죄에 관여한 사람들에 대하여 조차도 그 사람은 아마도 감독하는 그룹의 약속에 의해 이단의 모임으로 유혹당한 것을 깨달아라. (이단회의 많은 단원들은 기본적으로 혼자이고 인격을 잃어버렸다) 그때 그 사람은 아마 마약을 했고 그가 그것을 하지 않으면 더 나쁜 일이 일어날 것이라는 위협으로 살인이나 성적 타락 같은 끔찍한 행동을 실행하도록 강요당했을 것이다.

### 하나님의 때에 예민하라

절대 마귀에게 바로 반응하지 말고, 무엇보다 사단이 당신의 시간표를 감지 못하게 하라. 우리는 시기에 대해 자세히 얘기했다. 긴 치유집회 끝에 누군가 마귀의 발작이 나타날때 당신은 그 때 기도하기를 원할 것이다. 그러나 꼭 그렇게 해야 할 필요는 없다. 우리는 사단이 아니라 하나님께 응답한다.

기도하며 우리 하나님의 지침을 구하라. 보통 우리가 시간과 힘이 더 많을 때, 그리고 당신이 그 사람과 이야기 할 수 있어서 그 문제가 어떻게 시작되었는지 알아낼 수 있을 때 다른 시간을 배정하는 것이 더 낫다.

### 우리는 누구를 위해 기도하는가?

사술로부터의 축귀 기도는 오랫동안 지속될 수 있기 때문에 그리고 인간으로서 당신이 시간과 체력에 한계가 있기 때문에 당신은 도움을 원하는 모든 사람을 위해 기도하도록 불리워질 수 없다.

사실, 어떤 사람들은 특별하게 우리를 지치게 하고 혹은 후에 거짓 고소 거리를 만듬으로 우리의 사역을 파괴하기 위해 이단의 모임에서 보내진 사람이 있다. 어떤 사람을 취하기 전에 기도로 지침을 찾으라.

아주 많은 사람들이 도움을 구하지만 충분히 사역을 하도록 준비된 사람이 적을 때는 비참한 상황이 된다. 우리는 어떻게 사역하는가를 배우는 것이 필요하다. 축귀 기도에 대한 사역자를 훈련하는 신학원이 있다면!

우리는 또한 현명하게 축귀를 사역하기 위해 신뢰할 수 있는 사람들과 함께하는 것이 필요하다.

그리고 우리는 어떤 실패를 경험할 것을 대비해야만 한다. 이것으로 당신은 용기를 잃지 말도록 해라, 의사들이 그의 환자들이 좋아지지 않는다고 절망에 빠지던가 그의 치료 방법을 포기해 버리지 않는 것처럼, 더 많은 경험이 있는 사람과 상담을 하고, 권위 있는 사람들 밑에서 행동하고(가능하다면) 그리고 당신이 할 수 있을 때마다 팀과 같이 일하는 것으로, 당신이 할 수 있는한 현명하게 행동하도록 하라.

더 나아가 당신이 사단 주의에 심하게 빠졌던 사람에게 사역할 때, 당신이 사단왕국 군대의 높은 계급의 마귀를 쫓아내기 위해 필요한 영적인 은사가 없을 수 있다. 그러나 당신은 그 단계까지 성장할 수 있다. 우리 모두는 경험이 없는 풋내기로 시작한다. 그러나 우리는 우리의 영적은사 만큼 우리의 한계를 현실적으로 아는 것이 필요하다. 압제 받는 사람을 더 영적 권위를 가진 사람에게 보낼 수 있을 정도로 충분히 겸손하

라. 두려움에서 나온 것이 아니라 지혜에서 나온 것으로 그렇게 하고 그 후에 기도로 성령의 지침을 찾으라.

반면에 당신이 진짜 사로잡힌 사람이거나 혹은 거의 사로잡힌 사람을 위해 기도하는(당신이 한다면) 첫 시간에 당신은 당신 깊은 곳으로부터 오는 것을 느낄 것이다. 물론 당신 자신의 인간성에 당신이 압도되는 것은 사실이다. 그러나 주님이 당신에게 기도하도록 영감을 주신다면, 그 분께서는 고통 받는 사람을 자유하게 할 그의 능력을 당신에게 주실 것이다. 당신이 축귀 사역하는 것을 도울 수 있는 당신이 아는 크리스천 친구와 함께 하도록 하라.

### 사술적 관여의 정도를 고려한다

마지막으로 악한 영의 계급 제도에 흉포함과 힘의 세기의 수준이 있듯이, 사술의 영을 쫓아내는데 필요한 영적 힘의 수준이 있다. 치유 사역을 하는 대부분의 크리스천들은 위험을 깨닫지 못하고 심령술사들의 실습에 말려든 사람들을 위해 혹시 기도할 수 있다. 그러나 누구나 자기가 감당할 수 있는 것보다 더 심각한 타입의 사술적 참여로부터 축귀 사역을 해서는 안된다.

예를 들면 사단의 대 사제에 의해 사단에게 바쳐진 사람 안에 사는 영은 진짜 영적인 권위를 가진 사람들에 의해서 쫓겨나는 것이 필요하다.[5]

더 나아가, 축사자는 영적인 강함과 정직함의 삶을 보여 주어야만 한다. 더 강한 영들은 당신의 그러한 죄들이 고백되고

---

5. 내 동료 중에는 이런 축사는 안수받은 신부나 목사만이 시도해야 한다고 믿는다.

용서받지 않는한 당신의 죄와 약함을 알 수 있는 지혜의 특성을 지니고 있다. 그들은 관중 앞에서 그것들을 밝히므로 당신을 창피하게 할 것이다. 더 강한 영들은 당신을 공격하고 당신에게 들어오기조차 하고 혹은 당신의 팀에 있는 사람들이나 멀리 있는 당신의 가족에게까지 공격하거나 들어간다. 우리 모두는 유죄이지만, 나는 그 심각하고 고백하지 않은 죄는 축귀 상황으로 가져오기를 원하는 것이 아니라는 것을 이미 언급했다. 축사자는 깨끗하고 정직한 크리스천 생활 방식으로 방어하는 것이 필요하다.

요약하면, 우리의 축귀 사역이 다루어야만 할 사술적 관여에는 등급이 있다.

1. 사단과 접촉하기 위한 의도 없이 심령주의자나 다른 사술적 연습(예; 오이자 판으로 노는 것)에 대한 약속으로 *사단의 왕국을 무의식적으로 들어선 것.*
2. 주문을 퍼트리는 것 같은 어떤 실행에 의해 *어떤 사람에게 해를 입히거나 지배하기 위해 알면서 영적 능력을 찾는 것.*
3. 영에게 당신 삶의 일부를 점령하도록 허용함으로(예; 자동적으로 쓰기) 통로나 혹은 마녀가 되는 것.
4. 사단과 계약을 만드는 것으로 *사단과 아는, 직접적인 관계를 시작하는 것.*
5. 섹스 파티, 고문, 피의 희생물(동물이나 사람) 그리고 크리스천 경배의 서툰 흉내를 포함하는 악의 가장 심각한 수준으로 *사단 경배에 계약된 이단의 모임에 일원이 되는 것.*

이러한 다른 수준에서 자신들을 나타내는 사술적 영들의 이름은 그들이 계급이 올라갈 때 바뀐다. 당신이 *바알세블* 같은 개인적인 이름을 가진 꼭대기에 도착할 때까지 당신은 더 낮은 수준에서 심령 주의나 오이자 판의 영, 그 위로 마법과 점 같은 영을 통해서, 그리스도를 반대하는 것을 통해 오는 것들을 발견한다.

이러한 영들의 가장 높은 수준은 적어도 다음의 네 가지 이유로 쫓아내기 특히 힘들다.

1. 그들은 온 가족을 지배하고 그들은 그들과 함께 영들의 덩어리를 가져왔다.
2. 그들은 초자연적인 특성을 갖는다(마귀적인 것은 성령의 은사와 반대이다) - 그들에게 당신의 과거나 당신의 상상력을 읽어낼 수 있는 능력이 있다. 그들에게 방이나 교회의 다른 부분에서 어떤 사람에게 있는 다른 영을 분출하도록 영향을 줄 수 있는 교신, 그것에 의해 당신의 기도와 놀란 구경꾼들로부터 당신을 산만하게 하려는 것.
3. 그들은 그들이 있는 영의 계급보다 더 높은 다른 영으로부터 능력을 받을 수 있다.
4. 그들은 저항적이고 포진해 있는 방어체제로 그들을 싸고 있는 수많은 영들로부터 보호 받는다.

### 사람과 일한다
어떤 사람이 고등 학교에서 강령회에 참석하였기 때문에 사술의 영으로부터 축귀가 필요하다면, 그는 긴 준비가 필요 없다. 그러나 그가 사단 주의에 깊게 관여했다면 그가 축귀를 받거나, 축귀를 받은 것을 보존하는 것을 아주 어렵게 만들 죄의 구조물로 지은 것이다. 마귀는 완강하게 싸우기 위한 그 안에 충분한 요새를 가지고 있고, 그들은 쫓겨난다 해도 곧바로 돌아온다.

이런 이유로, 당신은 축귀를 요구하는 사람에게 앞으로 몇 주 혹은 몇 달 동안 준비하도록 부탁할 필요가 있다. 그는 규칙적으로 기도하고, 크리스천 지지 그룹의 일원이 되고, 매일 성서를 읽고 규칙적인 교회 예배에 참석하는 것이 필요하다.

예를 들면 그의 인격의 70%가 자유하지 않음에도, 자유한 30%가 악한 것과 대항하여 이길 수 있게 정화되고, 강해지는 것이 필요하다. 오랜 습관은 악령들이 거하며 충동을 지시할 수 있는 요새를 만든다. 이런 습관을 바꾸기 위하여서는 영적 지도가 필요하다.

그러나 당신은 항상 기다려야만 한다는 고정된 규칙을 갖지 마라. 어떤 때는 바로 그곳에서 기도하도록 주님이 인도하신다. 악령들린 사람이 당신이 모든 일을 할 것이라고 기대하게 하지 마라. 그 자신이 할 수 있는 것이 많지 않을지라도 할 수 있는 만큼 도와야 한다. 어떤 사람들은 마귀에 의해 너무 고통을 받아서 우리가 기도할 때, 그들의 상상력을 통해 불결한 생각이 충동적으로 주입된다. 그들이 성경을 읽을 때 그들의 눈은 초점을 잃는다. 그리고 교회의 예배에 참석했을 때 그들은 일어나 떠나도록 강요당하는 그런 고통 속에 있다. 그러므로 그들을 인내하고 이해하라.

악령에 거의 사로잡힌 한 남자가 내게 그의 축귀를 위해 기도할 수 있는가를 묻기 위해 장거리 전화를 했다. 나는 축귀 기도에 경험이 있는 그 도시에 평판있는 크리스천 단체와 그를 만나게 했다. 또한 도움을 구하기 위해 그의 전화가 있을 거라고 그 단체에 연락했다.

다음 날 그가 내게 다시 전화하여 그들이 바로 그날 방문했었으나 그가 성경을 그들에게 던졌을 때 급하게 떠나버렸다는 말을 했을 때, 내가 얼마나 놀랐겠는가 상상해 보라. 그들은 그가 진정으로 도움을 바라는 것이 아니라고 단정했다. 그들은 마귀가 그들에게 성경을 던지도록 밀어 부치는 것을 몰랐느냐며 그는 불평했다.

"나는 진정 도움을 원했었다."

당신이 한꺼번에 그것을 할 수 없다면, 그가 점차적으로 자유로워지도록 그 사람과 일하라. 몇 달이 걸릴 수도, 일년이 걸릴 수도 있다. 그 사람이 너에게 말하는 것은 다 사랑하는 마음으로 듣지만, 당신이 어떻게 그리고 언제 기도해야 하는 것에 대해서는 특별히 성령님의 조용한 인도하심에 귀를 귀울이라. 특별한 기술은 없고 당신이 의존할 수 있는 특별한 방법도 없다. 축귀에서 유일하고 확실한 안내자는 성령님이다.

기도 받는 사람은 전적으로 예수님을 따를 것을 소망해야 한다. 그 사람이 마귀의 고통으로부터 자유로워지기 위한 동기로 시작했다 할지라도 단지 그것을 원하는 것만으론 충분하지 않다. 당신은 그에게 더 큰 그림을 보여주는 것이 필요하다. 우리는 치유만 할 수 있는 치유자가 아닌, 자유만 아니라 구세주를 찾는 것이 필요하다.

## 피상담자가 가져야 할 단계들

우리가 말한 모든 것을 통해 사술의 영으로부터의 자유를 위한 기도는 다른 종류의 축귀 기도 보다 더 철저한 준비가 요구된다는 것을 알 수 있을 것이다.

축귀 기도 전에 기도 받는 사람이 취해야만 할 단계들이 있다.

### 당신의 삶을 예수님께 맡긴다

어떤 종류의 치유를 찾는 사람이던 치유자이신 예수 그리스도에게 위탁되어야만 한다. 그러나 심각한 축귀의 경우에는 그 사람이 사단의 영역에서 직접적으로 혹은 간접적으로 들어갔기 때문에 기도받는 그 사람이 예수님께 마음을 결단했는가 특히 중요하다. 빠져나가기 위해 그는 그의 충성을 하나님의 나라로 돌리고 오직 하나님만을 섬기겠다는 명확한 결단을 표현하는 것이 필요하다. 그래서 이일에 대해 그 사람에게 말하고, 그를 구세주이신 예수 그리스도께 그의 생명을 위탁하도록 도우라.(그가 이미 크리스천이었다면 다시 결단하도록) 나는 대부분 그 자신의 말로 예수님을 받아들이기 위해 기도하도록 청하지만, 그러나 가끔 그 사람이 어떻게 기도드려야하는 지를 모르는 경우는 당신을 따라 기도하도록 그를 격려하라.[6]

한 사람이 사술에 심하게 참여했었을 때, 우리는 가끔 그가 말하고자 할 때 특히 그가 중요한 문구인 *예수 그리스도를 말하고자 할 때 방해 받는 것*을 발견한다. 그는 도저히 그것을 말할 수가 없다. 혹은 눈의 흰자위 밖에 보이지 않을 때, 눈이

---

6. 여기에 회심자의 기도, 또는 결신의 기도의 예가 있다: "주 예수님, 제가 주님께 죄 지었음을 고백합니다. 저의 모든 죄를 용서하여 주옵소서. 내 죄의 사함을 위하여 십자가에서 피를 흘리신 예수 그리스도가 하나님의 아들이심을 믿습니다. 내 삶을 주님께 드립니다. 제가 주님과 영원히 살 수 있도록 제 마음에 들어오십시오. 예수 이름으로 기도드립니다. 아멘."

돌아가며 정신을 잃어버리는 것을 본다.

이러한 것이 일어날 때는 악령들에게 그들의 방해를 중단하고 그 사람의 목소리와 혀를 놓으라고 명령하라.

나는 네가 아닌 ___가 말하기를 원한다. 지금 예수님의 이름으로 ___를 자유하게 하노라. 그가 결국 그의 서약을 한 후에 나는 그에게 그것을 여러 차례 반복하게 한다. 매번 그것은 점점 더 쉬워지고 당신은 그 사람 위에 있는 영들의 붙잡음이 그가 마침내 자유롭게 말할 수 있을 때까지 약해지고 있는 것을 볼 수 있다.

### 회개

다음은(죄의 영들을 경우와 마찬가지로) 회개이다. 그 사람에게 사술에 참여하도록 이끈 저지른 모든 행동에 대해 회개하도록 청하라.

그의 친구에게 그의 손바닥을 읽게 하거나 혹은 어떤 그런 행동을 했다면 순진한 마음으로 행동했을 것이다. 그러나 그것이 그의 생각에 심각한 죄로 생각되지 않는다 할지라도 하나님의 용서를 구하고 죄로부터 돌아서는 것이 필요하다. 그의 고백이 정직하도록 해야한다.

주님, 나는 내가 무엇을 했는지 몰랐습니다. 그러나 지금 내가 그것을 하지 말았어야 했다는 것을 깨달았습니다. 내가 한 것에 대해 죄송합니다. 나는 당신의 용서를 구합니다.

그 사람이 사술에 더 깊이 관여했다면 그것이 틀렸다는 것을 알고 있었을 것이다. 영들이 그를 압제할 권리를 가지고 있기 때문에 그들은 그가 회개 하는 것을 어렵게 만든다. 당신은 막는 영들을 묶고 그들의 영향으로부터 그를 자유하게 해야만 할 것이고 그리하면 그가 용서를 구할 수 있다.

### 포기, 절교하다.

마음의 상처와 죄의 영들로부터 사람들을 자유하게 하는데 우리가 발견하지 못한 요소가 있다. 사술에 관여한 사람은 회개 뿐 아니라 그의 사술적 행위와 절교해야만 한다. 그가 하나님께 죄송하다고 말한 회개에서 그는 죄로부터 돌아섰고 하나님의 도움으로 지금부터 바른 길에 서겠다는 단호한 결정을 했다. 단념에서 그는 죄와 사술로부터 돌아설 뿐 아니라 실제적으로 그것에 대항하는 것으로 한 단계 더 나아간다.

회개에서 그는 내가 점쟁이에게 가곤 했던 것에 대해 "주님 죄송합니다. 나는 당신의 용서를 구합니다." 라고 말할 것이다. 단념에서 그는 이전 사술에의 참여에 대항하여 더욱 확실하게 서는 것을 만든다.

"예수님의 이름으로 나는 미래를 말하는 것과 내가 가졌던 사술에의 어떤 참여도 단절합니다."

간단히 그 사람에게 그 자신의 말로 그의 사술적인 모든 행위를 포기하도록 청하라. 그러나 그가 어려움을 갖는다면 적절한 포기의 기도를 따라 하도록 청하라. 만약 축귀가 심각한 것들 중의 하나라면, 그에게 세례 의식에 있는 약속을 하도록 청하라.

문: 당신은 사단과 하나님께 대항하는 모든 영적인 사악한 힘과 절교하는가?
답: 나는 그들과 절교합니다.
문: 당신은 하나님의 창조물을 부패시키고 파괴하는 이'세

상의 악한 영들과 절교하는가?
답: 나는 그들과 절교합니다.
문: 당신은 하나님의 사랑으로부터 당신을 떼어 놓은 모든 죄 많은 소망들과 절교하는가?
답: 나는 그들과 절교합니다.
문: 당신은 예수께 돌아와 그를 당신의 구세주로 받아들이는가?
답: 그렇습니다.
문: 당신은 그의 은혜와 사랑에 온전히 신뢰하는가?
답: 그렇습니다.
문: 당신은 당신의 주로 그를 따르고 복종하기로 약속하는가?
답: 그렇습니다.[7]

절교에 있어서 중요한 요소는 사술적인 참여와 관계된 책들이나 물건을 없애는 의지력이다. 그들을 없애버려라. 이것은 오이자 판, 태롯 카드 그 위에 사단적 문양이 있는 보석을 없애는 것을 의미한다. 이것은 극단적으로 들릴 수 있다. 그러나 이러한 물건들이 당신의 집이나 사무실에 남아있는 한 악한 영들은 그들로부터 힘을 얻어 떠나기 더욱 힘들어 진다.

요즘에 책을 태우는 것은 당연히 나쁜 평판을 받고 종교적인 편협함의 방법으로 우리가 증오하는 모든 것을 대표한다. 그러나 태우는 것은 사단 주의와 관계된 물건을 파괴하는 고전적 방법이다.

---

7. The Book of Common Prayer (New York; Oxford University Press, 1979), pp. 302-303.

또 마술을 행한 많은 사람도 그들의 책을 가져와 모든 사람 앞에서 불태우니 그것들을 값으로 계산하면 은 오 만개 어치나 되더라.(행 19:19)

**특별한 주의**: 사람이 사단과 쓰는 것으로 계약을 만들고 그가 서류를 돌려받을 수 있게 되었다면 그는 당신에게 그것을 태울 수 있도록 양도해야 한다. 가끔 그것들은 여러 개의 쓰여진 계명들이고 하나 혹은 더 많은 것이 이단회의 소유로 남아있다. 그래서 그들 모두를 없애는 것은 어렵거나 불가능하다. 단지 우리가 할 수 있는 것은 그렇게 하라. 마귀 들린 사람이 계약서를 파기하는 것은 매우 어렵다. 그래서 그가 그것들을 당신에게 주게하는 것이 더 좋다. 또한 사람이 깊게 관여되어 있을 때, 우리는 계약서를 없앴다는 것에 대해 그가 거짓말 하는지를 살피는 것이 필요하다.

## 실제적인 축귀

우리는 축귀를 위한 기도의 일반적인 윤곽은 이미 다루었지만 사술의 영으로부터의 구출을 위한 기도에서 우리는 몇 가지 복잡한 요인을 발견한다.

첫째, 축귀의 이런 종류는 대체로 더 많이 힘들고, 우리는 악한 영들을 쫓아내기 위해 그들을(이 경우에는 악령들) 직접 대면해야만 한다.

둘째, 특히 당신이 더 힘있는 악령들을 대적하여 보다 높은 단계로(혹은 낮은 지위) 가야 할 때, 이런 축귀는 더 위험하다. 그 사람이 사단과 어떤 서약을 만들었다면 축사자와 더욱이 자유하기를 원하는 사람에게조차 위험하다. 이 수준에서 당신은 당신이 무엇을 하고 있는지를 잘 알아야한다. 누구나가 이러한 수준의 축귀 사역에 참여되어서는 안된다. 그리고 교회 권위의 전통적인 유의 사항이 여기서 특히 사실임을 유의한다.

더 표면적인 수준의 관여에서(예; 오이자 판으로 노는 것) 팀은 권할만 하지만 당신이 팀의 도움을 구할 필요는 없을 것이다. 그러나 깊은 참여의 수준에서 당신은 팀의 도움을 원할 것이다. 그 사람이 제재를 받아야 할 필요가 있는 경우 대체로 묶는 명령의 기도가 웬만한 폭력을 충분히 방지하지만, 한 두명의 힘있는 사람이 있는 것이 좋다.

당신은 또한 우두머리 영에게 접근하는 것을 방해하는 방어역활하는 영들을 접할 수도 있는 것에 예견해야 된다. 특별히 주로 방해하는 영들 중에(우리가 13장에서 본 것같이) **조롱**, **속임**, 그리고 **놀이**가 있다. 당신이 축귀 시작에 방해가 있을때 이러한 영들 중 하나가 문제를 야기시키고 있는 것을 발견할 것이다.

예를 들면 졸음의 영은 당신이 그 사람에게 말을 하고자 할 때, 그 사람을 졸게하는 원인이다. 이러한 영들(양상들)이 들어 올 때 인격은 밑으로 가라앉고 당신에게 말하고 있는(혹은 당신을 노려보는) 마귀의 인격으로 대치된다.

당신의 대응은 다음과 같은 묶는 기도여야만 한다.

우리는 더 이상 놀이를 하지 않을 것이다. 나는 너, 속임수의 영들을 주 예수님의 이름으로 묶고 지금 당장 중단할 것을 너에게 명한다.

마귀적인 방어막을 넘은 다음에 당신은 그 영들이 어떻게 들어왔고, 그 사람의 약함을 어떻게 갖고 놀았는지 알아내기 시작할 것이다. 그것이 어떻게 시작되었고 사람을 낚아챘는 가? 당신은 그 사람에게 이야기함으로 혹은 영들의 이름이나 모습들을 찾아 냄으로 그것에 관해 알아낼 수 있다. (영 분별의 은사나 혹은 그들에게 스스로 이름을 대도록 강요함으로 그것을 하라) 여러 방법에서 이것은 축귀 과정의 가장 중요한 부분이다. 왜냐하면 당신의 궁극적인 목적은 단지 마귀를 쫓아내는 것이 아니라 예수님이 새로운 창조물의 형태로 원하시는 상처 입은 인간이 하나님의 자녀로서 그의 잠재력을 가득 채우도록 세우는 것이다.

가능한 치유를 위해 기도하고 피해자 자신의 개심(reform)의 목적과 이미 하나님께서 그 사람 안에 심어 놓으신 모든 선하고 창조적인 능력의 목록을 만들라. 축귀 기도를 하고 있을 때, 기도받는 본인의 자아가 무의식 상태에 있을 때, 당신이 이와 같이 말함으로 마귀적인 영향 아래 놓여있는 사람과의 접촉을 다시 정립할 수 있다.

나는 지금 너에게 말하는 것을 원치 않는다. 나는 빌과 말하기 원한다. 내가 너에게 예수의 이름으로 명하니 그를 내어 보내 내가 그와 이야기할 수 있게 하라.

영들은 그들 자신의 계급 제도를 가지고 있고 그들의 능력에 따라 순위가 정해져 있기 때문에 더 능력 있는 영들이 능력이 적은 영들을 그들의 제어력 아래 붙잡고 있다. 더 능력 있는 영들은 또한 그들을 떼어내기 더 힘들게 만드는 지성, 지식 그리고 능력 같은 특성을 - 불가사의한 중대한 모든 것 - 나타낸다. 그들의 목적은 항상 멸망시키는 것이고 오랫동안 그들의 손아귀에 있었던 사람을 자유하게 하는 것을 방해할 수 있다. "너는 결코 우리를 쫓아내지 못 할거야." "그는 우리에게 속해 있어." "여자는 나의 돼지야!" 등이 당신이 가끔 들을 수 있는 문장들이다.

이러한 영들은 그룹으로 혹은 덩어리로 있다. 피해자의 인격 깊숙이 들어가 있는 많은 연결된 뿌리가 있는 나무 기둥을 제거 하는 것같이, 당신은 아마 그들을 기도하는데 많은 시간을 써야만 할 것이다. 당신은 기도를 한꺼번에 많은 날들을 쓸 것인지(물론 자거나 쉬는 시간을 포함하여) 아니면 축귀 과정을 일주일에 두시간씩 시간 단위로 매 주마다 영들의 어떤 부분을 뽑아낼 것인지를 결정해야만 한다. (우리가 논의했던 것처럼) 어떤 기도 시간 중에 당신이 간단히 치유를 곁들인 영적인 지침이나 격려를 줄 수도 있다.

사술의 영으로부터의 구출은 중요한 수술 같은 것이어서, 인격은 오랜 기간 자리잡고 있던 사고와 감정적 패턴에 변화를 만들기 위해 시간이 필요하다. 사술의 영에 의한 구출에서 가능하다면 긴 시간을 가지고 그 사람과 일하는 것이 더 좋다. 이단회의 단원이 떠나려고 하고 그가 30개의 다중 인격체를 가지고 있다면, 이것을 한번의 긴 시간으로 해결하고자 하는 것은, 그 밑에 있는 연약한 인간에게 해를 줄 수 있는 것이다. 어떤 인격들이 사람에게 회복되어질 필요가 있는 인간의 단편이고, 제거되어져야 할 마귀적인 인격은 어느 것인가? 이것들은 쉬운 질문이 아니고 축사자들에게 최고의 경험과 분별을 요구한다.

그 과정은 실제 나무 등걸을 뽑아내는 것과 흡사하다.

어느 축사자는 마치 그것을 모두 뽑아내기 위해 마치 트랙터처럼 그 사람에게 난폭하게 할 수 있다. 한번에 한 뿌리씩

뽑는 것이 더 좋고, 그렇게 함으로 땅에 움푹 들어간 자리가 생기지 않는다. 축귀를 받는 사람은 축사자가 깨닫지 못하더라고 주로 문제를 깨닫는다. "이 영들이 떠나면 나는 누가 되는 걸까? 나는 그들 없이는 내가 누군지조차 모를 것이다. 나는 두렵다." 나는 이런 염려를 아주 많이 들었고 그것은 당연한 두려움이라고 본다. 우리는 그 사람을 하나님의 뜻에 합당한 사람으로 세우는 것을 돕도록 준비시켜야 한다.

사술의 영들은 조상을 통해 사람에게 들어갈 수 있다. 그리고 마법의 영은 세대를 통해 내려올 수 있기 때문에(우리가 7장에서 논의한 저주처럼) 특정한 조상으로부터의 접촉이 끊어지지 않는한 그리고 사술의 영이 쫓겨나지 않는 한 그것은 계속해서 전해 내려올 것이다. 종종 우리는 전 가족에게 (조부모, 부모, 아이들) 예수님께서 혈통을 깨끗하게 하여 주시고 전해 내려오는 영들로부터 가족을 자유하게 하여 주시기를 구하도록 기도하게 한다. 지금 세대의 가족이 최선을 다해 크리스천으로 살고자 하고 그들 자신이 사술에 관여한 적이 없을 때, 이것은 대체로 평화롭고 쉽게 이루어진다.[8]

## 봉함

대부분의 사람들은 물론 축귀 사역을 하는 사람들 조차도 봉함에 대해 들은 적이 없다. 그러나 그것들은 우리가 어려운

---

8. 아주 강한 악령들로부터 하는 어렵고 복잡한 축사에 관해 더 알고 싶으면 1988년의 축사 사역집회의 16개 테이프를 권한다. 특히 Fr. Richard McAlear와 Mrs. Betty Brennam의 테이프를 Christian Healing Ministries, (P.O. Box 9520, Jacksonville, FL. 32208-0520: $60 - 오디오, $120 - 비디오.)에서 구하라.

상황에 처하게 되는 중요한 이유이다.[9] 많은 사단적인 요소들과 같이 그것은 거룩한 세례에서 성령에 의해 봉인된 우리의 성품에 대한 모방이다.

옛날에는 주인의 봉인 날인을 소유물에 찍어서 소유물들을 열 수 없도록 했다. 나는 아직도 나의 백부가 그의 중요한 편지를 봉하기 위해 밀랍으로 찍은 그의 봉인을 가지고 있다. 크리스천 전통은 옛날에 편지나 소포가 봉인되었던 것처럼 세례는 다음 것을 상징하는 영적인 봉인을 당신 위에 찍는 것을 보유하고 있다.

*하나님께 봉헌한다.(당신은 그분에게 속한다)
*하나님에 의해 악한 것으로부터 보호 받는다.(침입자가 열기 위해 부술 수 없다)

마찬가지로 사람은 다음 것을 의미하는 것으로 사단을 위해 봉인될 수 있다.

*그는 사단에게 봉헌되어지고 같은 방법으로 귀속된다.
*그는 보호되어지고 그 봉인이 부수어질 때까지 자유할 수 없다.

이상하게 들릴 수 있다. 그러나 이 봉인은 영적인 보호막처럼 그것이 부수어질 때까지 사람 안에서 악한 영들을 덮고 보호하는 영적 실체이다.

9. 이 분야의 지식에 대해서는 Fr. Richard McAlear와 Mrs. Betty Brennam의 지식과 지혜와 경험의 도움을 많이 받았다.

우리가 기도한 사람들 중에 소수의 사람만 사단에 의해 봉인되어 있었지만 확실히 있는 일들이다. 그러므로 당신은 적어도 세 가지 방법으로 그것이 생기는 것을 알 필요가 있다.

### *계약으로*
첫째 방법은 다음 것을 통해 이루어지는 계약에 의한 것이다.

*피(blood)로
*말(language)로
*(가끔) 소망에 의해

그 사람이 만든 어떤 계약에서 자유로 뚫고 나오기 위해, 그는 그의 세례식 언약이나 그 언약들과 상응하는 것들을 *세 차례* 갱신하는 것이 필요하다.(우리는 이 장 앞 부분에서 이러한 맹세들을 반복해 보았다) 이러한 서약들은 두 가지 중요한 요소들을 포함한다.

1. 사단과 그의 모든 일들을 단념한다.(악으로부터 돌아서는 것)
2. 당신의 인생을 예수 그리스도께 드린다.(선하심과 생명으로 돌아선다)

서약을 새롭게 한 후에 그 사람은 계약을 깨고 취소하는 것이 필요하다. 계약이 특별하게 만들어진 것일 수록 그것을 해야만 한다. 그에게 그것을 세 번 단념하게 한다. (어떤 숙련자에 의하면 당신은 계약을 파기하기 위해 권위가 필요하다. 로마 가톨릭이나 감독교회에서 그것은 신부직분의 권위이다) 주 예수님의 권위로 축사자들은 그 *봉함을 부수고* 그때 축귀를 진행한다.

 이러한 신비한 과정의 가치를 확인함에 있어서 내가 그것이 일어나는 것을 여러 차례 본 것을 당신과 나누고 싶다. 축귀 기도를 하여도 아무 일이 일어나지 않았을 때 봉인을 부수는 기도를 한다. 처음 두 번은 아무 것도 일어나지 않지만 세 번째는 영들이 그들의 잡은 것을 풀고 떠나는 것과 같은 눈에 보이는 반응이 있다.

### 봉헌에 의해

 사람이 마귀적인 봉인에 의해 잡히는 두 번째 방법은 봉헌을 통하여서이다. 계약과는 달리 (그 사람 스스로 봉인을 계약하는 것) 봉헌은 다른 사람에 의하여 행하여진 것을 나타낸다. 말하자면 그는 사단에게 헌납된 것이다.

 이것은 사단의 의식에 드려진 아이들에게 일어나는 것이다. 사단적인 봉헌은 유아세례나 혹은 크리스천 사이에 있는 헌신과 마찬가지이다. 그 사람이 어른이 되었을 때, 그는 스스로 계약을 이루어야만 한다.(어른이 되어 하나님께 삶을 다시 결단하는 것과 흡사하다) 사람들이 치유를 위해 그들의 아이를 지역 마법사에게 데려가는 것과 같은 사술적인 행위에 관여했을 때, 그들은 부지불식간에 아이를 봉헌하는 결과를 초래한다. 그들은 후에 아이에게 무엇인가 잘못된 것을 깨달을 것이지만 왜 아이가 문제있는 행동을 하는지 알아낼 수 없다. 사단에게 봉헌된 사람들은 그들이 교회에 참석함에도 왜 그런지 알 수 없는 긴장감 속에 산다.

봉헌으로부터 사람들을 자유하게 하기 위해

1. 봉헌을 끊고, 그때 그 사람을 예수님께 다시 봉헌한다. 만약 그 사람이 어른이라면 그는 역시 이것을 그 스스로 해야만 한다.
2. 봉인을 부순다.
3. 축귀를 실행한다.

### 태어나기 전

사술의 영들은 태어나기 전인 **태에 있는** 아기에게 들어갈 수 있다. 영들이 그렇게 했을 때 그들은 봉인함으로 보호를 받는다. 그러나 이것은 부모나 아이에게 권위를 갖은 사람들이 이것이 일어나는 것을 허용하지 않는 한 일어나지 않는다.(요즘 가정 생활의 붕괴가 이것에 기여한다)

이 봉인을 부수는 방법은 봉헌을 부수는 것과 같다. 이 봉인을 부수는 기도는 간단하다. 당신은 다음과 같은 것을 말할 수 있다.

예수님의 이름으로[10] 나는 사단의 모든 봉인을 깨고 성령의 칼로 당신을 자유케 한다.

태 안의 봉인은 사단적인 봉인의 가장 흔한 근거이다. 왜냐하면 우리가 접한 많은 영들이 태어나기 전에 들어간 것이었다. 그것의 예는, 그가 그의 어머니 자궁에 있을 때, 어머니가 아기를 원치 않아 지울 것을 고려했을 때, 그 사람 안에 살게 된 거부의 영을 가지고 있는 사람이다.

---

10. 또는 "성부와 성자와 성령의 이름으로"

# 17

## 사단 숭배 종교의식 학대
## (Satanic Ritual Abuse - SRA)

**사**술의 영들을 다룸에 있어 우리는 사단숭배 집단이 고의로 그들의 피해자들을 사술의 영들로 싸기 위해 사용하는 무서운 프로그램인 SRA이란 중요한 토픽을 논의해야만 한다.

근래에 나는 내 마음을 심란하게 하는 편지를 받았다.

나는 당신이 내 과거 위에 어떤 빛을 비출 수 있기를 소망하며 쓴다. 나는 신부인 당신을 기억한다. 나의 가족은 당신을 매우 존경했다.

나의 여 동생이 몇 년전 그녀의 종교의식 학대에 대해 당신과 이야기한 것을 안다. 나는 또한 나의 이웃 ＿＿＿가 끔찍한 방법으로 나를 학대한 것을 기억해 냈다. 다른 어른들이 또한 관여되어 있었다. 그들의 학대는 사단적이었던 것으로 나타났다. 나는 많은 의식에 참여하도록 강요당했던 것을 기억하고 그리고 끔찍한 것들을 보도록 강요당했다. 나는 육체적으로, 성적으로, 감정적으로 그리고 영적으로 혹사당했다. 이것은 내가 세 살 때부터 열살이 되어 그 주에서 이사나올 때까지 지속되었다.

나의 부모는 이제 우리에게 무슨 일이 일어났는지 안다. (나의 언니 몇도 이런 것으로 고통스러워 한다)
그 이후로 나는 이 상처들을 치유하기 위해 많은 치료를 거쳤다. 나의 인생은 길고 힘든 여행이었다. 그러나 나는 드디어 예수님의 빛 안에 있다. 나는 내가 견뎌야 했던 학대 때문에 내가 하나님의 선물로 사용될 것을 느꼈다. 나는 빛 속을 걸을 수 있고 이제 세상에 있는 악에 대해 안다. 내가 미사에 참여할때, 나는 우리의 그리스도적인 것을 조롱했던 사단주의자들의 끔찍한 집회를 기억한다. 그것은 나를 매번 눈물 흘리게 한다. 사단주위자들이 내게 한 것들은 내게 더욱 더 하나님께 감사할 수 있게 만든다.
당신은 나의 부모를 아주 잘 알았다. 당신은 ___ 주위에서 악한 것을 감지한 적이 있었는가? 나를 혼란시키는 것은 우리가 가톨릭 교회에 의해 둘러싸여 있었다는 것이다. 신부님들과 수녀들이 정기적으로 우리 집에 왔었다. 우리 집은 수 없이 여러 차례 축복을 받았다. 우리는 정기적으로 교회에 갔다. 그러나 아무도 알아 채지 못했다! 나는 학대받은 아이의 좋은 예였으나 아무도 알아 채지 못했다!

그녀는 내가 왜 몰랐는지 의아해 했다. 그러나 아니다, 나는 아무 것도 의심하지 않았다. 나는 실제로 아이들과 이야기할 기회가 없었고 오직 몇 차례 그들이 가족 저녁 식탁에 앉아 있는 것을 보았다. 그들의 가족은 대가족이었고 조용하고 품행 좋은 가족이었다.
나는 행악자를 의심하지 않았다. 나는 그를 잘 몰랐다. 오직 그들 가족의 친구로 알았고 나는 그와 열 번쯤 테니스를 쳤다.

그러나 그와 한 테이블에 앉은 적이 전혀 없었고 테니스 전 후에 짤막한 것을 제외하고 대화를 나눈 적도 없었다. 나는 아무 것도 의심하지 않았다. 이 행악자는 성공한 사업가였다. 또한 다정했다.

더욱이 나는 1960년대에 SRA같은 것들에 대해 들어 본 적이 없었다. 아이들이 내게 털어 놓았었을지라도 내가 뭔가를 하기위하여 노력을 했으리라는 확신이 없다.

이 폭로 편지는 사건 후 25년이 지나서 몇 가지 중요한 점을 밝혔다.

첫째, 주요 교단 교회들이 영적 전쟁의 실체에 대해 무지하다.(그때의 나처럼) 전반적으로 신학교들은 사단숭배 집단으로 부터 도망하고자 하는 사람들이나 영적으로 뿐 아니라 육체적으로 생명의 위험 속에 있는 사람들을 도울 준비를 하지 않는다. 어떤 경찰서들은 지역 성직자들 보다 더 사단적 학대에 조예가 깊은 전문가들을 갖고 있다. 그러나 무엇보다도 성직자들이 SRA 희생자들이 접근할 수 있는 숙련자가 되어 과거의 삶의(그리고 현재) 악몽으로부터 도망하려는 그들을 도와야만 한다.

그 편지는 또한 선한 사람들이 사단숭배 예식의 고문같은 무서운 것이 있다는 것을 믿는 것을 내켜하지 않는다는 것을 암시했다. 그것은 옆의 굴뚝에서 뿜어 나오는 것을 무시하며 아우스비츠의 근접 도시에 사는 크리스천 농부와 같은 것이다. 그들은 그 두려운 실상을 알기 원치 않았다.

다른 끔찍한 점은, 범법자들이 전혀 메마르고 동물적인 종류의 사람들이 아니라는 것이다. 그들 중 많은 사람들이(사업가처럼) 믿기 어렵지만 보통의 명랑한 사람들이라는 것이다.

SRA의 이상한 현상은 우리가 믿기 원하는 것보다 훨씬 더 일반적이라는 것이다. 나는 우리 지역인 플로리다에서 SRA 피해자를 다루는 치료사에게 얼마나 많은 사람들이 피해자인가를 물었다. 정확한 숫자를 말하기는 불가능하지만 그녀는 우리 지역에서만 아마 100명이 넘을 것이라고 추정했다.

SRA는 실재 문제이다. 당신이 축귀 부분에서 일한다면 그 주제에 대한 조사 보고서를 읽어라. 나는 이번 장에 내가 모든 크리스천들이 알아야만 한다고 믿는 것들을 요약한다.

## 그것은 진짜이다

어떤 부모들은 사실이 아님에도 불구하고 수년 후에 아이들을 희생시켰다는 비난을 받는 경우도 있지만 사단주의자 그룹이 사람들을 특히 아이들을 희생시킨다는 확실한 증거가 있다.[1] 이러한 경우의 증거들은 생존자들이 공공연히 말하는 것에 대해 두려움으로 가득하기 때문에 부분적일 수 밖에 없다.

바로 지난 달에 나는 별거하고 있는 마법사였던 남편을 만난 후 살고 있었던 도시를 떠날 수 밖에 없게 된 지적인 한 여성을 만났다. 남편은 그가 방문할 권리를 가졌을 때 그녀의 어린 두 자녀를 주말에 사단의 예식에 데려갔었다. 거기서 아이들은(내가 만났던) 강간당하고 희생물로 동물을 죽이도록 강요 당했다. 사실 아이들은 그들이 인간 희생자를 죽이는 것을 도운 것을 인정했다. 그 어머니는 편협하지 않았고 그녀는 아

---

1. 이 책에서 예로 든 사람들 중에 적어도 4명이 SRA 희생자인 것을 알 것이다. 1장과 요번 장의 처음에 읽은 편지를 쓴 로버타도 그렇다. 이들은 내가 아는 사람들이고 거짓말을 하여서 얻을 것이 아무것도 없는 사람들이기 때문에 나는 그들을 신뢰한다. 이런 기억은 또한 정신과 의사가 제시하여 RM 집어 낸 기억들도 아니다.

이들이 그녀에게 이야기한 것들을 충분히 믿었고 그리하여 그녀의 직업 그리고 집을 버리고 떠나 생소한 도시에서 다시 모든 생활을 시작했다.

아이들이 증인인 이런 종류의 범죄는 법정에서 거의 증명될 수 없다. 어머니는 단지 가장 안전한 행동의 길을 택하여 도망하였다.

내가 알기로 많은 비난자들이 증거가 어디 있냐고 따진다. 나는 이 비난자들이 이런 종류의 폐해의 생존자들과 전혀 말해 본 적이 없다는 것을 시사한다. 그들은 대부분의 그런 희생자들이(대부분의 경우 어린이들) 그들의 이야기를 말하지 않거나 말할 수 없다는 것을 모를 것이다. 그들은 당신에게 확실한 증인을 줄 수 없다. 왜냐하면 이 범죄를 본 오직 다른 사람들은 사단숭배 집단의 단원들이다.

의식의 폐해의 생존자에 대한 한 연구는 조사 대상의 65%가 세 살이나 혹은 더 어렸을 때 학대가 시작된 것을 보여준다.[2] 그들이 고통받는 것을 어느 누구에게나 말한다면 이 생존자들은 죽음의 위협을 받았기 때문에 우리는 그들이 두려움이 가득 차 주저하며 말하는 것에 놀라지 않아야만 한다.

생존자가 당신에게 마음을 연다면, 동정을 가지고 들으라. 우리는 어떤 사람이 험한 이야기를 가지고 올 때 의심을 가지게 훈련이 되어 있지만 나는 당신이 이 초기의 의심이 피해자의 관점에서 보면 분명히 틀린 것이라는 것을 볼 수 있으리라 생각한다. 그녀는 이미 말하는 것이 두렵다. 사단숭배 집단 집회에서 그들은 아무도 신뢰하지 말도록 배웠고, 그들이 진실

---

2. Margaret Smith, Ritual Abuse(San Francisco;Harper Collins, 1993), p.117.

을 말할지라도 아무도 그들을 믿지 않을 것이라고 믿도록 계획되어졌다. 의식의 폐해에 대해 좋은 책을 쓴 마가렛 스미스는 그녀가 말하는 것을 이해하는 사람을 발견할 때까지 여섯 명의 치료자를 거쳐야만 했다.[3]

당신이 SRA 생존자와 만난다면 인내하라. 생존자는 아마 일어난 모든 것을 기억하지 못할 것이고 혼돈할 것이다. 그녀는 또한 당신이 그녀를 보호할 것이라는 것을 믿는 것이 어렵다는 것을 발견할 것이다. 왜냐하면 그녀는 또한 사람을 믿지 못하도록 프로그램 되어졌다.

의식 폐해의 피해자에게 사랑은 배신을 의미한다. 이단에서 그들의 훈련의 한 부분으로 그들은 그들이 가장 친한 친구로 사랑하는 애완용 동물을 죽이도록 강요당한다. 당신이 그들을 보호하고 그들을 진정으로 사랑한다는 것을 아무리 많이 들어도 그들은 믿는 것이 힘든다는 것을 발견할 것이다. 게다가 사단숭배 집단의 사랑은 모두 섹스와 묶여있다. 그리고 더구나 섹스를 악용한다. 생존자들에게는 설득보다 진정한 사랑이 절실히 요구된다.

생존자들은 당신에게 또한 적의가 있는것 같을 것이다. 왜냐하면 어떤 생존자들은 그들이 마음문을 연 크리스천 상담자를 해치기를 원하도록 최면술을 통해 프로그램 되어졌기 때문이다. 반면에 그들이 사단숭배 집단 안에서의 생활을 바깥 사람들에게 말한다면 그들 자신을 죽이도록 또한 계획되어졌다.

그래서 SRA 피해자가 당신에게 도움을 구하러 온다면 당신은 미묘한 삶과 죽음의 상황을 다루게 된다. SRA는 복잡하

---

3. Smith's book Ritual Abuse는 사단숭배 의식 학대만이 아닌 일반적 의식학대에 관해서도 좋은 책이다.

고 어려운 주제이기 때문에 당신이 알거나 혹은 도움이 필요한 생존자를 보낼 SRA를 다루는데 경험이 있는 당신 지역의 누군가를 찾는 것이 중요하다.

이것은 축귀를 위한 기도를 쓴 책이기 때문에 나의 유의점은 당신이 축귀를 위해 그런 생존자와 기도하는 것으로 시작하지 말라는 것이다. 결국 그 사람은 약간의 축귀가 필요할 것이다. 그러나 무엇보다 그녀는 안전함과 사랑과 치유할 시간이 필요하다.

1. 무엇보다 먼저 그녀가 신뢰할 수 있는 안전한 사람.(이상적으로 단체)
2. 그녀가 추적으로부터 보호 받는 느낌을 가질 안전한 장소.
3. 그리고 더욱 중요한 것은 사랑이다. 그녀에게 사랑과 신뢰의 의미를 가르치는 사람. (말 뿐이 아니라 실제로)

이런 모든 것은 시간을 요한다. 우리는 몇 달 그리고 몇 년을 말하고 있다. 그때 역시 생존자는 상담을 위한 긴 시간과 두려움, 수치 그리고 불신의 깊은 습관적 패턴을 바꾸기 위한 내적 치유가 필요하다.

어딘가에서 그녀는 축사가 필요할 것이다. 그러나 서두는 축사는 특히 그녀가 다중인격을 가졌을 때, 그들의 대부분은 융합되는 것이 필요하지 쫓아내는 것이 아니기 때문에 그녀를 파괴하는 것으로 끝날 수도 있다.

## 무엇이 의식의 폐해인가?

SRA는 사단적 예식 동안 일어나는 모든 감정적, 육체적 그리고 성적 학대의 행동을 포함한다. 모든 사단숭배 집단의 집회가 이런 방법으로 폭력적인 것은 아니다. 왜냐하면 (우리가 전 장에서 보았듯이) 사단적 무리가 청소년 그룹에서부터 마법에 잠깐 손은 담근 자가그룹(do-it-yourself)이 있는가 하면 또 여러 세대 동안 사단숭배에 깊이 빠진 비밀 그룹에 이르기까지 폭이 다양하기 때문이다.

의식자체는 사단숭배 집단들은 주된 크리스천 축제를 조롱하는 그들만의 축제를 갖는다.

1. *생식력 축제(Fertility Feast)*는 고대 이교도들의 예식에서 발달했다. 이 의식들은 춘분(봄의 시작인 3월21일) 같은 때와 노동절에 있다. 이 생식력 축제는 성적 난교 파티로 의식이 행하여진다.
2. *희생 의식(Sacrifice rituals)* 십자가의 예수님의 죽으심을 조롱하는 의식. 사단숭배 집단(영어로 코븐)은 가능할 때 가톨릭 경배의 조롱거리로 블랙미사를 의식화한다. 여성의 벗은 몸이 제단으로 사용되고, 배설물이 빵을 대신하고 피와(전형적으로 사람의 피)오줌이 포도주와 물을 대신한다. 이런 성찬식 동안 사단의 대사제와 여사제들에게 사제의 겉옷을 입혀 장식한다.

사단적인 의식의 다른 특별한 때는 할로윈, 매달 보름, 벨테인 축제(4월 30일), 여가장의 축일(matriarchal holiday), 짐승의 결혼(marriage of the Beast), 크리스마스와 부활절 주위의 날들을 포함한다. 학대는 이러한 축제 동안 일어난다.

그것의 목적이 무엇인가? 하나님을 조롱함으로 사단을 높이고, 인간을 격하시키고, 사랑의 관계이어야만 하는 것을 미움과 불신임의 관계로 돌리는 것 외에 그것의 주된 목적은 조정력을 얻는 것이다. 이단은 그것의 단원들의 삶을 전적으로 조정하기를 원하고 그들은 떠나는 것을 두려워할 것이다.

이단이 조정력을 얻는 방법은 의미있게도 우리의 사회를 파괴하는 두 악한 조류(폭력과 변태적인 섹스)를 통해서 이다. 사단적인 의식에서 폭력과 섹스는 거의 믿을 수 없는 악의 수준까지 상승(저하)된다.

### 폭력

사단의 목적은 예수님의 고통과 십자가 형을 죄없는 사람들, 특히 아기와 아이들을 죽임으로 조롱하는 것이다. 인간 희생 제물을 갖는 것은 대부분 위험하고 실질적이지 못하기 때문에 대체로 동물 희생 제물로 대신한다. 이단의 각 단원들은 이러한 의식의 살인 과정에 꼭 참여하도록 강요당한다.

대체로 훈련은 코븐단원의 아이들로부터 시작한다. 예를 들면 어른이, 가능하면 아이의 아버지가 칼을 들고 아이의 작은 손에 그것을 놓고 아이의 손 위에 그의 손을 꽉 잡고 자르며 피를 내도록 칼을 이끈다.

새로운 단원을 의식의 살인에 참여하도록 요구하는 것은 마피아의 단원들과 아주 흡사하게 중요한 범죄에 공범이 되도록 사람들에게 강요한다. 결국에 그녀는 코븐에서 도망하기로 한다 해도 살인자로 지목될 것을 두려워한다. 그녀는 또한 먼저 마녀회는 살인을 겁내지 않는다는 것을 볼 것이고 그녀가 빠져 나오려 한다면 죽임당할 것을 무서워할 것이다. 그리고 결국, 끔찍한 행동을 저지르도록 강요당함으로 그녀가 진짜 악하고 보통 사람들과 다르다는 것을 믿도록 인도된다. 그녀가 마음을 열고 낯선 사람에게 말하는 것을 주저하는 것은 놀라운 것이 아니다.

그녀 자신이 악하게 저하된 것을 본 후, 그녀는 능력있는 비밀 그룹의 단원으로 올라감으로 마녀회 내에서 어떤 보상을 받는다. 코븐에서 자란 아이들은 그들에게 특별한 영광의 역할이(예를 들면, 대 사제직) 주어짐으로 결코 떠날 수 없는 한 가지 이유가 더 주어진다.

고문은 피해자에게 수치와 두려움을 심어주는 것으로 사용되는 다른 무기이다. 고문의 종류는 너무 잔인해서 대부분의 사람들이 그런 것을 생각할 수 있다는 것을 믿는 것이 어렵다. 부모들은 그의 어린 자녀들을 고문하도록 강요당한다. (연구에 의하면 생존자의 67%가 그들의 학대자로서 그들의 아버지를 기억했다.[4]) 세 살 짜리 남자 아이가 그의 할머니에게 말하기를 엄마가 그의 성기를 꼬집고 피나게 했다고 했다.[5] 어린이들은 법정에서 증인으로의 가치가 없고 법정에서 어린이들의 증언은 채택되지 않을 것이기 때문에 그들의 부모가 거기서 그들을 보호하지 않는다면(않을 것이라면) 어린이들에겐 보호막 없이 방치되어 있는 시기이다.

대체로 고문은 독재 정부의 비밀 경찰의 (혹은 베트남 전쟁에서 베트콩에 대적하는 미국의 특수부대같은) 고문처럼 아무런 표시도 남기지 않는 고문을 행한다. 범행자들은 몸의 가장 예민한 부분에 전기 쇼크를 주거나 혹은 생식기에 바늘을 넣

4. Smith, p.138.
5. Ibid., p.6.

는다. 의사들이 코븐에 속해있고 고문이 자국을 남기지 않고 정확하게 이루어지는 것을 확인한다. 다른 심리치료사와 정신의학자 단원들은 입력하고 세뇌하는 최면 후 기간을 계획한다.

다시 말하지만, 아마 사단을 높이는 고통에서부터, 고문에 이르기까지의 목적은 그룹의 영원한 조정을 확보하게 하는 것이다. 아이들은 아무도 신뢰하지 않는 것을 배운다. 그들은 거의 정확히 그들의 가장 가까운 사람들에 의해 배신당할 것이라고 배운다. 특히 그들이 고문을 행하는 사람이었을 때, 피해자들이 살해 되었을 때, 시체는 유기되고 장소는 철저히 청소된다. 한 코븐은 시체의 효과적인 처리 방안을 가진 장의사 감독을 단원으로 가지고 있다.

어디 증거가 있냐고 묻는 것으로 SRA의 실체를 질문하는 의심하는 사람들에 대한 대답은 어느 것도 없다는 것이다. 그들 역시 범죄에 참여했기 때문에 (그들이 그것을 하도록 강요당했음에도) 증인들은 나아와 그들이 본 것을 말하지 못한다.

### 변태적인 성행위

기독 신앙 중심에 십자가가 있는 것 같이 큰 사단의 축제 중앙에 희생 제물이 있는 동안 다른 축제는 고대 이교도 전통을 따르는 섹스파티로 번식력을 찬양한다. 어린이들은 이런 집회에서 옷을 입지 않고 주로 추행을 당한다. 그들은 다른 사람과 밀접해지는 방법은 오직 섹스를 통함이라고 한다. 그러나 사랑은 멸시 받을 약한 것으로 보여지기 때문에 그것은 사랑이 없는 섹스다. 성적 의식의 학대는 특히 음욕을 영화롭게 하고 인간의 몸을 불경스럽게하여 사랑하라는 예수님의 명령을 모독하도록 만들어졌다. 또한, 벌거벗은 여자의 몸과 블랙미사가 연결됨으로, 종교를 성적 상징과 연결함으로 사단주의자들은 그들의 피해자들의 기억들을 악용하여 진정한 종교적 예식이 필연적으로 음욕적인 것을 상상하는 것으로 돌아가게 한다.

사단 주의는 당신이 이제 알게 된 것 같이 윗부분을 바꾸어 놓은 기독 신앙이다. 예수님에 의해 선포된 사랑은 사단의 증오로 조롱 당하고, 믿음은 불신으로 변질되었다.

## 다중 인격

이러한 경험을 직면했던 사람들은 정신적으로 살아 남아야만 한다. 그리고 다른 인격으로 분리되는 것은 실제 참을 수 없는 감정적 경험으로부터 헤어나올 수 있도록 하나님이 자녀들에게 주신 선물이다. 축사에 의해 쫓아내져야 하는 영들처럼 그 변성들(alters - 다중 인격에 대한 전문적인 용어 - 을 취급하는 것은 큰 실수이다. 그 변성들은 대부분 문제가 아니다. 피해자(특히 어린아이)가 살아 남을 수 있는 유일한 방법이라는 데서 그것들은 해답이다 .

예를 들어 당신이 누군가를 죽이는 것을 돕도록 강요당하는 어린이라면 이것은 너무 고통스러워서 당신이 살인을 저지를 수 있는 종류의 사람이라고 믿지 않을 것이다. 그러므로 당신의 살인자 역은 그러한 사악한 행동을 실행하기에 충분한 난폭성의 인격으로 바뀜으로 분리될 것이다.

이러한 공포의 직접적인 체험이 없는 대부분의 사람들은 수십개의 변성들을 나타내는 사람에 대해 듣는 것이 단지 이상하게 들릴 것이다. 그래서 축귀를 행하는 어떤 단순한 크리스천들은 이런 변성들은 틀림없이 마귀적인(마귀가 한 것처럼 특히 변성들이 이름을 가지고 있기 때문에) 것이고 그들 모두를 쫓아내도록 진행해야만 한다고 결정한다.

그러나 변성들은 하나로 되는 것이 필요한 그 사람의 실제 인격의 부분들이다. 선의의 축사자에 의해 만들어진 파괴는 DID(MPD)로 알려진 분열된 정체성 혼란을(다중인격 혼란) 가진 사람을 심하게 해친다. 그래서 어떤 주는(버지니아같은) 환자에게 축사를 행하는 정신과 의사의 면허를 취소하려 한다.

나는 다중인격은 문제가 아니라는 것을 강조하고 싶다. 그들은 해답의 일부분이다. 피해자가 불가능한 감정적 상태로부터 헤어 나오게 돕는 창조적인 하나님의 주어진 선물이다. 이런 분리들은 실제로 분리된 성품이 아니라 통합되는 것이 필요한 전체 사람의 모든 부분들이다. 가끔 사람들은 수백 개의 이런 인격을 갖는다. 분명하게 이러한 분리들을 함께 모으는 것은 시간이 걸린다.

나는 30개의 변성을 가진 한 여인을 위해 한 때 짧은 기도를 했을 때 변성 중 하나가 통합되었다.(아주 짧은 기도였다는데 그 효과가 더 놀랍다) 그러나 30개 모두가 통합되기 전에 일년 혹은 더 많은 시간이 걸렸다. 마가렛 스미스는 다음과 같이 쓴다.

당신이 이런 변성을 가진 사람을 본다면 그것은 당신이 MPD에 대해 배우고 그들을 부드럽게 대하는 것이 중요하다. 그들 모두를 쫓아내지 말아라.

생존자들은 우리 사회가 폐해를 입은 사람들을 향해 갖는 태도로 희생당할 뿐 아니라 그들은 또한 성직자나 심리 치료자에게 희생당한다. 한 생존자의 말을 상기시켜 본다.
"나는 가톨릭 교회에 의해 축사를 받았었다. 나는 내 안에 악한 성품을 가지고 있지 않다 – 나는 다중인격을 가지고 있다!"
그것이 더 분리시키는 원인이었다.[6]

SRA 희생자를 도울 수 있는 이상적인 사람은 내적 치유와 축귀에 대한 기도를 믿는 크리스천 정신 치료사이다. 그러나 크리스천이 아닌 평판 있는 정신 의학자들이 변성들을 쫓아내려 하는 것이 그들의 유일한 해답인 줄 아는 단순한 크리스천 기도 용사들보다 더 도움이 될 것이다. 그리고 이러한 변성들은 그 사람의 인격의 대부분의 조각들이기 때문에 그들을 쫓아낸다는 것은 불가능한 과제이다. 이런 난폭한 치료는 사람을 더 많은 것들로 조각낼 것이고, 절실히 필요하지만 많은 혹평이 따르는 축귀 사역의 좋은 평판을 파괴한다.

## 악한 영들

변성들은 악한 영들이 아님에도 이단들은 가끔 그들이 최면에 걸리고 약이 투여될 때, 그들(변성)에게 악한 영들을 보낸다. 이 영들은 피해자들을 만들어 놓은 길 안에서 행동하도록 강요하고 그들이 코븐을 떠나는 것을 막기 위한 제동 장치로 쓰는 최면후의 역할로 행동하도록 계획되어 진다.

6. Ibid., p.174.

예를 들면 그 사람은 최면 후 상태의 제안을 통해 매일의 일상 생활 동안에는 코븐 집회 동안 있었던 끔찍한 것들을 잃어버리도록 프로그램 된다. 그녀는 일어났던 것을 기억할 수 없다. 그러나 한 밤중에(대체로 집회가 열리는 때) 전화가 울리고 제동 장치의 말이 오라는 의미를 나타내면 그 사람은 옷을 입고 집회로 간다. 그녀가 새벽 4시에 집에 돌아왔을 때 그녀가 코븐에서 있었던 모든 일을 잊어버린다.

피해자들은 그들 안에 살고 있는 악한 영들을 가지고 있기 때문에 이 영들은 결국은 쫓겨나야만 한다. 그러나 이것이 시작하는 장소가 아니다. 피해자가 경험했던 무서운 폭력 때문에 그들 자신에게 들어온 상처의 영들이 아마 있을 것이다. 그러나 이것들은 피해자가 그녀의 깊은 상처의 과거로부터 내적 치유를 받을 때 떠날 것이다.

대체로 '보호자' 영들은 축사자들이 그 영들을 지나 피해자의 프로그래밍으로 들어가는 것을 막기 위해 코븐의 회원에게 보내진다. 이 프로그램들은 대체로 그녀가 크리스천이 되고자 하고 사단에게 배반자로 돌아서고자 하는 경우, 그 사람에게 설치된 자기 파괴의 저주를 포함한다. 나는 요즘 그녀가 크리스천이었고 코븐을 도망하려고 하고 있기 때문에 자신을 죽이기 위해 굶는 것으로 프로그램된 한 여성과 일을 하는 치료사를 도왔다.[7] 또 다른 코븐단원은 고속도로에서 그들의 차를

---

7. 약 13년 전에 유럽에서 감독의 허락을 맡은 두 신부가 귀신에게 사로잡혔다고 생각되는 한 여인에게 정식축사를 하였다가 축사사역이 전 유럽지역에서 실추된 결과가 있었다. 이 여자가 금식의 결과로 죽게 되었고 신부들의 책임으로 돌려졌다. 이 사건을 통하여 천주교에서는 축사사역을 허락하는 것을 두려워 하게 되었다. 필자는 신부들이 올바르게 진단은 하였으나 기술과 경험 부족으로 그 여자의 자멸하는 프로그래밍을 밝혀내지 못하였다고 본다. 그래서 책에 있는대로만 주장했을 것이다. 비극적인 결과는 사단숭배 단체가 그 여자를 죽이는 데 성공했을 뿐 아니라 수년 동안 축사사역마저도 큰 타격을 주었다.

충돌시킴으로 자신들을 죽이도록 프로그램 되었다. 변성들은 그것이 표면화 될 때, 각각 그 자신를 그리스도께 맡기도록 부드럽게, 참을성 있게 인도되어야 한다. 반면에 이것을 방해하고자 하는 악한 영은 묶이거나 쫓아내야 한다. 그러나 그것은 시간이 걸린다.

## 해야 할 것

SRA피해자의 치유에 관해 8가지의 특별한 상항을 제안한다.

1. 이러한 피해자의 치유는(기적이 없다면) 시간이 걸린다는 것을 기억하라. 인격의 재통합은 몇 년이 걸릴 수도 있다. 집회 후에 짧은 기도로도 어떤 정도의 축복과 치유는 일어 나지만, 여기서는 성만찬 후에 줄 선 사람들은 짧은 기도로 치유하는 것에 대해 말하고 있는 것이 아니다.
2. 보통, 상담과 기도를 하는 사람이 SRA와 DID(MPD)에 대하여 자세히 아는 것이 필요하다.[8] 되도록이면 이 사람이 전문적인 크리스천 상담자이면 좋다.
3. 피해자는 지독하게 외롭고 절망적으로 두렵고 사랑이 결핍되어 있다. 그녀가 가장 필요한 것은 예수님의 사랑이다. 당신이 그 사람과 기도할 준비가 안되었다고 느낄지라도 당신은 최소한 그녀에게 이 사랑을 보여 줄 수 있다. 그러나 그녀가 두려움과 당신을 믿지 못하도록 프로그램 되었기 때문에 그녀가 어떤

---

8. DID(MPD)에 관한 좋은 책, James Friesen이 쓴 Uncovering the Mystery of MPD, Case Studies(San Bernardino:Here's Life Publishers, 1991)을 소개한다.

사랑이나 관심도 의심하도록 묶여있다는 것을 알라. 그리고 그녀는 아마 사랑의 표현을 성적으로 이해할 것이다.
4. 피해자는 안전한 장소와 함께 있을 안전한 사람이 필요하다. 평판있는 기관들과 그녀가 살해당할 것이라는 두려움과 코븐이 그녀의 사랑하는 자를(가끔 그녀의 남편과 아이들이 아직 코븐에 속해 있다) 죽일 것이라는 그녀의 끝없는 두려움을 도와줄 수 있는 치료자의 목록을 갖고 있어라. 단지 일주일에 한 번 사람을 보는 것으로는 아마 충분하지 않을 것이다. 당신은 한 주일 동안 그녀를 후원하며 도와줄 사람이 필요할 것이다.
5. 당신이 피해자를 도우려 하는 사람이라면 그녀가 당신에게 말할 수 있는 모든 것을 주의 깊게 듣고, 한참 후까지 많은 변성들이 표면화되지 않을 것이라는 것을 알아라. 결국 당신은 변성들에 대한 상태를 파악할 수 있어야만 한다. 당신은 아마 또 어떤 악한 영들이 당신이 그 사람을 자유하게 하기 위해 필요한 것을 아는 것을 발견하는 것을 막기 위해 '보초' 같이 일한다는 것을 알게 될 것이다. 결과적으로 당신은 변성들이 서로 대화하고 전체적인 인격으로 돌아가기를 희망한다.
6. 상담이나 기도 기간의 시작에 당신을 속이거나 그 기간을 방해하려는 것을 못하게 기도와 상담을 방해하는 악한 영들을 묶으라. 당신이 피해자의 마음의 상처로 인한 경험을 위해 기도한다면 이러한 기억 속에 남아있는 상처의 영들은 떠날 것이다.
7. 피해자는 코븐에 충성하는 성격들, 즉 당신이 바로 발견할 수 없는 성격들을 숨길 것이다. 이 충성의 변성들은 전화와 같은 제동장치에 반응하도록 프로그램 되었다. 그것은 또한 당신이 상담하고 있는 사람이 밤중에 코븐 집회에 가고(그녀가 안전한 장소에 있지 않고 전화에 닿을 수 없는 것이 안되는 한) 있으

며 솔직히 그것들에 대해 아무 것도 기억하지 못하는 것이 가능하다. 기억하라, 그녀는 거짓말을 하고 있는 것이 아니다.
8. 당신은 또한 코븐에 의해 직접적으로 피해자에게 스며들게 된 사술의 악한 영들에 대한 축귀를 위해 기도하는 것이 필요하다. 이것들이 피해자에게 들어갔을 때, 코븐은 또한 그들이 마귀적인 나타남에 접하기를 원하는 양상 즉 살인, 미움 그리고 분노 같은 모습들을 세분화 할 수 있다. 분명하게 당신은 축귀를 위해 언제 기도하고 그것에 대해 어떻게 할 것인가를 알기 위해 위대한 영 분별과 지혜가 필요할 것이다.

## 더 많은 관찰들

이 모든 것은 꽤 복잡하다. 그러나 더 복잡한 요소들이 있다. 전문적으로 준비된(심리 치료사, 사회학자 그리고 사역자들처럼) 사단주의자들은 종교적 잡지나 신문에 두 가지 영역에 의심을 가지도록 하는 기사들을 쓰기 위해 지명된다.

1. 피해자 기억들의 현실성

무엇보다 고문이나 성적 학대같이 정신적 쇼크인 것을 잊어버리고 오직 여러 해 후에 그것을 기억하는 것이 대부분의 우리에게는 이상할 것이다.(망각하는 일의 일부는 사전 최면에 의해 온다고 할 수 있다. 그리고 직면하기에는 너무 고통스런 마음의 상처들을 잊어버리는 영혼의 자기 방어적인 능력일 수도 있다)

2. 코븐의 활동의 마귀적인 요소에 대한 현실성

예를 들면, 정신병적인 망상을 그들이 실제 있는 것처럼 악한 영들에 기인한다는 것은 비과학적이고, 미신적이고 그리고 어리석은 일이다.

더욱이, 사단 주의에 전혀 관여하지 않는 작가와 소설가들도 코븐에 대해 쓸데 그들이 한 끔찍한 것들을 인식하지만 다른 사람의 삶을 조종하고 권력을 얻고자 하는 인간적 악의 수준에 머문다. 악한 영들은 그들의 세계관에 맞지 않는다. 그들은 사단주의자가 있다는 것을 믿지만 그들이 진짜 악한 영들과 연결되어 있는 것은 믿지 않는다. 그들은 단지 악에 의해 유혹된 잘못 인도된 타락한 인간이다.

이것이 엄청나게 복잡하고 어리둥절하게 들린다면, 사실이 그렇다. 나는 이번 장에서 많은 부분을 적당히 뺐고, 아주 최소한 당신이 실수하는 것을 피할 수 있도록 사단적 의식의 폐해를 요약하고자 했다. 그러므로 당신이 우리의 대부분과 같고 심각한 희생자를 돕기에 개인적으로 준비가 되지 않았다면 당신은 그녀가 필요한 도움을 위해 유능한 치료사나 기도 사역자에게 보낼 수 있다. 또한 많은 정신병 의사나 심리 치료사가 SRA의 실체를 믿지 않는다는 것과 어느 한도 밖에는 도울 수 없을 것이라는 것을 기억하라.

피해자가 와서 당신에게 털어놓는다면 그것은 신뢰의 한 가지 표시이다. 당신은 그녀가 영적 그리고 심리적인 감옥으로부터 도망할 수 있는 유일한 희망일 수 있다.

나를 보내사 마음이 상한 자를 고치며 포로된 자에게 자유를,
간힌자에게 놓임을 전파하며(이사야 61:1)

# 18

## 영의 다른 종류들

**종**교적인 사람들의 일반적인 실수는 율법적으로 되는 것이다. 율법주의자는 이 책의 마지막에 있는 4장을 읽고 모든 영들을 세 가지의 부류 중 하나에 맞추려고 한다.(상처, 죄 그리고 사술) 하지만 다른 종류의 영들이 있다.

많은 다양성이 있음을 깨닫는 한 우리는 모든 영들을 분류할 필요는 없다. 돌발적이고, 충동성이 있고, 이상하게 미칠 수 있는 인간의 행동은 마귀나 다른 악한 영들의 영향에 대해 딱 맞는 영역이다. 몇 가지 예를 보자.

### 거짓 종교의 영들

내가 가끔 잘 접하는 귀신은 거짓 종교의 영이다. 이것은 어떤 착하고 종교적인 사람들을 충동적으로 혹은 미신적인 방법으로 그들의 종교적 활동을 과하게 이끄는 영들의 종류이다. 종교적인 영은 교회에서 당신이 볼 수 있는 사람들을 이상한 방법으로 행동하게 영향을 준다. 이상하게 기도를 중얼거리고, 성령에 의해 영감을 받은 방언의 은사가 아닌 방언으로 가짜 예언과 메시지를 전하여 집회를 혼란 시키고, 너무 많은 초를 켠다. 그는 그저 심리적 문제를 가진 별난 사람일 수 있지만 그러나 종교의 영에 의해 조정될 수도 있다.

　이런 잘못 인도된 개인들은 다른 사람에게 있는 하나님에 의해 영감 받은것 같은 종류의 행동을 모방한다. 그러나 당신은 그들에게서 이상한 어떤 것이 있는 것을 감지한다. 그런 영들의 목적 중 하나는 열성적인 사람들을 약간 미쳤다고 의심하는 자들의 견해를 확인시켜줌으로 기독교 신앙에 나쁜 평판을 주는 것이다.

　한 남자가 세인트 루이스에서 있었던 큰 기도 집회에 서서 긴 예언을 했다. 지도자들은 즉시 그것이 잘못된 것이라는 것을 감지했지만 몇 선의의 사람들이 그가 그들에 대해 말한 어떤 것이 사실이었기 때문에 감동 받았다. 그들은 그가 예언적 은사를 받았다고 확신하고 집회 후에 그들은 집으로 함께 갔고 그는 몇 시간 동안 계속해서 그들의 미래를 예언했다.

　그는 기도 모임에는 전혀 오지 않았지만 그의 추종자와 그들의 집에서 계속 만났다.

　그러던 어느날 저녁 그는 자기 집의 모든 가구를 꺼내어 잔디 위에 쌓아 놓고 태웠다. 그 후에 그는 경찰이 그를 붙잡아 정신병원에 넣을 때까지 가족들을 차에 싣고 도시를 방황하며 운전하고 다녔다.

　나는 그가 있는 정신병원을 방문하였다. 그리고 그가 영의 안내자에게 기도함으로 사술의 세계에 관여했었다는 것을 알았다. 그는 사람들이 그들 자신의 영의 안내자를 찾도록 그들을 격려하는 책을 읽음으로 이것을 어떻게 하는가를 배웠다. 그는 그의 가톨릭 배경으로 이것이 위험하다는 것을 희미하게 깨달았다. 그래서 그는 방안에 성자의 상을 세워 놓는 것과 그의 영의 안내자를 받는 것을 구하기 전에 하나님께 기도함으로 자신을 보호하고자 했다.

그는 이런 짓을 한 첫 날밤, 동상 중 하나가 살아나와 아메리카 인디언 무당으로 변하는 것 같았다. 이것이 사술을 통하여 거짓 종교의 영으로 가게 된 그의 시작이었다.

## 율법주의의 영

가끔 우리는 가짜 종교의 영과 동맹을 맺은 율법주의의 영을 발견한다.

나는 이혼한 커플들이 결혼 무효 선언을 받을 수 있는지를 결정하는 교회법에 숙련자인 가톨릭 신부를 위해 기도했었다. 그 자신의 마음과 생각이 가끔 법의 적용에 대해 동의하지 않기 때문에 그가 이것이 괴로운 형태의 사역인 것을 발견했고 그는 그의 딜레마를 도울 기도자를 찾았다. 우리가 기도하는 동안 놀라운 일이 일어났다. 그의 손이 그의 목으로 갔고 그의 손가락들이 자신을 교살하기 위해 닿았다.

그 영은 율법주의였다. 예수님께서 그분의 시대에 직면하셨던 그 문제가 이 선한 신부의 마음에 어떻게 들어갔던 것이다.

## 신체적인 병의 원인이 되는 영들

우리의 주요한 세 가지 부류에 맞지 않는 내가 접한 가장 흔한 영들은 인간의 병의 원인이 되거나 악화시키는 영들이다. 신체적인 병에 영향을 주는 영들은 허약, 통증 그리고 고통을 포함한다. 우리는 또한 특이한 방법으로, 암같이 사람들에게 고통을 주는 영들과 그리고 거의 인간의 허약함에 들어가 그것을 더 나쁘게 하는 영들을 발견한다.

예수님이 마귀를 쫓아냄으로 신체적인 어떤 병을 치유하신 것은 의미있다. 간질병 소년은, 예수님께 악한 영이 가끔 이 소년을 충동속으로 던진다고 말했던 그의 마음이 괴로운 아버지에 의해 예수님 앞으로 데려와졌다. 예수님은 영을 꾸짖고, 소년을 고쳐 그의 아버지에게 돌려 보냈다.(요 9:37-43)

다른 때 예수님은 한 남자가 말하는 것을 막는 영을 쫓아냄으로 그를 고치셨다. 그 악한 영이 떠나자마자 벙어리 남자는 관중들의 놀라움 속에 다시 말을 할 수 있었다.(눅 11:14)

이 축사는 예수님의 적들이 악한 영들의 대장인 바알세블과 한 영역에 있는 것들로 악한 영을 쫓아낸다고 예수님을 고소하는 극적인 대치를 이끌었다.(눅 11:15)

복음서 저자들은 예수님이 고치신 18년 동안 허리가 구부러진 여인의 불구의 상태를 영의 탓으로 돌린다.(눅 13:11) 예수님의 안식일에 고치시는 그의 행동을 방어할 때 그는 "보라, 이 여인은 아브라함의 딸로서 18년 동안이나 사단에게 매여 있었는데 안식일에 이 속박에서 풀어주는 것이 당연하지 아니하냐?"고 말씀하셨다.(눅 13:16)

누가복음 앞 부분에 예수님이 영을 꾸짖음으로 높은 열이 있는 베드로의 장모를 고치셨다. 같은 단어가 킹 제임스 버전에 회당에서 예수님이 그를 방해했던 한 남자로부터 어떻게 영을 쫓아냈는가를 설명하기 위해 쓰여졌다.(눅 4:35, 39)

분명히 신약의 저자들은 어떤 신체적인 병이 악한 영에 의해 기인했고, 그들의 쫓겨남으로 치유된다고 믿었다.

## 정신적, 감정적 병의 원인이 되는 영들

신체적 병의 원인이 되는 영들을 발견하는 것 같이 우리는 정신적 감정적 병을 일으키거나 악화시키는 영들을 본다.(정신 착란의 영 같은) 내가 마음의 상처의 영들에 대해 14장에 쓴 것이 여기서 도움이 될 것이다. 그러나 어떤 미치게 하는 영들은 가족의 저주를 통해 내려오는것 같다.

엑소시스트 영화를 본 사람들은 신부의 어머니가 갇힐 때 정신병원에서의 장면을 기억한다. 그가 걸어 지나갈 때 신부를 올려다보는 모든 귀신이 붙은 것 같은 얼굴들은 우리가 가끔 영들에 의해 감염된 사람들에게서 볼 수 있는 동물같은 표정을 나타낸다. 내 생각으로, 감독은 신부 축사자가 그가 가는 곳 마다 마귀의 힘에 의해 위협받는 다는 것을 나타내고자 했다.

내가 정신병 환자를 기도할 때, 그들의 가족들이 정신 착란의 병력으로 애태웠기 때문에 자연적으로 두려움이 가득한 사람들에게 영향을 주는 정신 착란의 두려움이라 불리는 관계 있는 영들 만큼 정신 착란의 영을 접했다.

나는 모든 암과 정신 분열증이 원래 마귀적인 것이라고 주장하지 않지만 신체적 혹은 감정적 병은 종종 악한 영에 의해 기인하거나 더 나빠질 수 있다.

### 고통의 영

영이 병이나 통증의 뒤에 있다는 것의 실마리 중 하나는 우리가 아픈 사람을 위해 기도할 때 통증이 도망가려 하는 것처럼 환자의 몸에서 따라 움직이기 시작하는 것을 발견할 때이다. 그것은 당신이 통증을 따라가 보면 (예를 들면, 위에서 가슴으로, 팔로 그리고 손으로) 그것은 결국 떠날 것이라는(대체로 손, 입 그리고 발을 통해) 놀라운 현상이다.

사술에 관여했던 한 여인으로부터 받은 편지의 발췌록은 고통의 영이 어떻게 느끼는가를 설명한다. 고통받는 여인이 도움을 받기 시작했을 때, 영은 심하게 움직이기 시작하였고 그것은 그녀가 기도를 더 받는것에 대해 실망시키기 위한 시도로 그녀의 몸에 고통을 주며 돌아다니는 것을 시행했던 것에 유의하라.

내가 당신에게 말한 후에 나는 거의 즉시 매우 아팠다. 나의 발과 발목은 매우 통증이 심했다. 다음날 나의 종아리에 아주 심한 통증이 있었다. 그 다음날 통증은 넙적 다리로 옮겨왔다. 삼일 후 그것은 나의 아래쪽 등으로 움직였다. 그날 저녁 나의 위쪽 등과 팔에 통증이 있었다. 아침이 되자 나의 목과 등뼈가 아주 심하게 아파서 나는 걷거나 나의 목을 돌릴 수 없었다. 이틀 후 나는 숨쉬는 것이 힘들었고 양쪽 귀가 감염되었다. 날들이 지남에 따라 통증이 이리 저리 다녔다. 그 때 나는 약 9년간 진정되어 있던 크론 병에 걸렸다. 그것은 내가 죽고있구나 생각할 정도의 그런 힘으로 나를 덮쳤다. 그 통증은 참기 어려웠다. 탈수상태가 되었고, 몸무게가 줄고, 열이 있었고 머리털이 빠져나갔다. 나의 의사는 네게 하루 24알의 약을 먹도록 했다. 나는 이미 포기할 것을 준비했다.

간호학교 4년 후에 오직 15주를 남겨 놓고 있는데 나는 그만두기 위해 준비했다. 경제적으로 우리가 바로 수포로 돌아가고 있는 동안 나는 가능한 모든 방해물들은 대면하는 것 같았다. 나는 천천히 조금씩 나아지고 있었으나 아주 약했다. 이틀 전 나는 기도하는 동안 "주여, 내가 나의 인생을 살아온 방법이 당신이나 내 주위에 있는 사람이나, 나 자신에게 조차도 좋지 않았습니다. 그러나 나는 내가 살아남기 위해 내가 해야만 하는 것을 했습니다. 지금은 당신이 다스려 주실것에 준비되었습니다!"

거의 즉시 나는 나아지는 느낌이 들기 시작했고 나의 크론 병은 다시 조절되었다. 주여 찬양합니다. 우리 편에 계신 하나님과 우리는 살아남을 것이고 승리할 것이다.

당신이 축귀를 위한 기도에 더 많은 경험을 얻을 때, 당신은 분류하기 불가능한 마귀적인 성품에 대해 놀라운 각종의 것들을 발견할 것이다. 기억해야 할 중요한 것은 각각의 이름이 (각각의 정체성을 나타내는) 어떻게 들어갔는지의 해답을 준다. 당신이 이런 답들을 성령께서 당신이나 당신의 팀에 주신 지식의 도움으로 추적한다면, 당신은 당신과 대면한 고통받는 사람을 도울 수 있을 것이다.

가장 중요한 것은, 당신이 영을 들어오도록 처음 허락한 인간의 약함의 문을 알아낼 수 있다면, 당신은 고통당하는 사람이 그 문을 영원히 닫도록 도울 수 있다는 것이다.

# 19

## '축사 받은 물건'을 통한 축귀

하나님께서는 바울의 손을 통해 비상한 기적들을 행하게 하셔서 심지어는 그의 몸에서 손수건이나 앞치마를 가져다 병자에게 대기만 해도 질병이 떠나고 또한 악령들도 그들에게서 나가더라.(행 19:11-12)

더욱이 병든 자들을 길거리로 메고 나가서 침상과 자리 위에 뉘어 놓으니, 이는 베드로가 지나갈 때 그 그림자라도 그들 가운데 어떤 사람에게 덮이기를 바람이더라 … 모두 치유되더라.(행 5:15-16)

기독교 신앙의 초대 때부터 바울이 만진 손수건과 같은 소위 축사 받은 물건들이 아픈 사람을 축복하고 치유하며 그리고 악한 것을 쫓아내는데 사용되었다.

옷에 접촉한 치유하는 물건이나 사도들과 함께 있었던 물건들은 예수님 그분 자신의 사역을 반영한 것이다. 당신은 예수님의 겉옷을 만짐으로 치유된 혈루병 여인을 기억한다.(마 9:20-22) 당신은 또한 사람들이 예수님께 그의 옷자락이라도 만지게 해달라고 간청했던 것과 많은 사람들이 그런 방법으로 치유된 것을 기억한다.(마 14:36) 그때 듣지도 말할 수도 없는 사람이 있었다. 예수님이 그의 혀에 예수님의 침을 댔을 때 그의 말하는 것이 고쳐졌다.(막 7:32-35) 거룩한 사람의 침이 고치는 능력을 가지고 있다는 옛날 믿음의 반영이다.

전통적으로 크리스천들은 다양한 물건들 위에 기도하며, 하나님께서 치유와 축귀의 통로로 그들을 쓰실 것을 구한다. 나는 그것이 어떻게 일어나는지 모른다. 그러나 이러한 물건들은 보통의 철 조각이 자석화되어 그 이후 자력을 갖듯이 그들을 위해 기도하는 사람의 일부같이 되는 것 같다.[1]

오순절 그룹에서 오랄 로버츠 같은 사람은 작은 기름병에 기도하여 그들을 우편으로 부친다. 반면에 세기를 걸친 오랜 가톨릭 전통에 오일 뿐 아니라 물과 소금도 축사 동안 돕는 데 종종 사용되는 물건의 일부이다.

## 기름

교회 생활의 초기, 그리고 오늘날까지 기름은 야고보의 편지에 기초한 힘있는 기도로 은총 받은 것이다.

> 너희 중에 병든 자가 있느냐 그는 교회의 장로들을 청할 것이요, 장로들은 주의 이름으로 그에게 기름을 붓고 그를 위하여 기도할지니라.(약 5:14)

기름은 치유 기도에 유용할 뿐 아니라 오랫동안 악한 영들

---

1. 천주교의 전통에 이 물건들을 '성체'라 한다.

을 쫓아내는데 도움을 주는 것으로 생각되어져 왔다. 예수님 시대에 기름이 일상적인 약이었던 것은 우연의 일치가 아니다. 그리고 치유 기도를 하는 동안 기름을 사용하는 것은 초기 크리스천들이 치유 기도와 연결하여 그 시대의 보통의 약으로도 단순히 사용하였다.

> 그러나 여행하던 어떤 사마리아인이 그에게 와서 그를 보고 가엾이 여겨 그가 그 사람에게 가서 기름과 포도주를 부어 상처를 싸매 주고 자기 짐승에 태워 여관으로 데려가서 그를 돌보아 주더라.(눅 10:33-34)

우리는 물론 아픈 사람이나 압제받는 사람을 올리브 기름으로 간단히 기름부을 수 있지만, 우리가 기도하고 하나님이 악한 영들을 쫓아내고 고치시기 위해 간구한 기름을 사용하는 것이 특히 유익할 것이다. 기름에 대한 전통적인 가톨릭 기도는 초기 크리스천들이 어떻게 기도했고 당신 자신이 기름을 축복하기 위해 어떻게 기도해야할지 아이디어를 준다. 이 기도에서 한 부분은 하나님께서 치유를 위해 기름을 사용하실 것을 구하고 다른 것은 그 분께 고통받는 자를 악한 영으로부터 자유하게 하는데 이것을 사용하여 주실 것을 구하는 것을 유의하라.

> 전능의 주 하나님, 주님 앞에 천군 천사들이 경이로움 가운데 서있고, 그들의 천국에서의 일을 저희가 알고 있습니다. 당신께서 당신의 능력으로 올리브 액으로부터 눌린 이 창조물 기름을 호의적으로 여겨 주시고 축복하시고 신성하게 하여 주실 것을

간청합니다. 당신께서 아픈 자에게 기름 붓기 위해 그것을 안수하시고, 그리하여 그들이 건강해졌을 때 그들은 당신, 살아계신 진실의 하나님께 감사할 것입니다. 우리가 기도하옵기는 우리가 당신의 이름으로 축복한 이 기름을 사용할 사람들이 모든 고통, 모든 허약 그리고 적의 간계로부터 구출될 수 있도록 부여하소서. 그것이 어떤 종류의 역경이던 당신의 형상으로 만들어 졌고 당신 아들의 귀한 피로 구원 받은 사람들을 피해 가게 하는 도구로 쓰시고 그리하여 그가 옛날 뱀의 독침을 결코 다시 경험하지 않게 하소서, 우리 주 그리스도를 통하여, 아멘.[2]

나중에는 축복에 대한 이런 기도들은 주교와 신부들에게 제한 되었지만, 그러나 초기에는 기름이 주교나 혹은 주교, 신부, 평신도 남자 그리고 평신도 여자라도 은사 받은 사람에 의해 축복되었다.[3]

축복받은 기름이 실제로 어떤 것을(성서에 기초한 그것의 장기간 계속된 전통은 별 문제로 하고) 성취할 수 있다는 것은 미신일까? 나는 책 앞부분에서 축복 받은 기름을 가지고 사로잡힌 남자의 앞 이마를 만졌던 것을 언급했다. 기름이 보통 온도였음에도 불구하고 그는 내가 그를 빨갛게 달구어진 꼬챙이로 댄 것처럼 비명을 지르고 옆으로 돌아섰다.

축귀 기도에서 우리는 고통 받는 사람의 이마와 그녀의 손

---

2. Philip Weller transl., The Roman Ritual (Milwaukee: Bruce, 1964), p. 573, as written in Prayers and Blessings from the Roman Ritual with Commentary, edited by Michael Scanlan, T.O.R. (Steubenville, Ohio.: The College of Steubenville, 1978), p. 7.
3. William Clebsch and Charles Jaekle, Pastoral Care in Historical Perspective (New York:Harper Torchback, 1967), p. 34.

에, 혹은 그녀가 고통 받는 그녀의 몸의 어떤 부분에 기름 붓는다.

## 소금

축복받고 악한 것을 쫓아낼 수 있는 것으로 사용하는 가장 흔한 성분들 중 두 번째는 소금이다. 그것은 중요한 두 가지면에서 오일과 물과 다르다.

1. 당신이 방이나 건물을 축복하기 위해 소금을 사용한다면, 그것은 증발되는 물과는 달리 몇 주 혹은 몇 달간 남을 것이다.(소금을 때때로 갈아주어야 할 바퀴벌레약과 비교할 수 있다.)
2. 축복받은 소금은 음식에 뿌려질 수 있다. 초기 크리스천 전통을 다시 반영하는 것.[4]

이런 방법으로 소금을 사용하는데 가장 경험이 있는 내가 아는 사람은 텍사스, 엘파소에서 가난한 사람들과 일하는 릭 토미스, S.J., 신부이다. 그가 함께 일하는 많은 사람들은 스피리띠시모에 관여했고 릭은 축복한 소금 캔을 그들이 집으로 가져갈 수 있도록 나누어 준다. 사람들이 그들의 음식에 축복받은 소금을 뿌릴 때 주목할 만한 축귀가 일어나거나 혹은 단순히 도움이 된다고 전한다. 예를 들면 아내가 그녀의 압제 당하는 남편을 위해 그녀의 요리를 양념할 때 그 소금을 사용할

---

4. Ibid., p. 34.

때처럼.

다음의 옛날 기도에서 소금이 축귀에 사용될 수 있다는 고대 크리스천의 믿음을 주목하라.

나는 너, 하나님의 창조물, 소금으로부터 살아계신 하나님으로, 진실하신 하나님으로, 거룩한 하나님으로, 너에게 엘리우스에 의해 샘의 메마름에 대해 그것을 고치도록 샘에 던져지도록 명하시는 하나님에 의해 마귀를 쫓아낸다. 너는 정결한 소금, 믿는 사람들을 위한 건강의 수단, 너를 사용하는 모든 사람의 몸과 영을 위한 약이다. 더러운 마귀, 그의 악 그리고 간교함의 모든 악한 기호들은 네가 뿌려지는 장소로부터 멀리 몰아내진다. 그리고 모든 더러운 영들이 산자와 죽은자 그리고 세상을 불로 심판하러 오실 그분에 의해 물리쳐진다. 아멘.

기도합시다.

전능하시고 영원하신 하나님. 우리는 겸손하게 당신께서 인간이 사용하도록 주신 이 창조물, 소금을 자비롭게 축복하시는 당신의 자비와 선하심을 구합니다. 그것을 사용하는 모든 이들이 몸과 마음의 치유를 그 안에서 발견할 것입니다. 그것이 만지거나 뿌려지는 모든 것이 더러운 것과 악한 영의 영향으로부터 자유케 됩니다. 우리 주 그리스도를 통해 아멘.[5]

나의 친구 매트 린, S.J 목사는 그가 소금의 가치를 믿는 확신이 없었을 때, 축복기도한 소금을 쓰는 것에 대해 특이한 경험이 있었다.

5. Ibid., p. 3.

베스는 매일 기도하고 성체를 받는 종교적인 자매이다. 그녀는 잘 쉬고 8일간의 바로 있을 수련회를 기다리고 있는 내게 왔다. 그러나 그녀는 기도를 하고자 할 때마다 그녀가 놀랍게도 그녀가 수련회를 중단하기를 원하게 만드는 엄청난 두려움과 악의 존재를 경험했다. 나흘동안 우리는 내가 아는 모든 영적이고 심리학적인 접근방식을 시도했지만 아무 것도 도움이 되지 않았다. 결국 절망 속에서 나는 약간의 소금을 축사하고 그녀에게 그것이 다시 발생하면 십자가 형으로 소금을 뿌리며 간단히 성부 성자 성령의 이름으로 "악한 것은 떠나고 오직 예수님만이 계시기를 명한다." 라고 말해야만 한다고 했다. 그녀는 웃으며 그녀는 악한 영을 실제 믿지않고 확실히 그것이 소용이 있을 것을 기대하지 않는다고 내게 말했다. 나를 만족시키기 위해 그녀는 내가 이끄는 데로 기도했고 그녀의 놀람과 또한 내가 놀랍게도 고백해야만 하는 것은, 그녀가 공격이 즉시 끊어진 것을 알았다는 것이다. 그녀는 평화롭게 수련회를 마쳤다.

다른 수련회 감독자들이 그러한 예들을 나누었기 때문에 나는 그것이 고립된 부대 사건이라고 생각하지 않는다.[6]

## 물

축복 기도한 물은(거룩한 물) 축귀를 위한 기도에 또 다른 도움이 있다. 당신이 방과 집을 축복할 때 주위에 물을 뿌릴 수 있는 것은 오일과 다르고, 물은 오일처럼 자국을 남기지 않는다. 세례와 물의 아주 가까운 관계 때문에 물은 소금이나 오

---

6. Matthew and Dennis Linn, Deliverance Prayer (Ramsey, N.J.: Paulist Press, 1980), p. 9.

일보다 더 흔하게 쓰인다.(축복 기도한 오일과 소금은 또한 전통적인 세례 의식에 사용된다.)

물에 대해 축복하는 기도는 오일과 소금에 축복하는 것과 같다. 기도에서 우리는 요구한다.

> 너는 원수의 모든 능력을 몰아내고 사실 그의 타락한 천사와 함께 있는 원수 자체를 뿌리 뽑고 추방하는 능력을 받은 정결하게 된 물이다. 우리는 우리의 주 예수 그리스도의 능력으로 간구드립니다.[7]

기도 후에,

> 집에 있는 이 물이 뿌려진 모든 것과 믿는 사람들의 모임은 더러운 것과 상처가 많은 것으로부터 구출될 수 있다. 거기에 감염의 숨결, 타락의 얼룩이 없게 한다. 숨어 있는 적의 간계가 아무 것도 아닌 것이 되게 한다. 이 물의 뿌림으로 모든 것이 이 가정들의 거주자들의 안전과 평화에 대적하는 모든 것들이 쫓겨나서 주님의 거룩한 이름을 부를 때에 그들이 소망하는 안녕을 알고 모든 위험으로부터 보호 받는다. 우리 주 그리스도를 통해 아멘.[8]

중세풍으로 쓰여진 이 모든 기도는 그들이 그대로 사용되어질 필요는 없다. 축귀를 위해 기도할 때 우리는 오일, 소금 그리고 물을 사용해야 할 필요는 없다. 그러나 그들은 도움이 될

7. Ibid., p. 4.
8. Ibid.

수 있다. 그리고 우리는 기독교 신앙의 초기 시대로 돌아가 우리에게 그들을 사용하도록 장려하는 전통이 있는 것을 깨닫는 것이 필요하다. 이런 기도들이 당신에게 적당하지 않고 당신이 이런 요소들의 어떤 것을 사용하기를 소원한다면 다른 기도를 만들어내라.

그들 스스로 실험하고 검증하는 것을 좋아하는 매튜와 데니린은 축복받은 물과 소금의 가치를 발견해 내기를 원했었다.

> 조지아는 축귀 기도의 대상으로 적합하지 않는 대상으로 보였다. 그녀는 축귀에 대해 들어본 적이 없는 교회의 주요교인이었다. 누군가 조지아의 등에 있는 디스크를 위해 기도했을 때, 그녀의 팔, 어깨 그리고 얼굴에 비틀림이 나타나기 시작했다. 그녀의 일그러진 입술을 통해 목소리는 나는 그녀를 소유했다. "너희는 모두 꺼져라!"라고 말했다.
> … 그녀의 행위를 히스테리와 구별하는 것은 어려웠다. 그러나 몇 가지는 이것이 아마 히스테리가 아닐 것이라는 것을 내게 암시했다. 먼저 내가 그녀 뒤에 섰을 때, 나는 그녀의 스웨터 등에 축사받은 소금 몇 알을 올려 놓았다. 그녀는 내가 그것을 하는 것을 느낄 수 없었음에도 불구하고 그 떨리는 입술을 통해 "멈추어! 그것이 탄다!"라고 소리쳤다. 내가 그녀를 신성한 물로 축복했을 때 같은 일이 일어났으나 보통 물을 사용했을 때 아무 것도 일어나지 않았다. 나는 신성한 소금의 능력을 알고 거룩한 물과 보통 물 사이의 차이를 말할 수 있는 어떤 것을 다루고 있었다.[9]

---

9. Ibid., p. 23.

린 형제들은 여러 번 축복 받지 않은 같은 성분과 축복 받은 오일, 소금 그리고 물을 비교하여 그들의 능력을 조사했다. 악한 영들은 차이를 말할 수 있다. 마귀들린 자의 괴로워하는 반응은 사람으로부터 나오는 것이 아니다. 사람들은 물론, 보통 온도의 오일이나 혹은 그들 위에 떨어진 소금 알이 있는 것으로 고통 받지 않는다. 그러나 사람들이 화상을 입는다면 오히려 하나님의 영적 능력에 대항하는 마귀로부터 온 것이다.

예수님이 거라사 귀신 들린 사람을 대면했을 때처럼 예수님이 그들 가까이 가셨을 때 영들의 괴로워하는 부르짖음을 기억하라.

> 큰 음성으로 소리지르며 말씀드리기를 지극히 높으신 하나님의 아들 예수시여, 내가 당신과 무슨 상관이 있나이까? 내가 하나님을 두고 당신께 간청하오니 나를 괴롭히지 마소서 라고 하더라.(막 5:7)

## 다른 도움들

오일, 소금 그리고 물이 치유하시고 축사하시는 하나님의 능력을 보유한 신성한 물건들을 다 이야기하는 것은 아니다. 전통적인 가톨릭 세례식에서 사용하는 물은 신성한 물과 소금이 섞인 것이다. 신부는 물과 소금을 분리해서 축사한 후에 소금을 물에 붓고 하나님께서 그 혼합물에 능력을 주시기를 구하는 다른 기도를 말한다. 우리가 실제 아는 것이 필요한 모든 것이 우리가 축귀 사역에서 우리를 도울 많은 창조적인 가능성을 가지고 있다는 것이다.

나의 친구들 중 하나는 그가 축귀를 위해 기도할 때, 커다란 성경을 가지고 오고, 가능하면 그것을 사람 위에 놓는다. 조용한 다른 것은 축복 받은 초를 켜거나 혹은 그들이 기도하는 사람의 손에 쥐어주기 위해 십자가를 가져온다.

이것들은 단지 눈에 보이는 보조가 아니라 고통당하는 사람에게 어떤 신비한 방법으로 하나님의 치유의 능력을 가져오는 것이다. 이런 거룩한 물건들은 사단주의자들이 사람이나 장소에 악을 침투시킬 때 사용하는 마법, 미신적 숭배물 그리고 부적의 반대되는 것이다.

반면에 당신이 과다하게 이런 물건들에 의존한다면, 우리는 미신적으로 될 것이다.

모세가 하나님의 지시로 만들었던 구리뱀을 기억하는가? 광야에서 뱀에게 물린 누구든지 그것을 올려다보면 치유 받을 수 있었다.(민 21:8-9) 실제로 구리뱀은 하나님이 사람들을 치유하시기 위해 사용하신 신성한 물건이다. 그러나 세기가 거듭한 후에 사람들은 그것을 경배하기 시작했고 그리고 히스기야 왕은 그의 개혁으로 이스라엘 백성들이 그것에게 재물을 드렸기 때문에 모세 자신이 만든 구리뱀을 부수었다.(왕하 18:4)

우리의 기본적인 신뢰는 항상 하나님께서 사단의 속박으로부터 감옥에 갇힌 자들을 자유하게 하기 위해 선택하신 방법들을 사용하실 수 있는 하나님의 능력에 있어야만 한다.

# 20

## 후속 조치

축귀를 어떻게 성공적으로 후속 조치를 취해야 하는가에 대한 전체적인 책을 쓰도록 제안한 여인으로부터 편지를 받았다. 분명히 실제의 축귀를 위해 기도하는 것 만큼 우리가 계속 행하는 것이 필요하다. 그렇지 않으면 집이 깨끗이 청소되었을 때 마귀들이 돌아올 수 있다.

그러나 우리가 계속 행하기에 대해 알아야할 필요있는 것은 비교적 간단하다. 복잡함은 사람들이 다르다는 사실로부터 오고 각 사람들의 후속 조치도 마찬가지로 달라야만 한다.

### 일반적인 후속 조치

첫째, 후속 조치의 일반적인 계획이 있다. 우리는 먼저 하나님의 모든 좋은 은사로 빈 공간을 채워야만 한다. 이러한 일반적인 제의는 다음과 같은 규칙적인 훈련을 포함한다.

기도.
성서와 영적인 독서.
교회나 가정그룹 참석.

이것보다 자유로워진 사람은 그가 약함과 다시 유혹에 굴복하는 위험에 있다고 느낄 때, 그를 위해 격려하고 기도하여 줄 수 있는 후원자가(알콜 중독자 협회와 같은) 필요하다. 그는 또한 그의 약함을 어떻게 다스리며 크리스쳔 생활에서 어떻게 성장하는가를 그에게 지도해줄 누군가가 필요하다.

　전형적으로 축사는 기도 모임에서 한번에 일어날 수 있는 것이 아니다. 그것은 전 과정이 포함된다. 보통의 크리스쳔들이 그들이 필요한 영적인 지도를 받는 것은 아주 어렵다. 그러나 당신이 오빠에 의해 근친상간을 당하고 그 이후로 당신이 마귀적으로 압제당하고 있는 여성이라고 가정하자. 당신이 사랑과 신뢰안에 자라고 예수님에 대한 사랑을 키워가는데 필요한 도움과 격려를 위해 당신은 어디로 가는가? 우리가 예수님을 남자로 보기 때문에 예수님에 대한 사랑은 당신을 향한 오빠의 음욕에 대한 기억 때문에 어려울 수 있다.

　가끔 하나님은 한번의 기도로 우리를 고치시지만 보통 그것은 인간적 충고, 사랑 그리고 친구들의 지혜와 연합된 점차적인 기도의 연속과 우리 모두 그리스도 안에서 우리의 삶을 최고로 성숙시키는데 필요한 영적인 지도자를 요구한다.

　분명히 악한 영으로부터 계속 자유하고자 하는 사람은 그의 억압을 가져왔던 지난 협회나 장소를 피하는 것이 필요하다. 그러나 이것이 항상 가능한 것이 아니다.

　예를 들면 한 사람의 배우자가 그 사람이 무엇을 할 것인가 하는 지침을 위한 기도가 필요한 경우인 사술에 깊이 간여하고 있을 수 있다. 그 배우자와 함께할 것인가, 혹은 떠날 것인가 바울은 크리스쳔이 아닌 배우자에 대해 말했고, 그것은 가족의 평화를 성취하는 가능성에 기초한 개인적인 결정이라고

말했다.(고전 7:12-16)

부가하여, 그 사람은 악한 영이 그의 가정을 계속적으로 압제하는 힘을 빼낼 수 있는 책들이나 물건들을 그의 가정에서 제거하는 것이 필요하다. 사술적인 보석이 관여되어 있을 때 우리는 반지, 조각상 혹은 사술과 관계되는 어떤 것이든(신성한 물건과 반대되는) 버리기 위해 경제적 희생을 하는 것이 필요하다. 자유하게 남기 위해 우리가 치루는 값이다. 데릭 프린스는 사람들이 그들의 사술적 관여를 상징하는 팔찌나 마법을 버리는 순간 자유를 얻은 많은 사람들에 대해 말하고 있다.

## 특별한 후속 조치

이런 일반적인 제의외에 마귀적 압제로부터 나온 각 사람은 그들이 마귀에게 열어 놓았던 약함이나 죄의 특별한 부분을 가지고 있다. 사람마다 이것이 다르기 때문에 일반적인 규칙이 없다. 오직 특별한 지침이 각 사람의 필요에 맞추어진다.

과다한 두려움으로 고통받고 있고 하나님을 무서워하는 사람은 그가 지금까지 함께 살아온 사람들을 상처 입히는 반항적이고 광폭한 사람이 아닌, 습관적인 사고패턴을 바꾸는 것이 필요하다.

우리의 죄와 약함을 다루는 지침을 받기 위해 우리는 우리가 고통스런 진실을 듣는 것이 필요할 때 우리에게 그것을 말해주고자 하는 감독자나 혹은 가까운 친구가 필요하다 (우리에게 실질적인 상담을 주는 사람) 그리고 가장 중요한 것은 우리를 위해 기도할 사람.

당신이 이런 감독자나 기도자를 가지지 못했다면(슬픈 일이지만 이것은 아주 흔하다) 한 때, 당신을 눌렀던 영들로부터 계속 자유할 수 있는가에 대한 지침을 성령께 구하라.

모든 성도들과 함께 그 너비와 길이와 깊이와 높이가 얼마인가를 잘 깨달을 수 있게 해 주시며 또 지식을 초월한 그리스도의 사랑을 알아 너희가 하나님의 모든 충만으로 가득차기를 구하노라.(엡 3:18-19)

Part 6

## 장소를 자유하게 하는 것

# 21

## 축귀의 더 큰 차원

두 개의 크리스천 그룹이 축귀의 더 큰 차원을 생각하도록 우리의 관심을 끈다. 두 그룹은 서로 거의 접촉이 없는 그룹이다. 한 쪽이 진실의 한면을 인식하고 다른 그룹을 반대입장으로 본다. 우리는 세상에 하나님 나라를 세우고 사단의 나라를 멸망시키기 위해 우리의 사역에서 더 큰 차원에서 양쪽 관점을 합치는 것이 필요하다.

첫째 그룹은 축귀를 개인을 위한 기도 이상으로 여기는 사람들이다. 그들은 축귀를 악한 정사들과 전 도시지역 그리고 나라를 지배하는 권세에 대항하는 기도로 본다. 이 그룹은 피터 와그너,[1] 존 도우슨,[2] 프랜시스 프랜지페인,[3] 신디 제이콥스[4] 그리고 소설가 프랭크 퍼레디[5] 같은 리더들에 의해 주장된다.

두 번째 그룹은 악한 것은 보지만 악한 영들은 보지 못한다.

1. Wrestling with Dark Angels, Peter Wagner and F.E. Pennoyer, eds. (Ventura, CA.: Regal Books, 1990).
2. Taking Our City for God(Lake mary, Fla.: Creation House, 1989).
3. The House of the Lord: God's Plan to Liberate Your City from Darkness (Lake mary, Fla.: Creation House, 1991).
4. Possessing the Gates of the Enemy (GRand Rapids: Chosen Books, 1991).
5. Piercing the Darkness (Wheaton, IL: Crossway Books, 1989).

그렇지만 악한 것이 나라, 사회 그리고 문화들에 깊게 자리잡고 있어서 그것이 그들의 생활속에 작용하고 있는 악한 것에 대해 사람들을 눈을 멀게 한다고 보는 사람들로 구성되어 있다. 이러한 악한 것들은 너무 극악해서(독일의 히틀러처럼) 그들은 마귀적이라 불리고 그들의 거짓은 덫에 걸린 개인들을 자유하게 하기 위해 폭로되어야만 한다. 이 그룹을 대표하는 작가는 작고한 윌리암 스트링펠로[6]와 월터 윙크[7]가 있다.

## 그룹 1 : 지역의 영들과 싸우는 사람들

서로 연락을 갖고 글들을 통해 배운 것을 나누고 큰 집회를 주최하는 이 열성적인 크리스천 그룹은 도시, 나라 그리고 종교를 덮은 마귀적 제어력의 실체에 대한 고대 크리스천의 믿음을 재발견했다. 그들은 악한 것의 종류와 큰 지역에 영향을 미치는 마귀의 이름들을 알아내기 위해 일하고 있을 뿐 아니라, 활발하게 그 마귀의 요새들을 부수기 위해 기도하고 있다. 이런 역설은 주로 캘리포니아에 있는 풀러 신학교에서 가르치고 있는 피터 와그너 박사와 같은 사람들로부터 온다.

돌아온 선교사들이 개발 도상국인 나라들로부터 축사의 이야기들을 가지고 왔을 때, 그들이 필사적인 필요에 의해 축귀를 위한 기도하는 것을 어떻게 배웠는지, 그 모든 것은 70년대 후반에 시작되었다. 볼리비아에서 사역했던 와그너 자신은 그들이 무엇인가를 해야 하는것을 깨달았고 캘리포니아, 앤하

---

6. An Ethic for Christians and Other Aliens ina Strange Land(Waco, Tex.: Wrod Books, 1973).
7. The Power 3권 (Philadelphia: Fortress Press):Vol. I, Naming the Powers (1984); Vol. II, Unmasking the Powers(1986); Vol. III, Engaging the powers(1992).

임에서 빈야드의 창설을 준비하고 있던 존 웜버와 친구가 되었다.

풀러 교수진의 일부 소수만이 우리시대에 성령의 놀라운 능력을 위한 와그너의 연구를 이해하거나 찬성했다. 그러나 와그너는 표적과 기적이란 과목을 웜버와 함께 가르치기로 했고 수년 동안(1981-1985) 널리 알려졌다. 그 과목은 단순히 이론적인 것이 아니었다. 그 때 학생들은 치유를 위해 기도했었고 축사에 참가했었다.

여러 해 동안 복음 전도자들은 치유와 축귀같은 카리스마적인 표현에 놀랐지만 그들은 이제 이러한 현상들을 연구하기 시작했다. 결국 어떤 복음주의적인 지도자들과 작가들은(역시 풀러에 있는 챨스 크래프트 박사 같은) 크리스천 부흥을 위한 근본적인 것으로 성령의 명백한 능력을 받아들였다. 그들은 스스로를 20세기 '성령의 제3의 물결'이라 명명했다.(처음의 둘은 오순절 교회와 은사주의 운동이다)

첫째, 와그너는 개인들의 필요한 축귀의 가능성에 대해 배웠다. 그때 그의 선교에 대한 깊은 관심 때문에 (그는 교회 성장을 가르치는 교수였고 선교에 대한 30권이 넘는 책을 쓴 저자였다) 그는 전 종교와 사회에 영향을 미치고 복음서가 설교되는 것을 막는 더 강한 영들이 있는 것을 확인하는 것이 더욱 필요한 것이라는 것을 알았다.

기도 경험의 분야는 새로운 것이었고, 이 분야를 탐구하는 그들은 열심히 연구하는 가운데서도 아직 갈길이 멀다는 것을 인정한다. 그럼에도 연구보다 더욱 더 그들은 실제로 영적 전쟁에 임한다. (종교적인 경험에 대한 비평 사고로서 신학의 좋은 예이다)

이 영적 전쟁은 다음과 같은 믿음에 기초를 둔다.

> 사단은 나라, 지역, 도시, 종족, 사람들의 그룹, 이웃 그리고 전 세계를 통한 인간의 중요한 사회적 조직을 조정하기 위해 악한 영들의 계급에서 가장 높은 계급을 파견한다. 그들의 중요한 과업은 그들의 영역에서 하나님이 영광받으시는 것을 방해하고, 낮은 계급의 악한 영들에게 활동을 지시하며, 그러한 일들을 성취한다.[8]

이것에 대한 성서적인 기초는 우리의 싸움이 정사와 권세와 이 세상 어두움의 세상 주관자들과 하늘에 있는 악의 영들에게 대함이라고(엡 6:12) 한 사도 바울의 말에 있다. 우리는 또한 강한자를 묶을 때만 강한자의 집을 자유롭게 약탈할 수 있다는(마 12:29) 예수님이 말씀하시는 것을 듣는다. 그것이 합당한 것 같다고 피터 와그너는 쓰고, "이 원리는 집 뿐 아니라 나라 혹은 도시 혹은 사람들의 그룹에 적용될 수 있는 것이다." 라고 한다.[9]

다니엘 10장에 하나님에 의해 다니엘을 돕도록 보내진 더 낮은 레벨의 천사가, 미가엘이 그를 구하러 올 때까지 그가 뚫고 갈 수 없었던 페르시아 왕국 왕자에 의해 21일이 연기됐던 흥미로운 이야기가 있다. 분명히 인간 왕자는 사명을 가진 하나님의 천사를 방해할 수 없다.(부수적으로 천사장 미가엘은 전통적으로 하나님이 사단과 싸우도록 선임한 천사이고 라파

---

8. C. Peter Wagner의 책, Wrestling with Dark Angels에서 "Territotial Spirits 지역영"의 장 p. 77
9. Ibid., p. 78.

엘은 치유를 가져오고 미가엘은 좋은 소식을 알린다. 이러한 천사장들의 전통적인 역할은 예수님이 제자들에게 지정한 사역의 같은 세 양상을 나타낸다: 복음을 알림, 악한 영들을 쫓아냄, 병든 자를 고침)

또한 우리는 이스라엘에 접해 있는 종족들의 이방 신들에 대해 읽는데, 이방 신들은 그 문화들을 지배하고 종족들에게 몰렉에게 어린아이를 희생제물로 드리는 것 같은 끔찍한 행위를 하도록 이끄는 마귀적인 힘인 것 같다.(레 18:21; 왕하 23:10 등을 보라) 이러한 이유로 하나님은 이스라엘 민족을 그들의 문화와 단절시키고, 그들의 문화를 멸망시키라고 부르셨다.

그들은 기도해야 할 도시들 혹은 종교들의 영적인 차원을 나타내는 지역적인 전쟁을 위해 영적지도를 그린다. 그들은 장소마다 어떤 기본적인 죄들과 마귀적인 힘에 바쳐졌는지를 발견하기 위해 그 지역의 역사를 공부한다. 그리고 그들은 분별력을 통해 그 지역을 지배하고 있는 정사를 밝혀낸다. 이러한 기도에 참여하는 것은 마귀들린 개인을 위해 간단히 기도하는 것과 대조적으로 중요한 영적 전쟁이다.

이런 이유로 지역을 위해 기도하는 사람들은 다음 과정이 될 때까지 이 사역에 들어가지 않는 것을 배웠다.

1. 그들은 지역의 목사들 사이에 어떤 정도의 하나됨을 이룬다.
2. 그들은 기도와 금식에 상당한 시간을 쓰는 것을 약속한다.

이런 두 가지 조건 없이는 상당히 위험한 것이다. 와그너는 그의 학생들 중 하나가 다양한 악한 영들이 세대를 거쳐 지배하고 있는 가나에, 어떻게 장로교 선교사들이 두 비참한 사건에 말려들게 되었는가에 대한 보고서를 썼다.

한 선교사는 사단의 사제들이 사당으로 쓰고 있는 나무를 쪼개 버리라고 명령했다. 그 나무의 마지막 가지가 잘려나가는 날 목사는 쓰러져 죽었다. 두 번째 목사는 미신적 숭배물인 사당을 파괴하도록 명령했다. 그렇게 했을 때 그는 심장마비가 일어났다.[10]

당신은 사단의 요새가 파괴되었기 때문에 이러한 재난이 일어았다는 것을 어떻게 증명할 수 있는가? 당신은 할 수 없다. 그러나 이러한 것이 아주 많이 일어나서 이것이 우연의 일치가 아니라는 것을 믿는다. 그래서 그룹들이 도시와 나라 위에 있는 마귀적인 지배를 깨기 위해 기도할 때, 많은 중보 기도자들이 지역을 위한 축귀에 참여하기 위해 시도해야만 하는 많은 통찰력 있는 기도를 따라가는 것이 필요하다.

이러한 유의점을 제안하고 이러한 종류의 영적 전쟁을 통하여 일어나는 승리를 언급함으로 균형을 이루고자 한다. 이런 전도의 모습은 비교적 새로운 것이기 때문에 우리는 할 수 있는 한 많이 읽고 무슨 일이 일어나고 있는지 알기위해 이 일을 하고 있는 다른 사람들과 유대를 이루는 것이 필요하다. 이런 종류의 축귀 사역에서 일어나는 일들의 대부분은 유감이지만 주된 교회와 그들의 선교사들에게 알려지지 않았다. 이것은 국민의 1%보다 적은 수가 크리스천인 일본과 같은 나라에서

---

10. Ibid., p. 87.

선교가 거의 성공하지 못하는가 하는 이유이다.

와그너는 아직 마귀의 정사들의 통제력 안에 있는 장소들과 대조적으로 마귀의 힘으로부터 확실히 성공적인 지역적 축귀의 많은 예들을 인용한다. 아르젠티나는 지역적 영적 전쟁을 가장 분명히 밝히는 사례를 제공한다.[11]

주안 페론이 나라를 다스렸던 날에 그는 명백히 요세 로페즈 레가라 이름하는 마쿰바 심령주의자들의 대사제인 마술사에(남자 마법사) 의해 지침을 받았다. 로페즈 레가는 정부와 신문 방송에 큰 영향을 끼쳤고, 국영 TV에서 사람들은 그들이 마쿰바에 의해 어떻게 축복 받았는가를 간증했다. 로페즈 레가가 정부를 떠났을 때, 그는 공공연히 아르헨티나에 저주하였고 그 후 극심한 폭력군사 체제가 정권을 잡았고 군장군들을 반대한 사람은 실종되거나, 고문을 당했다.

1982년에, 포크랜드 전쟁의 후에 엄청난 변화가 일어났다. 장군들이 권력의 자리를 떠났고 같은 때에 많은 수의 복음주의적인 크리스천 리더가(오마 카브레라 같은) 사단에게 도전하기 시작했고 공개적인 연단에서 마귀의 요새에 대적하여 기도했다. 카브레라는 지금 14만 5천 명의 지지자를 만들어낸 교회들을 세웠다. 그가 선교하기 위해 새 지역으로 옮길 때마다 그는 기도와 금식을 위해 호텔에 있으며 나가지 않았다. 개인적으로 정결케 하는 준비로 며칠을 보낸 후, 가끔 더 오래 걸리기도 하지만 - 45일이 넘게 - 그는 일주일의 영적 투쟁에 들어간다. 가끔 카브레라는 지역적인 영들을 본다. 그들의 이름을 알아낸 후에 그는 예수님께 그가 말하고 있는 도시를 덮

---

11. 이 설명은 C. Peter Wagner의 책 How to Have a Healing Ministry in Any Church(Ventura, CA.: Regal Books, 1988)의 pp. 198-204의 요약이다.

고있는 그들의 힘을 깨어주실 것을 구한다.

다른 아르헨티나의 복음주의자인 에드가도 실보조는 지도를 가지고 아르헨티나, 로사리오에 있는 그의 훈련센터 주위로 100마일 반경의 원을 그렸다. 이 원안에는 109개의 마을이 있고, 복음주의 교회는 없었다. 그때 그들은 그 마을 중 한 곳에 살고 있는 마리길도라 불리는 마술사가 거대한 능력을 발휘하고 12제자를 훈련한 것을 알았다. 실보조는 크리스천 지도자들을 그 마을을 위해 기도하며 예수 그리스도의 이름으로 지배권을 갖게 하기 위해 모이도록 초대했다. 그때 그들은 마라길도의 사령부로 가서 그의 능력이 부수어질 것을 선포했다. 3년이 안되어서 109개 마을 중 82개가 더 많이 계획되어진 것을 가지고 복음주의적인 교회를 보유했다.[12]

축귀 사역을 하는 내가 존경하는 어떤 사람은 우리가 이런 규모로 축귀를 해야만 하는가를 질문한다. 모세의 몸에 대해 사단과 논쟁할 때 천사장 미가엘조차도 직접적인 싸움을 하지 않았고 주께서 너를 꾸짖으시리라 라고 말했다.(유다 1:9)

증거하는 일화가 많다. 당신은 전도자들의 열렬한 기도가 마귀의 정사로부터 지역을 자유하게 한다고 말하기 때문에 전 지역이 복음화된다는 것을 증명할 수는 없다. 그러나 나는 이런 크리스천 선구자들이 심각하게 취급되어야 할 필요가 있는 중보 기도의 중요한 차원을 발견하고 있는 것을 믿고, 당신이 이 장의 각주에 언급되어 있는 책은 물론 앞으로 나올 여러 자

---

12. 복음적 서적에서 천주교회를 기독교로 간주하지 않는 것은 중요하고 슬픈 일이다. 그 이유 중의 하나는 아르제티나와 브라질에 있는 많은 신부들이 마쿰바를 공개적으로 맞서지 않고 토속신앙으로 인정하고 있어, 기독교와 주술이 별 반대없이 섞여지고 있다는 것이다. 하지만 필자 개인적으로 알기로 Spiritismo를 대적하고 개인의 축사사역을 주관하는 신부들도 규모는 작지만 있다는 것이다.

료를 읽기를 권한다.

## 그룹 2: 사회의 악의 정체를 나타내는 것

월터 윈크에 의해 아마 가장 잘 설명된 두 번째 그룹은 눈에 보이지 않는 악한 힘이 어떻게 우리 인간의 생활방식을 결정하는가를 보여준다. 그들은 이런 악한 힘을 – 정사와 권세 – 개인적인 악한 영들로서가 아니라 그들 본연의 에너지를 가진 믿음 체계로서 본다. 이 강력한 숨은 에너지는 우리가 진정한 크리스천으로 살기 위해 우리의 사회로부터 쫓겨나야 하는 마귀와 같은 존재가 되게 한다.

> 우리 시대의 마귀들린 사람은 제도상의 구조에 독특한 성향을 지닌다. 마귀의 작은 사촌들은 개인을 계속 괴롭히게 놔두고 반면에 성경의 마귀들은 우리와 함께 성장하여 우리의 다국적기업, 시 자치회, 군 시설, 대학 조직 그리고 정부 관청의 거대한 곳을 점령하는 것 같다.[13]

이런 관점에서(나는 이점을 믿는다) 악한 것은 우리가 살고 있는 어느 기관에나 자리하고 있기 때문에 우리 모두는 악한 것을 선택하도록 영향을 받는다. 예언의 기능은 우리가 자유롭게 선택할 수 있도록 숨은 악을 들춰내는 것이다. 어떤 면에서 이것은 축귀이다.

우리가 항상 접하고 있는 것에 대해 볼 수 없기 때문에(공기

---

13. Walter Wink, Unmasking the Powers (Philadelphia: Fortress Press, 1986), p. 69.

중에서 숨쉬는 것처럼) 우리는 우리가 실제 악하게 하고 있을 때 선하게 하고 있는 것으로 생각한다.

근대의 가장 분명한 예는 아돌프 히틀러에 의해 지휘되었던 나치 독일이다. 어떠한 면에서 히틀러만 귀신이 들렸을 뿐 아니라 독일도 눈이 멀어 모든 교회 지도자들의 축복을 받으며 전쟁하러 나아갔다. 독일 사람의 대다수가 가톨릭 신자이거나 루터란교 신자이었고, 몇 예외를 제외하고(데트릭 반호퍼와 프란츠 야거스퉤터, 천주교 농부로서 양심상 독일 군대에서 일할 수 없다고 말하다가 결국 사형당했다) 대부분의 크리스천들은 충성스런 군인으로 싸웠고, 유대인들이 살해될 때 아무런 반대도 하지 않았다. 사람들의 눈을 멀게 하고 그들을 악하게 행동하도록 만드는 능력을 가진 그런 종류의 집단은 넓은면에서 크고 무서운 마귀적인 힘이다. 그것은 우리를 이 세상의 우상들에게 머리숙이고 경배하도록 유혹하고 속이고 몰아세운다.

우리는 과거의 악한 것들과 각 나라의 죄들을 인식하는 것은 쉽게 발견하는 반면에 우리를 결박하고 있는 현재 악한 것에 대하여는 눈이 머는 경향이 있다. 나는 수 년 전에 읽은 *신교, 구교 그리고 유대교: 아메리카 종교 사회학에 관한 논문*이란 책을 기억한다.[14] 거기서 사회학자 윌 헐벅은 그들 서로가 다르다고 보는 이 세 중요한 종교는 그들이 수상히 여기지 않는 방법에서 같다고 주장한다. 그가 이 세가지 중요한 세 종교는 그들이 무엇을 가르치는가가 아닌 그들이 어떻게 행동하는가를 분석할 때, 그들이 실제로 미국식 생활방식을 경배하

---

14. Will Herberg, Protestant, Catholic and Jew: An Essay in American Religious Sociology(Chciago, IL: University of Chicago Press, 1983).

는 것에서 기본적으로 비슷하다는 것을 발견했다. 미국은 우상이 되었다.

나의 친구, 신부 리차드 로어는 대학으로 돌아가 학위를 받기 위해 2년 정도를 보내기 원하는 어른들이 만일 그들이 여행자로서가 아니라 가난한 선교사로 개발도상국가에서 살고 일하는 것으로 6개월을 보낸다면 더 많은 것을 배울 수 있을 것이라고 제안했다. 그리고 그들이 그들의 나라로 돌아왔을 때 그들은 새로운 관점으로 익숙한 것들을 보게 될 것이다.

라틴 아메리카, 아시아 그리고 아프리카에 걸친 광범위한 나의 여행 경험에 비추어서 나도 동의한다. 당신이 국민의 많은 비율이 굶어 죽는 볼리비아나 인도에서 시간을 보냈다고 상상해 보라. 당신은 길에서 죽어 가고 있는 사람들을 본다; 그리고 당신이 살을 빼기 위한 다이어트 비용 수 십억 달러가 미국의 사업체로 돌아온다. 갑자기 당신의 가치관은 도전 받을 것이다. 당신은 실제 무엇을 경배하는가? 우리는 가난한 자들과 우리가 가진 것을 나누라는 예수님의 요구에 맞추어 사는가? 나의 생활에서 대식가가 우상인가?

월터 윈크는 "자살적으로 환경을 강탈하고 우리 자신을 파괴로 몰아가며 군사화 사회의 일원으로 우리는 높은 자살의 비율에 당황한다." 라고 썼다.[15] 나는 우리 세상에서 악에 대해 사려가 있는 학생은 윈크의 세가지 책이 인간의 생활의 아주 많은 부분이 악의 유혹적이고 파괴적인 면이라는 것을 이해하는 사람들을 위해 꼭 필요하리라는 모톤 켈시의 말에 동의할 것이라고 생각한다.[16]

15. Wink, Unmasking the Powers, p. 51.
16. Morton Kelsey, Wink의 윗책의 표지에서

이 두 번째 사고의 중요한 가치는 우리를 속이고 우리를 부지불식간에 악을 묵묵히 따르게 하는 거짓과 악을 밝히는 것에 있고 나는 그것이 예언적인 비전을 갖는다고 믿는다. 또한 윙크는 "미국이 세계에서 가장 커다란 무기조달자라고 한 1967년 마틴 루터 킹 쥬니어의 예언적인 선언은 그것이 말하여진 때 보다 지금 더욱더 사실이 되었다." 라고 썼다.[17] 우리 사회의 이런 악한 구조와 스며드는 유혹은 수도 없이 많고 그들 자체의 에너지 장과 같다. 이런 흠있는 인간의 제도는 우리 자신의 타락한 인간성에 의해 창조되지만 나는 그들이 또한 마귀의 세상에 의해 만들어지고 영향을 받는다고 믿는다. 우리는 우리의 제도에서 악한 것과 대면할 예언자가 필요하다.(대신에 그들은 그들의 위치 때문에 대체로 벌을 받거나 갇힌다) 예수님이 성전으로 걸어들어 가셨을 때, 그분의 시대에 진정한 경배가 어떻게 되었는지를 보여주기 위해 돈 바꾸는 자의 테이블을 엎으셨다. 성전은 도둑의 굴혈로 바뀌어 있었다.

사회적 정의의 위치에 있고 제도적인 불공정과 싸워야 하는 위치에 있는 사람들 사이에 잊어버리고 있는 것은 그들이 대부분 마귀와 악한 영들이 실제 존재하고 우리가 마귀와 악한 영들을 다룰 때까지 우리는 사단의 왕국을 성공적으로 멸망시킬 수 없다는 것을 인정하는 것이다.

불행하게도 사회적인 악에(교황 요한 바오로 2세가 그것을 '제도적인 불의'라고 명명) 대해 날카롭게 알고 있는 많은 사람들이 악한 힘과 에너지를 벗기는 것과 별개로 악한 영으로

17. Wink, p. 51.

부터의 축사에 대해 거의 알지 못한다는 것이다. 그들의 경험은 어떤 크리스천들이 마귀에 대한 그들의 믿음을 악에 대한 개인적으로 책임지는 것을 피하기 위한 책략으로 이용한다는 것이다. (악마가 내게 그것을 하게 했다)

브라질에 있는 목사들은 나와 나의 아내에게 귀신들인것을 믿는 믿음이 어떻게 하나님이 이미 모든 것을 계획하셨다는 것을 믿어 염세주의로 끌고 가는가를 설명했다. 그 곳의 교회는 사람들에게 그들이 자신의 미래를 만들 수 있고 그들이 책임질 수 있고 그들의 가족이 그녀를 위해 신발을 사줄 수 없었기 때문에 벌레에 의해 그들의 자녀가 아팠을 때 마귀를 비난할 필요가 없음을 가르친다. 흔히 진정한 마귀적인 것은, 종교와 대중적인 미신이 귀신학의 안개 아래 고통의 실제 원인을 신비롭도록 함께 음모를 꾸미는데 있다.[18]

이러한 비평론자들은 선의지만 잘못된 축사자들의 실수를 보아왔다.

예수님은 우리의 감정이나 습관이 축사에 의해 쫓겨날 수 있거나 쫓겨나야만 한다는 견해를 동의하지 않으셨다. 사람에게 있는 어떤 기본적인 쫓아내는 것은 음욕을 다루기 위해 거세하는 것과 같은 것이다. 큰 피해는 신 오순절 교파의 그룹에 있는 스스로 축사자라 하는 사람들에 의해 실제로 귀신들리지 않은 사람들을 축사하는 것에 의해 생겼다.[19]

18. Ibid., p. 54.
19. Ibid., p. 52.

나는 이러한 비난을 전적으로 동의하지만 같은 작가가 뒤에
내린 결론에는 동의하지 않는다.

여기서 내가 제안했던 악의 비신화된 이해가 마귀들을 하늘에
있는 작은 존재로 인격화하는 경향에 반박할 것이고, 마귀를 사
회나 제도나 개인에 의해 발산되는 정신적 혹은 영적 능력으로
아는것과 그들의 에너지가 다른 사람들을 제압한다는 것을 이
해하는데 돕게 되는 것이 나의 소망이다.[20]

이것은 여러 세기를 걸쳐 모호하게 된 크리스천 진리의 난
해한 면을 발견하고 크리스천 진리의 또 다른 면들을 성급하
게 부정하도록 만든 예로 기독교의 계속되는 비극이다. 나는
마귀를 하늘에 있는 작은 존재로 보지 않고 그들이 실체라는
것을 믿는다. '밤에 지나가는 두 배' 표현이 새삼스럽다.
왜 우리는 이것이나 저것 양자 택일이 아닌 둘 다 라는 상황
을 가질 수 없는가.

1. 종교, 사회, 정치적 체제 그리고 제도를 조정하는 마귀
적, 개인적 권세가 있다.(교회에 영향을 미치는 것들을
포함하여)
2. 같은 종교, 나라 그리고 사회에 영향을 미치는 우리가 보
지 못하는 악한 것들이 있다. 그 악한 것들 안에서 우리
의 인간적인 욕심, 이기심이 제도화되고 거대하게 되어,
개혁하는 것이 개인의 능력 밖이 되고, 그 자체의 생명을

20. Ibid., p. 68.

가진다는 의미에서 악이다.

## 둘 다: 사회적 축사의 예

나는 당신과 놀라운 사회적 축사에 관해 나누기 원한다. 악한 영으로부터의 자유는 기대치 않은 곳에서 일어났다.

감리교 사회활동 연합이란 단체에서 일하는 사회 활동가 - 그 단체의 디렉터인 - 조오지 맥클레인 목사는 인종 차별 정책을 막기 위해 남아프리카에 대한 투자 철회를 연합 감리교단이 가결 했음에도 연합 감리교 연금 이사회의 거부로 고민을 하고 있었다. 결국 조오지는 36명의 그의 동역자와 함께 에반스톤에 있는 연금 이사회 사무실을 봉쇄하여서 체포되었다.

그때 조오지는 그의 아내 틸다의(역시 선교사) 축사 사역에 몇번 참여한 적이 있었다. 조오지는 축사가 단지 신약을 부끄럽게하는 면이 아니라 실체라는 것을 깨달을 때 악에(선한 것이 부재) 대한 그의 이성적인 아이디어가 산산조각 나는 것을 인식했다.

그는 연금 이사회의 회원들이 신실한 기독교인이었지만 연금 이사회가 악한 힘에 의해 사로잡혀 있다는 것을 감지하기 시작했다. 그리고 그는 이사회에 대한 축사를 위한 기도를 하기 위해 일곱 명의 친구들을 모았다. (물론 멀리 있는 사람들도) 기도에서 그들은 압제하는 영들의 이름을 식별했다. 두려움과 협박이 가장 중요한 것이었다. 그들은 성만찬을 하고 축사를 시행했다.

"두려움과 협박의 영아, 예수 그리스도의 이름으로 우리는 네게 연금이사회로부터 떠나 예수님께 가라 명한다."

그들은 그들의 기도 사명이 성취되었다고 느낄 때까지 서너 시간을 계속했다. 결국 그들은 치쳤다.

몇 주후 첫 번째의 큰 놀라운 일이 있었다. 그들의 강력한 반대자였던 이사회의 간사가 예기치 않게 사퇴했다.

삼 개월 후 이사회가 루이빌에 있는 역사 깊은 실백 호텔에서 만났을 때 이사회가 남아프리카공화국에 대한 조오지의 입장을 다시 한번 들어주기 위해 조오지가 그를 만났을 때, 그들의 태도에 큰 변화가 있다는 것을 알아챘다. 그 후 이사회가 심사숙고하고 있는 동안 조오지와 25명의 다른 사람들은 호텔 밖의 11월의 냉기 속에서 다른 축사 예배를 주관했다.

그때 발표가 나왔다. 편견이 없는 총무가 새로 뽑혔고 이사회는 남 아프리카에서의 그들의 투자를 철수하는 것을 가결했다. 태도의 변화는 사회활동 그룹에도 일어났다.(조오지가 이끄는 그룹) 얼굴 없는 관료정치로 연금 이사회를 보는 대신 그들은 연금 이사회를 좋아할 뿐 아니라 사랑하기 시작했다. 조오지는 그 자신 역시 두려움과 교만의 영에 사로잡혀 있었던 것을 깨달았다.

그 이후로 '영적인 독'으로 가득찬 교회 분쟁이 있을 때 몇 번 더 사회 축사 사역이 개최되었다. 매번 놀랄만한 긍정적인 변화가 일어났다.

그래서 여기 우리는 그룹 축사의 가능성에 대한 새로운 증거를 갖는다. 그러나 그것은 우리 자신의 이익을 얻기 위해서가 아니라 그룹이 악의 힘에 의해 잡혀있는 것이 확실히 분별된 후에만이다.

그 자신의 생명을 가지고 있는 그룹의 영에 대한 공부의 좋은 예는 스캇 펙 박사의 훌륭한 「거짓의 사람들」에 들어있다. 한 가지 예로 그는 1968년 미국 군대가 베트남에서 무장하지 않은 양민 약 600명을 학살한 밀라이 학살을 조사했다.

> 대략 500명의 남자, 그들의 대부분이 개인으로서 악하다고 의심할 여지가 없는 사람들이 어떻게 밀라이의 학살같이 기괴하게 악한 행동에 참여할 수 있었을까? 분명히 밀라이를 이해하기 위해 우리의 초점은 단지 개인적인 악이나 개인적인 선택에 제한되지 말아야만 한다.[21]

펙 박사는 제도적인 악이 그 500명의 남자들 뿐 아니라 베트남 전쟁동안 미국전체에 영향을 입혔고, 베트남 전쟁에서 무수한 거짓과 (밀라이를 덮은 것처럼) 폭력에 빠져 있었다고 결론을 내렸다.

이것은 지역의 악한 영과의 싸움과 대조하여 사람과 제도적인 악을 의미하는 것이 아니다. 상황은 양쪽 다 관여할 수 있다. 수많은 제도적인 악이 악한 영의 영향에 의해 한층 심해진다. 불행히도 많은 보수적인 크리스천들이 사회의 불의에 대해 거의 감지하지 못하고 (그들은 윌 헐버그가 관찰한 것처럼 미국을 우상화하는 경향이 있다) 사회 활동가들은 악한 영의 실체와 축귀의 가치에 대해 거의 이해하지 못한다. 보수적인 크리스천들은 가끔 사회 활동가들을 "동정을 과장해 보이는 자유 주의자들"로 맹렬히 비난하고 더 강한 군사력 증강을 주장한다. 반면에 크리스천 사회 활동가들은 보수주의자들을 가

---

21. Ibid., p. 216.

르커 부자들편에 서서 '불의한 사회구조가 어떻게 가난한 사람들을 압제하는가를 무시하는 자'로 취급하고 경멸한다.
  악에 대한 진리는 이같이 두 사이의 균형에 있다.

# 22

## 장소의 축귀

**바**로 지난 주 나는 우리집 마당에 부두 인형을 가운데 동그랗게 놓은 사실을 알았다. 사실 그런 일이 지난 주에 두 번 일어났다. 한번은 의자들이 예배당 안에서 발견되었고 또 한번은 예배당 밖 운동장에서 발견되었다. 이것을 했던 사람은 누구였던지 우리가 그들이 우리를 대항하여 기도하고 있다는 것을 알려 주기를 원했다.

그래서 나는 뛰어난 분별력을 가진 우리 스텝 중 하나를 예배당으로 불러서 어떤 영들이 호출되었는지 또 남아 있는지를 보도록 청했다. 약 30분 후 그녀는 실제로 아주 커다란 영이 제단 바로 뒤에 있다고 전했다. 그녀는 기도했고 악령이 작아졌지만 내가 와서 그것을 제거하는 기도를 하기 원했다. (물론 영들 자체가 작아지는 것이 아니라 그들이 점거하고 영향을 미치는 공간이 점점 작아질 수 있다) 그녀는 영 분별하는 우리 스텝의 다른 일원에게 그것을 검사해 주도록 청했다. 그들 둘이 어떻게 영들이 점거한 장소에 대해 동의하는가를 보는 것은 나를 매혹시켰다.

그들은 그 장소의 공기 압력이 더 진하기 때문에 영이 어디 있는지 알았다. 또한 그들이 그 곳으로 들어갔을 때 그들은 눌리는 것을 느꼈고 한 사람은 실제로 두통이 왔고 그녀가 그 곳을 벗어났을 때 두통은 사라졌다. 그래서 우리 셋은 기도했다. 매 순간 공간은 작아졌고, 마침내 약 20분 후에 영은 떠났다.

지난 주 같은 날 이 책을(내가 손으로 쓴) 컴퓨터 위에 놓고 있었던 나의 비서는 매일 그녀가 일을 하려고 할 때 두통이 일기 시작한다고 내게 말했다. 그녀는 또한 그녀가 타이프를 하고 있는 동안 여기서 일하는 것을 좋아함에도 불구하고 눌리는 것을 느꼈다고 했다. 그래서 우리는 그녀의 사무실과 특히 그녀가 기도하는 방의 구석을 위해 기도했다. 몇 분 내에 두통과 눌림은 떠났고 그녀는 다시 기분이 좋아졌다.

지난 달 어느날 아침, 컴퓨터가 갑자기 어떻게 저주를 끊는가에 대한 특별한 문장을 쓰는 것을 '거부'했다. 우리는 그것을 위해 기도했다. 잠시 후 컴퓨터는 제대로 작동되기 시작했다.

후에, 이 책의 원고가 초즌 북스에서 이것을 편집하고 있던 제인 캠벨에게 갔을 때, 더 많은 문제들이 일어났었다. 나는 그녀가 일어난 것에 대해 본인의 글로 써놓기를 청했다.

먼저 내 컴퓨터는 내가 고칠 수 없는 디스크 에러가 일어났음이라는 메시지를 주기 시작했다. 그 때 나는 내가 지난 15분간 작업했던 것을 저장할 수 없다는 것을 알았다. 그래서 나는 그 원본을 없애고(15분간 투자한 편집 일을 희생시키는) 그것을 다시 하고 바꾸어서 저장하려 했으나 할 수가 없었다. 나는 15분 이상 이 과정을 반복했다. 그때 원문이 모두 없어졌고 화면이 하얗게 되었다.

이 시점에서 나는 하얗게 질렸다. 나는 전 장이 없어졌을 것을 걱정했다. 다음 나는 책의 어떤 다른 장도 접근할 수 없었고 또한, 이미 편집해 놓은 4장이 없어졌을것이 두려웠다. 나중에 나는 나의 매켄토시에 있는 도구기능이 5장에 3,639개 단어가 있음을 알려줬을 때 안심했다. 그러나 나는 전혀 그것들을 빼낼 수가 없었다. 마이크로소프트에서 기술지원하는 사람이 나의 문제를 이상하고 기이하다고 했다. 그는 내게 이것은 소프트웨어보다 더 깊은 차원의 문제이므로 나를 도와줄 수 없다고 말했다. 나는 골로새서 2:15에 매달렸다.

정사와 권세를 벗겨내어 그것들을 공개적으로 나타내시고, 십자가로 그들을 이기셨느니라.

나는 이 컴퓨터 화면이 하얗게 남아있다 하더라도 예수님은 십자가로 너를 이기셨다고 말했다. 그리고 나는 영들을 묶고 하나님을 찬양했다. 그리고 5시간 후 원문이 돌아왔고(뚜렷한 원인 없이) 모든 돌연한 고장이 사라졌다.

이런 이상한 경험은 장소, 건물 그리고 물건들이 축사 받는 것이 필요하고 축복 받는 것이 필요하다는 고대 크리스천 전통을 반영한다. 이러한 축복들은 우리가 신성한 오일, 소금 그리고 물에서 발견하는 잘 알려진 패턴을 따른다. 먼저 우리는 그 장소에 거주하고 있을 수 있는 악한 것을 쫓아내기 위해 기도한다. 이것은 악에 대한 축사이다. 그리고 우리는 장소를 축복하고 하나님께서 그 분의 선하심과 성령의 능력과 그 분의 거룩한 천사들의 임재로 그 곳을 채우시길 구한다.

가끔 장소에(우리 예배당처럼) 거하는 악은 끊어야 할 필요가 있는 저주를 통해 온다.

예를 들면 많은 흉가들은 그 집에서 일어났던 살인 혹은 폭력적인 행위의 역사를 가지고 있다. 범죄가 저질러졌을 때, 당신은 그 장소를 축사하고 축복하는 것에 더하여 범죄 행위를 고치고 쉬지 못하는 영들을 휴식하게 만들기 위해 무엇인가를 해야 한다.[1]

여러 해 동안 이런 현상들을 연구했던 켄 맥얼 박사는 버뮤다 삼각지대에서 기이하게 사라져 없어진 배들과 떨어진 비행기들이, 노예들이 너무 허약해서 여행을 마칠 수가 없다고 결정되었을 때, 대서양의 이 지역에서 배 밖으로 버려져 물 속에 빠진 수 천의 노예들에 의해 기인한다는 것을 믿었다. 그들의 영혼이 복수를 위해 그렇게 울부짖고 있었다. 켄 박사는 10년 전 그 상황에 대해 그의 친구들과 열렬히 기도했고, 목사가 예수님께 노예교역에서 살해 당한 많은 희생자들을 돌보아 주실 것을 구하는 특별한 예배를 인도하도록 준비했다. 그 이후 버뮤다 삼각 지대에서의 기이한 비극은 중지되어진 것 같다.

특히 사악한 범죄가 전에 하나님께 봉헌된 장소에서 저질러졌다면 그 건물이나 장소는 재 봉헌이 필요하다.

예를 들면 가톨릭 전통에서 살인이 사원에서 일어났다면 대사원은 영적으로 깨끗해져야 할 뿐 아니라 재 봉헌되어져야 한다.

반면에 악한 영들에게 고통 받는 사람들이 방문했던 장소 뒤에 무엇인가를 남겨놓는 경우가 많으므로 모든 방들이 깨끗이 되는 것이 필요하다. 크리스천 치유 사역에서 우리의 기다리는 방들은 자주 깨끗함을 받고 축복 받는 것이 필요하다. 왜냐하면 많은 상처입은 사람들이 도움을 얻기 위해 오기 때문

---

1. 천주교 전통의 분들에게는 이것이 하나님에게 그분의 자비로 방황하는 영혼을 쉬게해달라고 기도문을 통한 예배를 드리는 것을 뜻한다.

이다. 이것은 아픈 사람들이 그들과 함께 가져오는 전염성이 있는 질병의 퍼짐을 막기 위해 특별한 예방 대책이 있어야만 하는 병원과 같은 것이다.

요약하면 우리는 방들과, 건물, 교회 그리고 다음의 환경하에 있는 다른 소유물들에 대해 기도하는 것이 필요하다.

1. 그들이 사단그룹에 의한 저주, 마법 그리고 주문의 대상 목표가 되었을 때.
2. 범죄나 다른 심각한 죄들이 그 곳에서 저질러졌을 때.
3. 마귀에 의해 침입을 받은 사람들이 살았거나 방문하여 시간을 보낸 곳.

또한 물론 우리가 처음 새 집이나 아파트로 이사 갔을 때(혹은 우리가 맡아야 한다면 사업장도) 혹은 사역자가 새로운 교회 임무로 들어갈 때 장소를 축복하거나 그 곳을 위해 기도하는 것이 현명하다. 우리는 하나님의 축복을 그의 소유물에 부어 주시고 악으로부터 그것을 보호해 주시기를 구해야만 한다.

당신이 이러한 것에 경험이 없다면 내가 여기에 쓴 것이 극단적인 것으로 들릴 것이다. 분명히 당신은 누군가 당신을 저주하기 때문에 어떤 비극이 일어난 것과 혹은 당신이 방어를 위해 기도했다면 해를 피할 수 있었다는 것을 증명할 수 없다. 그러나 당신이 이러한 것들을 경험한 많은 시간들을 합한다면 당신은 그것은 단지 너무 큰 우연의 일치라는 것을 발견할 것이다. 한 가지 예로 증명될 수 있는 것은 아무것도 없다. 그러나 여러가지 예로부터 귀납되는 증거는 만들어질 수 있다.

내가 이 장 앞에서 언급했던 나의 비서는 오늘 아침 직장에 와서 지난 3주 동안 두통과 설명할 수 없는 우울이 직장에서 그녀를 힘들게 했었음에도 불구하고 4일 전 우리가 기도한 이후로는 눌림도 두통도 느끼지 않는다고 말한 것이 단지 우연의 일치일까?

장소를 축복하고 축사하는 것에 대한 이 가르침으로부터 당신이 할 수 있는 많은 실질적인 적용이 있다. 단 한 가지 예로 영적으로 예민한 나의 친구들 중 어떤 이들은 항상 그들이 머무는 모텔이나 호텔 방에 대해서 조심한다. 그들이 그 방에서 영적인 눌림이나 악한 어떤 것을 감지할 때, 그들은 바꿔주길 청하거나 눌림이 떠날 때까지 방에서 기도한다.

내가 우리의 집이나 사역센터에 와서 기도해 줄 정도로 신뢰하는 사람들은 극단론자들이 아니다. 그들은 성숙하고 사려 깊고 균형잡힌 사람들이다. 그들은 극단으로 흐르거나 과도하게 두려워하지 않고, 악한 것이 거기 있을 때 악의 존재를 분별하고 감지하는 것을 배웠다. 그때 그들은 조용히 기도한다.

우리 모두는 이와 같은 친구들이 필요하다.

Part 7

# 마지막 말

# 23

## 성령 세례

1967년 8월에 테네시에 있는 매리빌 대학에서 있었던 집회 동안, 내가 성령세례 받기 위하여 기도로 간구했을 때, 나의 인생은 본질적으로 바뀌었다. 그룹에서는 처음에 내가 성령을 받은 것으로 알고 나를 위해 기도했을 때, 아무 것도 일어나지 않았다. 그러나 다음날 아침 몇 친구가 성령의 은사가 내 안에서 풀리기를 기도했을 때 (나는 이미 세례와 견신례와 서품을 받았다) 나는 기쁨이 넘쳤고 웃음의 물결이 나를 덮었다.

나의 인생에 그와 같은 적은 없었다. 그 이후 나는 사람들이 성령충만을 받기 원할 때, 그들의 인생이 또한 바뀐 수백의 사람들을 위해 기도했었다. 성령 안의 세례와 오순절 교회, 은사주의 그리고 제3의 물결의 갱신에서 수백만의 크리스천들에게 일어나는 이유에 대한 많은 설명이 - 그리고 논쟁이 - 있다. 당신이 이런 엄청난 성령의 흐름에 익숙하지 않다면 출판된 많은 좋은 책들 중에 하나를 읽도록 권한다.[1]

성령 안에 이렇게 잠기는 목적 중에 하나는 예수님이 부활하셔서 그의 제자들에게 약속하신 것과 같은 능력 있는 사역이다.

보라, 내가 내 아버지께서 약속하신 것을 너희에게 보내노라.
그러나 높은 곳으로부터 능력을 입을 때까지 예루살렘 도성에
서 기다리라.(눅 24:49)

이 약속은(누가복음에서의 약속은 대체로 성령을 나타낸
다) 우리가 아는 것처럼 오순절에 이루어졌다. 그때까지 제자
들은 성령을 다소 받은 크리스천 신앙인이었다. 그러나 무언
가가 아직은 차지 않았다. 그들은 약속하신 성령을 기다리며
숨어 기도하고 있었다. 그런데 성령이 강한 바람과 같이 그들
위에 강림하신 후에 그들은 문을 박차고 나와 말씀 전하기에
열심이었다.

1967년 처음 나를 성령 세례를 구하도록 이끈 것은 아픈
사람을 고치고 그리스도 안에서 그들의 삶을 나누는 열정으로
가득찬 크리스천들을 만난 것이었다. 복음을 전하고자 하는
소망은 내가 믿는 것이지만 많은 신부들과 목사들을 포함하여
내가 아는 크리스천에게서는 많이 보지 못했던 것이다. 우리
의 종교는 개인적인 것이고, 종교에 대해 말할 기회가 주어지
거나 혹은 기도문에 따라 의례적인 기도를 할 공식적인 경우
에 제한되어 있었다.

치유는 고대 성인의 삶 속에서 그것에 관해 읽었지만 나의
주위에서 그것에 대한 증거는 거의 보지 못했다. 그래서 내가

1. 이 중에 Dennis Bennett이 쓴 「Nine O'Clock in the Morning」(S. Plainfield N.J.: Bridge Publishing, 1970)이 있다. 또 보충 도움이 되는 책으로 「The Holy Spirit and You」(Rita Bennett 과 공저)와 「How To Pray for the Release of the Spirit」이 있다. 이 책들도 Bridge 출판사에서 출간되었다. 성령세례에 관한 성서적 역사적 배경에 관심이 있는 사람은 Killian McDonnell과 George Montague가 쓴 「Christian Initiation and Baptism in the Holy Spirit」(Collegeville, Minn.: Liturgical Press, 1991)이나 축소판인 「Fannin the Flame」을 권한다.

일상적으로 아픈 사람들을 위해 기도하고 악한 영들을 쫓아내는 사람들을 만날 때 적어도 나는 호기심을 갖고 있었다. 그리고 그들에게 어떻게 그렇게 되었는가를 물었을 때, 그들은 성령세례 받은 후에 그것이 시작되었다고 말했다.

인간적인 성품 안에 계신 예수님 조차도 공중 사역, 설교, 치유 그리고 악한 영들을 쫓아내시는 것을 하시기 전에 성령에 의해 능력 받으시는 것이 필요했다. 세례 요한이 요단강에서 예수님에게 세례를 주었을 그때에 성령께서 예수님 위에 내려왔다.

> 어쨌든, 어느 복음서보다도 더 많이 누가는 예수님의 세례식에서 성령의 기름 부음으로부터 시작하여 성령의 능력받은 예수님의 치유와 축귀의 대중 사역을 묘사했다. 사도행전10:38에 누가는 하나님께서 성령과 능력으로 그 분께 기름부어 주셨다고 적고 있는데 이는 예수님에게 치유와 축사를 행하시도록 능력을 주는 예수님의 세례식에 그 이해의 기초를 둔것이다.
> 
> 후에 공동체 위에 성령을 보내실(눅 24:49; 행 2:33) 예수님 자신이 그의 세례식에서 성령을 받으셨고 혹은 최소한 그 분의 수태 이후로 그 분 위에 늘 계신 성령의 새로운 역사를 받으신 것이 여기(눅 4:18-19)서 분명하다. 그리고 성령이 그 분께 그 분의 사역을 위해 예언과 치유의 은사를 부여한 것이 분명하셨다. 누가에게는 예수님의 세례가 오순절 공동체 세례를 이해하는 시각의 틀이다.[2]

우리는 마리아가 성령에 의해 덮였을 때 즉 예수님의 수태

---

2. Killian McDonnell과 George Montague, pp. 25-26.

초기부터(눅 1:35) 성령은 인간 예수님께 임하셨다. 가끔 내가 크리스천들이 성령을 받기 위해 기도하는 것에 대해 신부들에게 말할 때 그들은 "우리 신자들은 이미 세례식과 견진례에서 성령을 받았다. 그들이 견진례를 받은 사실에 의문을 던지는 것이 당신이 하고자 하는 것인가?"라며 반론을 제기한다. 복음주의자들은 "이 사람들은 구원 받았다. 그들은 이미 예수님을 향해 그들의 결단을 내렸다. 당신은 그들이 그때 성령을 받았다는 것을 믿지 않는가?"라며 반대한다.

대답은 30년간 하나님과 동행하신 후에도, 사역을 위해 그분에게 능력을 줄 성령과 새로운 차원의 하나됨이 필요했던 예수님을 본보기로 하는 것이다. 나 역시 그 능력 받는 것이 필요하다.

나는 존경받는 신학자인 페드로 살바도 카릴로가 멕시코 시티에 있는 신부들에게 했던 설교를 기억한다. 그는 신부들이 너무 많이 신학적으로 이해하려고 하는 것에 얽매이지 말아야 한다고 그들에게 말했다. 그들이 자신에게 질문할 가장 중요한 것은 **오순절에 사도들에게 일어났던 것이 그들에게 일어났느냐** 하는 것이다. 그들이 복음서를 열심히 설교하는가? 그들은 병든 자들을 고치고 악한 영들을 쫓아내는가? 그들이 이미 성례를 통해 성령을 받은 것에 대해서는 대답은 예이다. 그러나 그들은 오순절 전의 사도들과 같다.

사도들은 이미 크리스천이었나? 그렇다. 그들은 3년간 예수를 따랐고 예수의 가르침을 믿었다. 그들이 이미 사역으로 부름을 받았나? 그것이 일어난 때를 아무도 모르지만 전통은 그들이 오순절 약 두달 전인 마지막 만찬에서 부름을 받았다고 말한다. 그러나 오순절에 성령이 그들 위에 내릴 때까지 그들은 사역을 위해 준비되지 않았다.

그래서 우리가 대답할 필요가 있는 질문은 "사도들에게 일어난 것이 아직 우리에게 일어났는가?"이다.

테네시에서 첫 그룹이 내가 성령을 처음 받는 것으로 알고 기도했을 때 아무것도 경험할 수 없었던 것으로 나는 축복 받았다. 바로 다음 날 오후 친구들이 내가 성령에 능력의 (내가 이미 받은) 풀어짐을 경험하도록 기도했을 때, 그것은 실제 일어났고 나는 기쁨으로 압도되었다. 선의의 크리스천들이 "당신이 성령세례 받은 것을 보이기 위해 당신은 방언으로 기도해야만 한다."라는 데는 많은 설명과 요구가 필요하다. 그러나 당신이 이 잇슈를 가능한 가장 간단하게 접근을 하기를 권한다. 당신 자신에게 당신이 진정 성령 충만함을 받았는가, 당신이 사역하는데 필요한 모든 은사를 수반하고 있는가를 물어라. 분명히 당신이 축귀 기도를 하려고 한다면 당신은 분별력, 치유 은사 그리고 악한 영들을 쫓아내는 영적 권위를 포함한 성령의 능력을 받을 수 있는 많이 받는 것이 필요하다.

아마 이것이 천주교에서 전통적으로 축사자들이 사역하는 동안 영적 신체적으로 큰 피해를 본다는 견해가 강한 이유 일 것이다. (이것에 대해 우리는 9장에서 이야기했다) 성령의 능력 없이는 우리는 영권 밖에 있는 것이기에 축사는 제 정신이 있는 사람은 피하려고 할것이다. 말라키 마틴의 경고를 상기한다.

> 축사자들은 모든 축귀의 가장 중요한 부분이다. 모든 것이 그에게 달렸다. 그가 개인적으로 얻는 것은 아무것도 없다. 그러나 매 축사마다 그는 글자 그대로 그가 가치를 두는 모든 것을 위

험하게 한다… 그리고 결과가 어떻던 간에 악한 영과의(역자) 접촉은 축사자에게는 치명적인 것이다. 그는 그의 가장 깊은 자신의 두렵고 고칠 수 없는 손해에 동의해야 한다. 그의 안에 어떤것이 죽는다. 그의 인간적 자비함의 어떤 부분은 모든 인간적인 자비함과 반대되는 것 즉 악의 근원과 가까운 접촉으로 시들어 갈 것이다. 거기서 회복이 있다 할찌라도 거의 드물다. 그의 손해에 아무런 배상이 없다.[3]

특히 우리가 사술적인 마귀의 영역을 대면할 때, 틀림없이 위험하다. 그러나 나는 신부들이 그들의 사역에서 생명력을 상실한 이유가 그들이 더 많은 성령의 능력을 필요로 했다는 것을 제의했다. 이런 찢겨진 사역자들은 악한 영을 가진 사람을 예수님의 이름으로 불러내었다가 결국 "그 악령 들린 사람이 그들 위에 뛰어올라 그들을 짓누르기에 그들보다 힘이 센지라."(행 19:16) 그들이 상처를 입고 벌거벗은 채로 그 집에서 도망치게까지 된 스게바의 일곱 아들을 우리에게 생각나게 한다. 이러한 축사자들은 어떤 정도로 예수를 믿지만 예수님과 개인적인 관계를 갖지 않고 성령에 의한 권능을 받지도 않았다.

이것이 관점인 것 같다. 스게바의 아들들의 실패가 우리의 것이라는 것을 두려워할 것이 아니라 차라리 우리가 바울과 다른 사도들처럼 되어야 한다. 그들은 악한 영들과의 충돌을 찾지는 않았지만 악한 영과 대적하였을 때 그것으로부터 도망하지 않았다.

3. Malachi Martin, Hostage to the Devil(New York: Reader's Digest Press, 1976), p. 10.

그러나 요술사 엘루마(그의 이름을 번역하면 요술사라)는 그들을 반대하며 총독으로 하여금 믿지 못하게 하려고 애쓰더라. 그때 (바울이라고도 하는) 사울이 성령으로 충만하여 그를 주목하고 말하기를 오, 모든 궤계와 악행으로 가득찬 너 마귀의 자식아, 너 모든 의의 원수야, 네가 주의 의로운 길에서 돌아서게 하는 일을 그치지 못하겠느냐(행 13:8-10)

바울이 가장 깊은 자신의 두렵고 회복할 수 없는 피해에 동의하도록 강요당하는 것을 두려워하는 남자같이 생각되지는 않는다. 나는 축사에 있어서 두려움이 가득차서 접근하는 것은 의례적인 말을 충실히 읽는 그 차체에 지나친 신뢰를 가지는 데 있다고 생각한다. 우리가 축사를 시도하는 모든 사람이 성령세례를 받았는지 확인한다면 축사자들은 염려할 것이 훨씬 적어질 것이다. 락탄티우스의(A.D.300년경 살았던) 주석을 보면, 초기 크리스천들은 마귀의 힘을 이길 수 있는 기운찬 자신을 가지고 있었다.

악한 영들은 실제로 진리의 신비에 경험이 없고, 하나님의 강력하고, 높은 손이 보호하지 않고, 악한 영들을 두려워하는 사람들에게 해를 입혔다. 그러나 그들은 하나님의 경배자, 하나님의 이름으로 그들이 사로잡힌 사람의 몸으로부터 떠나는 것을 탄원하는 의로운 사람을 두려워한다. 하늘의 응징 같은 경배자들의 말로 채찍을 맞는다. 그러므로 가끔 커다란 고함을 지르며 악한 영들은 매맞고 불 위에 있고 앞으로 나서야 하는 시점에 있는 것을 큰 소리로 불평한다.

하나님의 지혜는 아주 큰 능력이 있으시고 의로우시다! 악한

영들이 그들의 능력 안에 가지고 있는 사람들을 제외하고 그들이 누구에게 해를 입힐 수 있을까? [4]

초대 교회에서는, 전투를 두려워하고 전투에서 꽁무니 빼는 자가 있다면, 그들은 오직 악한 영들 뿐이라는 태도를 가졌다. 축귀를 하는데 있어서 신중해서는 안된다 하는 것이 아니라 성령의 세례로 증가하는 성령께서 우리에게 준 무기로 보호 받고 있다면 우리는 사단의 능력보다 잴 수 없을 정도로 더 큰 하나님의 능력으로 보호 받고 있다. 강한자는 묶여졌다. 우리는 치유하고 악한 영들을 쫓아내는 능력과 권위로 성령의 은사들 중에서 영분별력과 우리를 인도하는 지혜의 말씀의 은사를 받았다.

관해서는 나는, 17살 후반부터 설교하고 축사하기 위해 세계를 돌며 여행하고 그 후 약 40년이나 지치지 않는 축귀 사역을 하며 세계를 여행하는 데릭 프린스의 용기 있는 예를 생각한다. 내가 아는 모든 사람들 중 그는 아마 축귀에 대해 가장 많은 설교와 기도를 했을 것이다.

당신이 축귀를 시작하면 육체적으로 뿐 아니라 영적으로 파괴될 것이라는 믿음을 받아들인다면, 사단에 의해 퍼뜨려진 파괴적 신화를 받아들여, 크리스천들이 사단의 왕국을 멸망시키지 못하게 되는 것이다. 이 신화는 사단의 능력을 하나님의 수준과 그 이상으로 끌어올려 사단을 높이는 반면에 하나님을 믿는 우리는 영적 전투 지역으로 들어가는 것을 두려워하게

---

4. Frank Darling 이 쓴 Biblical Healing, Hebrew and Christian Roots에 담겨있는 Lactantius, Divine Institutes, Book V, Chapter xxII. 이 책은 Darling 이 쓴 세권의 책 중 처음 것으로 현재까지의 기독교사에서 치유에 관한 기록을 잘 담은 책이다.

만든다.

그러나 성령세례에 의해 우리는 사역에 대한 능력을 받고, 많은 멋진 일들이 일어난다. 내 친구 토미 타이슨 목사는 한 때 성령 세례 받는 것을 "우리 생활 속에서 더 지속적으로 부활하신 그리스도의 존재, 인격 그리고 능력을 알게하는 사건"으로 정의했다. 이 선언의 각 단어들은 중요한 의미를 갖는다.

그리스도의 임재에 관해 내가 아는 많은 사람들은 그들이 성령 세례 받기 위해 기도한 후, 그들 자신의 아주 작은 노력으로 예수님의 임재를 거의 계속적으로 느끼고 있다. 어떤 이들은 예수님의 환상을 보고 혹은 그분이 그들에게 말씀하시는 것을 듣는다.

그분의 인격에 대해서는 그들의 사랑이 단지 주와 주인으로서 보다는 점차 친구와 형제로서 예수님께 집중된다.(그분이 물론 그들의 주와 주인으로 남아있음에도 불구하고) 오로지 의례적인 이름 그리스도를 사용하는 것보다 그들은 이제 더 개인적인 예수님을 사용하는 것에 편안함을 느낀다.

> 내가 명령한 대로 너희가 행하면 너희는 나의 친구들이라. 이제부터는 너희를 종들이라 부르지 아니하리라. 이는 종은 자기 주인이 하는 일을 알지 못하기 때문이라. 내가 너희를 친구들이라고 불렀으니, 이는 내가 내 아버지께로부터 들은 모든 것을 너희에게 알게 하였기 때문이라.(요 15:14-15)

> 너희는 다시 두려워하는 종의 영을 받지 아니하였고 양자되는 영을 받았으므로 그에 따라 우리가 아바, 아버지라 부르짖느니라. 성령이 친히 우리의 영과 함께 우리가 하나님의 자녀임을

증거하시거니와.(롬 8:15-16)

부활하신 그리스도의 능력을 받는것에 관하여 그것은 우리가 우리에게 도움이 안되는 인간성으론 미치지 않는 은사들을 (고전 12:8-11) 받는 것을 의미한다.

예언, 분별, 방언 통역, 가르치는 것, 설교하는 것 그리고 명철을 아는것, 치유하는 것, 악한 영들을 쫓아내고 기적을 행하는 것, 방언으로 기도하는 것.(고전 12:8-11)

이러한 모든 은사는 축귀사역에서 측량할 수 없는 도움이다. 그러므로 이러한 어려운 사역을 위해 충분히 준비되어지는 것은 우리들이 하나님의 성령으로 충만하여지는 것을 찾는 지혜이다.

무릇 하나님의 영으로 인도함을 받은 이들은 곧 하나님의 아들들이니라. 너희는 다시는 두려워하는 종의 영을 받지 아니하였고 양자되는 영을 받았으므로 그에 따라 우리가 아바, 아버지라 부르짖느니라. 성령이 친히 우리의 영과 함께 우리가 하나님의 자녀임을 증거하시거니와 자녀이며 또한 상속자들이니 하나님의 상속자들이요, 그리스도와 함께한 공동 상속자들이니, 우리가 그와 함께 영광을 받기 위해서는 고난도 함께 받아야 하리라.(롬 8:14-17)[5]

5. 이 사마리아 사람들은 믿는 사람들이었고 세례를 받은 사람들이었지만 무엇인가가 빠져있었다. 성경의 다음 문단에서 마법사 시몬이 베드로에게 이 능력을 전하여 주는 것을 사려고 한 것을 보면 이 성령세례는 놀랄만한 표적이 따랐던 것이 틀림없다. (사마리아 사람들이 처음 믿게 된 것은 빌립집사가 병자를 치유하고 귀신을 쫓아내는 것을 보았기 때문이다.)

## 부록 1

## 기도의 예

다음 것들은 이 책의 원문에 나타나 있는 어떤 기도들이다. 나는 그것들을 정해진 기도문들로서가 아니라 여러 상황에서 당신이 기도할 수 있는 기도들의 종류의 예로서 제안한다. 성령에 의해, 특별한 상황에 대해 그리고 당신 자신의 인격에 따라 인도함을 받으라.

### 죄인의 기도 (16장을 보라)

주 예수님, 내가 당신에 대해 죄지은 것을 고백하고 당신이 나의 모든 죄를 용서하실 것을 구합니다. 나는 예수님이 하나님의 아들이시며, 나의 죄의 사면을 위해 십자가에서 그의 피를 흘리신 것을 믿습니다. 나는 당신에게 나의 생명을 드리고 당신이 나의 마음으로 오셔서 내가 당신과 영원히 살기를 원합니다. 예수님의 이름으로 아멘.

### 방어를 위한 기도 (7장을 보라)

주 예수님, 나는 당신이 나의 가족을(이름으로 언급한다) 병과 모든 해함과 사고들로부터 보호해 주실 것을 구합니다. 우리들의 누군가가 저주, 마법 혹은 주문에 지배받고 있다면 나는 이 저주, 마법 혹은 주문이 예수 그리스도의 이름으로 무익하고 무효가 될것을 선포합니다. 어떤 악한 영들이 우리를 대적하러 보내졌다면 나는 너를 예수 그리스도의 이름으로 파면시키고 나는 너를 예수님이 하시는대로 다루시도록 예수님에게 보낸다.

그리고 주여, 나는 당신에게 우리 모두를 인도하고 보호해 줄 당신의 거룩한 천사들을 보내줄 것을 구합니다.

### 축귀를 위한 기도 (13장을 보라)

예수 그리스도의 이름으로 나는 너 '이름'의 영에게 '기도 받는자의 이름'에게 혹은 이 집에 있는 그 누구에게나, 혹은 그녀의 가족에게 해 입힘 없이 그리고 어떤 소음이나 소란 없이 떠나기를 명한다. 그리고 나는 네가 예수님이 하시는 대로 처리하시도록 곧 바로 예수님께 가기를 명한다. 더 나아가 나는 네가 다시는 돌아오지 말 것을 명한다.

### 깨끗함을 받기 위한 축귀 사역자를 위해 깨끗게 하는 기도 (13장을 보라)

주 예수여, 당신의 훌륭한 치유와 축귀의 사역을 저와 나누시는 것을 감사합니다. 오늘 내가 보고 경험한 치유에 대해 감사합니다. 그러나 내가 접한 질병과 악한 것이 나의 인간성으로 견딜 수 있는 것보다 더 많았던 것을 깨달았습니다. 그러므로 내게 붙은 슬픔, 부정적인 것 혹은 절망에서 나를 깨끗게 하소서.

나의 사역이 나를 분노케하고, 못 참고 혹은 음욕이 일게 유혹했다면 이러한 유혹으로부터 나를 깨끗게 하시고 그것들을 사랑, 기쁨 그리고 평화로 채우소서. 어떤 악한 영들이 그들 스스로 붙었거나 어떤 방법으로 나를 누른다면 나는 네가 땅, 공기, 불 혹은 물, 저 세상 혹은 자연의 영들에게 지금 떠날 것을 명하고 예수님이 하시는대로 다루시도록 그 분께 곧바로 가라.

성령님 오셔서, 나를 새롭게 하시고, 당신의 능력, 사랑 그리고 기쁨으로 나를 새롭게 채우소서. 내가 약하게 느끼는 곳에서 나를 강하게 하시고 당신의 빛으로 옷 입히소서. 나를 생명으로 채우소서.

그리고 주 예수여, 나와 나의 가족에게 역사하고 질병과 해함과 사고로부터 우리를 지키시고 보호하도록 당신의 거룩한 천사들을 보내 주소서. (그리고 안전하게 집까지 갈 수 있도록 인도하여 주시고 우리에게 평화로운 밤의 휴식을 내려 주소서)

나는 지금부터 영원까지 성부, 성자 그리고 성령, 당신을 찬양합니다! 아멘.

### 잘못된 판단을 부수기 위한 기도 (8장을 보라)

예수 그리스도의 이름과 성령의 검으로 나는 당신이 ___의 잘못된 판단으로부터 자유로워지도록 끊고 그 판단이 무익하고 무효한 것을 선포한다.

### 잘못된 맹세를 부수기 위한 기도 (8장을 보라)

예수 그리스도의 이름으로 나는 ___의 맹세를 부수고 그 맹세가 무익하고 무효하고 더 이상 당신에게 영향을 미칠 수 없음을 선포한다. 성령의 검으로 나는 이런 맹세와 모든 효과로부터 당신이 자유하게 끊노라.

### 봉인을 부수기 위한 기도 (16장을 보라)

예수 그리스도의 이름으로 (혹은 성부와 성자와 성령의 이름으로) 나는 사단의 모든 봉인을 부수고 성령의 검으로 당신을 자유케 한다.(세 번 반복한다.)

### 내적 치유를 위한 기도를 하기 전에 묶는 기도 (14장을 보라)

예수 그리스도의 이름으로 나는 너(이름)의 영에게 이 기도를 방해하지 말도록 명한다. 나는 너를 (기도받는 자) 그의 의지, 그의 마음, 그의 상상력 혹은 감정, 그의 기억 그리고 그의 몸에 영향을 미치지 못하도록 묶는다. 나는 너를 성령의 검으로 (기도받는자 이름)의 비통함 (혹은 두려움 혹은 어떤 다른 중요한 감정적인 문제)을 휘젓는 것들로부터 끊노라. 나는 너에게 조용히하고 우리가 치유를 위한 기도가 끝날 때 떠날 것을 명한다.

## 부록 2

## 신부 루퍼스 프레리아와의 인터뷰

　이 책에서 나는 당신과 축귀사역을 회복시키기 위한 긴박함을 나누려 했다. 단지 추상적이거나 개발도상국에 있는 선교사나 사람들의 생활에 영향을 미치게 하기 위해서가 아니라 서양에 사는 우리들 자신의 삶에 관하여 이야기하기 위해서이다. 축귀를 위한 기도는 아프리카나 아시아에서 만큼 북미와 유럽에 사는 우리들에게도 중요하지만, 우리는 그것을 실감하지 않는 것 같다. 당신의 친구들이나, 당신에게 조차도 그것은 삶과 죽음의 문제일 것이다.

　당신이 아프리카, 라틴 아메리카 혹은 아시아의 대부분을 여행한다면, 당신은 무엇보다도 먼저 악한 영들의 권력으로부터 구출에 대한 절망적인 필요를 볼 것이다. 제 삼 세계 경험 중에 하나 생생한 일면은 1978년 인디아에서 신부 루퍼스 프레이라와 갖은 인터뷰이다. (7장에 이것을 인용했다.)

　루퍼스 신부는 로마 가톨릭 은사적 부흥에 가장 중요한 지도자들 중 하나이고 작고한 그레시다스 주교에 의해 1976년에 전적으로 부흥에 사역하도록 권한을 위임받았다. 그는 로마에서 그의 공부를 마치고 뒤이어 3년간의 성서연구를 한 후 철학과 신학에서 좋은 교육을 받았다. 이런 높은 학력의 배경이 악한 영들로부터 사람들을 자유하게 하는 그의 경험을 더욱 더 비중 깊게 만든다.

이 인터뷰를 통하여 당신은 인디아, 나이지리아, 베네주엘라 혹은 우리 자신의 과학적 이성주의가 아직 다다르지 않은 대부분의 나라들을 방문한다면 당신을 즉시 감명시킬 초자연적인 현상들의 받아들이지 않을 수 없음을 발견할 것이다. (성직자들은 제외하고)

나의 첫번 축귀의 경우는 1976년 3월 7일에 있었다. 그것은 봄베이에서 열린 200명에서 300명 가량의 사람들이 참가한 기도집회 동안 휴식시간 중에 일어났다. 갑자기 우리는 고함과 비명을 들었고 우리 모두는 무슨 일이 일어났는지 보기 위해 그 곳으로 갔다. 나는 거기서 의자에 앉은 어린 소녀가 자기의 팔을 할퀴고 휘어젓는 것을 보았다. 나는 누군가에게 무슨 일이 일어난 것인가 물었고 그녀가 사로잡혀있다고 들었다. 내가 사로잡혔다는 사람을 만난 것은 처음이었다.

내 안에 무엇인가 내게 "나는 너에게 예수님의 이름으로 그 소녀에게서 떠나도록 명한다."라고 말하도록 영감을 주었다. 바로 그 순간 그녀는 하고 있었던 모든 것을 중단했다. 그녀는 눈을 뜨고 내게 예쁜 미소를 보냈다. 나는 내가 무엇을 했는지 전혀 모른다. 그 후에 그녀는 내게 10년 동안 악한 영들에 의해 고통당하고 있었으며 모슬렘 사원에 갔었지만 자유함을 느끼지 못했다고 말했다.

그 후 2년이 안되어서 나는 400에서 500사이의 축귀를 위해 기도했다. 그들의 1/3 가량이 소위 힌두교 신과 여신으로부터 축귀이다.

나는 나의 조국을 아주 사랑하고 인도의 종교와 철학에 대해 커다란 경의감을 가지고 있으나 아마 모두 종교의 이름으로 종교적인 노력의 가장 높은 형태로부터 인간성의 가장 낮은 타락까지 이렇게 넓은 스펙트럼을 가진 종교는 없다고 생각한다. 내 경험은 힌두교 신화에 있는 여신들과 신들은 마귀외에 그 어느 것도 아닌것을 믿도록 했다. 내가 이렇게 생각하는 이유는 모든 경우의 1/3이 우리가 마귀에게 자신을 밝히도록 명령할 때 그들이 힌두 신들이나 여신들의 이름을 주었다. 어느 한 경우에 한 여성이 내게 크리쉬나라는 이름을 주었는데 그것은 나에게는 충격이었다.[1] (나는 크리쉬나가 마귀라고 말하지 않는다; 나는 단지 십자가로 데려와진 한 여성 안에 있는 영이 자신을 크리쉬나라고 밝혔다고 말할 뿐이다)

이런 축귀의 경우 가끔 나타나는 어떤 신들이나 여신들이 있다. 특이한 것은 안다바라 불리는 신이다. 그는 통용되는 믿음에 의하면 여성들을 사로잡는 매우 악한 영의 신이다. 그는 매우 음욕적이어서 여성들을 강간하기 원한다. 이렇게 고통당하는 여성들은 밤 동안 이 신이 와서 여성들을 강간하는 것을 경험한다. 그들은 모두 그것은 꿈이 아니라고 말한다. 그들은 그들이 깨어 있는 것 같다고, 실제로 그들이 깨어 있는 동안 일어난다고 말한다. 그들의 남편들과 얘기를 나눈 후에 나는 그들이 말하는 것이 사실일지도 모른다고 믿게 됐다.[2]

내가 당신과 나누고 싶은 또 다른 것은 많은 사람들이 이런 신들과 여신들을 위한 축제날 사로잡히게 된다는 것이다. 나의 사촌은 아주 오래 전 군대에서 장교였다. 그는 힌두 축제날 밖에 나갔었고 집으로 돌아왔을 때, 열이 나며 아팠고 의사들은 그것을 진단할 수 없었다. 그리고 일 주일이 안되서 그는 죽었다. 다른 사촌 역시 같은 기이한 처지로 죽었다. (나의 어머니는 우리가 어렸을 때 우리에게 힌두 축제날에 절대 집 밖으로 나가지 못하게 경고하곤 하셨다.) 나는 또한 사로 잡히는 많은 경우에 악한 영의 공격이 축제 날에 더 강하게 온다는 것을 알게 되었다.

1. 힌두신화에서 크리쉬나는 주요신 3명 중의 하나로 인자한 신이다. 난폭한 신인 칼리와는 대조적이다.
2. 서구문학에서도 이런 성적 귀신을 발견한다. 남성의 역할을 하는 것을 라틴어원에 의하면 위에 눕는 자란 의미로 인큐바이(Incubi)라 하고, 밑에 눕는 자라하여 여성의 수쿠바이(succubi)가 있다.

문:당신은 지난 주 집회 동안 당신이 우리에게 보여줬던 젊은 여성에게 살고 있는 춤추는 신에 대해 무엇인가 나눌 수 있는가?
답:그렇다. 우리는 지난 전국 집회 삼일 동안 힌두 신들과 여신들에 의한 최소한 다섯 가지의 사로잡힘의 경우를 보았다. 이러한 경우들에 대한 지식을 직접와서 체험하도록 당신 팀의 일원들 불렀다. 당신은 그녀가 무엇처럼 보였는지를 기억할 것이다. 그녀는 춤추는 신, 라타란자라 불리는 힌두 신의 포즈를 취하고 있었다. (이 춤추는 신은 쉬바 신의 모양이다.)

실제로 놀라운 것은 그 소녀가 인디언 춤에 대해서는 아는 것이 아무 것도 없다는 것이다. 그녀가 서구 문화 가정에서 자랐기 때문에 그녀는 여러 면에서 인도문화에 대해서는 외국인이다. 그러나 여기 그녀는 그녀의 손가락, 손목, 손 그리고 발에 절대적으로 정확한 춤추는 포즈를 취하고 있었다. 바로 그신의 정확한 포즈, 우리는 한 장의 사진을 찍었다. 나는 다른 포즈를 담은 더 많은 사진을 원했다. 그것이 매우 참혹하고 매우 혐오스러운 것이 아니었다면 보는 것은 흥미있는 것이었다. 그녀의 얼굴, 눈 그리고 입조차 그 힌두 신의 형상으로 변했다.

영이 자신을 나타내도록 명령한 후 나는 한 힌두 의사에(그 의사가 그녀를 치료할 때 아마 음욕적인 동기를 가지고 있던) 의해 뿌려진 저주 때문에 그것이 그녀에게 들어간 것을 알았다. 아마 그는 라타란자라 불리는 그가 좋아하는 신을 불러 그녀를 사로잡도록 해서 그가 그 소녀를 지배하는 힘을 얻으려 했다.

다른 흥미 있는 경우는 우리의 치유 세미나 둘째 날 대학생 소녀가 그녀가 어린 소녀였을 때 힌두 사원에 가서 손이 여섯인 신의 형상을 - 그것은 마하칼리라 불린다 - 보았다고 내게 말했을 때 일어났다. 이것은 힌두 신화에서 가장 가혹한 여신이다. 피를 갈구하고 죽이기를 원하는 여신이다. 힌두들은 이 시대 조차도 가끔 인간 희생 제물을 올리므로 이 여신을 달래려 한다.

**문**:그녀는 인도를 배경으로 만들어진 영화에 나오는 칼리와 같은 것인가?
**답**:그렇다. 그들은 그녀를 존경의 표현으로 '마하칼리'라 부른다. 그것은 위대한 칼리라는 뜻이다. 지난 200년 동안 수많은 사람들이 그녀의 비위를 맞추기 위해 희생되었다. 그 소녀는 그녀가 사원에 가서 거기서 이 여신을 보았다고 내게 말했다. 집회의 이 기간 동안 하루 저녁 그녀는 꿈을 꾸었고, 그녀는 반은 깨어 있었다. 그리고 이 여신이 그녀를 향해 오는 것을 보았다. 소녀는 여신을 큰 눈과 그녀를 질식 시키려 하는 여섯 개의 손을 가진을 가진 거대하고, 뚱뚱하고 못생긴 여성으로 표현했다.

우리가 축귀를 위해 기도했을 때, 그녀는 숨차하며 목에 고통을 받았다. 마침내 그녀는 전혀 말을 할 수 없게 되었다. 그녀는 벙어리가 되었다. 기도 후 그녀는 다시 말을 할 수 있게 되었지만 그러나 그녀의 목에 자극 상태가 남아 있었다. 치유 세미나의 마지막 날 그녀가 앞으로 나와 당신이 축복한 오일로 기름 부음을 받았을 때 그녀의 목에 있었던 자극 상태가 즉시 떠났다. 그녀는 또한 오일이 그녀의 앞이마에 떨어졌을 때 커다란 평화의 느낌이 들었다고 했다.

여기 내가 인도에서 가졌던 가장 흥미로운 경우가 있다. 여러 가지로 아름다운 경우가 있고 또한 두렵게 하는 경우가 있었다. 그녀는 내게 그녀의 할아버지가 - 그는 가톨릭이었던 것 같다 - 하누만이라는 이름의 신의 능력으로 그의 여가 시간을 축사하는 일에 사용했기 때문에 그녀가 고통을 당하고 있는 것을 깨닫는다고 말했다. 그는 인도에서 매우 유명한 원숭이 신이다. 그녀의 할아버지는 하누만의 도움으로 사람들을 자유하게 했으며 곳곳에 주문을 퍼뜨렸다.[3] 그는 영에게 "이제 길로 나가, 네가 가는 길에 처음 만나는 사람을 너의 주문 아래 있게 하라."라고 말하곤 했다. 그녀는 내게 그녀의 할아버지는 그 방법으로 많은 사람들에게 해를 입혔고, 이런 모든 반응이 그녀 전체 가족에게 오는 것이라고 말했다. 그녀는 나아가 나에게 그녀의 아버지가 지난 달 동안 매일 밤 누군가가 그의 목을 조른다고 비명을 지르며 일어났었다고 말했다. 그들의 집에서 밤을 지낸 사람들도 역시 누군가 그들의 목을 조르는 것을 느꼈다.

나는 이것이 유의할 가치가 있는 다른 점이라고 생각한다. 아주 종종 힌두의 신이나 여신들의 능력으로 악한 영을 쫓아낸 일을 한 사람이 가족의 일원으로 – 아버지 혹은 할아버지 – 있을 때 세 번째 세대가 특히 고통을 받는 것 같다.

**문**:그녀는 가톨릭 신자인가?

**답**:그렇다.

**문**:당신은 왜 그녀가 이 마귀적인 영향하에 있다고 생각하는가? 단지 그녀의 할아버지의 참여 때문인가? 그렇다면 이것은 어떻게 해야 하나?

**답**:이것은 아주 아주 이상한 경우이다. 나는 아버지나 할아버지가 사단의 무리에 있다면 가족의 모든 일원들이 더 크던 작던 영향을 받을 것이다.[4] 나는 왜 이 소녀가 다른 사람들보다 특별히 더

---

3. 비기독교인 치유자와 축사자가 치유와 축사를 한다. 그러나 성령이 아닌 다른 영의 힘을 빌어 했을 때 그 사람의 최후의 모습은 처음 보다 더 나빠진다.
4. 필자가 7장에서 저주에 관해 쓴 것을 검증해준다.

고통을 받는지 모르겠다. 그러나 이것은 사실인 것 같다.

나중에 그녀가 내게 그녀가 대학시절에 아버지가 알콜 중독자였고, 사람들이 그녀를 놀렸기 때문에 그녀는 외로움을 느꼈다고 말했다.

어느 날 학교로 걸어가는 길에 그녀는 세 명의 소녀들을 만났고 그녀는 그들과 매우 친밀해졌다. 그들은 학교에 와서 바로 그녀 옆에 앉곤 했다. 이 친구들은 그녀가 함께 나가는 유일한 사람들이었다. 수업이 끝난 후 그들은 그녀를 많은 악한 것들이 발생하는 것으로 그녀를 데려가곤 했고 그들은 그녀에게 그런 나쁜 것들을 하게 강요하곤 했다. 그녀를 억지로 자위행위를 하도록 했다. 마침내 그들은 그녀에게 돌을 주기 원했고 그 돌이 그녀에게 능력을 줄 것이라고 약속했다. "단지 네가 사단을 불러내어 그에게 무엇인가를 구하면 너는 그것을 얻을 것이다."

그들은 그녀가 그렇게 한다면 그녀는 그녀가 구하는 모든 것을 얻을 것이라고 말했다.

**문**:그들이 그녀에게 돌을 주었는가?
**답**:지름이 3인치 정도 되는 크고 검은 돌이다. 그녀는 그 돌을 보관하고 형식으로 지어진 말을 하도록 기대 되었다. "사단아, 사단아, 나에게 오라, 내게 필요한 모든 것을 다오."

혹은 그와 같은 종류의 어떤 것, 물론 그녀는 그녀가 무엇을 하고 있었는지 정확히 몰랐다. 그녀는 내게 그 소녀들의 이름을 내게 주었지만 내가 그들의 이름을 확인하기 위해 대학에 갔을 때, 그들을 등록부에서 발견할 수 없었다. 그녀가 내게 말한 모든 것으로부터 나는 그들이 진짜 소녀들이 아니라고 추측했다. 그들은 변장하고 그녀를 잘못된 길로 인도하기 시작했던 영들이었다.

내가 처음 그녀의 마을에 갔을 때, 그들은 내가 그녀의 신체적인 치유를 위해 기도하도록 그녀를 내게 데려왔다. 그녀는 이 세 소녀들이 전날 그녀를 만나 "봄베이에서 온 루퍼스라는 목사 가까이 어디든 가지 마라. 그는 키가 작고 푸른 색 셔츠에 까만 바지를 입고 있다. 그 사람 가까이는 어디든 가지 마라!"라고 말했다고 내게 전했다. 그녀는 또한 그녀의 어머니가 그녀를 내가 있는 곳에 데리고 왔을 때, 그녀가 창문을 통해 들여다 보니 예수님이 의자에 앉아 계셨다. 그러나 그녀는 방으로 들어와 같은 의자에 앉아 있는 나를 보고 놀랐다. 이것은 그녀의 전체 이야기의 시작이다. 그녀는 기도하는데 오랜 시간이 들어간 500가지 경우 가운데 뽑은 다섯 중의 하나이다.

**문**: 당신은 초월하는 명상에(transcendental meditation - TM) 대해 어떻게 생각하나?

**답**: 나는 TM에서 초보자들에게 만트라처럼 암송되어지는 힌두의 신들과 여신들의 이름을 준다고 믿는다.(만트라는 그것의 당신의 한 부분이 될 때까지 암송해야 하는 이름이다) 작년 캐나다 토론토에서 나는 은사적 부흥을 접하기 위해 와서 그 성령운동 안에 잘 성장하고 있는 소녀를 만났다. 그러다가 TM에 관련되어 있었고 그것은 그녀에게 가끔 자살을 하고 싶을 정도로 영향을 끼쳤다. 3년 동안 그녀는 정신 병동에 있었다. 그녀가 인도에서 왔기 때문에 그녀의 친구들이 내가 캐나다에 있는 것을 알고 교구 사제관으로 내게 그녀를 데리고 왔었다. 우리가 그녀를 위해 기도했을 때 아무일도 일어나지 않았다. 나는 "주일에 교회로 오면 그 시간에 우리는 당신을 위해 미사를 올릴 것이다."라고 말했다. 목요일 그녀가 기도모임에 왔을 때 나는 그녀의 얼굴을

보고 어떤 일이 일어난 것을 알 수 있었다. 그녀는 처음으로 수면제를 먹지 않고 잘 수 있었다고 내게 말했다. 나중에 그녀는 TM이 아주 위험한 것을 알리기 위해 내게 편지했다.

**문**:그녀는 어떤 만트라를 이용했는가?

**답**:지금 기억 못한다. 그러나 그것은 힌두 신의 이름이었다.

**문**:TM은 여기 인도에서도 영향력이 큰가 아니면 미국에서만 그러한가?

**답**:여기에서도 TM의 영향은 크다. 특히 교육 받은 지식인들에게 그렇다. 그들은 스트레스를 많이 받기 때문에 정신 휴식의 일환으로 사업관리직의 사람들이 TM에 전념하고 있다. 나는 많은 신부와 수녀들을 포함한 많은 가톨릭 신자들이 또한 TM을 이용하는 것이 염려된다.

**문**:미국에 있는 어떤 사람들이 말하는 것은 그들이 TM을 이용할 때 기분이 더 좋아지고 많은 평온을 느낀다는 것이다. 누군가가 이와 같은 것을 당신에게 말한다면 당신은 어떻게 응답할 것인가?

**답**:누군가 내게 TM 후에 혹은 악한 영들로부터 사람들을 자유하게 하는 능력을 가진것 같은 사람들 중의 하나인 모슬렘의 패커(faquir), 힌두의 푸자리(pujari)에게 갔다온 후 기분이 좋아졌다고 말한다면, 나는 그들에게 두 가지를 이야기 할 것이다. 나는 그 좋아진 상태가 일 주일 혹은 최대로 한 달을 지속되는 것을 단 한 경우도 본적이 없다. 가끔 3-4일간 기분이 좋았다가 그들은 더 나빠진다. 그들에게 갔던 사람들을 만난 경우마다, 그들은 갔다 온 후에 더 나빠졌다.

먼저 내가 말하고 싶은 것은 그들이 짧은 기간만 좋아진다는 것이다. 그 후에 그들은 나빠진다는 것이다.

문:TM에 대해 한 가지 더, TM의 시작은 구루(인도성인)의 그림 앞에 봉헌자들이 과일을 드리는 푸자의식의 특징을 이룬다. 이것은 힌두 의식인가?

답:그것은 엄밀히 힌두 의식이다. 그러나 크리스천들이 신앙에 대해서 잘 양육받지 못하는 인도의 지역에서는 가끔 크리스천들이 이것을 비밀리에 개인적으로 시행하고 있다. 인도의 어떤 여자 수도원에 있었던 확실한 경우를 말하겠다. 수녀들이 아프기 시작할 때, 수녀 원장은 악한 영들로부터 수녀들을 자유하게 하기 위해 힌두 푸자리를 부른다. 푸자리는 수녀원에 와서 모든 수녀들에게 그들의 머리카락을 잘라 그들의 손톱 조각과 같이 푸자에 넣도록 한다. 그때 그녀가 푸자를 실행하고 그 후 그들의 모두는 더 나빠진다.(지방 수녀회 원장은 내게 그들을 자유하게 하기 위해 거기에 가기를 청했지만 아직 가지 않았다) 그렇다. 그러한 일들이 일어난다.

문:당신이 수녀들을 위해 기도하러 갔던 다른 수녀원에 대해 이야기했는데…

답:그렇다. 당신도 알듯이, 가끔 사람들은 어떻게 크리스천이 특히 수녀와 신부들이 사로잡힐 수 있는지 의아해 한다. 나 자신도 의아하지만 사실은 사실이다. 나는 한 때 지방 수녀회 원장이 수녀들의 수련회에 나를 초대했다. 그녀는 내게 "신부님, 악마의 이야기들로 나의 순진한 수녀들을 놀라게 하지 마세요."라고 주의를 줬던 것을 기억한다. 이것은 그들이 갖는 방어적 태세이고 그들은 이러한 일들이 일어난다는 것을 깨닫지 못한다.

내가 가진 가장 어려운 경우의 축귀 중 하나는 람브디라 불리는 악한 영의 능력 아래 공격받아 세 시간 동안 있던 한 수녀의 경우이다. 이 영들은 힌두 신이나 여신이 아니지만 그러나 사술에 손을 대는 집시와 같은 인도에 방랑하는 종족으로부터 온 것이다. 그들은 특별히 사람들에게 주문거는 것을 하고 이것은 수녀들에게 들어간 영들 중 하나이다. (그녀는 기도 받고 구출 되었다) 나는 매우 극적인 방법으로 사로잡힌 수녀들의 경우를 많이 접했다. 신부에 관하여는 심하고 극적으로 사로잡힌 신부들을 만난 적은 없다. 그러나 약한 정도는 있었다.

**문:** 요가는 어떤가?

**답:** 인도에는 성격이 다른 두 그룹이 있는데 요가는 국제 사역 팀이 오랫동안 논의한 논제 중 하나이다. 한 그룹은 보수적이고 힌두에 관한 모든 것은 사악한 것이라고 믿는다. 그러므로 그들은 요가로 어떤 형태로든 하는 것을 반대한다. 나는 이것은 좀 극단적이라고 생각한다. 다른 그룹은 요가 같은 것이 크리스천 사상 보다 더 도움이 된다고 느끼는 많은 사람들로 구성되어 있고 목사나 수녀조차 있다. 그러므로 우리는 두 극단 사이에 있다.

우리는 한편으로는 요가의 감정적, 영적인 요소들은 피해야 할 필요가 있다고 선언하는 진술을 공식화하는 결정을 내렸다. 그 때 요가의 요소들은 사악하여 우리를 악한 힘에 상처 입게 만든다. 그럼에도 불구하고, 요가의 순수한 실용적인 면은 예수님의 주권 아래 확실하게 있는 한 받아들여질 수 있다.[5)]

**문:** 그런 실용적인 면이 무엇인가?

**답:** 요가에서 실용적인 면은 숨쉬는 운동과 육체적인 자세이다. 내가 이런 체조를 이용하는 사람들이 강한 크리스천 생활과 결합한 것을 보았을 때, 아무 부작용도 일어나지 않는다. 사람들은 유익을 얻는다. 그러나 그들이 요가의 감정적이고 영적인 면을

---

5. 이런 분별이 어려운 상황에서 가장 도움이 될 수 있는 사람은 그 지역의 문화를 잘 이해하면서도 믿음이 좋은 기독교인이라고 생각한다. 이 경우에는 인도사람이다.

갈망하는 종류로 이것을 할 때, 그들의 생활속에 잘못된 것이 증가되기 시작하는 것을 본다.

문: 당신은 주문아래 있는 사람들을 많이 다루는가? 그것들을 어떻게 깨는가?

답: 나의 사역의 다른 분야처럼, 나는 우연히 그것을 접하게 됐다. 나는 전에 그것에 대해 책을 읽어 본 적도 들은 적도 없었다. 단지 기도할 때 그런일이 일어나는 것을 알았다. 나는 단지 이런 방법으로 기도하곤 했다.

"예수님의 이름으로 나는 당신과 당신의 가족 위에 던져진 주문을 깨노라."

그리고 그때 나는 방언으로 기도하기 시작했고 그 일들이 일어났다. 나는 주문이 깨어지지 않는 단 한번의 경우도 만난 적이 없다. 가끔 즉시 주문이 깨진다. 가끔 가족의 모든 일원들이, 그들이 어디에 있든, 시골에 있는 사람들 조차도 우리가 기도하는 순간 그들이 어떤 것이 일어난 것을 느꼈다고 나중에 전하곤 한다.

문: 또한 언급한 것들 중 하나는 전통적으로 어떤 신부들이 축사하기 위해 사람들을 때린다는 것이다.

답: 오, 그들은 지독한 방법으로 축사를 실행한다. 그들은 사로잡힌 사람들을 묶고 하루 종일 그들에게 채찍질한다. 그들은 사람들의 머리카락을 잡아 당기고 온 몸이 멍이 들 때까지 그들을 때린다. 종종 그들은 사로잡힌 사람 위에 끓는 초를 붓는다. 부르짖음과 비명이 있는 방법이다. 이러한 전통적인 방법으로 끔찍한 일들이 사람들에게 저질러진다. 교육받은 인도 사람들이 축사에 대해 듣는 유일한 것은 이런 축사자들이 사람들을 상하게 한다는 것이기 때문에 이것이 축사에 대해 많은 반감이 있는 이유이

다.

**문:** 사람이 단지 정신병으로 고생을 할 때와 축귀가 필요할 때의 차이를 말할 수 있는 방법들이 무엇인가?

**답:** 사람들은 가끔 내가 그 차이를 어떻게 말할 수 있나를 묻는다. 나는 어떤 특별한 체계를 가지고 있지 않다. 아마 내가 영 분별 은사를 가지고 있는 것 같다. 내가 사람을 봤을 때 나는 한번에 어떤 경우인지를 안다. 그리고 더 나아가 우리가 실수한 경우가 한번도 없었다. 나는 거의 즉시 축귀의 경우인지 아닌지를 안다. 축귀가 필요할 때를 암시하는 다양한 외부적인 징후가 있다. 예를 들면 대부분 마귀 들린 사람은 그들이 가능한 모든 의사와 정신과 의사에게 갔어도 아무런 차도가 없었다고 말한다. 의사들은 이 사람에게 병의 원인을 발견할 수가 없다고 말할 것이다. 가끔 힌두 의사들 조차도 "오직 기도만이 당신을 도울 수 있습니다. 당신의 목사에게 가십시오. 그가 당신을 위해 기도할 것입니다."라고 말할 것이다. 이미 이런 것이 뭔가 그사람의 잘못된 것에 대한 힌트를 준다.

그리고 당신이 기도하기 시작할 때, 당신이 그 사람이 당신에 대한 미움을 나타낸다거나 예수님의 이름에 대해 아주 적대적으로 행동하는 것과 - 가끔 그들은 귀를 손으로 막는다 - 같은 다양한 징후를 본다면 그것은 악한 영들의 존재를 표시하는 것일 것이다.

또 다른 것, 나는 그들에게 축복 받은 물을 마시도록 권한다. 마귀 들린 사람은 마시는 것을 거부할 것이다. 내가 비밀리에 물 안에 손가락을 넣고 그들에게 그것을 마시도록 했을지라도, 그들은 당신이 손가락을 물에 넣었다고 말할 것이다. 그때 나는 내가 손대지 않은 세 번째 물잔을 가져 갈 것이고 그들을 그것을 마실 것이다. 그러므로 이러한 것들이 내가 알아낸 징후들이다. 사람들은 또한 내가 있는 곳으로 오기 전에는 없었던 강한 통증을 느낄 수도 있다. 이것은 또 다른 징후이다. 가끔 마귀 들린 사람이 방 안에 있을 때 내가 단지 그 방 앞을 단지 지나간다면 그들은 그 순간에 고통스러워 하며 비명을 지른다.

그러나 이 모든 징후들에도 불구하고 나는 아주 아주 조심한다. 나는 그것이 축귀의 경우인가를 최종적으로 결정하기 전에 긴 시간을 갖는다. 대체로 나는 그것이 축귀의 경우가 아닐 것이라고 전제한다. 오직 축귀에 대한 필요가 분명해졌을 때 나는 그것을 시행한다.

**문:** 조상의 영들에 대해 한 말씀 해줄 수 있는가?

**답:** 그 경우들이 많다. 나 자신은 그들이 실제 조상의 영들인지 혹은 그들의 조상의 영들에 침투한 마귀들인지를 교리의 관점으로 완전하게 확신하지 못한다. 나는 어떤 것이 100% 맞는 답인지 확신 못한다. 그러나 내가 본 모든 것으로 보아 그것은 친숙한 영들이다. - 그들의 정체가 무엇이든 - 그리고 그들은 인도에서는 아주 흔하다. 영들이 조상이나 친숙한 영들과 비슷한 인격을 가진 희생자를 선별하여 그 사람 안으로 들어가는 많은 경우가 있다.

우리가 지난 해 반드라에서 가졌던 경우는 10살의 소녀였다. 그녀는 같은 학교를 다닌, 같은 나이의, 소녀가 좋아하는 나무에 앉곤 했던 같은 윤리적 문제를 가진 죽은 소녀의 영으로 사로잡혔다. 그녀는 소녀에게 말하곤 했다. 내가 그녀에게 왜 너는 그녀에게 들어갔느냐고 물었다. 그녀는 "그 아이가 나 같기 때문이다. 그녀는 아주 실망했을 때 이 나무에 앉곤 한다; 그녀는 바로 나처럼 아버지를 싫어한다."라고 말했다. 그것이 그녀가 소녀에게 들어간 이유이다. 물론 우리들은 그녀를 위해 기도했고 그 소녀는 다시는 괴롭힘을 당하지 않았다.

**문**: 400-500명을 위해 기도할 때 그들 중 얼마 정도가 놓임을 받는다고 당신은 느끼나?

**답**: 내가 아는 모든 경우에 -~5을 제외하고 모두 자유함을 얻는다고 말할 수 있다. 이런 경우의 3/4은 경미한 축귀라고 말할 수 있다. 경미하다는 것은 시간이 얼마 안 걸리고 폭력적이지 않은 것을 말한다. 그러나 마찬가지로 힘든 축귀도 있다.

**문**: 당신은 의례적인 축사를 행한 적이 있나?

**답**: 아니다. 나는 어떤 의례적인 축사를 행한 적이 없다. 왜냐하면 나는 실제 의례적인 축사에 대해 생각해 본 적이 없다. 그것은 내가 기도를 시작할 때 5분 이내에 사람들이 자유케되리라는 것을 느끼기 때문이다. 나는 의례적인 축사를 해 본 적이 없다.

내가 당신에게 말했듯이 바로 2년 전에 나는 축귀 사역으로 우연히 오게 되었다. 나는 특히 인도에서 신부들에게 설교하기 위해 돌아다니고 있다. - 나는 이것이 나의 특별한 소명과 은사로 느낀다. - 설교는 목사들을 새롭게 한다. 나의 주교, 카디날 그레시다스는[6] 은사주의적 부흥에 전적으로 사역할 그의 두 신부를 보낸 인도의 첫 주교이다. 그 자신은 부흥에 특별하게 참여하지는 않았음에도 나는 그가 성령의 인도하심으로 우리를 이 사역에 보냈다고 믿는다. 그가 나를 이 사역을 위해 보냄과 동시에 나는 이 축귀 사역에 들어섰다.

첫 해에는 주님이 이 사역을 나로부터 멀리해 주시기를 기도하곤 했다. 왜냐하면 사역 후에 나는 그 날 온 밤을 잠을 잘 수 없

---

6. 이것은 1970년도의 이야기다.

었다. 나는 불을 켜 놓곤 했다. 악한 영들이 내게 와서 고통을 주겠다고 협박하곤 했기 때문에 나는 두려워 했었다. 지난 해 앤 하버에 방문했을 때 내가 이 두려움으로부터 자유로워지게 기도해 줄 것을 청했다. 그 시간부터 나는 두려움을 갖지 않았을 뿐더러 사단이 어디 있던 나는 사단에게 가서 대면하는 커다란 자신감을 가졌다.[7]

**문:** 당신 사역의 결과에 대해 신부들과 주교들로부터 어떤 반응을 접했나?

**답:** 내가 만난 신부들과 주교들은 이런 주제를 전혀 좋아하지 않았다. 그들은 이것을 믿지 않는다. 그러나 내가 기분 좋게 놀라는 하나는 내가 아는 많은 주교들이 내게 기도가 필요한 사람들을 보내는 것이다. 이것은 내가 매우 조용하고 비감정적이며 논리적인 사람으로 좋은 평판을 받고 있기 때문이다. 그러므로 그들은 나의 삶에 일어나고 있는 것을 인정한다.

나는 이 인터뷰의 많은 설명들이 북 아메리카나 유럽에서 온 우리와 같은 사람에게는 쇼크가 되었을 것이라는 것을 안다. 그러나 바로 그것이 내가 강조하려는 점이다. 과학적, 이성적 세계관을 자부하는 우리와 같은 사람들은 지구에서 소수라는 것이다. 우리가 원시적이라고 간주하는 다른 문화들은 여러 가지 면에서 우리를 앞서간다. 그들은 영의 실체와 초자연의 세계를 더 많이 접한다.

내가 1978년 팀을 인도에 데려가 신부들을 위한 두 번의 수련회를 (약 400명의 목사들과 13명의 주교가 참석했던) 포함한 다수의 집회

---

7. Malachi Martin의 책 Hostage to the Devil에 쓰여진 것과 같은 축사자가 사역을 하면서 조금씩 죽어간다는 축사사역에 관한 통용되는 관념보다는 루퍼스 신부가 나누는 것이 축사자가 당면한 위험에 대한 더 진실된 가르침이라고 필자는 믿는다.

뿐만 아니라 봄베이에서 약 2,000명의 사람들을 위한 치유 사역을 끝낸 루퍼스 신부가 언급한 치유 집회에서 이 인터뷰를 녹음했다. 200여명의 신부들이 참석하고 평신도팀과 함께 많은 힌두교도를 포함한 수많은 사람들 사이에 치유를 위해 기도하러 나아간 놀라운 저녁이었다.

  루퍼스 신부가 말한 초기에 생길 수 있는 모든 두려움과 성직자들 사이에 외면과 이해 부족의 행복한 결과는 이제 약 백 만의 가톨릭 은사주의자들이 인도에 만 개의 기도 그룹을 조직하는 것으로 확대되는 변화에 있다. 신부 프레이라의 제자 중 하나인 매튜 내크 - 암파람필 일 신부는 이제 인도 전역을 돌며 치유 사역을 하고 그의 관중들이 어떤 때는 십 만이 넘는다.

# 역자 후기

**역자: 이선협목사**
> 현재 미국 일리노이주 Vernon Hills 에 있는 팔복장로교회 영어목회담당 목사
> 미국 일리노이주 Evanston의 게렛신학 대학원 졸업 (MTS, MDiv)
> 시카고 대학졸업(BA)

"하나님이 나사렛 예수에게 성령과 능력을 기름 붓듯 하셨으매 저가 두루 다니시며 착한 일을 행하시고 마귀에게 눌린 모든 자를 고치셨으니 이는 하나님이 함께 하셨음이라."(행 10:38)

"믿는 자들에게는 이런 표적이 따르리니 곧 저희가 내 이름으로 귀신을 쫓아내며…"(마 16:17)

예수님에게 있어서 귀신을 쫓아내는 일은 주요 사역의 하나였다. 초대 교회에서도 귀신을 쫓아내는 일은 복음이 능력으로 증거되는데 큰 역할을 감당하였다. 그러나 이토록 예수님의 사역과 초대 교회에서 중요한 역할을 한 축귀 사역이 지금은 열성 신자나 특별한 은사가 있는 신부나 목사만 관여한다는 이해가 이 사역을 교회생활의 변두리로 밀어내 음성화되고 말았다.

21세기를 맞으며 과학이 발달된 사회에 살고 있는 현대인들도 초자연적인 세계에 대한 갈망을 표출하고 있다. 교회와 믿는 사람들에게 당연히 귀신을 쫓아내는 사역은 신앙생활의 중요한 부분을 차지해야 한다.

특히 한국교회에서는 축사 사역이 성서적으로 신학적으로

정립되기도 전에 사역 현장에서 생길 수 있는 부작용과 거기에 대한 성급한 이단시비로 관심과 은사가 있는 목회자들마저도 눈치를 보게된 실정인 것 같다. 축귀 사역이 위축될수록 기승을 부리는 것은 어둠의 권세들이요, 무지 가운데 피해를 보는 것은 교회인 것을 볼 때 축귀 사역이 활발히 토론되고 교회 사역에 제 위치를 찾는 것을 방해하는 것도 마귀의 전략이 아닌가 생각한다. 축귀 사역이 민감하며 신중하게 접근해야 하는 분야이지만 외면시되고 음성화되어야 할 부분은 아니다. 전인적 치유를 필요로 하는 개인적 차원에서, 전도와 건강한 공동체를 필요로 하는 교회적 차원에서, 선교대상인 나라나 지역적 차원에서 마귀의 일을 대적하는 축귀 사역은 예수의 이름을 높이며, 하나님의 나라를 확장하는 교회의 주요 사역으로 회복되어야 할 부분이다.

번역하는데, 용어 설정에 있어서 여러 단어가 한국말로 표현되었을 때, 어색한 곳이 있었으나 통용되는 축귀 사역 언어가 정립되지 않은 상황을 반영하는 듯하였다. 대표적인 예를 들면, deliverance(직역을 하면 자유얻음, 구원받음의 뜻)를 축귀로 표현하는 데는 무엇인가 아쉬운 감이 있었고, demon(직역 악령)을 귀신으로 표현하는데 있어서도 그 개념전달이 부족하다고 생각했다. 왜냐하면 귀신을 영어로 번역하면 ghost인데 이는 믿지 않는 일반 사람들이 생각하는 한국 전래 문화에서의 귀신이나 유령 개념과 중복되는 듯 하였다. 기독교문화에서의 악한 영들의 정체에 대한 새로운 개념과 단어 설정이 앞으로 한국교회에서의 축귀 사역의 새로운 장을 여는데 필요하다고 본다.

지금은 전래 없는 성령의 부흥의 물결이 전세계를 휩쓸고 있으며 교회에 초대교회와 같은 복음에 대한 열정과 능력이 회복되고 있다. 이 시기에 수년의 사역 경험과 개신교, 천주교의 전통과 성서적 토대로 균형을 이루며 결론을 내리기 보다 건강한 질문을 던지는 프랜시스 맥터트의「악한 영으로부터의 자유」는 한국교회에 축귀 사역에 좋은 도전과 촉진제가 되기를 바란다.

## 악한 영으로부터의 자유

| | |
|---|---|
| 인쇄일 | 2000년 06월 15일 |
| 3 쇄 | 2012년 09월 30일 |
| 지은이 | Francis MacNutt |
| 옮긴이 | 이선협 |
| 펴낸이 | 장사경 |
| 펴낸곳 | Grace Publisher(은혜출판사) |

주소 서울 종로구 숭인 2동 178-94
전화 (02) 744-4029  팩스 744-6578
출판등록 제 1-618호(1988. 1. 7)

ⓒ 2000 Grace Publisher, Printed in Korea
    ISBN 89-7917-331-8    03230

이 출판물은 저작권법에 의해 보호를 받는 저작물이므로 무단 전재와 무단 복제를 할 수 없습니다.